Documents sur la Province du Perche
2ᵉ série — no 5 (ouvrages modernes)

Mémoire sur les paroisses du Mage
et de Feillet, par M. l'abbé Fossé
(360 p. 6 gravures)

[Ouvrage entièrement terminé et
complet, ~~mais à graver~~]

Couvrir a feuillet 5570
en tête   ——————
                   20

Üb. Leistung u ö ure i-
Serie der Bücher 41-42 von Hugo
Burckhard, Burkhard Wilh. Leist, J. Sal-
kowski, August Übelohde, Karl Ritter
von Czyhlarz, 1 th.. Serie der Bücher
43-44, von denselben 1-5.]. — *Erlangen,
J. J. Palm*, 1797-1896. 68 vol., dont
4, de tables, in-8°.   [8° F. 1008

——— Diem natalem auspicatissimum
... Christiani Friderici Caroli Alexandri
... Academiae ... Erlangensis rectoris ...
die xxv februarii ... 1788 ... celebran-
dum procter Christianus Fridericus
Glück ... indicit. — *Erlangae, ex offi-
cina Kunstmann* In-fol., à p.   [J. 1930

} ——— Einleitung in das Studium des
römischen Privatrechts, zur Berichtigung
und Ergänzung des ersten Theils des
Pandecten-Commentars, von D. Christian
Friedrich Glück. ... — *Erlangen, J. J.
Palm*, 1812, In-8°, VIII-370 p.
[F. 35702

[Introduction à l'étude du droit privé romain.]
[Handbuch zum systematischen tudium des
neuesten römischen Privatrechts nach
den Grundsätzen des Herrn Oberappel-
lationsraths Grubers von Dr. Christian
Friedrich Glück. ... — Erster Theil,
welcher die Einleitung und Litteratur des
Justinianeischen Rechts enthält.]

——— Hermeneutisch - systematische
Erörterung der Lehre von der Intestaterb-
folge nach den Grundsätzen des ältern
und neuer römischen Rechts ... Zweyte
sehr veränderte und vermehrte Auflage,
von D. Christian-Friedrich Glück. —
Erlangen, Palm, 1823, In-8°, XLIV-
778 p.   [F. 35701

[Exposition de la théorie des successions ab
intestat.]

——— Regiæe universitatis Friderico-
Alexandrinae proretor Christianus Frid.
Glück.... cum procancellario et reliquo
Senatu academico successorem suum ci-
vibus academicis commendat. — *Erlangae, typ. J. A. Hilperti*, 1795, In-fol.,
à p.   [Rz. 47

DOCUMENTS SUR LA PROVINCE DU PERCHE
2e Série. — No 5.

MÉMOIRE

SUR LES PAROISSES

DU MAGE ET DE FEILLET

Par M. l'Abbé GODET

Curé du Pas-Saint-Lhomer

Associé Correspondant de la Société nationale des Antiquaires de France

MORTAGNE
IMPRIMERIE DE *L'ÉCHO DE L'ORNE*
1897-1903

MÉMOIRE

SUR LES PAROISSES

DU MAGE ET DE FEILLET

DOCUMENTS SUR LA PROVINCE DU PERCHE

2e Série. — No 5.

MÉMOIRE
SUR LES PAROISSES
DU MAGE ET DE FEILLET

PAR

M. l'Abbé GODET

Curé du Pas-Saint-Lhomer

Correspondant national de la Société des Antiquaires de France

MORTAGNE

Georges MEAUX, Imprimeur-Éditeur

M. DCCC. XCVII.

LETTRE DE MGR L'ÉVÊQUE DE SÉEZ
A L'AUTEUR

ÉVÊCHÉ
DE
SÉEZ

Séez, le 31 Mars 1894.

Cher Monsieur le Curé,

Je vous félicite sur votre intéressant travail intitulé « Mémoire historique sur la paroisse des Mesnus », il témoigne hautement de vos aptitudes pour des études parfois ardues, mais qui produisent des résultats précieux pour l'histoire de notre cher diocèse. Vous savez tirer parti avec intelligence des documents souvent obscurs qui vous sont présentés et que vous savez découvrir avec un zèle infatigable.

Vous avez entrepris une noble tâche ; que Dieu bénisse et couronne vos efforts ; puissiez-vous avoir dans le diocèse, parmi vos confrères, de nombreux imitateurs.

Recevez, cher Monsieur le Curé, avec mes paternelles bénédictions, l'assurance de mes sentiments dévoués.

† FRANÇOIS-MARIE,
Évêque de Séez.

PLAN DE CE MÉMOIRE

Un « Mémoire historique » que le hasard de la découverte de quelques vieux documents nous fit entreprendre il y a trois ans (1), fut favorablement accueilli ; le plus précieux encouragement nous vint de notre évêque vénéré ; nous sommes heureux de pouvoir le publier en tête de ce nouveau travail ; il en sera la plus haute sanction. Nous nous proposâmes de poursuivre ce genre d'études qui semble s'imposer aujourd'hui et qui, d'ailleurs, a été réalisé avec succès pour diverses localités. L'utilité de ces travaux à une époque où l'on veut et où l'on a besoin de connaître l'histoire de son pays jusqu'en ses moindres détails, n'échappera à personne. L'histoire de nos villages n'est autre que l'histoire de France en petits morceaux. C'est, je crois, Victor Hugo qui l'a dit ; ce que le poète a pensé, l'historien, l'économiste le veulent réaliser, le peuple, surtout celui des campagnes, le veut posséder, le veut lire ; c'est son histoire à lui, c'est celle de ses ancêtres, celle de son clocher. On a écrit l'histoire de ceux qui ont versé leur sang pour la défense du sol, pourquoi ne pas écrire celle de ceux qui l'ont arrosé de leurs sueurs ? « Ils sont tous là ces braves paysans, « endormis au cimetière rural à l'ombre du clocher, dans cette « terre qu'ils ont fécondée qui doit leur être douce, car ils l'ont « bien servie et beaucoup aimée (2). » C'est à eux, c'est à leurs enfants que nous dédions nos études, elles seront un hommage à leurs travaux et, ajoutons, à leur foi. Car, nous sommes fiers de le dire, ces pieux et laborieux paysans n'ont pas moins aimé ni servi leur religion que leur terre ; nous en cueillons les preuves les plus certaines sur chaque pierre de leur église, comme sur chaque sillon de leurs champs. Aussi bien que leur terre ils ont légué leur foi à leurs descendants : pourquoi ceux-ci n'ont-ils pas accepté le legs en entier ? Ne sentiraient-ils point que ceux qui

---

(1) *Mémoire historique sur la paroisse des Mesnus.*
(2) Cheisson, *Réforme sociale*, bulletin de 16 décembre 1896.

ont tout fait pour leur voler la première moitié de ce précieux testament, la Foi religieuse, ne demandent plus qu'à les frustrer de la dernière moitié, l'héritage paternel ?

Pour eux autant que pour l'histoire nous remuerons le passé de leurs aïeux. En contemplant leur œuvre, ils ne sauront se défendre d'un sentiment de reconnaissance et d'admiration.

Ce but n'est pas le seul ; nous avons à présenter les âges anciens sous un autre jour que celui sous lequel les veulent peindre les soi-disant défenseurs des régimes nouveaux. Eux aussi se plaisent à écrire l'histoire du passé pour justifier les revendications du présent ; quelques-uns même dénient à ce passé une existence qui ferait honte au progrès d'aujourd'hui (1). Les faits que nous apporterons feront bonne justice de leurs élucubrations trop souvent erronées ou mensongères.

Ce travail et ceux de même nature dont nous le ferons suivre auront trois parties. La première, qui servira d'introduction, contiendra deux chapitres : l'un consacré à l'*origine* de la paroisse, l'autre à sa *description physique, orographique et hydrographique*. La seconde partie sera l'histoire proprement dite de l'endroit et se divisera en histoire *générale, démographique, religieuse, économique* et *sociale*. Enfin, dans la troisième partie, qui sera suivie de quelques conclusions et des pièces justificatives, nous aurons à parler de la situation actuelle de la commune et de la paroisse (2). Le tout sera accompagné d'une carte géogra-

---

(1) Entre autres administrations ou municipalités qui d'elles-mêmes font écrire l'historique de leur passé, citons Paris ; nous apprenions il y a quelques mois que, conformément à un vœu exprimé par le Conseil municipal, M. Poubelle venait de créer à la Direction des Affaires Départementales un *nouveau service* chargé de faire l'histoire du département de la Seine. Par les soins de ce service les monographies de toutes les communes du département seront établies successivement. Pour être terminée cette publication demandera une vingtaine d'années ; elle sera accompagnée de plans et dessins et distribuée aux bibliothèques communales du département. Que sera cette publication ? Dans quel esprit sera-t-elle faite ? A quels hommes sera-t-elle confiée ? A des hommes impartiaux et consciencieux ? Espérons-le ! En tous cas, qui dit *nouveau service*, dit : *nouveaux fonctionnaires* et *nouveaux appointements* à tirer de la poche des bons contribuables qui, comme on le sait, se plaignent qu'il n'y ait pas assez d'impôts et chargent d'en inventer de nouveaux deux assemblées délibérantes honnêtement rétribuées. Mais nous ne saurions nous autoriser de cette initiative et si nous en faisons mention c'est pour rappeler en même temps l'axiome *Fas est et ab hoste doceri*.

(2) Nous faisons autant que possible cadrer ce plan avec celui présenté par M. Cheysson à la Société des Agriculteurs de France (*Réforme sociale*,

phique, de la photographie ou du plan de l'église, de quelques
vues de maisons seigneuriales ou de portraits d'hommes ayant joué
quelque rôle intéressant. Nous aurons ainsi, croyons-nous, satisfait
les plus exigeants et rempli le cadre d'un travail, avouons-le, aussi
difficile qu'important (1).

H. GODET,
*Correspondant national
de la Société des Antiquaires de France,*
Curé du Pas-Saint-Lhomer.

---

16 décembre 1896). Il était cependant nécessaire d'y apporter quelques
modifications. Le passé nous y semble trop sacrifié au présent et la question historique à la question économique et sociale; la question religieuse
y est laissée sous silence; ce programme se trouvait donc quelque peu
incomplet au point de vue où nous nous plaçons.

(1) Notre intention étant de donner, dans cette Revue, l'historique de
toutes les communes et paroisses du canton de Longny, nous serons absolument reconnaissants envers les personnes qui, ayant entre les mains des
manuscrits inédits ou autres documents, voudront bien nous les communiquer. L'histoire de Moulicent, à laquelle nous travaillons actuellement,
suivra celle du Mage; puis viendra l'importante histoire du chef-lieu de
canton, Longny, et celle des autres localités, au fur et à mesure que nous
serons plus ou moins documentés.

PREMIÈRE PARTIE

CHAPITRE PREMIER

Origine probable et étymologie du Mage et de Feillet.

Les documents ne nous ont rien donné pour l'éclaircissement de cette question, aussi n'avons-nous que des raisons de convenance à apporter ici; deux nous ont particulièrement frappé; elles ressortent de l'étymologie du mot « Mage »; la première nous a été suggérée par M. de Boisvillette dans sa *Statistique d'Eure-et-Loir* (1).

« Non loin, dit-il, de Thimert et de la forêt de Châteauneuf
« existe le hameau de Guilandru, dont la synonymie partielle avec
« le vieux mot venu du cri gaulois « *aguilaneuf, aguilan* » (2)
« (au gui l'an neuf) n'est pas sans quelque vraisemblance; tout
« à côté se trouve le hameau du Mage; qui avec sa dénomination
« qualificative vient ajouter le corollaire indicatif d'un lieu popu-
« lairement consacré aux cérémonies druidiques ou magiques du
« gui au renouvellement de l'année. »

D'un autre côté nous savons que la langue celte se sert du mot « mag » pour exprimer l'idée de demeure, d'habitation; le Mage a donc pu être à son origine soit un lieu de réunions religieuses, soit une résidence de quelques prêtres druides que nos ancêtres qualifiaient du nom de Mages, si nous en croyons Pline : *Druidœ ita suos appellant Magos* (*Hist. nat.*, XVI), et si nous avions à corroborer cette opinion, nous rappellerions l'existence d'un

---

(1) De Boisvillette. *Statistique archéologique d'Eure-et-Loir. Monuments religieux des Gaulois*, p. 36.

(2) Aujourd'hui encore, dans notre Perche, les enfants vont, au 1er janvier chercher leur « éguilan ».

monument mégalithique voisin du Mage, lequel n'est autre qu'un autel druidique. Qui n'a entendu nommer ou n'a visité le dolmen du Bois-de-la-Pierre (1) et qui ne reconnaîtra avec nous que sa présence sur les limites de la paroisse du Mage et assez significative. La ferme du « Chêne », qui touche le bourg du Mage, fortifie encore par son nom l'origine druidique de cette paroisse.

Partant de cette première interprétation, nous arrivons facilement à la seconde qui n'en est que le corollaire. Le « mag » de l'époque gauloise est devenu le « magium » ou « mégium » (2) de l'époque féodale et du moyen-âge, il a conservé sa même signification. « Magium », en effet, n'est qu'un diminutif de « manasgium », lequel, nous dit Du Cange, n'est autre que la « demeure, l'héritage » mot à mot le « mesnage ». Aux Xe et XIe siècles, Le Mage n'était encore probablement qu'une simple propriété grevée de cens et de rentes; c'était le « manasgium » des seigneurs de Feillet (3).

Feillet, en effet, qui dans le principe ne semble avoir été que la masure construite de feuillages et de branches, « Foilletum », a certainement au commencement du moyen-âge la prépondérance sur le Mage. Il est résidence des seigneurs de l'endroit, il est centre de paroisse, et cette autonomie paroissiale ne se perdra qu'au XIIIe siècle, mais dans le cours des âges suivants le Mage restera toujours ce qu'il fut à son début, un lieu de réunion religieuse, une paroisse, il restera aussi, jusqu'au XVIIIe siècle, « le manage » et le fief des seigneurs de Feillet et portera ainsi écrites avec son nom son origine première et sa destination.

Nous appuierions cette interprétation sur la lecture du mot *Mage* que nous avons trouvé écrit *Mange* au Pouillé de St-Lhomer de Blois, publié par M. Dupré, avec le manuscrit de l' « *Histoire du royal monastère de Saint-Lomer de Blois, par Noël Mars. 1646* » (4). Mais permettons à d'autres d'ouvrir Du Cange au mot

---

(1) Elle est située sur le bord de la route de Regmalard à Longny. C'est une table en pierre siliceuse bréchoïde de forme elliptique, longue de 4^m 50, large de 2^m, épaisse de 0^m 50 à 0^m 65, reposant sur quatre piliers à 0^m 60 au-dessus du sol. Le dessus porte une rigole de 2^m 50 de long et de 0^m 05 de large, avec trois refouillements circulaires au milieu et à chaque bout; au fond de celui de gauche se trouve un trou vertical de 0^m 10 qui traverse de part en part.

(2) Bon nombre de gens de la campagne prononcent « Le Mège » pour le Mage : « Je demeure au Mège, je vais au Mège ».

(3) Manasgium ejusdem Hugonis cum campo adjacente. (Charte d'Henri III, roi d'Angleterre.) Hospitale quod continet duo managia quæ censum annuum nobis tanquam domino debent. *(1251. Ch. Episc. ambian.)*

(4) Edit. de 1869. Chez Marchand, éditeur à Blois.

« *Maiagium, Maiage* » *prestationis species sic dicta quod mense maio exhiberetur* ». Et encore au mot « *Mega* » *quæ est* « *Regio, districtus, comitatus* ». Maiage sorte d'impôt, de tribut payable en mai; méga, mège, comté, district (1).

Nous n'inscrivons ici ces deux étymologies fort douteuses que pour contenter les plus difficiles. Pour nous la première de toutes est la plus sérieuse. Le Mage a une origine druidique.

(1) Ducis ministri qui in *mega* regis sunt et regis qui in *mega* ducis sunt ante Comitem et Judicem, minores vero ante Judicem de litigentur.
Decretum Calomani Regis Hungariæ. (Du Cange.)

CHAPITRE II

Description physique.

§ 1.

Aspect général et limites.

Le territoire du Mage forme une enclave entre les côteaux boisés de Longny et de Feillet au nord et au nord-est, ceux de Regmalard et de Moutiers au sud. Au sud-est la *Corbionne* et l'un de ses affluents lui servent de limites partielles, au nord-ouest le ruisseau de *Fermée*, à l'ouest celui de la *Goudière*. Le Mage a pour communes limitrophes au nord la Lande-sur-Eure; à l'est Neuilly-sur-Eure; au sud Moutiers et Rémalard; à l'ouest Bizou et Longny.

Assez mouvementé, son territoire se partage en deux parties bien distinctes, la partie montagneuse et boisée qui occupe la moitié de la paroisse, et la partie cultivée composée de divers petits vallons frais et fertiles, séparés les uns des autres par des côteaux sablonneux dont la nature se prête moins à la culture.

Une soixantaine de hameaux, fermes et villages se partagent la paroisse; une dizaine dont les actes font mention n'existent plus; nous donnons la liste alphabétique des uns et des autres en inscrivant les derniers en italique; nous indiquerons par une *l* les villages ou fermes de la limite communale.

Aistre-aux-Collas (l').	*disparu.*
Allemandière (l')	ferme.
Ardelière (l').	hameau.
Ardrillère (l'). V. l'Ardelière	id.
Auberdière (l')	ferme.
Bécassière (la)	*disparu.*
Bernillère (la)	ferme.
Beuvrière (la)	hameau.
Boulaie (la)	ferme.

DESCRIPTION PHYSIQUE.

Boulay (le) . . . . hameau.
Bouhoudoux (le). . . . . ferme.
Bréfin (le grand) . . . .
Buisson (le) . . . . bordage.
Chaintres (les) . . . . id.
Champsorand . . . . hameau.
Chêne (le haut) . . . . village.
Chevrollière (la) . . . . *disparu.*
Cointinières (les) . . . . . . *l* bordage
Croix-Marion (la) . . . . *croix.*
Couplerie (la) . . . . hameau.
Cucuyère (la) . . . . ferme.
Douvellerie (la) . . . . village.
Douvellière (la). V. Doùvellerie . . . id.
Ermitage (l') Saint-Thomas . . . . maison.
Etang-au-Moine . . . . maison de garde.
Etang-des-Personnes . . . . . . id.
Faudière (la) . . . . *l* bordage.
Feillet . . . . village et château.
Fermée (la) . . . . *l* maison.
Ferrette (la basse) . . . . . *l* hameau.
Ferrette (la haute) . . . . . *l* id.
Fleurière (la) . . . . bordage.
Florentière (la) . . . . . . *l* tuilerie.
Forge (la) . . . . moulin.
Fossail . . . . bordage.
Fourlière (la) . . . . ferme.
Frette (la basse et haute). V. Ferrette .
Garde (la) . . . . bordage.
Guay-Riboust (le) . . . . . . *disparu.*
Guérottière (la grande) . . . . . ferme.
Guérottière (la petite) . . . . . *disparu.*
Haie-Quertier (la) . . . . . *l* hameau.
Hellière (la) . . . . *l* ferme.
Herbage-Béard (l') . . . . id.
Hôtel-aux-Agneaux (l') . . . . . . hameau.
Hôtel-Marchand (l') . . . . maison.
Hôtel-Maurice (l') . . . . . *l* hameau.
Landes (les) . . . . ⎫
Landes (les petites) . . . . . . ⎭ *disparus.*
Levrauderie (la) . . . . *id.*
Loge (la) . . . . ferme.
Loges (les grandes) . . . . . . *disparu.*
Marimbert . . . . hameau.

Mesnil (le)	bordage.
Mesnil-Pot (le)	id.
Mesraimbert. V. Marimbert.	
Molière (la)	*disparu.*
Montaigu	ferme et maison de maître.
Moulin (le) du Mage	*disparu.*
Moulin (le vieux)	village.
Noyers (les)	hameau.
Pannetière (la)	ferme.
Pont-Riboust (le)	hameau.
Prunerie (la)	id.
Racouyère (la)	*disparu.*
Ridelière (la). V. Ardelière . . .	
Rougette (la)	carrefour.
Talbouquet. V. Tertre-Bouquet . .	
Tertre-Bouquet	bordage.
Tuilerie (la)	bordage.
Val-Hardouin (le)	*disparu.*
Vau-Giroust (le)	*id.*
Ville-Dieu (la)	bordage.
Volizé	village.
Volizé (le grand)	id.
Voré (le haut)	ferme (1).

§ II.

Les eaux.

Au milieu de la partie la plus habitée et aussi la plus cultivée se rencontre *l'étang du moulin de Forges* qui semble servir de réservoir aux principaux cours d'eau arrosant la partie vallonée et plus fertile du Mage; au ruisseau de *Fermée* qui descend des bois de Longny, se fortifie du *ruisseau de la Goudière* et passe au pied du bourg du Mage pour arriver à Forge, après un parcours de trois kilomètres; au *ruisseau de la Pichardière* qui prend le nom du village d'où il part pour ne faire plus qu'un avec celui de Fermée à quelques mètres de l'étang, au village du Pont-Riboust; enfin au *ruisseau de Feillet* qui sort de l'étang de ce nom et n'a

---

(1) Nous avons qualifié du nom de *ferme* les plus grandes exploitations agricoles; sous celui de *bordage* les exploitations de petite culture; sous le nom de *hameau* des centres de population inférieurs à 20 habitants d'après le recensement de 1891; et sous celui de *village* des groupements d'habitations plus considérables.

DESCRIPTION PHYSIQUE.

qu'un kilomètre de parcours. Ces différents petits cours d'eau confondus dans l'étang de Forges n'en forment plus qu'un à leur sortie, c'est la *Corbionne* qui, passant à Moutiers et Bretoncelles, va se jeter dans l'Huisne à Condé; et rend ainsi toutes ces eaux tributaires du bassin de la Loire.

Remontons les bois de Feillet et côtoyons les importants *étangs de Saint-Laurent* et *des Personnes*, nous serons surpris de voir leur ruisseau de décharge prendre le chemin du bassin de la Seine; ce ruisseau, en effet, n'est autre qu'une des sources de de l'*Eure*, et nous sommes là à l'extrémité d'une ligne de partage des eaux qui partant du sud-est dans la forêt d'Orléans à l'altitude de 125 mètres, arrive ici à 238 (1).

A cet endroit les eaux paraissent comme hésitantes; iront-elles descendre les côteaux rapides de Feillet, ou s'en iront-elles couler doucement dans la rivière d'Eure ; c'est cette dernière voie qu'elles vont prendre ; l'étang des Personnes renvoie ses eaux dans celui de Saint-Laurent, l'*étang du Bardeau* dans celui de *Bréfin*, et tous quatre par un ruisseau unique, celui de la *Fonte*, vont donner naissance à cet important cours d'eau de l'Eure concurremment avec le *ruisseau de l'étang de Rumien*.

En 1792, l'administration départementale demanda à la municipalité du Mage le desséchement de tous ces étangs; cette demande, vu l'impossibilité du travail, fut rejetée ; mais l'œuvre se fait cependant lentement et naturellement; l'envasement a déjà détruit l'un de ces étangs, celui des *Moines* qui existait au commencement du siècle et a considérablement amoindri les autres (2).

Lorsque messire Helvétius prit possession de Feillet 300 arpents d'eau couvraient sa propriété ; ils se répartissaient entre dix étangs qui étaient :

1° L'étang des Personnes.	120	arpents d'eau.
2° — de Saint-Laurent.	70	—
3° — du Petit-Bréfin.	8	—
4° — du Grand-Bréfin.	22	—
5° — du Bardeau.	12	—
6° — de la Rougette.	2	—
7° — de l'Étang-Neuf.	8	—
8° — de la Forge.	50	—
9° — du Château.	5	—
10° — du Haut-Voré.	1	—
	298	arpents d'eau.

(1) M. de Boisvillette a décrit d'une façon fort savante les moindres détails du parcours de cette ligne de partage. Le bourg du Pas-Saint-

Cinquante ans plus tard, au commencement de ce siècle, cette étendue d'eau était considérablement réduite, puisque l'on ne comptait plus que 92 arpents d'eau, c'est à quelques arpents près la situation actuelle; le plus important de ces étangs, celui des Personnes, s'envase de jour en jour, et en dehors d'un curage qui s'impose si on désire le conserver, il est menacé de disparaître ou de ne former bientôt qu'un vaste marécage.

§ III.

Le sol.

La nature du sol est loin d'être favorable à la culture, nous l'avons déjà insinué. Outre que sur 2,490 hectares de territoire il faut en déduire plus d'un mille de boisé ou d'inculte, le reste n'est qu'un composé d'argile à silex et de sable dont la fertilité naturelle a toujours été fort douteuse; aussi dans le passé la partie cultivée n'a-t-elle répondu que maigrement aux efforts des cultivateurs.

En 1728, lors du mémorable procès dont nous parlerons, entre le curé Gilles Simon et les habitants, ceux-ci écrivaient :

« La misère de la province du Perche n'est que trop constante,
« on se le persuadera aisément, si l'on fait attention qu'elle n'est
« couverte que de bois et que le peu de terres qui restent à
« cultiver ne sont presque en partie que des bruyères, terres
« maigres, ingrates, stériles, dont la froideur naturelle ne peut
« être échauffée que par l'abondance des fumiers. »

C'était plutôt la description de leur territoire que celle de la province que présentaient ainsi les habitants du Mage; aujourd'hui, les défrichements, les progrès de l'agriculture, les nouveaux engrais ont fort heureusement changé cet état de choses et apporté là comme dans plusieurs autres parties de la France un bien-être que ne connurent pas les ancêtres de nos laborieux cultivateurs.

On se rendra compte, du reste, par le tableau suivant de l'importance de chaque genre de culture et de plantation, avec son revenu imposable :

Lhomer est construit sur un des points les plus resserrés de son faîte; les eaux se divisent dans le bourg même entre les deux bassins de la Loire et de la Seine, à 224^m d'altitude.

(2) Tous ces étangs et cette contrée boisée du Mage font partie des grands domaines des familles d'Aligre et d'Andlau.

DESCRIPTION PHYSIQUE.

		Revenu.
Terres labourables.	1,134 h. 68 a. 80 c.	10,764 fr. 87
Prés.	144 52 20	4,996 42
Pâtures	89 17 20	947 38
Futaie et taillis.	942 82 50	9,543 63
Plans de pins, semis et aulnaies.	18 66 70	40 64
Bruyères, broussailles. Friches, pacages, chemins.	95 2 70	127 32
Jardins.	12 50 80	300 19
Étangs.	46 6 50	276 39
Mares, fossés, fontaines.	1 52 40	3 05
Superficie des cours et bâtiments.	11 53 60	276 86
	2,496 h. 53 a. 40 c.	27,276 fr. 75

On voit combien peu de ressources offrait autrefois à ses habitants le territoire du Mage, dont la moitié environ appartenait aux seigneurs de Feillet.

Cependant, remarquons avec plaisir que cette division qui est celle du commencement du siècle ne serait plus exacte aujourd'hui que maintes bruyères ont été défrichées, maints marécages assainis.

Et aussi notons que ces bruyères et bréhaudages n'étaient point précisément improductifs. Nous savons, en effet, que les 58 arpents dits Bois-de-l'Aumône, sis sur le Mage, entre les bois de Longny et ceux de Feillet, en friches en 1775 et précédemment en buissons, offraient aux pauvres de l'endroit une bonne pâture pour leurs bestiaux, et M. de Pommereu nous dit que sur les bruyères du Mage, où le pâturage des dites bruyères vaut mieux que dans les autres cantons, on engraisse avec succès les troupeaux de vaches et de moutons qui sont conduits aux marchés de Sceaux et de Paris (1). Non seulement ces bruyères fournissaient de l'herbe à la vache ou au mouton du pauvre, mais celui-ci y trouvait encore du bois pour se chauffer. Combien de malheureux pourraient envier de semblables avantages dans notre siècle soi-disant démocratique qui a vu disparaître dans presque toutes les parties de la France les vaines pâtures et autres propriétés communales si utiles aux pauvres gens.

(1) *État de la généralité d'Alençon*, par Louis Duval, p. 185.

DEUXIÈME PARTIE

HISTOIRE

CHAPITRE PREMIER

Histoire générale.

§ 1er.

Circonscriptions.

A. *Circonscriptions religieuses.*

Nous l'avons vu, l'origine religieuse du Mage est presque certainement druidique; serait-il téméraire, d'après les preuves que nous avons données, d'en faire pour cette époque le centre d'un arrondissement religieux. Les autels étaient pour ainsi dire, sur son territoire, le centre paroissial actuel était résidence de prêtres druidiques; beaucoup voudront avec nous accepter l'hypothèse que nous avançons.

Avec l'époque mérovingienne nous entrons dans l'ère chrétienne. Mais on a conservé les divisions religieuses et civiles des Gaulois. A l'époque druidique Dreux est comme Chartres centre principal, disons-le, chef-lieu d'un département religieux. Le Mage en relève comme division. Le christianisme s'empare de ces contrées; il ne veut rien changer à une division territoriale qui, au fond, lui importe peu. Les départements portent le nom de *pagi*; Dreux, c'est le *pagus Dorcassinus*. Le Mage qui, avant la conversion à l'Evangile, en dépendait, continuera ses relations religieuses avec ce centre important, et jusqu'à la Révolution de 1789 la suite des siècles n'aura rien modifié à cet état de choses. Le Mage relèvera constamment jusqu'à cette époque de *l'archidiaconé de Dreux* et en second lieu du *doyenné de Brezolles*. Le centre de *conférence* sera *Longny*.

Ce que nous disons du Mage nous l'appliquons à Feillet. Feillet, en effet, a été paroisse jusqu'au xii⁰ siècle. Le Pouillé connu sous le nom de « Livre Blanc » qui est de cette époque indique pour : Le Mage « *Megium* » 120 *parochiani*, pour : Feillet « *Foilletum* » 28 *parochiani*.

Feillet était donc bien un centre paroissial. Un autre pouillé moins ancien et appartenant comme le premier à la Bibliothèque de Chartres donne les mêmes chiffres. Mais au xiii⁰ siècle le Cartulaire de N.-D. de Chartres ne fait plus mention de Feillet qui est alors accolé au Mage, d'où il a toujours dépendu depuis sous le rapport religieux.

Nous croyons intéressant de reproduire ici un passage d'un jurisconsulte qui faisait autorité à la fin du siècle dernier, relativement à la façon dont étaient jadis administrées les paroisses :

« *Assemblées de paroisse*. — On distingue deux sortes d'assemblées de paroisse ; savoir, les Assemblées de bureau ordinaires et les Assemblées générales.

« 1. — Ce qu'on appelle *Bureau Ordinaire* en fait de gouvernement des fabriques, est une Assemblée composée du curé, des marguilliers en charge et de quelques anciens marguilliers.

« Il n'y a point de bureau de cette espèce dans toutes les paroisses ; il n'en existe guère que dans les plus grandes : à la campagne surtout c'est par les marguilliers seuls que se fait communément tout ce qui est d'administration courante et ordinaire.

. . . .

« En Normandie..... il se tient des *Assemblées* ou *Bureaux Ordinaires*, même dans les paroisses de campagnes. C'est ce que nous apprend l'arrêt de règlement du Parlement de Rouen du 26 juillet 1752 :

« ..... Les Assemblées ordinaires dans les campagnes, seront
« composées du seigneur, tant présentateur qu'honoraire, du
« curé, qui y auront voix délibérative, des anciens et nouveaux
« marguilliers ; dans lesquelles Assemblées le seigneur présidera,
« ou en son absence, le curé ; et les délibérations seront signées
« de celui qui présidera et de trois délibérans au moins ;
« et en cas d'absence du seigneur, le gentilhomme le plus âgé,

« ou un des principaux propriétaires pourra s'y trouver et y aura
« voix délibérative, sans pouvoir y présider. »

« 2. — Les *Assemblées générales* de paroisse sont nécessaires
en plusieurs cas, savoir :

« 1° Quand il s'agit de procéder à l'élection de nouveaux marguilliers, *Commissaires des Pauvres*, ou *Dames de Charité*. C'est ce que décident les règlements du 2 avril 1737, etc., etc.....

« 2° Quand il s'agit d'intenter ou de soutenir quelque procès, excepté pour le recouvrement des revenus ordinaires.....

« 3° Quand il s'agit de faire quelque règlement nouveau dans la paroisse soit de discipline, soit pour changer la taxe des droits appartenans à la fabrique soit pour augmenter les gages des officiers et serviteurs de l'église.

« 4° Quand il faut choisir un *clerc de l'œuvre* ou sacristain ou le destituer.

« 5° Lorsqu'il est question de faire quelque dépense extraordinaire, d'emprunter, d'aliéner, d'acquérir, d'entreprendre quelque bâtiment considérable, de vendre de l'argenterie ou d'autres effets appartenans à la fabrique, d'accepter quelque fondation, etc.

« Qui sont ceux que l'on doit appeler aux Assemblées générales des paroisses ?..... dans les paroisses de campagne il y a plusieurs endroits où l'usage est d'y appeler les personnes de considérations, officiers de judicature, avocats, anciens marguilliers, commissaires des pauvres et autres notables..... En Normandie ces assemblées doivent être composées des *principaux paroissiens*; d'après l'arrêt de 1751 du Parlement de Rouen elles seront annoncées quinze jours d'avance..... et composées dans les campagnes de quatre marguilliers et de quatre propriétaires au moins..... Il n'est pas besoin d'avertir qu'il en doit être autrement dans les paroisses qui ne sont presque composées que d'artisans; aussi voyons-nous que dans la plupart des villages ces assemblées sont convoquées par le son de la cloche, ce qui annonce assez que tous les paroissiens peuvent y être admis. »

(Guyot, *Répertoire de Jurisprudence*, 2° éd., 1784.)

Le Concordat et la bulle pontificale de 1802 fixant la nouvelle délimitation des diocèses enleva le Mage au diocèse de Chartres pour le donner avec toutes les paroisses voisines au *diocèse de Séez* et au *doyenné de Longny* dont il a relevé jusqu'à ce jour.

B. *Circonscriptions féodales.*

Le chef-lieu de la paroisse du Mage et une bonne partie de son territoire ont toujours relevé de la *seigneurie de Feillet*; mais dans quelle division féodale du comté du Perche était classé Feillet ?

A n'en pas douter dans celle de Nogent-le-Rotrou. Ouvrons la charte de juin 1230 publiée par M. de Romanet dans les pièces justificatives de sa *Geographie du Perche* (n° 22), nous y lisons : « ..... *Feodum qui est de servientum de Nogent, videlicet : Henri de Queuves, Guillelmi Babiol, Guillelmi Coqui Maleti et domini Guillelmi de Folicto.....* » Guillaume de Feillet était donc vassal immédiat du seigneur de Nogent devenu comte du Perche à la fin du XI° siècle.

Les partages de propriété qui eurent lieu par la suite dans la famille des comtes du Perche rejetèrent Feillet et ses dépendances sous la suzeraineté de Regmalard ; *la Beuvrière, la Molière* et *le Val-Hardouin*, aujourd'hui disparus, relevaient de la seigneurie de Feillet, mais n'ayant encore pu découvrir aucune déclaration ni dénombrement de la seigneurie de Feillet, nous ne savons pas quelles étaient les limites du domaine et des terres inféodées qui la composaient en dehors des trois susdites dans les paroisses du Mage et de Feillet ; nous savons seulement que cette importante seigneurie s'étendait sur une partie du bourg et de la paroisse de Regmalard, sur une partie de Bizou et une partie de Boissy-Maugis (1).

L'étude de l'organisation judiciaire ancienne et spécialement des appels nous donne en outre la preuve que le seigneur de Feillet avait inféodé certaines terres de la paroisse du Mage aux *seigneurs de Neuilly-sur-Eure* et *de la Lande-sur-Eure*, qui lui rendaient hommage de ces terres ; enfin que la *châtellenie de Regmalard* et la *baronnie de Moutiers* avaient dans leur mouvance immédiate une autre partie des terres de la paroisse du Mage.

C. *Circonscriptions judiciaires.*

Au point de vue judiciaire, le Mage et Feillet furent toujours compris dans le baillage de Mortagne. Feillet qui avait de bonne heure cessé de former une paroisse distincte, n'en resta pas moins le chef-lieu de la *haute justice de Feillet* qui ne s'exerçait, en premier ressort, que sur une partie de la paroisse, c'est-à-dire le bourg, Feillet et les villages voisins qui relevaient seuls directement de la seigneurie du même nom. La *châtellenie de Regmalard,* la *baronnie de Moutiers* et la *haute justice de Neuilly* étendaient leur juridiction sur les villages de cette paroisse qui en relevaient féodalement.

En revanche, à la haute-justice de Feillet ressortissaient une

---

(1) Voyez notamment dans le présent fascicule les chartes des concessions de droits faites par le seigneur de Feillet en faveur de Marmoutier dans la paroisse de Boissy-Maugis, publiées par M. l'abbé Barret dans le *Cartulaire de Marmoutier pour le Perche.*

partie du bourg et de la paroisse de Regmalard, une partie de Bizou et une partie de Boissy-Maugis.

Le bailli de Feillet jugeait en *appel* les causes du baillage de *Neuilly* et celles de *la Lande-Marsolière* (1), tandis que les appels des *jugements en premier ressort* qu'il avait lui-même rendus étaient portés en *premier appel* à *Regmalard* et en second au baillage de *Mortagne* qui connaissait des appels de toutes les justices seigneuriales de son ressort ; enfin le bailliage de Mortagne était compris dans le ressort du *Parlement de Paris*.

Bien que situé à la porte de Longny, le Mage n'eut jamais aucun rapport judiciaire avec cette baronnie qui ne relevait pas du comté du Perche mais de l'évêque de Chartres, et si parfois nous voyons le bailli de Longny régler quelques causes de justice entre les gens du Mage, ce n'est que par intérim des baillis de Feillet.

Depuis la Révolution le Mage fait partie du *canton de Longny* et relève du *Tribunal civil* de Mortagne et de la *Cour d'appel* de Caen.

D. *Circonscriptions législative ou provinciale* (2).

La législation qui avait force de loi au Mage était celle de la *province du Perche*. Le texte de cette Coutume fut rédigé d'abord en 1505, puis en 1558 : cette dernière rédaction fut suivie jusqu'à la Révolution et a même encore sa force aujourd'hui pour les articles qui n'auraient pas été abrogés par un texte nouveau. Le texte de la Coutume était interprété et complété par les *Arrêts du parlement de Paris*.

E. *Circonscription communale et financière.*

Les communes rurales se nommaient avant 1789 *communautés d'habitants;* nous ne saurions donner une idée plus exacte de l'administration des *communautés d'habitants* et du Mage en particulier qu'en reproduisant les lignes qui suivent et dans lesquelles sont donnés les principes de cette administration :

« *Communautés d'habitans.* — C'est le corps des habitants d'une ville, d'un bourg, d'un village, considérés collectivement pour leurs intérêts communs.

« Quoiqu'il ne puisse s'établir dans le royaume aucune communauté sans lettres-patentes, cependant les habitans de chaque ville, bourg ou paroisse, forment entre eux une Communauté, quand même ils n'auraient point de chartre de commune : l'objet

---

(1) La Lande-sur-Eure.
(2) Voyez au sujet de la concordance des *divisions législatives* et des *provinces* la Géographie du Perche du v^{te} de Romanet, p. 125.

de cette Communauté consiste seulement à pouvoir s'assembler pour délibérer de leurs affaires communes et à avoir un lieu destiné à cet effet ; à nommer des maires et échevins, consuls et syndics, ou autres officiers, selon l'usage du lieu, pour administrer les affaires communes; des asséeurs et collecteurs dans les lieux taillables, pour l'assiette et recouvrement de la taille; des messiers et autres préposés pour la garde des moissons, des vignes et autres fruits.

« Les Communautés d'habitans possèdent en certains lieux des biens communaux, tels que des maisons, terres, bois, etc.....

« L'édit de 1683 et la déclaration du 2 août 1687 défendent aux Communautés d'habitans de faire aucune vente ni aliénation de leurs biens patrimoniaux, communaux et d'octroi, ni d'emprunter aucune somme pour quelque cause que ce soit, sinon en cas de peste, ou pour logement et ustensiles des troupes et réédification des nefs des églises tombées par vétusté ou incendie et dont ils peuvent être tenus et dans ces cas même, il faut une assemblée en la manière accoutumée, que l'affaire passe à la pluralité des voix et que le greffier de la ville, s'il y en a un, sinon un notaire, rédige l'acte et qu'on y fasse mention de ce qui doit être fait. Cet acte doit être ensuite porté à l'intendant, pour être par lui autorisé s'il le juge à propos et s'il s'agit d'un emprunt, il en donne avis au roi, pour être par lui pourvu au remboursement.

« Suivant arrêt de 1775..... en cas d'emprunts..... les officiers municipaux, les administrateurs, les syndics et autres officiers chargés de l'administration des affaires des villes, corps, communautés, hôpitaux et provinces, ont été déclarés garans et responsables, en leur propre et privé nom, de l'effet des dispositions qu'on vient de rapporter, pour tout le temps de leur administration.

. . . .

« Les Communautés d'habitants ne peuvent intenter aucun procès sans y être autorisées par le commissaire departi dans la province; et en général les habitans ne peuvent entreprendre aucune affaire soit en demandant ou défendant ni faire aucune députation ou autre chose concernant la Communauté, sans que cela ait été arrêté par une délibération en bonne forme. »
(Guyot, *Répertoire de Jurisprudence*, 2ᵉ éd., 1784.)

« *Assemblées des communautés d'habitants.* — Il y a deux choses essentielles à examiner par rapport aux Assemblées des communautés d'habitants, savoir :

« 1° L'autorisation nécessaire pour les tenir ;

« 2° La manière dont elles doivent être tenues.

« 1° C'est un axiome trivial en France, qu'il ne peut se faire aucune Assemblée sans la permission du roi ou de ceux à qui il a confié l'exercice de son autorité : mais cette maxime s'étend-elle aux communautés d'habitants. C'est ce qui ne peut être décidé que par plusieurs distinctions :

« Si ces habitants ne dépendent d'aucun seigneur justicier et jouissent du droit de commune, il est évident que rien ne les empêche de s'assembler, quand ils le trouvent à propos, pour délibérer sur les affaires qui les regardent en commun. L'autorité des maires, échevins, jurats, consuls et autres magistrats semblables que le souverain leur a permis de se choisir, suffit pour donner à ces Assemblées un caractère légal et en écarter toute idée d'attroupement illicite.

« S'ils n'ont pas le droit de commune et qu'ils soient dans la justice immédiate du roi, il semble qu'ils ne peuvent s'assembler qu'avec la permission de l'officier royal qui est chargé parmi eux de la manutention de la police.

« A l'égard des communautés qui sont dans la dépendance des seigneurs justiciers, c'est une vérité généralement reconnue qu'elles n'ont pas besoin, pour s'assembler, de la permission du souverain ni de ceux qui le représentent : mais peuvent-elles également se passer de celle de leurs seigneurs ?

« Un arrêt du Parlement de Paris du 10 janvier 1619 a infirmé, sur les conclusions de M. Servin, une sentence du Châtelet du 7 septembre 1617 qui avait jugé pour la négative, en faveur du seigneur châtelain de Chatou et contre les habitants du même lieu.

. . . .

« 2° La forme en laquelle doivent être tenues les Assemblées de communautés d'habitans est déterminée par la déclaration du 2 août 1687 : « Nous avons, porte cette loi, fait très expresses
« défenses aux syndics des communautés d'intenter aucune ins-
« tance..... qu'en vertu d'un acte d'Assemblée tenue en bonne
« forme, à l'issue de la messe de paroisse, la dite Assemblée
« préalablement indiquée au prône. »

(Guyot, *Répertoire de Jurisprudence*, 2° éd., 1784.)

Cette administration *autonome* mais soumise à une sage et légitime réglementation de la part du pouvoir royal, fut modifiée d'abord par la loi, du reste assez libérale, des 14 au 18 décembre 1789; mais cette loi, pas plus que les suivantes, ne put être appliquée, et les désordres et abus de toute sorte par lesquels la Révolution signala son passage, expliquent la réaction centralisatrice de la Constitution de l'an VIII qui réduisit nos communes à l'état du plus complet esclavage dans lequel elles sont toujours restées depuis. Le Perche fut réparti en deux *districts*; le Mage fut englobé dans celui de Bellême, dès lors qu'une répartition plus sensée eût dû le comprendre dans celui de Mortagne. Plus tard, ces deux districts ayant été réunis, le Mage a toujours fait partie de l'arrondissement de Mortagne. Notons que Feillet ne forma jamais une *communauté d'habitants* et qu'à ce point de vue il fut toujours réuni au Mage. Remarquons également qu'avant 1789 les communes rurales d'aujourd'hui, portant le nom de *communauté*, étaient administrées, dans le Perche et les provinces voisines, par un notable remplissant les fonctions de nos maires actuels, et appelé « syndic ».

La liste des *syndics de la Communauté d'habitants du Mage* eût logiquement trouvé place ici avant celles des *maires de la commune du Mage*.

Nous ne connaissons que deux des syndics du Mage : le sieur de Grandmaison qui joua en 1728 un rôle principal dans le procès des pailles, et François Guérin en 1755 ; il est à regretter que nous ne puissions offrir quelques actes de leurs délibérations ; nos recherches ont été sous ce rapport absolument stériles.

Les maires qui depuis cent ans ont présidé aux intérêts communaux sont :

1793.	Sébastien Gadeau. . .	curé et maire (1).
1794.	Jean Regnard	maire.
1796.	Gabriel Montaigu . . .	id.
1799.	René Dourdoigne. . .	agent municipal.
1799.	Charles Foucault . . .	adjoint.
1804.	Jean Regnault	maire.
1805.	Guérin	id.
1806.	M. de Bausse	
1806.	M. de Suhard	adjoint.
1815.	M. de Suhard	maire.
1824.	Louis Brunet	id.
1831.	Louis Guérin	id.
1838.	Blaise Regnard. . . .	id.
1848.	Frédéric Collet. . . .	id.
1852.	François Chauchoprat .	id.
1854.	Achard de la Vente . .	id.
1871.	Jean-Louis Tomblaine .	id.
1884.	Jean-François Rivière .	id.
1890.	Séverin Sagot	id.
1890.	Arsène Cottin	id.

(1) Nous avons remarqué que presque partout les premiers maires établis au début de la Révolution furent les curés de la paroisse, souvent remplacés, lorsqu'ils émigrèrent, par les curés assermentés, lesquels d'ailleurs ne restèrent jamais longtemps en fonctions. M. Gadeau en est une preuve.

Le principal intérêt des communautés était le paiement de la taille, à laquelle les habitants étaient tenus solidairement, la taille étant un impôt de répartition (comme l'impôt foncier qui l'a remplacée sous un autre nom) et chaque communauté devant payer la somme fixée par les élus, il en résulte que les communautés étaient des divisions *financières ;* deux paroisses pouvaient ne former qu'une seule *communauté d'habitants* (ce qui était le cas pour le Mage et Feillet en 1460).

Le Mage dépendait de l'*élection de Mortagne ;* l'Etat de la Généralité d'Alençon, les rôles de capitation en font foi ; en ce qui concernait la gabelle, il s'adressait au grenier à sel de Regmalard, créé en 1722, troisième du Perche après Mortagne et Bellême. A la Révolution, le Mage fut classé dans la perception de Monceaux qui ne vécut que peu de temps ; il verse aujourd'hui ses impôts entre les mains du percepteur des contributions directes de Longny.

Au XVe siècle, le chiffre de l'impôt s'élevait pour *le Mage* et *Feillet* à 40 livres tournois (1).

Nous n'avons trouvé sur les finances au Mage dans les siècles suivants absolument rien de spécial.

Pour le XIXe siècle, nous espérons pouvoir donner dans la troisième partie de notre travail le résumé des budgets communaux et le tableau des impôts généraux et locaux supportés par les habitants de la commune depuis la Révolution.

On y verra qu'au Mage comme ailleurs si le XIXe siècle mérite le nom de *siècle du progrès,* comme d'aucuns veulent bien le dire, c'est assurément au point de vue des impôts, car jamais à aucune époque il n'ont *progressé* avec une rapidité aussi merveilleuse.

F. Circonscription représentative.

Cette circonscription n'est que la conséquence de la précédente. En effet, un des objets principaux des assemblées représentatives a toujours été la consultation du peuple faite par le chef de la nation et la discussion par ses représentants de l'opportunité des nouveaux impôts. Nous n'avons pas de renseignements sur la façon dont fonctionnaient les *Etats du Perche* qui se réunissaient sous le nom de *Calende du Corbonnais* dans le prieuré de Chartrage, près Mortagne ; longtemps avant la Révolution ils avaient cessé d'être convoqués et les cahiers de doléances rédigés dans le Perche pour les Etats Généraux de 1789 demandent *presque tous* qu'ils soient établi ou rétabli des *Etats particuliers*

---

(1) Expilly. Voir le tableau publié par M. de Romanet dans sa *Géographie du Perche.*

pour la province du *Perche*. Le premier acte connu des *représentants* des trois *Ordres* de cette paroisse est dans la tenue des Etats provinciaux à Nogent-le-Rotrou pour la rédaction des *coutumes* du Perche (1558). Messire Gille Auvé, seigneur de Feillet, y représente la noblesse ; maître Jean Le Large, curé, le clergé ; François Février, lieutenant au bailliage de Regmalard, les manans et habitants.

Pour la députation aux Etats-Généraux, le Mage a toujours été englobé dans la représentation du *bailliage du Perche* ; en 1789 l'assemblée des trois Ordres du Perche délégua pour l'état du clergé aux Etats Généraux maître Sébastien François, curé du Mage.

Avec la Royauté est disparu (pour un temps, espérons-le), le *gouvernement représentatif* : en effet, le *parlementarisme*, triste importation étrangère, cadeau empoisonné de nos « *vieux ennemis et anciens adversaires les Anglais* », n'en est qu'une grossière et absurde parodie : en effet, le *député*, suivant l'ancienne constitution du royaume de France, 1° était nommé par tous les Français ou Françaises jouiss. de leurs droits civils, et 2° avait un *mandat impératif* net et précis, de sorte qu'il représentait réellement ses commettants ; au contraire le député ou le sénateur depuis la Révolution 1° ne sont plus nommés que par des catégories plus ou moins restreintes d'électeurs et en tout cas jamais par les femmes, même veuves avec enfants, et 2° ils n'ont *aucune mission ni obligation quelconque*, pas même celle d'assister une seule fois aux réunions des assemblées dont ils font partie.

Dans ce siècle-ci la représentation du Mage a naturellement été celle de l'arrondissement de Mortagne.

G. *Circonscription militaire.*

Guillaume de Feillet est le premier soldat connu du Mage : il s'enrôle, lors de la première croisade, sous la bannière du comte du Perche Rotrou III.

Que de braves cœurs n'ont pas quitté le sol du Mage pour la défense de leur pays, depuis ce noble croisé jusqu'aux humbles victimes de 1870. Les premiers nobles ou roturiers s'engagèrent à la suite de leur suzerain et s'illustrèrent sans doute dans maint combat ; plus tard, lorsque furent organisés les *Gouvernements militaires*, le *Gouvernement général du Maine et du Perche* comprit toutes les paroisses de la province du Perche et de celle du Maine ; les appels militaires se firent donc au Mage comme dans le reste du Perche par les ordres du *Gouverneur général* en résidence au Mans et de son lieutenant de Mortagne, et quand, en 1688, furent établies les milices, le Mage comme toutes les communautés d'habitants eut à fournir et à équiper un homme incorporé au bataillon de Mortagne.

Pour le service de l'*arrière-ban*, les gentilshommes de la province formaient l'*escadron* qui était commandé par le *Grand-Bailli* du Perche chargé de les conduire, suivant les ordres du Ministre de la Guerre, soit dans une garnison, soit sur le théâtre de la guerre.

Aujourd'hui le Mage est compris dans la circonscription du *4º corps d'armée*, dont le chef-lieu est au Mans, et dans la 7º *subdivision de la 4º région*.

En ce qui concerne la *police*, *Regmalard* fut toujours pour le Mage le siège de la maréchaussée jusque dans la dernière moitié du dernier siècle, où nous voyons dans plusieurs cas les officiers de justice de Longny venir constater au Mage des cas de mort violente ou subite. La gendarmerie est, depuis le commencement du siècle, à *Longny*.

H. *Circonscription forestière.*

Le Mage qui faisait autrefois partie de la *Maîtrise des eaux et forêts du Perche*, est aujourd'hui compris comme le reste de l'arrondissement de Mortagne et celui d'Argentan, dans l'*Inspection de Mortagne*, comprise elle-même dans la *15º Conservation*. L'État ne possède aucun bois ni forêt dans la paroisse ; la partie boisée du territoire appartient presque entièrement à M. le comte Terray et à Mᵐᵉ la marquise d'Aligre ; ces bois sont traversés par divers chemins d'exploitation ; une ligne porte le nom de *ligne Clément* en mémoire d'un ancien seigneur dont nous parlerons. Deux gardes ont la surveillance de cette propriété.

I. *Circonscription académique.*

Les écoles avant la Révolution étaient, on le sait, sous le patronage des évêques, sous la surveillance du chapitre des cathédrales (dont le dignitaire nommé *precentor* était généralement chargé de leur inspection) et sous la direction immédiate du curé de la paroisse.

Pendant la Révolution presque toutes les écoles furent fermées ; quand elles purent se rouvrir, Napoléon les laissa à la discrétion et au gouvernement des municipalités. Dans la dernière moitié de ce siècle et depuis la formation du personnel enseignant tel que nous le voyons, le Mage relève de l'*Académie de Caen*, de l'*inspection académique d'Alençon* et de la *sous-inspection de Mortagne*.

J. *Circonscription postale.*

Le Mage qui autrefois était desservi par le *bureau de Longny* dépend actuellement de celui de *Moutiers-au-Perche*, depuis sa formation, il y a une quarantaine d'années. Il n'y a qu'une seule distribution et une seule levée, mais le passage du courrier de Longny à Bretoncelles permet, depuis deux ans, l'envoi des correspondances à la fin de la journée.

§ II.

Événements divers.

A. *Troubles géologiques et atmosphériques de l'année 1783.*

Un vicaire du Mage a laissé dans les registres des notes curieuses que nous croyons devoir insérer ici dans l'intérêt des observateurs et des savants, et aussi, disons-le, de l'histoire de notre paroisse :

« L'année 1783 est remarquable par les révolutions qui y sont arrivées. La Calabre a été bouleversée par des tremblements de terre et différentes ouvertures de la terre de la manière la plus terrible. Plusieurs villes et villages ont entièrement disparu. Tout le reste a été renversé ; le peu d'habitants qui en sont échappés ont été pendant plus de trois mois aux abois, réduits à demeurer dehors dans des cabanes ; les tremblements se sont renouvelés plusieurs fois pendant ce temps.

« Un brouillard épais, sec, puant a régné continuellement depuis le commencement de juin jusqu'au mois de septembre, non seulement en France, mais en Italie et en Espagne ; ce brouillard a exercé inutilement les chimistes et les physiciens, car les sentiments n'ont point été uniformes ni sur son origine, ni sur sa nature, ni sur ses suites. Il n'a pas produit de maladie.

« Cette même année, le 9 février, le tonnerre est tombé dans différents endroits, notamment sur le clocher de la Lande qu'il a abymé ; de là dans l'église où il a tué un homme et blessé plusieurs autres qui entendaient la grand'messe. Un orage qui a tombé dans cinq ou six endroits du royaume très éloignés les uns des autres, le 3 août, entre cinq et six heures, a ruiné au moins une trentaine de paroisses par la grêle qui était d'une grosseur extraordinaire ; de ce côté ici elle n'a pas passé Longny.

« La récolte de cette année a été peu abondante en général, les blés avaient été faits très-tard et engrangés tout mouillés, le prix n'en a cependant pas été bien haut; car une principale raison de ceci était qu'on ne pouvait les garder.

« Le froid a commencé dès le commencement d'octobre, où il a même gelé à glace, il a toujours été ainsi en augmentant jusqu'au 27 novembre, qu'il est tombé de la neige considérablement jusqu'au 29; le 30 et le 31 étant des plus rudes, puisque, suivant les observations qu'on a fait, ce froid surpassa d'un demi-degré celui de 1709.

« Le dégel a pris le 1er janvier et un jour après, la gelée a repris sur ce qui restait encore de neige, dont on a bientôt eu une abondance non pareille qui a recommencé le 16 de janvier.... *(Extrait du registre de 1783.)*

. . . .

« Les premières neiges de l'hiver 1783 à 1784 étant fondues, le 1er janvier 1784, par la tempête la plus violente, dès le lendemain commença une gelée très-forte qui dura jusqu'au 17, jour de saint Antoine, que sur les quatre heures de nouvelles neiges commencèrent à tomber. Ces neiges tombaient de tous vents et rarement un jour passait sans qu'il en tombât. A certains jours venaient des vents N.-E. glacials qui découvraient le haut des sillons, de sorte qu'une partie des seigles et blés ont gelé, surtout dans les terres douces; d'autres jours, le soleil paraissoit et la gelée recommençoit; ensuite la neige retomboit de nouveau, de façon que dans les chemins creux elle a eu jusqu'à huit et dix pieds de haut.

« Toutes ces différentes chutes de neige et gelées l'avoient rendue si dure qu'on passoit dessus sans enfoncer et que ceux qui vouloient ouvrir un chemin pour des charettes coupaient cette neige par morceaux comme des pierres de tailles. Ces neiges durèrent ainsi jusqu'au 21 février. Là une petite pluie fine amena le dégel sans presqu'aucune inondation, et le 23 dudit mois, le général des terres était découvert. On a cependant encore vu de ces neiges dans les chemins creux jusqu'à Pâques; la semaine même de l'Ascension, 20 de may, malgré les chaleurs excessives qui avoient existé huit à dix jours avant, on en a trouvé en tirant de la marne à une carrière peu profonde et découverte, à la terre de la Garde.

« Il n'y a presque point eu d'orages cette année; tous les lauriers et joncs marins ont gelé; les chaleurs excessives qui ont ensuite pris au mois de may ont arrêté tous les mars, foins, etc., et les ont rendu très-rares; de petites gelées blanches et à glace ont commencé dès le 1er octobre et enfin la neige est revenue dès

le 9 novembre et a duré jusqu'au 30. Ainsi a passé l'année 1784.
(Reg. par. de 1784.)

« ROGER, *vicaire du Mage.* »

B. *Révolution de 1789.*

Nous n'avons pas été aussi heureux dans nos recherches sur cette époque que dans celles qui suivront. En effet les registres de ces années si mouvementées et par ce fait si intéressantes à étudier, ne sont, au Mage, remplis que par la transcription des lois et décrets presque quotidiens qui alors pleuvaient sur la France.

A part l'inscription des trois prêtres assermentés dont nous parlerons, une délibération sur le dessèchement des étangs demandé par l'administration départementale, un inventaire des objets d'église au sortir de la Révolution (nous le donnerons plus loin), rien de saillant ne nous a frappé dans la lecture de ces registres. Quelques lignes insérées çà et là nous indiquent qu'au Mage comme partout on fut écrasé de réquisitions en fourrages, blé, bestiaux et chevaux, que tel et tel furent obligés de les conduire soit à Mortagne, soit à Alençon, voire même plus loin; nous savons qu'au Mage comme ailleurs le recrutement des jeunes gens se fit avec la plus grande rigueur; mais nous n'avons pour appuyer ces faits aucun des épisodes intéressants qui, dans notre « *Mémoire historique sur la paroisse des Mesnus* », nous permirent de faire du chapitre sur la Révolution un des plus curieux et des plus documentés de ce travail.

Les habitants du Mage s'associèrent, au début de la Révolution, dans une large mesure aux plaintes et doléances adressées à l'Assemblée par toutes les paroisses de France; on lira leur cahier aux « Pièces justificatives », il ne manque pas de bon sens et d'originalité : nous pouvons le réduire à ceci :

1° Suppression des impôts de jour en jour plus accablants, en particulier de celui de la gabelle qui est le plus onéreux, et de celui du tabac;

2° Récriminations contre l'avidité et la dureté des commis, presque toujours juges et parties dans leurs propres causes, contre l'odieuse inquisition des traitants;

3° Liberté du commerce et suppression du droit de péage sur les marchés;

4° Destruction autorisée des lapins et autre gibier nuisible; suppression de la banalité des moulins, de l'usage abusif suivi par la noblesse de faire valoir par soi-même une énorme quantité de terre sans payer leur juste contingent de taille ni corvée; continuation des routes commencées;

5° Réforme de la procédure et des droits exorbitants de contrôle, réduction du nombre énorme de fonctionnaires, commis et employés des diverses branches administratives.

On constatera par la lecture du document lui-même qu'il serait facile aujourd'hui de reproduire raisonnablement les plus importantes de ces plaintes et doléances, et que la Révolution pour nous avoir fait goûter à toutes les formes de gouvernements bonnes et mauvaises, n'a point apporté la solution des grands problèmes qu'on lui posait à sa naissance, bien que certains se plaisent à lui donner avec complaisance le nom sonore de grande Réformatrice.

C. *Guerre de 1870.*

Le passage des Prussiens au Mage se fit dans des conditions relativement assez calmes, surtout lorsqu'on connaît les scènes de sauvagerie dont ils se rendirent coupables à Longny. Ils se présentèrent le 21 novembre au nombre de 1,500 à 2,000, après les engagements sans importances de la Madeleine-Bouvet et des environs. Venant de Moutiers, ils débouchèrent par Feillet, où quelques ouvriers sous la direction de l'agent-voyer Havard avaient construit une barricade, défendue en ce moment par les mobiles de la Corrèze. Quelques coups de fusil furent échangés et un officier ennemi mortellement blessé; mais les mobiles se voyant débordés par les Prussiens, s'enfuirent sur le Mage poursuivis et harcelés. Au Mage on se battit d'une manière confuse et fort irrégulière; la nuit arriva et grâce à elle nos soldats se retirèrent tous absolument indemnes. Un cultivateur de la Fourlière, le sieur Rivard, fut la seule victime de cette bagarre; il avait eu la curiosité et, disons-le, l'imprudence de venir à Feillet se rendre compte de ce qui se passait, une balle le frappa à la cuisse, il en mourut peu de jours après.

Installés au Mage pendant la nuit, les Prussiens, mécontents de l'attaque qu'ils venaient de subir, se montrèrent peu accommodants. Un incendie éclata dans une grange du sieur Silvestre, occupée par eux; on ne sut si leur malveillance ou le manque de précaution en fut la cause; le lendemain ils se dirigèrent sur Longny, et jusqu'à la fin de la campagne le Mage n'eut que des passages de troupes dont il n'eut pas à souffrir.

CHAPITRE II

Histoire démographique ou les Habitants.

§ Ier.

Mouvement de la population.

Nous savons qu'au XIe ou XIIe siècle il y avait au Mage 120 paroissiens, à Feillet 28. Depuis cette époque reculée, si haut que nous remontons au XIIIe siècle, le Cartulaire de N.-D. de Chartres, confondant le Mage et Feillet, nous indique dans ces deux paroisses 400 communiants. Il est connu et nous n'avons pas besoin de le dire que tous les enfants au-dessous de 12 ans, c'est-à-dire n'ayant pas communié, sont en dehors de ce chiffre et peuvent à eux seuls former une population de 200 habitants non communiants. Nous ne croyons, par ce fait, tomber en dessous du chiffre véritable de la population en annonçant 600 habitants du Mage au XIIIe siècle.

En 1710, les registres sont délivrés pour un maximum de 200 feux, ce qui ferait un millier d'habitants environ. Quelques années plus tard, l'abbé Expilly en annonce 122. A la Révolution il y a 800 âmes et 48 villages, hameaux ou fermes. En 1811, il y avait au Mage 197 garçons, 228 filles, 144 hommes mariés, 145 femmes, 14 veufs, 48 veuves, 16 militaires. Au total, 792. *(Annuaire de 1811.)* En 1842, on compte au Mage 922 et en 1856 on retrouve encore 850 habitants. Le Mage, comme toutes nos communes voisines, aura vu vers 1850 son chiffre de population le plus élevé pour le XIXe siècle ; désormais ce sera une baisse continue, le recensement de 1891 n'a donné que 557 habitants ; celui de 1896 n'a plus que 534. Le commencement du XXe siècle aura la honte de compter moins encore.

§ II.

Émigration et immigration.

A d'autres de chercher et de dire les causes générales de cette décroissance ; nous n'avons qu'à constater ici des faits absolument relatifs à la paroisse qui nous occupe. Qu'est devenue la noblesse du Mage en dehors des seigneurs de Feillet ? Les ressources pécuniaires, la stérilité du sol ont forcé cette noblesse à émigrer, à s'en aller dans les centres plus importants comme Longny, Mortagne et Nogent se créer des revenus que ne lui offrait plus l'héritage patrimonial où elle était venue se fixer quelques quarts de siècle. Tels les Huet, les de Suhard ; les alliances aussi ont été une grande cause d'émigration pour ces familles dépourvues d'héritiers mâles. Qui est revenu tenir leur place ? Personne ! Montaigu dernier fief des Suhard, a été vendu dans ce siècle-ci ; seule la seigneurie de Feillet par une suite de contrats et de successions est restée comme au XIII° siècle le le grand domaine du Mage, avec, toutefois, certaines aliénations radicales telles que celles de Gruel et de Clément.

L'émigration séculaire des descendants d'Helvétius a tenu au voisinage du château de Voré, à sa position plus riante, à son aménagement plus complet et sans doute aux souvenirs du philosophe. Le retour d'une de ses descendantes vient de mettre fin à cette longue absence

Pareil fait est-il à noter auprès de la population agricole ? Non ! Cette population, comme en général la population percheronne, est restée attachée à son sol. Comment alors expliquer que deux ou trois noms seulement de vieilles familles restent vivants aujourd'hui ? L'émigration aurait-elle produit ce changement presqu'absolu dans une paroisse que nous donnons comme si fortement attachée à sa terre ? Ou bien les décès auraient-ils surpassé les naissances à ce point de favoriser l'immigration des étrangers ? Non, aux deux points de vue. Les actes font foi d'un excédent de naissances dans les derniers siècles ; mais ajoutons qu'ils accusent plus de naissances féminines que masculines. Les alliances ont donc contribué comme cause majeure et première à la disparition des vieux noms de notre paroisse du Mage ; comme cause seconde indiquons ce qui se produit partout, l'héritage en ligne collatérale et dans plusieurs cas la vente forcée de divers lots de terre habitée. Enfin comme dernière cause, rappelons que le territoire du Mage était autrefois et sous l'Ancien Régime aux mains d'un très petit nombre de propriétaires, que par conséquent la population était presque complètement composée de fermiers et métayers qui fort souvent s'en allèrent prendre bail où leur intérêt les demandait, phénomène qui se produisit surtout à la fin du dernier siècle, où la propriété passa si fréquemment entre les mains de divers agriculteurs, colons ou propriétaires.

La liste que nous offrons des principaux noms qui nous ont frappé comparée avec celle des noms actuels que nous donnerons plus loin fera ressortir l'évidence de nos remarques.

POPULATION AGRICOLE. — PRINCIPALES FAMILLES
1500 à 1800.

Dates	Noms	Demeure
1502	Germain Febvrier et Blanchette, sa femme.	Mesnil-Pot.
1543	Guiard.	
1545	Jean Pasquier et Regnaude Rougeraut.	Petit-Boulay.
1560	Marion Gouhier.	
1561	Jean Heurtebise et Toussaint Renaudière, sa femme.	
1567	François et Louis Quatremère et Catherine Charron.	Moulin-du-Mage.
1578	Jehan Bachelier.	Le Fresne.
1581	Maur Cousin.	Le Bouhoudoux.
1582	Philippe Congnart.	Volizé.
1584	Guillaume Courpotin.	La Levrauderie.
1586	Marie Costier, ou Pastier.	Feuillet.
1587	Tiennette Durand.	La Garde.
1587	Mathry Durand.	
1587	Gilles et Jean Douveau.	La Douvellerie.
1594	Martin Boutelou.	
1596	André Guibert et Jeanne Foucault, sa femme.	
1600	Jehan Tousche.	Le Boulay.
1603	Perrine Féron.	L'Auberdière.
1608	Pierre, Maria, Renée, Noelle et Robin Vrau.	
1608	Guillaume Provost.	
1608	Regnault Beaufils.	
1608	Julien Beaufils.	
1611	Bastien Guillemin.	
1611	Pierre Prun et Jehanne Cousin, sa femme.	
1611	Jehanne Bonnevie.	
1611	Matry Piau.	
1611	Macé du Tartre.	Le Buisson.
1626	Anthoine Bourgoin et Damianne Haye, sa femme.	La Hélière.
1629	Pierre Goddé, laboureur.	Le Val-Hardouin.
1632	Jehan Symon et Martine Touschet.	Le Guérottière.
1632	Georges Renard et Françoise Aveline, sa femme.	Le Moulin-du-Mage.
1632	Macé Chevalier, homme de foy du fief des Petites-Landes.	Les Petites-Landes.
1636	Pierre Sanglebœuf, Denize Ozanne, sa femme, et Renée, sa fille.	
1641	Nicolas Villette.	
1642	Jean Goddé et Michelle Nyon.	Les Hayes.
1642	Jean Tousche.	Le Val-Hardouin.

HISTOIRE DÉMOGRAPHIQUE OU LES HABITANTS. 39

Dates	Noms	Demeure
1645	Jacques Houlle.	
1646	Jehan Migraine et Margueritte Boulay.	
1671	Marie Johannet, femme Goddé.	La Fourlière.
1673	Simon Creste.	
1690	Jean Regnart.	Le Vaugiroust.
1691	Zacharie Creste.	
1698	Claude Johannet.	La Pannetière.
1698	Jacqueline Guérin, femme de Pierre Adam, sr des Jardins.	Grand-Volizay.
1708	Hugues Beuve.	La Fourlière.
1715	Victor Maimbray et Marie Gouju, sa femme.	
1726	François Drouoit.	L'Ardillière.
1727	Louis Billiet, laboureur.	Volizay.
1727	Noël Chassevent.	Les Haies-Quartier.
1727	Pierre Godet, fermier.	Mesnil-Pot.
1731	Germain Lebouc et Jeanne Letellier, sa femme.	La Hillière.
1731	Pierre Arnoulin et Elisabeth Laigneau, sa femme.	Grande-Guérottière.
1741	Pierre Chassegué.	La Prunerie.
1741	Jeanne Brunet, veuve Lejeune, Michel et Jacques, ses fils.	Le Haut-Voré.
1741	Pierre Johannet.	Le Buisson.
1750	Marie-Etienne Courpotin.	
1755	Pierre Rival.	
1769	Claude Lortie.	
1755	Pierre Desvaux et Charlotte Adam, sa veuve.	
1772	Jean-François Sorlais.	L'Ardillère.
1772	Pierre Pierre, bordager.	Les Haies-Quartier.
1772	François Lorieux, bordager.	
1790	Charles Foucault, laboureur.	La Garde.

Le mouvement de la population ne s'est, en résumé, prononcé que sur cette partie agricole qui a toujours été au Mage la plus forte ; on nous comprendra de l'avoir donnée ici plutôt qu'au § 5, « le *Tiers Etat* » ; présentée séparément, cette classe intéressante attirera davantage les regards et l'attention.

Nous eussions désiré donner un tableau plus détaillé des naissances, décès et mariages de nos anciens cultivateurs. Ce travail nous eut fait sortir du cadre déjà fort étendu que nous nous sommes tracé. Qu'il nous suffise de noter que depuis la dernière moitié du xvi° siècle jusqu'à la fin du xviii° la moyenne des naissances a été pour le Mage d'un minimum de 13 à un maximum de 21 ; pour les décès de 11 à 17 ; pour les mariages de 5 à 9 par année ; chaque famille variant de 5 à 8 et 10 membres ; 5 étant le minimum en général absolu. On voudra bien comparer ces bases, appuyées sur les actes paroissiaux, avec le recensement que nous donnerons plus loin, et l'on s'expliquera autrement que par l'émigration les causes de notre décroissance actuelle et en particulier de celle du Mage.

§ III.

Les seigneurs de la paroisse et leurs familles.

A. *Premiers seigneurs de Féillet.*

La plus haute noblesse du Mage a toujours résidé à Feillet ; elle n'a pas été une des moindres de la noblesse percheronne. La succession de ses seigneurs que nous offrons complète sera donc une page fort intéressante de l'histoire de notre province.

I.

S'il faut en croire Pitard, qui malheureusement ne nous apporte aucune preuve du renseignement, le sire de Feillet, qui était contemporain de saint Bernard de Thiron, aurait reçu la croix de ce saint fondateur ; nous n'affirmerons point ce fait aussi catégoriquement que Pitard, car en 1096, époque de la croisade, saint Bernard était inconnu au Perche, où il n'entra que plusieurs années plus tard, vers 1108 ou 1109. Quoiqu'il en soit, *Guillaume de Feillet* fit partie de la première croisade de l'aveu de tous les historiens du Perche. De retour, il ne manqua pas, à l'exemple des autres croisés, de doter quelque moutier voisin. Celui de Thyron, nouvellement fondé, était dans son voisinage ; il eut ses préférences. Une charte du 13 mai 1128 (1) nous apprend que Guillaume, seigneur de Feillet, Manou, la Ferrière, les Gués et Gémages exempte de tout impôt sur ses terres, les religieux de Tyron, parce que c'est à leurs prières qu'il a dû son salut dans la croisade (2). Vers 1137, de concert avec son épouse *Hersende*, il donna aux mêmes religieux une charruée de terre sur son fief de Brimont en Frétigny (2).

II.

Dans la dernière moitié du XIIe siècle, mais à une date inconnue *Vivien de Feillet* augmenta en faveur de Thyron la donation précédente de x sols de rente à Frétigny.

---

(1) Voir (Merlet. *Cartulaire de Tyron*, tome II, p. 39, note) les doutes émis par le savant archiviste sur l'authenticité de cette charte et de plusieurs autres de la même date.

(2) Voir les pièces justificatives.

Château de Feillet
Côté Nord
D'après une Photographie du Comte Ludovic de Blavette.

« ..... *Habemus X solidos redditus in costumâ de Frestium in natale Domini pro Viviano de Folieto. Hoc confirmat Guillelmus de Folieto*..... (1). »

III.

En 1202, le sire de Feillet se croise ; à n'en pas douter c'est Guillaume II. Ce seigneur est présent en 1203 à la donation par Gervais de Châteauneuf, aux moines de Tiron, du prieuré de Saint-Barthélemy-du-Vieux-Charencey (2) ; il confirme avant 1250 et augmente les donations précédentes :

« ..... *Habemus XX^{ti} solidos redditus et XII denarios censuales pro loco Sancti Laurentii in Gastina in festo Sancti Andreæ in prepositura de Freteine per manum prepositi sub pena II^{orum} solidorum pro quolibet ebdomada. Hoc confirmat. G[uillelmus] dominus de Folieto* (3). »

Guillaume II ne borna point ses générosités au monastère de Tiron : celui des Clairets en eut aussi des preuves. Au jour de la dédicace de l'église par Guillaume, évêque de Châlons, il donna aux religieuses « deux setiers de bled » à prendre sur son moulin de Maison-Maugis :

.....*Guillelmus de Folieto duos sextarios bladi in molendino Mausagii ad mensuram Castellani*..... (4).

Guillaume II eût certains démêlés avec les moines de Marmoutiers et précisément au sujet de ses droits sur ses fiefs de Maison-Maugis et de Boissy-Maugis. Depuis longtemps il prétendait à un droit de procuration sur le prieuré de Boissy ; les moines le lui contestaient. Après de longues et de nombreuses contestations Guillaume renonça à son droit, d'accord avec Jeanne, sa femme, Mahaut ou Matille sa sœur, Raimbaud, Vivien et Geoffroy ses frères et en juin 1225, notifia cette renonciation à l'abbé de St-Julien official et messire Richard, chanoine de Tours, juges délégués par le Pape, lesquels en la fête de saint Pierre et de saint Paul dans le même mois ratifièrent cette concession, en dédommagement de laquelle les moines donnèrent au sire de Feillet 40 livres tournois. (5).

(1) *Cartulaire de Tyron*, par Merlet, charte CCCLXXVII.
(2) ..... *Presentibus testibus hiis; domino Guillelmo de Foulleto*..... (*Cartulaire de Tyron*, tome II, p. 120, charte CCCXLIII.)
(3) *Cartulaire de Tyron*, charte CCCLXXVII.
(4) (17 juin 1218. — *Cartulaire des Clairets*, par le vicomte de Souancé, p. 84.)
(5) *Cartulaire de Marmoutiers pour le Perche*, par l'abbé Barret, nos 153, 154, 155, 156.

IV

On a dû remarquer que, dans l'acte de renonciation ci-dessus, Guillaume paraît avec son épouse, ses frères et sœur, sans qu'il soit question d'aucun héritier direct ; la présence au contraire des frères et sœur semblerait indiquer qu'à ce moment ils étaient les seuls héritiers du sire de Feillet. Cependant en 1252 et en 1265, nous retrouvons un Guillaume de Feillet, chevalier « *Guilermus dominus Folieti, miles* » dont la femme porte le nom d'*Aalis* ou Alice, ce n'est donc plus Guillaume II marié à Jeanne et alors Guillaume III époux d'Alice, serait né postérieurement à l'acte de 1225 ou eût été alors en bas âge.

Comme son père, Guillaume III eût maille à partir avec le couvent de Marmoutiers, il réclamait pour le prieuré de Boissy fondé par ses ancêtres, la présence de deux moines qui s'occuperaient au service de Dieu et prieraient pour les pieux fondateurs. C'était, disait-il, une charge convenue avec les moines et inhérente à la fondation ; les moines n'entendaient pas ainsi et n'acceptaient pas l'obligation de la résidence au prieuré de Boissy. Comme son père, Guillaume fut obligé de leur céder son privilège et fit preuve de la plus grande générosité en accordant aux moines, comme récompense sans doute de leur singulière exigence, la dime des novales présentes et futures, avec toute franchise pour acquérir sur les terres dudit seigneur et ce jusqu'à la valeur de cent sols de rente annuelle (mars 1252) (1).

En 1265, un contrat de vente de Bernard, sire de la Ferté, fait passer aux mains des religieux tout ce que Guillaume de Feillet, chevalier, et *Aalis* ou Alice, sa femme, peuvent posséder en Frétigny et dans les métairies de Courtaurein, en Saint-Victor-de-Buthon (2).

Ces donations et peut-être d'autres inconnues valurent à ces seigneurs un souvenir reconnaissant de la part des religieux de Tiron. Nous savons, en effet, par un manuscrit de 1601 (Merlet. *Cartulaire de Tiron*, p. CVII), que les sires de Feillet occupent la seizième place dans une série de pendentifs en bois, offrant les écussons des divers fondateurs et bienfaiteurs de l'abbaye, lesquels étaient fixés dans toute la longueur du lambris de la nef de l'église de Tyron (3).

— 16° *Guillaume de Feil-* *let :* « *d'argent à une fleur de lys de sable.* »

(1) *Cartulaire de Marmoutiers pour le Perche*, n° 158.
(2) Voir : pièces justificatives.
(3) Ces écussons existent encore dans l'église de Tiron où nous avons remarqué, cette année en particulier, celui des sires de Feillet qui est comme ci-dessus, tranché d'azur et d'argent.

B. *Maison de Montoire-Vendôme* (1).

V

Un siècle plus tard, vers 1335, la famille des premiers seigneurs de Feillet semble s'être éteinte dans les mâles en la personne d'un *Guillaume de « Foyllet »* qui ne laissa que deux filles, du nom de Jeanne, dont l'une épousa Jehan de Prulay, éc^r, et l'autre Guillaume Giffart. Sa succession donna lieu à certain différent entre ses deux gendres. J. de Prulay réclamait la métairie de Valgerne, avec ses appartenances, la Linandière, la rivière de Regmalart, les rentes et cens de ladite ville, la moitié des vavasseurs et des choses qui en dépendent, la porte de Briey, le four de la ville de Regmalart; au lot de Giffart seraient rentrées : la métairie de la Luctière, les métairies que tenaient Macé Le..... et Gervaise Chailloue avec leurs appartenances, les cens de Saint-Jean-de-la-Forest, la porte des Bois et la moitié des vassaux. On prit des arbitres : Pierre, sire de la Lande, Simon de Maugastel, éc^r, avec Jehan de Vendosme, sire de la Ferté et noble sire Jehan de Vendosme *sire de « Foyllet »* chevaliers. Tous les biens ci-dessus étaient situés tant au Perche qu'aux pays du Maine et de Normandie et Jehan de Prulay réclamait avantage comme étant marié à l'aînée des filles de Guillaume. Cela se passait en 1336, pardevant Robert le Court, clerc, garde des Sceaux de la châtellenie de Mortagne au Perche (2).

Nous voyons par cet acte que la *propriété utile* de Feillet n'appartenait plus à la famille de ce nom, mais bien à la maison de Vendôme, soit que cette dernière l'ait eue par un mariage, soit qu'elle en eût hérité, soit qu'elle l'eût acquise à titre onéreux : nous n'avons trouvé jusqu'ici aucun document qui nous indique le mode et l'époque de ce changement.

Quand le seigneur de Nogent, Rotrou IV, avait marié vers le milieu du xiie siècle, sa fille Béatrice à Renaut IV de Châteaugontier, il l'avait, dit-on, dotée de la Ventrouze, Charencey et Feillet et ces trois fiefs restèrent réunis depuis jusqu'au commencement du siècle dernier. Il est important de noter que ce don ne portait certainement pas sur le *domaine utile*, c'est-à-dire la *propriété*,

---

(1) La maison de Montoire-Vendôme est issue de Jean de Montoire qui devint comte de Vendôme en 1218 à cause d'Agnès de Vendôme sa mère, sœur de Jean III, dernier comte de Vendôme de la maison de Preuilly, mort sans postérité.

(2) Voir pièces justificatives. Le document fort intéressant qui nous a conservé ce contrat se trouve à la Bibliothèque nationale et la copie nous en a été communiquée par M. le vicomte O. de Romanet.

mais bien sur le *domaine éminent* ou *seigneurie*, et avait eu pour résultat qu'au lieu de rendre hommage directement au seigneur de Nogent comme ils le faisaient auparavant, les seigneurs de Feillet devinrent arrière-vassaux du comte du Perche.

Renaut se croisa en 1190 et mourut en 1195, laissant Alard III de Châteaugontier héritier de ses biens ; Alard décéda en 1226.

En juin 1230, lors du partage des terres du Perche par Thibaut, comte de Champagne, Jacques de Châteaugontier, successeur et fils d'Alard, eut dans son lot les seigneuries de Regmalart, la Ventrouze, Feillet et Charencey, terres qui, d'après M. de Romanet (1) ne figurent pas dans les actes de partage des deuxième et troisième lots, parce qu'elles avaient probablement été données en dot à Béatrice du Perche.

Jacques épousa la fille du connétable Mathieu de Montmorency, Harvise, il n'en eut que des filles. L'ainée Emma ou Emmette, hérita de Feillet et des autres terres annexées, mais par un échange conclu entre 1257 et 1283, elle les passa à Jean Ier dit le Roux, duc de Bretagne, époux de Blanche, fille de Thibaut de Champagne.

Ainsi la suzeraineté de Feillet entrait aux mains du duc de Bretagne qui, en 1283, se qualifiait de seigneur du Perche et de Nogent. Pendant toute la fin du XIIIe siècle la maison de Bretagne possèda la suzeraineté puis peut-être la propriété de cette terre.

Jean Ier le Roux, duc de Bretagne, marié en 1236 à Blanche de Champagne, décéda en 1286, trois ans après son épouse (1283).

Jean II, duc de Bretagne, seigneur de Regmalart, et Feillet en 1300, marié à Béatrice d'Angleterre, en 1259, devint veuf de Béatrice en 1275 et mourut en 1305.

Artus II, duc de Bretagne, marié en premières noces, en 1275, à Marie de Limoges, en deuxièmes (1294), à Yolande de Dreux, eut de ce second mariage deux filles : Jeanne, dame de Nogent (2) et Alice de Bretagne, dame de Regmalart, le Theil, la Ventrouze, Feillet, Charencey, qui par son mariage, en 1320, avec Bouchard VI, comte de Vendôme rendit, pendant le XIVe siècle, les seigneurs de cette maison, suzerains de tous ces fiefs.

Jehan de Vendôme qui figure comme seigneur de Feillet dans l'acte de 1336 que nous avons analysé plus haut, est le même

---

(1) *Géographie du Perche*, par M. de Romanet, p. 72, 73 et 98 et la charte 22 des pièces justificatives de cette géographie.

(2) Jeanne se maria à Robert de Flandre, sire de Cassel.

qu'un Jehan de Vendôme, frère du comte Bouchard VI, et qui, en 1320, assista au contrat de mariage de ce dernier avec Alice de Bretagne (1). Ce Jehan mourut probablement sans enfants laissant la seigneurie de Feillet à son frère Bouchard VI.

VI

Bouchard VI, eut d'Alice, entre autres fils : Jean VI, comte de Vendôme, qui fut seigneur de Regmalart et du Theil (2), et Bouchard VII, qui hérita de Feillet, la Ventrouze et Charencey (1371).

VII

Bouchard VII, épousa Marguerite de Beaumont, laquelle était sœur de Marie, femme de Guillaume Chamaillart. Bar des Boulais nous dit qu'il abonna au Doyen et Chapitre de Toussaints de Mortagne la terre et seigneurie du Mesnil-Chevreul qu'ils tenaient de lui à cause de sa seigneurie de Feillet et nous voyons dans le Terrier de Toussaints, conservé aux Archives de l'Orne, t. I, que cet abonnement avait eu lieu le dimanche après la Saint-Martin d'hiver 1371. Il eut deux fils, Jehan et Pierre.

VIII

Jehan de Vendôme, chevalier et seigneur de Feillet en 1391 (3) s'était marié en 1378 à Marie d'Oranges, nièce de Bertrand du Guesclin.

IX

Leur fils Jehan, seigneur de Feillet en 1408, mourut sans postérité et ainsi Feillet, avec le reste de son héritage, retourna à son oncle Pierre.

X

Pierre de Vendôme, seigneur de Feillet, la Ventrouze, avait eu deux fils : Pierre et Robert, morts sans enfants, et deux filles : Guillemette et Jeanne.

---

(1) En effet nous lisons dans le Trésor de chronologie du comte de Mas-Latrie, col. 1696, que Jean V de Montoire, comte de Vendôme en 1271 et mort en 1315, avait épousé Eléonore, fille de Philippe de Montfort, dont il eut quatre enfants et entre autres : Bouchard VI, comte de Vendôme, et *Jean, sire de Fouillet*.

(2) C'est lui qui, avec Nicolas, sire de Longny, noya le prieur de Moutiers et obtint, le 14 mai 1389, des lettres de grâces ainsi que son complice.

(3) *Archives nationales*, P. 276, cote 18, ancien 548.

C. *Maison de France, branche de Dreux* (1).

XI

Jeanne de Vendosme avait Feillet dans son partage ; mariée à Symon de Dreux, sgr de Beaussart, bailli de Chartres, mort l'an 1420, fils de Etienne dit Gauvain I de Dreux, sgr de Beaussart et de Senonches, vicomte et capitaine de Dreux et de Philippe de Maussigny, elle ne laissa aucun héritier, et Foillet retourna à sa sœur.

D. *Famille Auvé.*

XII

Guillemette devint donc, après Jeanne, dame de Feillet, la Ventrouze, etc. Elle épousa Gervais Auvé, seigneur de Genestay, nom..ié Nicolas par Bart des Boullais (2).

« De tous les biens de la maison de Vendôme, nous dit un
« manuscrit du 23 février 1763, il ne resta que des portions
« échues à des branches cadettes, lesquelles, après quelques
« générations sans enfants, entrèrent dans la maison de Bour-
« bon, à la réserve de quelques petites parties qui ont été aliénées
« par ceux qui en étaient légitimes propriétaires. La première qui
« paraît y être rentrée, a été celle qui était échue à Jean de Ven-
« dôme, sire de Feillet, dont les biens passèrent par alliance dans
« la maison des Auvé. »

Gervais Auvé, sieur de Genestay et de Feillet, époux de Guillemette de Vendosme, laissa ses biens à son fils Simon.

XIII

Simon Auvé, chevalier et seigneur de Feillet, Vaujours, et la Ventrouze en partie, ainsi que nous le constatons dans l'aveu de Jehan de Bourbon, comte de Vendôme, seigneur de Regmalart, qui les emploie comme trois fiefs-servants, dans son aveu au comte du Perche du 16 septembre 1469 (3).

(1) La maison de Dreux est issue de Robert de France, 3e fils du roi Louis VI Le Gros, qui fut apanagé du comté de Dreux en 1132 ou 1137.
(2) Bar des Boulais, donne la filiation suivante : Ducdit Symon sortit François Auvé, dudict François, autre François Auvé, dudict François, Louis Auvé, dudict Louis, François Auvé, dudict François, Gilles Auvé. (Edit. Tournouer, p. 67).
(3) Archives de la Fabrique de Longny.

XIV

Simon eut pour fils et héritier : Jean Auvé, chevalier, sieur de Feillet, Fongy, Brousin, Plessis Bevernel et Genetey. Le document que nous avons retrouvé dans les Archives de la Fabrique de Longny, et qu'on lira en entier aux pièces justificatives, nous apprend quelles difficultés de toutes sortes il eut avec les officiers de la maison de Vendôme, siégeant à Regmalart et quelles misérables tracasseries lui suscita en particulier Louis de Lussaut, capitaine dudit lieu. Jean Auvé en appela au Conseil des Vendôme tenu à Lavardin ; il s'y rendit lui-même ; mais, n'ayant obtenu qu'en partie justice, il décida de recourir à la justice royale, ne voulant aliéner aucun de ses droits. Néanmoins, cette requête eut pour résultat de faire reconnaître par Jeanne de Vendôme, son frère François et les deux bâtards de Vendôme, la parenté des Auvé avec leur famille : « Ils ont connaissance que le ledit seigneur « de Feillet est leur parent et cousin, pour tel ils l'ont et la mai- « son de Vendôme n'en vaut que mieux. »

Cet aveu précieux, accompagné de la reconnaissance du droit de haute, moyenne et basse-justice, ne fut pas moins suivi d'un déni de justice qui semble la conséquence d'un parti pris contre le seigneur de Feillet, qui, nous aimons à le croire, gagna sa cause en Parlement. Il reçut un aveu comme seigneur de Feillet, le 18 novembre 1482.

XV

François Auvé (fils de Jean), chevalier, seigneur de Feillet, Vaujours et la Ventrouze, figure dans un aveu de Regmalard, rendu par Loyse de Joyeuse, veuve de Loys de Bourbon (1ᵉʳ mars 1521) (1). Sa fille Françoise, épousa le 4 mai 1521, Antoine de la Vove, en Corbon (2).

XVI

Son successeur, haut et puissant seigneur, Gilles Auvé, seigneur de Feillet, la Ventrouze, Chérencey, Marolles, la Fresnaye, reçut aveu de maître Pierre Le Large, curé du Mage, le 10 juin 1543. Il contribua, avec tous les seigneurs du Perche, à la formation du douaire de Jeanne d'Albret et c'est lui qui offrit la plus forte somme, 40 l., la plus élevée après la sienne étant celle du seigneur de Clinchamps (30 l.) (3), ce qui nous autorise à présumer que la

---

(1) Aveu de Regmalart. *Archives nationales*, P. 276, cote 19. Voyez : Souchet, *Histoire de Chartres*, t. I. p. 90.

(2) Pitard. Art. Lhôme-Chamondot et Bar des Boulais, Edit. Tournouer, 67, note 4.

(3) Gouverneur : *Essais sur le Perche*.

situation pécuniaire du sire de Feillet devait être supérieure à celle des autres contribuables. Quand, le 23 juillet 1538, il se fit représenter à la rédaction des Coutumes du Perche par maître Pierre du Fay, il était Maître d'Hôtel du Roi de Navarre (1). Il fut le dernier seigneur de sa famille à Feillet, n'ayant laissé de son mariage avec Marie de Souvré, que deux filles, Hélène et Marguerite.

E. *Famille de Trousseauville.*

XVII

Hélène Auvé, dame de Feillet, au moins en partie, épousa Jehan de Trousseauville, seigneur de Chesnebrun, ainsi que le constate l'aveu du 21 octobre 1585, de Jehan Rahier, seigneur de Maison-Maugis, à Hélène Auvé, pour la terre de Mesnil-Pot, au Mage, relevant de Feillet. En 1585, Hélène Auvé était veuve; elle décéda à la Ventrouze, le 11 novembre 1586; son cœur fut inhumé dans l'église du Mage, son corps dans celle de la Ventrouze. Les registres du Mage nous ont conservé à son sujet l'acte suivant :

« L'an 1586, le jour et feste monsieur Saint-Martin, 11ᵉ jour de
« novembre, décéda noble et très haute et très puissante damoi-
« selle, damoiselle Hélène Auvé, elle vivante dame de Feillet et
« du Maige et aussi, tout le temps de sa vie, zellée en tout l'amour
« de Dieu et aussi est passée de ce monde en l'autre avec la grâce
« de Dieu bienheureuse, car elle a tousiours jusqu'à la dernière...
« et a rendu grâces à Dieu... dont c'était son plaisir loin du
« monde ; que elle cognoissait qu'il n'est rien plus certain que la
« mort, rien plus incertain que l'heure d'icelle, n'a voulu partir
« sans ordonner du salut de son âme et a fait ordonner un fort
« long et bon testament, aussi les exécuteurs d'iceluy de nobles
« et puissants gentilshommes, lesquels lui ont promis faire et...
« ce qu'elle ordonnait. Le corps d'icelle a été inhumé et enterré
« dedans l'église de la Ventrousse et le cœur dedans l'église de
« Monsieur Saint-Germain du Maige. »

F. *Famille Gruel de la Frette.*

XVIII

Sa mort rendit Margueritte héritière de tous ses biens (2) qui

---

(1) Peut-être aussi cette situation lui fit-elle un devoir de contribuer plus largement à la dotation de Jeanne d'Albret.

(2) Marguerite Auvé rendit aveu de ses biens en 1593, après la mort de son mari.

passèrent à la maison de Gruel par le mariage de ladite Margueritte avec Claude Gruel, chevalier seigneur de la Frette (1). Il décéda avant 1584, et Margueritte, le 19 janvier 1612, à la Ventrouze; ils laissaient un fils unique.

XIX.

Claude de Gruel, chevalier, seigneur de la Frette, Feillet, Thivars, la Ventrouze, Charencey, gouverneur de Chartres, lieutenant du Roy, chevalier des Ordres du Roi, conseiller aux Conseils d'Etat, etc., capitaine de 50 hommes d'armes, épousa, en 1595, Louise de Faudoas, fille unique de François de Faudoas de Sérillac, comte de Belin, chevalier des Ordres et de Françoise de Warthy (2).

Les Faudoas de Warthy, demeuraient alors à Warthy en Picardie; c'est là que mourut, dans la force de l'âge (3), Claude de Gruel, le 18 mai 1615, sur le soir; son corps fut ramené à Saint-Victor, la veille du 6 juin; et le 29 décembre suivant, on lui fit un service solennel; nous avons trouvé dans les registres du Mage, quelques lignes qui nous font connaître toutes les sympathies qu'il emportait :

« Le 29 décembre dudit mois et an (1615) on a fait un service
« solennel à Saint-Victor, pour l'âme de défunt H. et P. s^{r} m^{re}
« Claude Gruel, chevalier, ... mort (*proh dolor !*) à Ouarty, le
« 18e de may dernier sur le soir, son corps a été amené à Saint-
« Victor, la vigile du 6 juin, assisté de la noblesse et du clergé

---

(1) La famille Gruel est une des plus anciennes du Perche et a toujours tenu le premier rang auprès des comtes de cette province. Avant le XIIIe siècle, elle habitait près de Mauves le château de Mortout, aujourd'hui détruit. Mais depuis l'alliance de Guillaume avec Alice de Saint-Victor, dame de la Frette, en Saint-Victor-de-Réno, la Frette fut toujours la résidence favorite des Gruel. *(Confer. Bar des Boulais).*

(2) La maison de Faudoas, dont le chef portait le titre de premier baron de Guyenne, est des plus anciennes et des plus distinguées et a contracté des alliances avec les premières familles du royaume. Trois ans avant le mariage de Louise de Faudoas avec Claude de Gruel, François de Faudoas, chevalier, baron de Sérillac, avait épousé (6 nov. 1592), Renée de Brie, dame de Lonné, en Igé; mais leur fils Jean de Faudoas, chevalier, comte de Sérillac, marié à Marguerite de Piédefer, vendit le 16 avril 1661, l'importante seigneurie de Lonné à Jean du Bouchet, marquis de Sourches, comte de Montsoreau et cessa ainsi d'être Percheron. Ajoutons que les Faudoas sont encore noblement représentés non loin de notre province, par madame Marie de Faudoas, mariée à Albert comte d'Angély, résidant en leur château de Sérillac au Maine.

(3) Son père étant mort avant 1584, Claude ne devait pas avoir moins de 35 ans environ.

« des paroisses voisines (1). » (*Celui de Mortagne était présent.*)

En 1616, Françoise de Faudoas, dame de Warthy, Lonzac, Feillet, recevait aveu de Chandeleur Aubert, trésorier, pour les biens de la Fabrique du Mage; elle mourut à Feillet, le 8 février 1635, laissant de son mariage : Alexandre, Pierre et René.

XX

Alexandre de Gruel, chevalier, seigneur de Feillet, ne dut pas contracter d'alliance ; il mourut à la Frette, le 14 juillet 1627 (2).

XXI

Pierre de Gruel, chevalier de l'Ordre du Roy, marquis de la Frette, seigneur de la Ventrouze, Charencey, Warthy et autres lieux, gouverneur de la ville de Chartres en 1661, Lieutenant-Général du Pays Chartrain, gouverneur des ville et citadelle de Pont-Saint-Esprit, Maréchal de Camp, Capitaine des Gardes de Monsieur, n'aurait été seigneur de Feillet qu'après la mort d'Alexandre et encore ne l'avons-nous vu indiqué nulle part. Il se maria à Paris, en 1636, selon l'acte transcrit au Mage, à Barbe Servien de Montigny, veuve de Dreux le Féron. Cette dame mourut à Paris, le 17 juillet 1673; son corps fut rapporté à Saint-Victor de Réno (3). Pierre mourut le 12 juillet 1656 à 59 ans, ayant eu pour fils: les trois fameux la Frette, célèbres par leur duel contre le prince de Chalais et autres, deux autres fils dont Abel qui suit et cinq filles.

XXII

Abel de Gruel fut seigneur de Feillet et de Charencey et mourut sans laisser de postérité ainsi que ses quatre frères et ses cinq sœurs; aussi leurs biens passèrent à leur oncle René.

---

(1) A la suite de l'acte, on lit : « Barthélemy le Comte, sieur des Lan-
« des, après avoir rendu les derniers devoirs qu'il devait au corps de
« Monseigneur à Saint-Victor, tomba malade et mourut et fut enterré
« honorablement au Mage, le 1er janvier 1616. » Il était du Mage où se
trouvait le fief des Landes.

(2) « Le 14 dudit juillet audit an 1627. H. et P. seigneur messire Alexan-
« dre de Gruel, chevalier, seigneur de Feillet, est décédé au lieu seigneu-
« rial de la Frette, sur les quatre heures après midy ; prié Dieu pour
« luy. »
         Signé : PECNARD, vic. du Mage.

(3) Un siècle plus tard, en 1773, on reconnut le corps de Barbe Servien dans le caveau de l'église de Saint-Victor, à la grosseur de son corps bien conservé et à la moindre dimension que ceux des Gruel, qui étaient de taille gigantesque, (*Confer. Fret*, t. III. Saint-Victor.)

XXIII

René de Gruel, chevalier et comte de Lonzac, marquis de la Frette, seigneur de Feillet, etc., se maria en Saintonge (1), en 1637, à Antoinette d'Albret, fille de Henri II d'Albret, chevalier, seigneur, baron de Miocent (ou Miossens) et de Pons, comte de Marennes et d'Anne de Gondrin. Antoinette était sœur de César-Phébus d'Albret, maréchal de France (2). L'union de René et d'Antoinette fut de courte durée : René mourut le 2 mai 1645, à 35 ans, en son château de Feillet, et fut inhumé dans le caveau de l'église du Mage, il laissa cinq enfants :

1º Louis-René-Henri de Gruel, seigneur de Feillet, sous-diacre en 1668 (3), trésorier de la Fabrique du Mage ; et probablement curé de Monceaux où nous avons relevé le nom de Gruel, comme curé ;

2º Renée-Antoinette, qui va suivre et dont nous n'avons pas trouvé l'acte de baptême ;

3º Jacques, né le 10 juillet 1642, qui eut pour parrain R. P. en Dieu, Jacques d'Angennes, évêque de Bayeux (4), conseiller du Roy, et pour marraine Marguerite du Crochet ; nous ne savons ce qu'il devint, il dut mourir jeune ;

4º René, qui suit ;

5º Marie, née en 1641, morte dix-sept jours après et inhumée également dans le caveau de sa famille, au Mage.

XXIV

René de Gruel, fut présenté au baptême en 1647 (deux ans après la mort de son père), par son oncle Pierre de Gruel et sa grand'mère, Marguerite de Guénégaud. René de Gruel, chevalier, comte de Lonzac, seigneur de Feillet, se maria en 1677 à Marie de Boismorin. Il reçut, le 23 août 1676, aveu du fief de la Vove,

---

(1) Furent conjoints en Saintonge H. et P. sgr mire René de Gruel, chevalier de l'Ordre du Roy, seigneur de Feillet, Lonzac et autres lieux et H. et P. Dame Antoinette d'Albret. (*Reg. par. du Mage*).

(2) Né en 1614, mort en 1676. Il est connu par son attachement à Anne d'Autriche et à Mazarin pendant la Fronde.

(3) Le 30º jour d'aoust 1668, devant nous curé soussigné, est comparu Louis-René-Henri de Gruel, seigneur de Feillet, sous-diacre, eslu du consentement des habitants par Louis de la Rue, docteur en Sorbonne et archidiacre de Dreux, au cours de sa visite, pour principal trésorier en cette église, lequel s'est volontairement chargé des titres et enseignements de ladite église, conformément à la présente inventaire. (*Archives du Mage*).

(4) La présence de Jacques d'Angennes s'explique quand on sait qu'il était prieur commandataire de Moutiers, voisin du Mage.

de Gabriel de Langan de Boisfevrier, et mourut à Paris, en juin 1694. Son corps, rapporté au Mage, fut inhumé dans le caveau en présence des Charités de Loisé, Saint-Mard, Villiers et Longny. Né l'année où mourut son père, il était âgé de 49 ans 11 mois 7 jours.

XXV

René de Gruel étant mort sans enfants, sa succession revint à sa sœur Renée-Antoinette.

Renée-Antoinette, seule héritière sous bénéfice d'inventaire de feu H. et P. René de Gruel, son père, qui l'était lui-même de feu H. et P. Abel de Gruel, seigneur marquis de la Frette, Moulicent, Monceaux, Feillet, la Ventrouze, Longny (1), épousa Mᵣᵉ Antoine d'Aydie, chevalier, seigneur, vicomte de Ribérac, Espluchat, Montagriet et lui apporta les seigneuries de Feillet, Lonzac et Escandillac. Antoine d'Aydie mourut au château de Feillet, le 2 septembre 1699, à l'âge de 84 ans et son corps fut déposé dans le caveau des seigneurs en présence des Charités de Loisé, Saint-Mard, Villiers, Regmalard, Moutiers, Longny et d'un nombreux clergé.

Renée-Antoinette décéda en 1708, et, le 22 novembre de la même année, son cœur fut déposé à côté du corps de son mari.

D. *Hôpital-Général de Paris (1708-1712)*.

XXVI

En cette même année 1708, mourait à la Frette le dernier représentant de l'illustre famille de Gruel. La dame de Feillet n'ayant donc aucun héritier direct, ni aucun parent collatéral de son nom, légua sa terre de Feillet et ses autres biens à l'Hôpital général de Paris, qui, jusqu'en 1712 resta propriétaire de Feillet.

E. *Etienne-Vincent Le Mée (1712-1717)*.

XXVII

A cette époque les administrateurs vendirent à Messire Etienne-Vincent Le Mée, conseiller au Parlement de Paris. La vente fut homologuée à son profit en cour de Parlement, à Paris, le 22 juillet 1712 ; et, en 1714, Etienne Le Mée portait le nom de seigʳ de la

---

(1) L'aveu de Regmalart, par François de Béthune, comte d'Orval, du 23 juin 1648, indique Feillet tenu par les héritiers de René de Gruel, seigneur de Lonzac, mort comme nous le savons en 1645. (*Archives nationales*, P. 873. cote 108).

Frette, la Ventrouze, Feillet et baron de Longny qu'il garda fort peu de temps. Ne soldant pas son prix d'acquêt, il fut obligé de vendre en 1717; le contrat, passé devant Melin et Veillard, notaires à Paris, fut insinué à Mortagne le 30 décembre 1717. De leur côté les administrateurs de l'Hôpital firent un contrat de délégation pour payer aux créanciers privilégiés de Renée-Antoinette de Gruel les dettes qui leur étaient dues. Le 21 mars 1720, le nouvel acquéreur présenta le compte-rendu du payement de l'acquisition de sa terre (1) de Feillet tant en principal qu'en intérêt, recettes et dépenses, au sieur Lemée et aux sieurs Directeurs de l'Hôpital, lesquels lui donnèrent décharge.

F. *Famille Clément (1717-1753).*

XXVIII

Le nouveau propriétaire, Messire Alexandre-Julien Clément était, comme Vincent Le Mée, conseiller au Parlement.

Alexandre-Julien Clément fit, comme nous le verrons, une restauration complète du château, où ses armes, ainsi que celles de sa femme, Henriette-Catherine Gaudin, se voient encore sur le tympan des deux façades, mais martelées par les révolutionnaires.

Henriette Gaudin, mourut à Paris, à 23 ans, le 19 octobre 1721. Bien qu'elle eut peu habité Feillet et que son corps eut été inhumé, le 20, dans l'Eglise Saint-Paul sa paroisse, son cœur fut néammoins apporté au Mage et déposé dans le caveau des seigneurs. Vingt-quatre ans plus tard, le 25 janvier 1747, Messire A.-J. Clément, également décédé à Paris, fut inhumé au cimetière Saint-André des Arts et, le 27 avril suivant, son cœur rapporté et inhumé au Mage à côté de celui de sa femme, en présence de ses trois fils : Ambroise-Julien qui, par droit d'aînesse devint seigneur de Feillet, Boissy-Maugis, Bizou et autres lieux, Augustin-Jean-Charles, chanoine de la Cathédrale d'Auxerre ; Jean-Chrysostome-Antoine, sieur de Barville et Blavette, avocat au Parlement (2).

XXIX

Messire Ambroise-Julien Clément, resta six années seulement seigneur de Feillet. Par contrat, insinué par Vaslin à Regmalart, le 4 juin 1753, registré et scellé à Mortagne les 4 et 12 aout, il

---

(1) Voir aux pièces justificatives les archives de Feillet.

(2) Par lettres patentes du mois de décembre 1774, le roi donna à Monsieur (comte d'Artois) à titre de supplément d'apanage la forêt de Senonches et le duché d'Alençon, à l'exception du comté de Montgommery que le roi venait d'acheter du sieur Clément de Barville. (*Encycl.* XVIII° siècle. *Asssemblée nationale*, p. 388. Tome II.)

vendit cette terre à Messire Claude Helvétius devant Dutartre et Brochant, notaires au châtelet de Paris.

C. *Claude-Adrien Helvétius (1753-1771).*

XXX

Claude-Adrien Helvétius, seigneur de Regmalart, Voré, Foillet, Blandé, Brigemont, Valley, les Touches, la Mansonnière, Lumigny et autres, est connu comme philosophe ; peut-être l'est-il moins dans sa vie particulière à Voré et à Feillet ; on nous permettra quelques lignes à ce sujet : les détails qui suivront sont connus de peu de nos lecteurs.

On sait généralement que Helvétius, né à Paris, en février 1715, de Jean Adrien et de Gabrielle d'Armancourt obtint de la reine, à 23 ans, une place de fermier-général ; c'était un cadeau de 100.000 écus de rente, mais bientôt, par complaisance pour son père, il laissa cette charge et acheta celle de Maître-d'Hôtel de la reine. Quand, en juillet 1751, il épousa Mlle de Ligniville, qu'il avait vue chez Mme de Graffigny (1), il possédait Voré ; il s'y installa aussitôt et mena de front ses études philosophiques et l'entretien de ses terres, qu'il augmenta en 1753 de celle de Feillet. S'intéressant vivement au sort de ses vassaux et de ses moindres sujets, il chercha à établir une industrie qui pût procurer aux habitants du travail et une aisance que le terrain ne leur procurait pas toujours ; il essaya le point d'Alençon, mais ne réussit pas ; il se rejeta sur une manufacture de bas au métier qui fit plus de progrès. De leur côté les gentilshommes voisins, dont la fierté ne cachait pas toujours assez la détresse, éprouvèrent les effets de sa philantropie (2) et de son humanité, et les fermiers que des pertes

(1) Célèbre par son roman « Lettres Péruviennes ». Les Ligniville sont l'une des premières familles de Lorraine alliée à la maison de Lorraine.

(2) Un d'entr'eux, M. de Vasconcelles, ne possédait qu'un petit bien chargé de redevances au seigneur et depuis longtemps ne les avait pas payées, et les gens d'affaires d'Helvétius les lui réclamaient avec rigueur. M. de Vasconcelles va trouver Helvétius et lui expose que l'état de sa fortune ne lui permet pas d'acquitter les arrérages, mais qu'il s'engageait désormais à payer chaque année. « Je sais lui répond Helvétius, que vous « êtes un galant homme et que vous n'êtes pas riche. Vous me payerez à « l'avenir comme vous le pourrez et voici un papier qui doit empêcher « mes gens d'affaires de vous inquiéter. » Et il lui donne une quittance générale. M. de Vasconcelles se jette à ses genoux en s'écriant : « Ah ! « Monsieur, vous me sauvez la vie, à ma femme et à mes cinq enfants. » Helvétius le relève en l'embrassant et lui fait accepter une pension de 1,000 l. pour élever ses enfants. (Saint-Lambert. Voir *Encycl. du* xviiie *siècle. Dict. phil. Helvetius, et la préface de ses œuvres*, édition de 1781. — Londres.)

Au tableau de la taille de 1748 pour Saint-Germain-des-Groix, le sieur trop grandes avaient jetés dans la gêne, se voyaient faire des remises presque entières, et souvent soutenir par des secours pécuniaires.

Malheureusement, si Helvétius avait conquis par sa générosité les sympathies des braves gens, il n'avait pas su s'attirer celles des braconniers qui pullulaient dans ses bois ; il aimait la chasse avec passion, de là une garde sévère et inexorable, de là aussi grande inimitié de la part de certains paysans, gens de bruyères et de bois qui, alors comme aujourd'hui, ne pardonnaient pas aux lapins, aux chevreuils et aux cerfs leurs excursions folâtres et parfois aussi leurs dégâts. Une curieuse lettre de Diderot (1) nous apprend que tout n'était pas rose pour Helvétius dans sa résidence

de Vasconcelles et les demoiselles ses sœurs figurent pour 500 l. de revenu et 50 l. de taxe. Précédemment plus élevée, cette taxe avait été réduite après une réclamation de M. de Vasconcelles au comte de Lévignen, intendant d'Alençon. *(Papiers de M. François Girard, propriétaire au Pas-Saint-Lhomer.)*

(1) Nous la citons, l'intérêt qu'elle présente n'échappera à personne, on y verra qu'à cent ans de distance les choses ont peu changé surtout si l'on se rappelle les incendies quotidiens allumés dans les premiers mois de l'année 1893 par la main malveillante des braconniers dans toute la contrée, mais principalement sur l'ancien domaine d'Helvétius et dans les bois de Feillet.

« Il y avait à Bourbonne une madame de Nocé qui s'est fait doucher
« elle et son chien, ce que Naigeon ne croira pas, non plus que madame de
« Pers se soit fait doucher elle et son singe boiteux. Cette madame de
« Nocé est une voisine d'Helvétius. ... Elle nous apprit que le philosophe
« était l'homme du monde le plus malheureux à la campagne. Il est
« entouré de voisins et de paysans qui le haïssent, on casse les fenêtres
« de son château, on ravage la nuit ses possessions, ou coupe ses arbres
« on abat ses murs, on arrache ses armes des poteaux. Il n'ose tirer un
« lapin sans un cortège qui fasse sa sûreté. Vous me demanderez com-
« ment cela s'est fait ? Par une jalousie effrénée de la chasse. M. Fagon
« son prédécesseur (1) gardait sa terre avec deux bandoulières et deux
« fusils ; Helvétius en a vingt-quatre avec lesquels il ne saurait garder la
« sienne. Ces hommes ont un petit bénéfice pour chaque braconnier qu'ils
« arrêtent, et il n'y a sortes de vexations qu'ils ne fassent pour multiplier
« ce petit bénéfice. Ce sont d'ailleurs autant de braconniers salariés. La
« lisière de ses bois était peuplée de malheureux retirés dans de pauvres
« chaumières, il a fait abattre toutes ces chaumières. Ce sont ces actes de
« tyrannie réitérés qui lui ont suscité des ennemis de toute espèce et,
« comme disait Madame de Nocé, d'autant plus insolents, qu'ils ont décou-
« vert que le bon philosophe est pusillanime. Je ne voudrais point de sa
« belle terre de Voré à la condition d'y vivre dans des transes perpétuel-
« les. Je ne sais quelle avantage il a retiré de la manière d'administrer sa
« terre, mais il y est seul, mais il y est haï, mais il y a peur. Ah ! que
« notre dame Geoffrin était bien plus sage lorsqu'elle me disait d'un pro-

(1) Fils de Guy-Crescent Fagon, médecin de Louis XIV, frère puîné de Antoine Fagon, évêque de Lombez, en 1711, de Vannes en 1719. Conseiller au parlement, maître des requêtes, conseiller d'état, intendant des finances, il mourut de la pierre en mai 1744, non marié.

et dans ses propriétés de Voré et de Feillet et Saint-Lambert nous laisse entrevoir un coin des misérables tracasseries qu'il essuya. Cependant, il ne renonça pas à la campagne et y continua ses bontés ; chaque jour on introduisait quelque malheureux qu'il soulageait, souvent il renouvelait à son valet de chambre cette défense : « Chevalier, je vous défends de parler de ce que vous « voyez, même après ma mort. » Espérons, comme nous l'avons dit plus haut, que cette charité lui aura concilié le pardon (1).

Helvétius mourut à Paris d'une attaque de goutte, le 26 décembre 1771, laissant ses biens à ses deux filles, Geneviève-Adélaïde et Henriette.

H. *Famille d'Andlau (1772).*

XXXI

Geneviève-Adélaïde, née en 1754, se mariait en 1772, à Henri-Antoine (aliàs François-Antoine), comte d'Andlau, premier des quatre Chevaliers héréditaires du Saint-Empire romain, Mestre de Camp du régiment Royal-Lorraine-Cavalerie, seigneur de Verderonne, Breneilles et autres lieux, et lui apportait Voré et Feillet. Quatre enfants sortirent de ce mariage.

I. *Famille le Pelletier de Rosambo.*

XXXII

Au partage des biens, Feillet (mais non Voré, dont hérita le second des deux fils), Feillet, disons-nous, échut à l'une des filles, Henriette d'Andlau, devenue marquise de Rosambo (2).

« cès qui la tourmentait : « Finissez mon procès ; ils veulent de l'argent ?
« J'en ai. Donnez-leur de l'argent. Et quel meilleur emploi puis-je faire de
« mon argent, que d'en acheter le repos. » A la place d'Helvétius, j'au-
« rais dit : « On me tue quelques lièvres, quelques lapins, qu'on tue ! Ces
« pauvres gens n'ont d'asile que ma forêt ; qu'ils y restent ! » J'aurais rai-
« sonné comme M. Fagon et j'aurais été adoré comme lui.

(Diderot. *Voyage à Bourbonne. Anecdotes et Pensées diverses.* Tome XXII. Edition Dentu, p. 207.)

(1) Deux ans avant sa mort, le 24 juin 1769, Messire Claude Helvétius, très haut et très puissant seigneur de Regmalart, Feillet, Boissy-Maugis, Dorceau, Bizou et autres lieux ainsi que H. et P. dame Anne-Catherine de Ligniville, son épouse, sont parrain et marraine au Mage de Catherine Coudray, fille du garde des bois de Feillet, représentés par Jean Coudray, oncle, et Françoise Haubout, grand'mère de l'enfant, qui signent avec lesdits seigneurs.

(2) La famille le Pelletier, issue de Pierre le Pelletier, bailly de Touvoye au Maine en 1508, a formé les branches d'Aunay, des Forts, de Mortfontaine, de Saint-Fargeau et de Rosambo et ses membres ont occupé des charges importantes dans la magistrature et dans l'Etat. (Voir le Bulletin héraldique de France, 1890 colonne 590, 1893 col. 569 et 1898 col. 626.)

J. Famille de Viel-Lunas d'Espeuilles (.....-1866).

XXXIII.

Feillet passa ensuite à la fille de la précédente qui épousa M. de Viel-Lunas, marquis d'Espeuilles, sénateur de l'Empire. Elle mourut en donnant le jour à un fils, né à Paris le 19 mai 1831, lequel reçut les noms de Marie-Louis-Antonin, et devint plus tard le général d'Espeuilles.

XXXIV.

Entré à Saint-Cyr en 1850, le marquis d'Espeuilles fit les campagnes de Crimée, de Kabylie et d'Italie comme officier d'ordonnance du maréchal de Mac-Mahon, prit part à l'expédition du Mexique, où il fut cité deux fois à l'ordre du jour de l'armée, se battit comme colonel du 3e hussards à Wissembourg et Reichshoffen, s'échappa à Sedan avec les débris de son régiment et commanda la cavalerie du 17e corps d'armée sur la Loire. Général de brigade le 16 septembre 1871, il fut promu général de division en 1878 et nommé Inspecteur-général de la cavalerie. Propriétaire de Feillet de 1818 à 1866, le marquis d'Espeuilles ne résida jamais dans cette terre, mais dans ses propriétés du département de la Nièvre dont les habitants l'élurent comme sénateur en 1876 (1).

K. Famille d'Andlau (1866-1893).

XXXV.

En 1866, Mme Aglaé Tourteau-Tourterel d'Orvilliers, veuve de M. Hardouin - Gustave, comte d'Andlau, maréchal de camp, député (frère d'Henriette d'Andlau, marquise de Rosambo), racheta de son neveu, le marquis d'Espeuilles, le domaine de Feillet et le fit rentrer dans la famille de son mari.

XXXVI.

A sa mort, son fils unique, le comte (Jean-)Richard(-Léonor) d'Andlau se retrouva donc, comme son arrière grand-père Helvétius, seul propriétaire et maître des deux grandes terres de Voré et de Feillet et aussi, comme Helvétius, laissa le château de Feillet abandonné pour n'habiter que Voré où d'ailleurs sa famille avait toujours résidé. Sa mort, survenue à Paris, le 30 juin 1893, a de nouveau fait sortir Feillet de la famille d'Andlau (2).

---

(1) En 1852, Marie-Louis-Antonin d'Espeuilles, alors sergent à l'école spéciale militaire de Saint-Cyr, fut parrain d'une des cloches du Perche.

(2) Voir le Bulletin Héraldique de France, 1893 col. 429.

Le comte Richard d'Andlau, avait épousé sa cousine Laurence (Sophie) d'Orglandes, fille d'(Armand-Gustave-)Camille, comte d'Orglandes, capitaine aux Lanciers de la Garde et d'Albertine Michau de Montblin, dont il eut un fils et trois filles.

L. *Famille Terray (1893).*

XXXVII.

Tandis que Voré restait à M. le comte (Jean-Camille-)Arnold d'Andlau, que certaines terres, fermes et bois revenaient à sa sœur Simone, comtesse Albert de Mun, Feillet tombait en partage à (Marie-)Geneviève(-Camille), comtesse d'Andlau, dame chanoinesse de l'ordre de Sainte-Anne de Munich et à sa sœur Antoinette, mariée à M. le comte Claude-Hippolyte-Marie-Pierre Terray, de la famille du célèbre abbé Terray (1), ministre des finances sous Louis XVI (1773).

Aussitôt maîtres du château, les nouveaux propriétaires en projetèrent le relèvement et, à part égale, commencèrent cette heureuse restauration ; les travaux de réfection avançaient rapidement quand l'année suivante (1895), un deuil cruel vint les arrêter en partie ; Mme la comtesse Geneviève, mourait à Paris en son hôtel de l'avenue Montaigne. Cette mort imprévue retardera sans doute l'achèvement de ces travaux, mais, espérons-le, ne les entravera pas irrévocablement. M. le comte et Mme la comtesse Terray, aujourd'hui seuls propriétaires du château reprendront l'idée de leur chère défunte et termineront l'œuvre commencée.

§ IV.

Les Gentilshommes.

Les seigneurs de Feillet ont rayonné sur un certain nombre de familles de la paroisse du Mage, dont les unes leur doivent l'anoblissement, d'autres le bien-être ; à ces dernières, nous devons une page. Mais auparavant nous avons à parler de quelques autres familles nobles qui habitèrent aussi la paroisse à différentes épo-

---

(1) Nous relevons ce trait à l'honneur de l'abbé Terray. Les contrôleurs généraux des finances recevaient des fermiers généraux, à l'occasion du renouvellement du bail des fermes un pot de vin de 100,000 écus M. l'abbé Terray qui avait passé le bail et reçu les 100,000 écus crut devoir les rendre. Cette somme fut distribuée aux curés de Paris pour être employée à former les avances d'un travail de filature et de tricot dont les ouvrages seraient vendus, ce qui procurait à ces pasteurs charitables la rentrée de leurs fonds en perpétuant ainsi les moyens d'occuper les pauvres de leurs paroisses. (*Encycl. du* XVIIIe *siècle. Finances*, tome III, p. 257.)

Claude-Adrien HELVETIUS
Écr, consr mc d'hôtel ordinaire de la Reine, chr, syr des chatellenie et vicomté
de Regmalart, de Feuillet, Blandé, Voré, etc. ;
né à Paris en 1715, mort à Paris le 26 déc. 1771.
Reproduction de la lithographie de Demanne d'après le portrait original de Drouais.

ques : les Suhard de Grandmont, les des Croix, du Grenier, de la Garenne et d'autres font aux seigneurs de Feillet comme une escorte d'honneur ; nous devons tirer leur nom de l'oubli.

A. *Famille de Suhard de Grandmont.*

Cette famille semble avoir eu au Mage le rôle prépondérant parmi celles que nous venons de nommer. Nous aimerions à croire que l'un de ses ancêtres ait pu être un de ces hommes francs et libres donnés au prieuré de Chênegallon de l'ordre de Grandmont, trois par Rotrou le Grand et quatre par son fils, mais c'est seulement en 1656, que pour la première fois les de Suhard apparaissent au Mage. D'où venaient-ils? Résidaient-ils antérieurement en cette paroisse? Silence complet.

En ladite année, H[t] et P[t] seigneur messire Charles de Ryantz de Villeray, conseiller du Roi, maître des requêtes, seigneur de Voré, Blandé et autres lieux et Françoise de Marguerie, épouse de Tanneguy du Grenier, sieur de Boiscorde en Regmalart, présentent au baptême en l'église du Mage, Charles de Suhard, fils de Jacques sieur de Glatigny et de Marguerite Guyard. Jacques était mort avant 1669, et nous ne suivons bien la filiation de cette famille qu'à partir de 1724, encore est-ce par l'alliance d'un de Suhard, étranger à la paroisse du Mage, mais certainement parent de ceux qui y demeuraient un demi-siècle auparavant.

Le 13 juin 1724, *Michel de Suhard* sieur de Grandmont, de la paroisse d'Origny-le-Butin se marie au Mage avec Charlotte Huet, fille de Charles, sieur de Grandmaison ; il est trésorier de la fabrique en 1729 et laisse un fils et deux filles :

Jean-Michel qui suit,

Michelle-Jeanne, mariée à Louis-René de Fontenay, écuyer, chevalier de l'ordre royal et militaire de Saint-Louis, chevau-léger de la garde du roi, fils de feu Jean-René écuyer, seigneur de la Chatellenie (de la paroisse de Contilly) et de la Perrière, et de Anne-Marie de Guéroult. M. et Mme de Fontenay n'eurent pas d'enfants et vivaient encore en 1761.

Charlotte, décédée célibataire à Feillet, le 25 mai 1766, à 30 ans.

Jean-Michel de Suhard, trésorier de la fabrique du Mage de 1768 à 1772, mourut le 25 mars 1773 à Feillet, où il résidait, en la maison du baillage, qu'il avait acquise depuis que les baillis n'y résidaient plus, vers 1750. Jean-Michel avait seulement 42 ans, il laissait sa veuve Michelle de Barville qui mourut en janvier 1770, à 45 ans, et avait eu plusieurs enfants dont deux nous sont connus :

Françoise-Margueritte Michelle, élève de Saint-Cyr, en 1787 ;

Michel-Louis-François de Suhard, chevalier, sieur de Montégu, baptizé le 20 février 1760, demeurait à Longny en 1786, année où il vendit pour la somme de 3,696 l. au sieur Pierre Lunois, bourgeois de Chartres la maison du baillage de Feillet qu'avait habitée son père. Au sortir de la Révolution, il fut nommé maire du Mage, où il habitait dans sa terre de Montégu. En 1808, il fonda pour les pauvres, de concert avec son épouse, une rente de 30 francs au capital de 600 livres et en mourant laissa trois filles :

Edwige, Henriette et Jeanne.

Henriette de Suhard, épousa M. Samuel de Bras-de-Fer (1) et lui donna Montégu, qu'ils durent peu habiter; en 1835 en effet, ils demeuraient à Moutiers, et c'est à Verneuil que nous les retrouvons, le 20 juin 1860, lors du don de mille francs qu'ils font à la Fabrique à charge d'une messe mensuelle. C'est dans cette ville qu'ils sont morts, laissant une succession obérée de nombreux legs, qui ont nécessité l'aliénation d'une partie des biens, entre autres de Montégu, passé aux mains de Mlle Soulbieu, qui le possède actuellement.

B. *Famille du Grenier, sieur de Valmorin* (2) et C. *Famille des Croix, sieur de l'Ardillière.*

Le 29 juillet 1601, *François du Grenier*, écuyer, seigneur de Valmorin, en Regmalart, épousait au Mage, Margueritte du Grenier, sa cousine, dont les parents résidaient au lieu de l'Ardillière. Il y vint résider et y eut trois enfants : Margueritte, née en 1611 ; Charles en 1613 ; Renée, fille posthume en 1616. François mourut à l'Ardillère en 1615, et fut enterré sous le chapiteau de l'église, le même jour que Charles du Grenier, écuyer, sieur de Launay, mort à Regmalart, le dimanche 23 et rapporté au Mage, avec permission du vicaire de sa paroisse, portant absolution du défunt.

En juin 1635, la fille aînée de François, mariée à *Louis des Croix*, écuyer, demeurait avec son mari au lieu de l'Ozier en Regmalard ; n'ayant pas d'enfants à cette époque, ils s'entredonnèrent leurs biens, « ce fait, disent-ils, pour la bonne amitié conjugale

(1) Nous voyons au rôle de la noblesse en 1074, en l'élection d'Argentan : Jean de Bras-de-Fer à Goullet, Samuel Bras-de-Fer à Ommoy, Daniel Bras-de-Fer à Fontaine, Nicolas de Bras-de-Fer à Merry, Josias de Bras-de-Fer aux Moutils. (*État de la généralité d'Alençon*, par Duval.)

(2) Il y a, paroisse de Chemilly, une localité appelée *le Grenier*, qui a pu être le berceau de cette vieille famille dont une branche habitait au XVIIe siècle le château de la Pellonnière, au Pin-la-Garenne, et portait les titres de baron puis de marquis d'Olbron. Elle semble s'être éteinte avant la Révolution.

« qu'ils se portent l'un à l'autre. » En 1638, ils étaient revenus à l'Ardillière, et en cette année eurent une fille, nommée Anne, par H^t et P^t seigneur François du Crochet, chevalier de l'Ordre du Roi, seigneur de Maison-Maugis, et par Anne de Riantz de Villeray. Cette enfant mourut jeune; pour cette raison n'ayant pas d'héritiers directs, Louis des Croix et sa femme firent en 1664 un testament de 150 l. annuelles, en faveur de l'église du Mage, avec certaines charges. Louis des Croix, mourut le 2 septembre 1666, et Margueritte du Grenier, son épouse, le 3 janvier 1667, instituant Jacques du Grenier, son neveu, héritier de ses biens et René Jusseaume, curé du Mage, son exécuteur testamentaire.

Jacques du Grenier, sieur de l'Ardillière, demeura sur cette terre. De Françoise de Groignaux, sa femme, il eut deux filles : Marie-Anne et Jeanne-Françoise; cette dernière, présentée au baptême en 1678 par Gaston de Guéroult, sieur de la Gohière, et Françoise du Grenier, mourut avant 1698. Jacques son père était aussi décédé et sa fille Marie-Anne restait sous la tutelle de Robert de Blanchoin, sieur de la Hélière.

Marie-Anne du Grenier, contracta deux unions : la première avec François Le Lassour du Lomboz ; la seconde avec Louis-François de Fouchais, sieur de la Faucherie dont elle était civilement séparée, quant aux biens en 1759. De son premier mariage elle avait eu une fille : Marie-Françoise, dont Robert de Blanchouin avait été parrain en 1697.

D. *Famille de la Garenne.*

En 1587, le 12 janvier « fut inhumé et enterré dans l'église des
« Cordeliers de...... le corps de deffunt Jehan de la Garenne, luy
« vivant, écuyer, sieur de la Brière, duquel a été apporté le cœur
« dans la paroisse du Mage, dont il étoit paroissien, et iceluy
« cœur a été mis et ensepulturé dedans l'église de Monsieur Saint-
« Germain du Maige, devant l'ostel Nostre-Dame ; prié Dieu pour
« son âme. »

Ce *Jehan de la Garenne* avait épousé, avant 1585, Margueritte-Anne-Louise de Gruel, à l'époque où Claude Gruel, son frère, épousait Marguerite Auvé et devenait seigneur de Feillet. En avril 1585, ils eurent une fille Marguerite qui, en 1600, était mariée à Jehan du Grenier, frère de François dont nous avons parlé.

En 1667, lors du règlement de la succession de Louis des Croix et de Margueritte du Grenier, Jacqueline de la Garenne, femme de Galloys du Val, écuyer, sieur de Monthulé et autre Jacqueline de la Garenne, femme de Jacques ..... se présentent comme parents desdits défunts.

E. *Famille de Beausse.*

Vers la fin du siècle dernier, la famille de Beausse vint s'établir à Feillet en la personne de :

Jean-Baptiste-Michel de Beausse, qui décéda à Feillet, le 1er septembre 1806, à 88 ans 9 mois « ayant reçu tous les sacrements ». Il était chevalier de Saint-Louis, capitaine de grenadiers royaux, pensionnaire du Roi et habitait précédemment Saint-Aubin de Pacy, au diocèse d'Evreux. De son mariage avec Marie-Charles Legendre de Boiscompteux il avait eu en 1767 un fils.

Jean-Baptiste de Beausse, présenté au baptême par Charles-Augustin Legendre de Chavannes, Garde du corps du Roy, 1re compagnie et par Suzanne de Beausse, de la paroisse de Saint-Sulpice à Paris. Le 10 novembre 1798, Jean-Baptiste, écuyer, officier au régiment d'Enghien, épousa noble demoiselle Marie-Charlotte de Martainville, âgée d'environ 20 ans, fille de feu Messire Robert de Loubert, chevalier, seigneur de Martainville, Persay et autres lieux et de noble dame Marie-Françoise de Rély. La bénédiction nuptiale fut donnée au château de Martainville, par Jean-Martin Chefdeville, prêtre insermenté, curé de Martainville, en vertu de pouvoirs reçus par son E. Mgr le Cardinal de La Rochefoucault, archevêque de Rouen, administrateur d'Evreux, « *sede vacante* ».

Jean-Baptiste alla résider en Moulicent, sur la terre de Persay, que lui donnait son épouse et, après la mort de son père, 1806, revint à Feillet. Nous lui connaissons sept enfants :

1º Auguste-Zoë, qui épousa Louis Aumont du Moutier et dont nous allons parler plus loin ;

2º Elisabeth ;

3º Gaston ;

4º Mathilde ;

5º Antoine-Ulric, né à Feillet, baptisé le 6 septembre 1809, ayant pour parrain Messire Chrétien-Siméon Le Prévot d'Irai, inspecteur-général de l'Université Impériale, représenté par Gaston de Beausse, frère de l'enfant et pour marraine, Marie-Charlotte-Antoinette de Loubert de Martainville, épouse d'Alexandre Legendre de Chavannes, ex-officier au régiment de Médoc, demeurant à Evreux, représentée par Elisabeth de Beausse, sœur de l'enfant ;

6º Sidonie (1) qui épousa M. Achard de la Vente lequel fut maire du Mage (1854-1862).

---

(1) M. Renoult, curé du Mage, lui servit de parrain et Mathilde sa sœur, toute jeune encore fut sa marraine.

7° Louis-Charles, baptisé le 14 novembre 1815, présenté par son frère Antoine-Ulric et par Catherine de Rély, sa grand-tante, représentée par Zoë, sœur de l'enfant. Louis-Charles décéda le 1er octobre 1834.

F. *Famille Aumont du Moutier.*

Auguste-Zoë de Beausse, née au château de Persay, en Moulicent, se maria le 29 juin 1818, à Messire *Louis Aumont du Moutier,* écuyer, ancien officier de marine, veuf de Anne Brigth, fils de feu Denys-René Aumont du Moutier, aide-major de grenadiers royaux, chevalier de Saint-Louis et de feue dame Angélique Bourlet, originaire de Mantes-sur-Seine, domicilié à la Trinité-sur-Avre.

De ce mariage naquit *Denis-Paul Aumont du Moutier,* baptisé au Mage le 10 juillet 1819, né à Feillet, chez son grand'père, Jean-Baptiste de Beausse qui lui servit de parrain avec Marie-Françoise de Rély, comme marraine.

Après la mort de son beau-père, M. Aumont du Moutier se retira à la Trinité-sur-Avre, sur sa terre de la Brunellière ne conservant que la nue propriété du bailliage de Feillet, pendant que M. Achard de la Vente (1) époux de Sidonie de Beausse, en avait l'usufruit.

Depuis une trentaine d'années, le baillage de Feillet appartient en propriété et en jouissance à la famille du Moutier et c'est aujourd'hui le fils de Denis-Paul *M. Marcel Aumont du Moutier* qui l'habite avec sa fille, son fils étant mort en 1895.

G. *Familles diverses.*

Nous avons retrouvé dans les actes les noms de différents personnages marquants de la paroisse du Mage ; mais ne les rencontrant que rarement, nous n'avons pu en établir une filiation même très succinte, nous nous bornerons à en donner la liste.

1669. La D^{lle} *de Saint-Paul,* a des biens contigus à ceux du presbytère ; en 1692, ils sont aux mains du sieur de Saint-Paul.

1682. Nicolas *de Bellejambe,* sieur de Maufrais, fils de Claude (1648), petit-fils de David Beljambe, sieur de la Mare (1594) ; Nicolas, trésorier de la Fabrique, marie sa fille Charlotte avant 1710,

---

(1) La famille Achard de la Vente, habitait au XVIIe siècle les environs de Domfront, à Saint-Mard d'Egrenne ; une sixième partie du fief du Pertus Achard était possédé par Alexandre Achard, écuyer sieur du Pas-de-la-Vente, demeurant à Passais.

(*Généralité d'Alençon,* par Duval. *Etat des fiefs en 1674.*)

à Louis de Fontenay, sieur de Saint-Hilaire, ancien Garde-du-Corps, demeurant au Mage.

1682. Jean *Guérin*, sieur de la Vallée, procureur fiscal de la seigneurie de Feillet.

1682. Claude Guérin, sieur des Marais.

1682. René Guérin, sieur de Mesraimbert.

1682. Louis Guérin, sieur de la Brière.

1688. François Guérin, écuyer.

1697. Robert *de Blanchoin*, sieur de la Hélière.

1713. Paul *de Brossard*.

1727. Anne *de Gastel*, propriétaire de la Brenillère. En 1706, Jacqueline de Gastel est baptisée au Mage par l'aumonier de la vicomtesse de Ribérac.

Au rôle de la capitation nous voyons figurer des noms pour nous complètement inconnus au Mage, il ne devaient pas y habiter mais seulement y posséder quelque terre.

La dame veuve du sieur de Malétable (1).

1766-1768. La dame veuve du sieur *de Cissay*.

1766-1768. Le sieur de Cissay fils.

1766-1768. Le sieur *de l'Echamp*, de la Butte.

1766-1768. Le sieur de Gersant.

§ V.

Le Tiers-Etat.

A côté des agriculteurs ont vécu comme du reste aujourd'hui, mais disons-le plus rares, des gens de tout état et de toute condition, notables, officiers judiciaires et ministériels, marchands, industriels; nous leur devons un souvenir, ils ont habité le Mage, ils ont laissé leurs noms dans nos archives. Ce souvenir lointain nous aura mis en rapport avec des familles et des individus qu'un certain parti voudrait nous présenter comme absolument étrangers d'aspirations, d'idées, de sentiments avec nos populations actuelles, et qui cependant, affirmons-le, malgré la prétendue réforme révolutionnaire, se donnent la main plus fraternellement que ne nous le feront croire tous ces grands phraseurs, étrangers à la famille Française.

---

(1) Marie-Jeanne de Godefroy, veuve de Robert-Alexandre Jacquet, sieur de Malétable. La famille de Godefroy demeurait à Luctière, en Moulicent; elle posséda au commencement du siècle dernier, le fief de la Gastine, village aujourd'hui dépendant du Pas-Saint-Lhomer, alors de la paroisse de Saint-Jean des Murgers et de Meaucé.

A. *Familles notables.*

Nous n'avons que deux familles dont nous ayons à faire une mention spéciale avant la Révolution. Bien qu'ayant eu une quasi noblesse viagère attachée aux fonctions de certains de leurs membres elles ne sont cependant pas sorties définitivement du Tiers-Etat, et jamais aucun de leurs membres n'a porté les qualifications d'*écuyer* ou de *chevalier* réservées aux gentilshommes (1).

Famille Lunois, sieurs du Perche et du Coudrai.

La famille des Lunois est sans contredit une des plus anciennes du Mage; aussi haut que nous ayons remonté dans les registres paroissiaux (1590) nous les avons rencontrés et aujourd'hui nous en saluons un représentant en la personne d'Alexandre-Joseph Lunois, artiste-peintre de mérite, demeurant à Paris, mais que les beaux jours ramènent chaque année à son atelier de « la Capitainerie » qu'il a récemment construit aux abords du bourg du Mage sur la route de Bizou.

Cette famille qui, avant le XVIII° siècle ne semble pas tenir une place plus importante que les autres, prend tout à coup un essor qu'elle doit aux services rendus aux seigneurs de Feillet. En 1669 nous voyons *Marin Lunois*, du village de Bouhoudoux, figurer comme témoin dans l'aveu de Messire René Jusseaume, et aussi

---

(1) Il n'est pas inutile de faire remarquer qu'avant la Révolution, le fait de porter un nom précédé de ce qu'on appelle aujourd'hui la particule c'est-à-dire des prépositions : « *de, d', du, de la, des* » écrits sans majuscule et séparés du nom, n'indiquait aucunement une prétention quelconque à la noblesse. Lorsqu'un commerçant, un artisan, un laboureur avait acheté une propriété foncière, aucune loi ne lui interdisait d'ajouter à son nom celui de cette propriété et l'usage en France au XVII° et XVIII° siècles dans toutes les classes de la société était de distinguer ainsi les membres d'une même famille par l'indication du lieu où chacun d'eux habitait : Jacques Bonhomme achetant une maison ou une propriété, nommée la Chesnaie s'appelait désormais dans tous les actes Bonhomme de la Chesnaie, son fils devenant propriétaire d'une ferme nommée le Boullai s'appelait Bonhomme du Boullai (ce qui ne serait plus permis aujourd'hui sous peine de poursuites du ministère public pour usurpation de qualification nobiliaire) ; si ces propriétés étaient des fiefs ou simplement des *fiefs-bursaux*, innombrables dans notre province, ils s'appelaient « *sieur de la Chesnaie* » « *sieur du Boullai* », ce qui ne les empêchait pas de continuer à exercer une profession ou un métier manuel interdits aux gentilshommes et ne les faisait aucunement entrer dans l'ordre de la noblesse (où il était du reste facile et même trop facile d'entrer, soit par quelque grand service rendu à la patrie, soit par l'exercice d'une des nombreuses charges ou fonctions anoblissantes).

d'autres Lunois dans certaines assemblées de notables ; mais c'est *Pierre Lunois* qui le premier sort du rang. En 1700, il est homme d'affaires d'Antoinette de Gruel. En 1713, il porte le nom de « sieur du Perche » (1), en 1718, il est receveur-général du domaine de Feillet, c'est à Messire Clément qu'il doit cette situation ; en 1724, notaire pour les paroisses du Mage et de Bizou ; en 1729, il a la charge de procureur fiscal de la haute-justice de Feillet. De Renée Juré sa femme, il eut un fils, né le 2 janvier 1718, nommé Alexandre, par Alexandre-Julien Clément (représenté par Pierre de L'Ormeau, receveur général des Aides de Mortagne) et par Henriette Gaudin, épouse dudit Clément, représentée par Catherine Chartrin, épouse de Messire Thomas de l'Etang, conseiller du Roy au grenier à sel de Mortagne.

René-Pierre Lunois, deuxième fils de Pierre Lunois, sieur du Perche prit le nom de « sieur du Coudray » ; il était en 1744 greffier receveur du domaine de Feillet. Greffier de la baronnie de Longny en 1777, il marie sa fille à Pierre-Charles Quiéron, avocat au Parlement, demeurant à Regmalart, fils de Jean, bourgeois de Dreux.

Michel-Pierre Lunois, troisième fils de Pierre, sieur du Perche, est en 1744, conseiller du Roy, officier au grenier à sel de Regmalart, mais demeurant au château de Feillet, où d'ailleurs son père résidait dès 1720 ; il devint dans la suite receveur des gabelles à Nogent-le-Rotrou.

Alexandre-Michel Lunois, son fils est présenté au baptême en 1744, par Messire Julien Clément seigneur de Feillet et Marie Auvray, épouse de Ambroise-Julien Clément, en présence de Pierre Goujet, chanoine de l'Hôpital et de Eustache Coret, bachelier en théologie, tous deux du diocèse de Paris. En 1772, Alexandre était avocat au Parlement à Nogent-le-Rotrou, où il résidait paroisse Saint-Laurent avec sa sœur Margueritte-Perrine.

Pierre Lunois, bourgeois de Chartres (paroisse Saint-Michel), acheta de François de Suhard, le 27 juillet 1786, la maison du baillage de Feillet, mais il n'en jouit que peu de temps, étant mort le 15 novembre de la même année.

Précédemment *Anne-Perrine Lunois*, avait racheté de son neveu Alexandre-Michel, différentes terres sises à Feillet (1772) et, trois ans plus tard, devenue veuve de son mari François Rousseville, marchand à Longny, elle acheta à Feillet quelques corps de logis et 12 arpents de terre pour 150 l. de rente viagère à

(1) Certains actes portent « Lunois sieur Le Perche » remarquons, qu'aucun membre de la famille de Pierre Lunois ne porta ce nom après lui, probablement parce qu'il fut le seul à posséder cette propriété.

Joseph Godard de Neuilly avec 1000 l. de pot de vin payés présentement.

Famille Huet, sieurs de Grandmaison, de la Faudière et de la Boullaie.

Nous remontons à 1611, pour rencontrer au Mage le premier membre de cette famille. *Claude Huet*, tabellion juré royal, reçoit une ratification de rente et, en 1616, l'aveu de Chandeleur Aubert trésorier, à la dame de Feillet, Louise de Faudoas, est reçu dans la maison de *Jean Huet* procureur fiscal à Feillet. A cette époque les Huet ne prennent aucune qualification nobiliaire et en 1658, *Charles Huet*, trésorier de la Fabrique du Mage s'intitule simplement « sieur de Grandmaison ». Il meurt avant 1670, année où sa fille Judith, épouse Rodolphe de Godefroy, sieur de la Petite-Noé, en Moulicent. Charles avait-il obtenu des lettres d'anoblissement ? Nous ne le croyons pas, mais sa situation d'*Aide-fourrier de madame la Duchesse douairière d'Orléans*, lui conférait certans privilèges et l'autorisait suivant l'usage d'alors, à se qualifier de « noble homme » ce qui indiquait plutôt la quasi-noblesse viagère attachée à certaines charges que la véritable noblesse essentiellement héréditaire.

En 1674, honnête homme *Emery Huet, sieur de la Boullaye*, demeurant à la Faudière, en le Mage, constitua à la Fabrique une rente annuelle de 3 l.

Ses deux fils, *Claude, sieur de la Faudière* et *Estienne, sieur de la Boullaye*, chirurgien et bourgeois de la ville de Nantes firent eux-mêmes une fondation de 20 l. en faveur du Trésor. Estienne fit mieux encore ; le 29 novembre 1681, demeurant à la Fosse de Nantes, paroisse Saint-Nicolas, il fonda à perpétuité une lampe ardente pour le chœur de l'église du Mage et pour ce laissa 40 l. annuelles et perpétuelles ; (*V. les pièces justificatives*), il constitua pour ses procureurs spéciaux :

Noble homme Charles Huet, sieur de Grandmaison, officier de madame la Duchesse d'Orléans, et noble homme Claude Huet, sieur de la Boullaye, ses neveux, demeurant au Mage, lesquels, quelques années plus tard, se libérèrent de cette charge en versant à la Fabrique un capital de 800 l.

Charles Huet, sieur de Grandmaison, neveu d'Etienne, était fils de Charles, aide fourrier de la duchesse d'Orléans, et frère de Judith. Il eut un fils : *Gaston* qui, en 1734, s'intitulait « sieur de Grandmaison », il laissa une fille, Charlotte, mariée à Michel de Suhard. Avec Gaston Huet disparaît au Mage la descendance des sieurs de Grandmaison.

La branche des Huet de la Boullaye se maintient plus longtemps mais dans un état de fortune moins que médiocre.

Claude Huet, sieur de la Boullaye, laissa deux fils, Charles et Emery. *Charles, sieur de la Boullaye*, était, en 1726, tuteur des enfants de feu son frère (Emery, comme lui héritier de Claude leur père, alors sieur de la Faudière), et de Etienne leur oncle sieur de la Boullaye et ainsi chargés de la fondation de 20 l. annuelles faite par lesdits Huet au Trésor du Mage. En cette qualité de tuteur et d'héritier, il fut condamné en 1726 par Pierre Le Large, bailli de Feillet, à payer 29 années d'arrérages de cette rente. C'était une lourde somme ; Charles Huet ne paya point, et pour cause ; la saisie de 1728 opérée chez lui nous en donne la raison. L'huissier René Guillemin n'y rencontra que « deux coffres « de bois de chêne fermant à clef, une huche de même, 10 l. de « vaisselle d'étain, une poële de fer battu, une passoire de cuisine, « un lit, une couverture de laine, un oreiller, lequel lit et oreiller « contiennent 30 l. de plumes d'oie ; c'est là, dit l'exploit, tout le « mobilier du sieur Huet ». C'était un certificat de misère en bonne forme (1). Une situation si précaire força les descendants de cette famille à chercher quelques ressources dans le commerce.

En 1775, nous voyons *Jean Huet, sieur de la Boullaye*, fils de Charles, marchand à Longny et en 1745 les enfants d'Emery, aussi marchands à Longny, condamnés à payer encore les arrérages de la rente de 20 l. au Trésor. En 1768, *Nicolas Huet* est marchand à Tourouvre ; en 1741, *Madeleine Huet, de la Boullaye*, était mariée à Charles Chappe, maître menuisier, paroisse N.-D. de Mortagne.

Familles notables diverses.

Outre les deux familles précédentes, nous avons vu figurer dans divers actes :

1688. Pierre Héraud, sieur de Marigny.
1694. Pierre Adam, sieur des Jardins.
1695. Antoine Héraud, sieur de Marigny.
1712. Pierre Leroux, sieur de Marigny, trésorier de la Fabrique.

B. *Officiers judiciaires et ministériels.*

La Haute-Justice de Feillet entretint au Mage tout un person-

---

(1) Charles Huet, malgré son état de détresse était cependant à l'époque de sa saisie syndic du Mage ; il ne manqua pas de se venger des poursuites faites contre lui à l'instigation du curé Gilles Simon en lui suscitant le fameux procès de 1728-20.

nel de gens de loi, dont nous sommes heureux de connaître la majeure partie. Ce sont les baillis, les lieutenants-généraux du bailli, les procureurs-fiscaux, les avocats, les tabellions ou notaires et les sergents ou huissiers.

Baillis de Feillet et leurs lieutenants-généraux.

1590. Thibault Bonnier, lieutenant-général du baillage.
1608. Jehan Daragon, lieutenant-général du baillage.
1609. Jehan Garreau, licencié en droit, sieur du Bois des Touches.
1625. Pierre Daragon, lieutenant-général du baillage.
1636. Louis Gravelle, sieur de la Moisière.
1666. Georges Bourgoin, sieur de la Roulandière.
1667. Jean Châtre, sieur de la Gréotière, avocat au Parlement.
1681. Jean Châtel, sieur de la Grouchière (peut-être le précédent.)
1715. Pierre Le Large, sieur des Vauxgoins, conseiller de feu son Altesse Mgr le Duc de Vendôme.
1727. Jacques Le Roy, sieur du Maupas.
1742. Hugues-François de l'Etang.
1758. Pierre-René Plancher de la Noë, avocat au Parlement.

Procureurs-fiscaux et avocats.

(Ministère public de la justice seigneuriale)
1682. Jean Guérin, procureur-fiscal à Feillet.
1665. François Villette, avocat au baillage de Feillet.

Tabellions.

Les tabellions de Regmalard firent souvent le tabellionnage de Feillet ; nous ne citons que ceux que nous savons avoir été particulièrement attachés à Feillet.

1604. Macé Bougrain, tabellion à Feillet.
1642. Laigneau, tabellion a Feillet.
1648. Hureau, tabellion à Feillet.
1666. Gilles Daumouche, tabellion à Feillet.

Huissiers ou Sergents.

(Immatriculés au baillage de Feillet.)
1645. Jehan Lizet.
1698. Nicolas Laigneau, sergent-royal du baillage de Châteauneuf, résidant à la Grande-Guérottière.
1702. Charles Guy, sergent royal.
1719. René Guillemin.
1742. Philipe Brière.

1750. Jean Gaulart, sergent de la Haute-Justice de Feillet, demeurant à Longny.

1774. François Guérinot, sergent de Regmalart et de Feillet, résidant à la Beuvrière.

1713. François Manreau, officier au Grenier à Sel de Mortagne, résidant au Mage.

Que furent ces divers officiers à l'égard de la paisible population du Mage ? Dans quelle mesure firent-ils valoir leurs prérogatives et exercèrent-ils leurs fonctions. Le cahier de doléance de 1889 nous le dit assez ouvertement pour que nous n'ajoutions rien à cette amère critique.

C. *Marchands, industriels, gens d'état.*

Le commerce et l'industrie n'ont jamais eu au Mage grand essor ; nous pouvons même dire qu'à part un moulin et une tuilerie, des maréchaux-ferrants, des charrons, et des boulangers, nous n'avons remarqué aucun établissement industriel ; le commerce se trouvait réduit à la vente de draperies ou autres denrées usuelles de ménage. Dans ce siècle-ci, les commerçants se sont établis plus nombreux et plus variés, nous le verrons en traitant de la situation actuelle, et d'un autre côté, ils ont quitté Feillet où ils semblaient s'être centralisés dans les derniers siècles, et se sont tous établis au bourg du Mage. Nous donnons les noms de plusieurs de ces commerçants ou industriels.

1612. André Osanne, drapier. *Volizé.*
1645. Zacharie Donette, marchand.
1648. Jean Godard, marchand. *Le Mage.*
1657. Guillaume Crête, marchand. *Feillet.*
1671. René Guérin, marchand. *Le Mage.*
1741. Charles Godard, marchand. *Feillet.*
1758. Joseph Godard, marchand. *Feillet.*
1759. François Guérin, marchand. *L'Ardillère.*
1669. Denys Godard, boulanger. *Feillet.*
1636. Louis Guérin, meunier. *La Forge.*
1636. Guillaume Lejeune, maréchal. *Feillet.*
1746. Jean Blanche, charron. *Le Mage.*

Les différentes professions que nous avons pu relever sont, on le voit, peu nombreuses ; remarquons que quelques-unes ont pu nous échapper, ou n'être jamais mentionnées dans nos archives.

A côté de ces situations diverses, nous croyons devoir donner quelques noms de gens d'état qui ont arrêté notre attention.

1624. Jehan Lelarge, manœuvre aux *Cointinières.*
1650. Balthazar de l'Isle, manœuvre. *La Brenillère.*

1748. Germain Pierre, journalier. *Feillet.*
1696. Nicolas Garnier, manœuvre.
1674. Jean Courpotin, manœuvre. *L'Auberdière.*
1659. Guillaume Guérin, domestique de Noël Bernard, curé. *Le Mage.*
1664. François Renault, domestique de Louis Des Croix. *L'Ardillère.*
1675. Georges Guérin, sacristain.
1748. Claude Guérin, sacristain.
1771. Florent Blaise, maître d'école.
1769. Jacques-François Coudray, garde. Feillet.

Le travail du bois, bûchage et abattage, dut certainement entretenir quelques familles au Mage comme aujourd'hui encore, mais nous n'avons trouvé aucun nom d'entrepreneur d'exploitations ni d'ouvriers.

§ VI.

Habitation. Vêtement. Nourriture.

A. *Habitation.*

Nous sommes loin aujourd'hui du « Foilletum » Gallo Romain ; du village composé de masures couvertes de feuillage et de branches, du Feillet primitif; nous ne sommes plus à cette époque plus civilisée du Moyen Age où les serfs se pressant autour de leur seigneur reserraient leurs chaumières autour de son manoir. Le défrichement, le déboisement, qui cependant n'est que très partiel au Mage, a permis à l'habitation de se disséminer et le progrès aidant, de prendre plus de confortable. Avouons pourtant que jusqu'à la dernière moitié de notre siècle, il n'y a eu rien de trop dans l'habitation de la campagne agricole ou autre.

En tous cas, ce n'était pas dans le presbytère du XVIe siècle (1543) qui ne contenait que deux appartements, ni dans le domicile de Charles Huet, sieur de la Boulaye, qui n'avait en 1728, qu'un seul appartement, où René Guillemin, huissier, vint saisir le plus maigre mobilier ; ni dans cette maison d'école dont, en 1756, la moitié, c'est-à-dire moitié du grenier, moitié de la cave et deux petites étables derrière; est louée à Jean Blanche, charron et Françoise Cormier, sa femme, l'autre moitié, c'est-à-dire la maison manable avec petite chambre froide au-dessus et encore grenier au-dessus avec moitié de cave étant laissée à Florent Blaise, maître d'école pour se loger et tenir l'école. Et toutes ces habitations construites en terre et en colombage, derniers vestiges de l'architecture de nos campagnes du XVIIIe siècle, n'annoncent en général que peu d'aisance. Alors presque partout, dans la ferme ou métairie, il n'y avait qu'un seul appartement où habitait toute la famille, autrefois si nombreuse ; la *chambre* ou le cabinet qui est une amélioration de notre époque, était inconnue ; l'unique appartement servait de cuisine et de chambre à coucher pour toute la famille ; ce regrettable état de chose existe encore dans plusieurs maisons aujourd'hui ; de cet appartement de famille on communique sans sortir avec l'étable et surtout avec l'écurie qui est contigüe, ce qui rend plus facile la surveillance pendant la nuit des chevaux dont l'élevage est pratiqué dans le Perche de toute antiquité ; la grange et la bergerie, quand il y en avait, faisaient suite et formaient tous les bâtiments de l'exploitation agricole, toujours à peu près couverts en chaume. Le premier étage à la campagne comme au bourg, a toujours été inconnu. Pourtant au bourg du Mage nous avons remarqué une ou deux maisons avec escalier en dehors et en pointe de la maison permettant d'habiter une chambre en dessus et de laisser le dessous comme cave ou appartement à tout faire ; souvent en effet les caves n'existaient pas ; les deux ou trois pipes ou *poinçons* (1) quelquefois l'unique pipe de cidre se remisait le plus fréquemment dans les granges, quelquefois comme chez les journaliers et manœuvres dans la *maison* déjà si encombrée. Le Mage aujourd'hui n'a rien à regretter à ce passé, nous le verrons plus loin ; nous parlerons dans un autre article de la maison seigneuriale ou des autres bâtiments remarquables.

B. *Vêtement.*

M. Renoult, curé du Mage, a laissé sur cette question une page intéressante et disons-le originale, nous ne pouvons mieux renseigner nos lecteurs sur le costume du Mage et de ses environs vers 1780, que de la reproduire.

1785. *Costumes des hommes et des femmes de ce siècle.*

« Voulés-vous voir une femme parée ? Voici Zélie, on dirait qu'elle a appris à faire toilette avec les femmes du Sérail de Constantinople ; une *draperie à la Turque* de *pékin* bleu flotte autour de sa ceinture et traîne élégamment sur le parquet, un *jupon de taffetas* blanc, un corsage de la même couleur et de la même étoffe accompagne la robe déjà connue les années dernières, un *écharpe* blanc *plissé en rosette*, garnit la *lévite*, un bouquet de de roses artificielles rehausse chaque rosette ; les *manchettes* sont

(1) La *pipe* du Perche est de 7 à 800 litres, moins grande que celle de Normandie qui est de 900 à 1000 litres. Il faut trois *poinçons* pour faire une *pipe*.

de *gaze* blanche découpée ; un large *fichu de gaze* couvre la gorge de Zélie, mais ce fichu s'élève en *bouffante* depuis le sein jusqu'au menton, ses *gants* sont couleur *paille* brodés en rouge ou en violet, ses cheveux flottent sur ses deux épaules, deux grosses boucles tombent de chaque côté sur sa poitrine ; un chapeau-bonnet, embelli de ruban *à l'arc en ciel,* couronne sa tête ; le chapeau est décoré d'une guirlande de roses artificielles, un nœud de rubans de la même couleur pare la gorge et retient l'ample fichu.

Zuline porte le *juste de taffetas gris,* le *corset* rose et le *fichu* de *gaze de linon* blanc, ses cheveux flottent *à la Conseillère ;* un *pouf* de gaze blanche, des rubans roses rayés, un voile *à la Caravane,* une violette, des roses, des plumes, des bouts de plumes de paon, tout cela chiffonné avec art, fait ressortir tout le piquant de la physionomie ; la *couleur de serin* est également très en vogue, ainsi que le *taffetas gris d'olive ;* il est à remarquer que les femmes depuis 16 jusqu'à 70 ans, ont cette même coquetterie ; on porte encore beaucoup des robes *à l'Enfant, mousseline de gaze* ou de *linon* blanc.

Les hommes ont des *culottes* qui leur serrent singulièrement les cuisses, elles sont de *drap de soie noire ;* le *taffetas* fond *citron* à raies vertes et mouches lilas, composent l'*habit* et la *veste* de parure qui accompagnent les *bas de soie* et les manchettes de dentelles ; les *boutons* sont *émaillés* et *mouchetés* d'une couleur assortie au fond de l'habit, et ils sont entourés de *pierres fausses* blanches ; les *boucles* qui attachent les *jarretières* de la culotte sont un petit *jonc d'argent* en *quarré long, souliers à talon rouge ;* on porte sous le bras un *chapeau à plumet blanc.* Pour se donner plus de maintien, on passe la main gauche dans la veste et la main droite dans la poche de l'habit.

« Damis veut monter à cheval ; une *culotte de peau de daim,* des *bottes à l'anglaise,* d'un noir très luisant, depuis le soulier jusqu'au mollet et depuis là jusqu'au genou d'un jaune foncé, un *gilet à raies d'or* et à larges raies vertes est sous un *habit vert-dragon* doublé de mêmes couleurs ; les *revers,* les *manches* et les poches *à la malinière ; deux montres,* un *chaperon rond à l'anglaise,* voilà le costume de Damis, on laisse flotter les crins du cheval qui porte aujourd'hui la queue longue et qui donne une grâce infinie par son encolure au cavalier qui le monte. C'est dans cet état que Damis court chez son sellier, son notaire ou ses maîtresses.

« Nos paysans n'ont pas encore changé de costume, mais nos campagnardes donnent un certain ton à leur *coëffe* qui leur relève beaucoup la tête ; cela s'appelle une « *goguette* » ; un fond de *gaze* large de 10 pouces et élevé de 12 à 15, garnit le derrière de la coëffure qui ne couvre que le quart des joues. Ainsi va le monde. »

(Registres paroissiaux de Bizou. Notes de M. Renoult).

Avec les mœurs, la Révolution changea aussi les costumes. Vers 1820, le grand costume des hommes se composait de *l'habit* de *pinchina* couleur marron, à larges et nombreux boutons, aux longues boutonnières simulées, du *gilet écarlate* à grandes poches retombant jusque sur les cuisses, de la *culotte à jarretières* et des *guêtres blanches*, le tout surmonté du *chapeau retapé à l'antique*. Les femmes étaient coëffées de l'antique *bonnet percheron* aujourd'hui disparu, bonnet à dentelle perché sur une haute carcasse de carton couvert de soie ou de papier bleu clair, suivant la fortune et servant de transparent sous la belle *passe* et le beau *fond* en *batiste* ou *tul brodé*, ample coiffure élégamment soutenue des deux côtés par deux fils d'archal argentés, appelés « laquais. » Le reste de la toilette des grands jours, consistait en une robe de drap ou *froc* brun, d'un beau *fichu de mousseline brodée*, du *corset* à longues *basques*, à courtes et larges manches, du *jupon* en gros *retors* fond bleu clair et enfin de la belle *devantière* de toile orange à *bravette* remontant presque jusqu'au menton.

Malgré de profondes modifications, il y a cependant encore beaucoup d'attache à l'ancien costume, il nous faudra arriver au règne de Louis-Philippe, pour le voir complètement disparaître.

En 1840, une veste, un gilet, un pantalon, une paire de guêtres, un chapeau à haute forme ou une casquette, formait le grand uniforme des hommes, ainsi que la blouse qui commençait à paraître et qui a jusqu'aujourd'hui, résisté à tous les changements de la mode. Dès cette époque les femmes commençaient à se laisser tenter par les caprices de la mode des villes ; leurs vêtements avaient la forme de ceux des demi bourgeoises. A l'exception du bonnet un peu plus élevé.

« Alors, nous dit un écrivain de l'époque, l'abbé Fret, comme
« le bas prix des cotonnades permet à la vanité de se satisfaire, on
« voit aujourd'hui, grâce à l'habileté des couturières de village,
« de simples servantes plus élégantes que leurs maitresses, qu'on
« prendrait facilement pour des personnes jouissant d'un revenu
« considérable, à telle sorte que les étrangers s'y méprennent
« surtout les fêtes et dimanches, depuis une vingtaine d'an-
« nées. »

Les choses ont-elles bien changé aujourd'hui ?

Nous serions portés à croire qu'elles se sont accentuées et que l'auteur ci-dessus, s'il vivait, serait tenté de trouver peu sévère sa critique de 1840.

C. *Nourriture.*

Il nous est difficile de dire ce qu'elle était au Mage autrefois, substantielle sans doute, mais pensons-nous peu relevée. En 1789, dans leur cahier de doléance, les habitants se plaignent de ce que accablés d'impôts, la plupart d'entr'eux « ne peuvent même pas « manger une misérable soupe maigre trois ou quatre fois par « semaine ». Et ce devait être une privation, le potage ayant toujours été à la campagne le plat de résistance ordinaire, accompagné comme encore beaucoup aujourd'hui du morceau de pain, de fromage ou de lard. Cette viande était alors pour ainsi dire la seule servie sur les tables de campagne, avec celle des élèves de la basse-cour qui, elle, ne paraissait que dans les jours de réception. La boucherie qui arrive aujourd'hui jusqu'au fond des campagnes, ne sortait pas alors des grands centres et de ce fait avait beaucoup moins de consommation. Le poisson, à part le hareng, n'a jamais eu les honneurs de la table, une grande partie des cultivateurs ont une répugnance presque invincible pour ce mets parfois si délicat. Les légumes servis furent ceux entretenus dans les jardins, choux, pois, haricots et depuis un siècle, la pomme de terre. Les œufs, les fruits, le laitage, ont toujours été les bienvenus auprès de nos sobres populations, qui ont en grande partie préféré le régime végétarien, et qui actuellement encore au milieu de l'abondance de viandes qui leur est offerte, s'y montrent particulièrement plus attachés, à part cependant les jours de frairie et de réception, où l'on sait faire honneur à la légendaire poule au pot de Henri IV et aux succulents morceaux dont l'industrie des maîtresses de maison sait l'accompagner; à part encore cette traditionnelle et joyeuse *fête à boudin* » à laquelle une ou deux fois l'an, parents et amis viennent se réjouir du malheureux sort de cet innocent animal que la loi Judaïque favorise d'une protection si touchante et qui fournit à certains de nos esprits forts l'occasion d'une si spirituelle manifestion le Vendredi-Saint de chaque année.

CHAPITRE III

Histoire religieuse.

§ Ier.

Clergé.

1493. Le premier curé connu est *Jehan Guérin de Salle*. Le 21 juin 1493, il testa en faveur de ses successeurs ; son testament sur parchemin dont l'original nous est conservé, assure à la cure du Mage des prés et terre à la Folie. C'est la seule mention que nous ayons à faire de ce curé, c'est aussi pendant le demi siècle qui suit tout ce que nous pouvons écrire sur le clergé du Mage.

1543. *Jehan Le Large*. Ce curé rendit aveu en cette année au seigneur de Feillet. Cet aveu qui nous a été conservé est précieux, il nous fixe sur la valeur des immeubles dont les seigneurs de Feillet avaient doté la cure du Mage. Jehan Le Large déclare tenir de Mgr Gilles Auvé à cause de sa terre et seigneurie de Feillet, « à
« foy, hommage, rachapt de cheval de service, et tous autres
« droicts et debvoirs de fiefs selon la coutume du pays les hérita-
« ges et choses qui ensuivent :
« Une maison, estable, cour, jardin et estrise, le tout d'un demi-
« arpent servant de presbytère ; une pièce de terre à seigle de
« deux arpents et demi, assise au-dessus du presbytère et joignant
« l'estrise, une autre pièce appelée le Champ de la Croix, d'un
« arpent de terre ; une pièce de terre de trois arpents au-dessus
« des prés du presbytère ; une pièce de terre en pré clos près
« l'église et le cimetière, y compris la fontaine, de trois arpents
« et demi avec le droit au ruisseau qui passe au milieu. »

(Voir aux pièces justificatives.)

Ce n'était point là tout le revenu de la cure, nous le verrons plus loin, mais seulement les terres hommagées qui rendaient les curés du Mage vassaux du seigneur de Feillet ; et à cause desquelles chacun d'eux à son arrivée et à son entrée en charge devait rendre *aveu* et *hommage* ; c'était une servitude, mais qui n'avait rien d'humiliant en ce sens qu'elle était une reconnaissance de la générosité et de la piété des seigneurs qui avaient fondé l'église et l'avaient dotée de revenus suffisants pour la faire desservir.

Maître Jehan Le Large assista en personne à la rédaction des coutumes du Perche en 1558. Nous n'avons pas la date précise de sa mort.

1590. ...ostier. Nous avons retrouvé à cette date le nom en partie illisible d'un curé, probablement Etienne Costier, qui reçut le testament de Martin Boutelou en 1594, et ne nous est pas autrement connu.

1591-1656. Etienne Pecnard. Ce prêtre passa au Mage toute sa vie sacerdotale, mais comme vicaire, bien qu'en certains endroits nous lui voyions prendre la qualité de curé qu'il put d'ailleurs avoir dans quelqu'intérim. En 1591, au début de son ministère, il fit l'inventaire des titres et papiers de la Fabrique devant Jehan Bonnier, notaire à Regmalard (15 août). Il signe « *prêtre vicaire de monsieur St-Germain du Mage.* » En 1621, sous la dénomination de vicaire (1), il donne acquit à David Beljambe de 15 l. versées au Trésor. Le 27 octobre 1632, il constitue une rente de 4 livres au Trésor de la Fabrique à la charge de quatre messes hautes à diacre et sous-diacre pour Georges Pecnard son père et Françoise Aveline sa mère et ce chaque année. Retiré en 1653, il demeurait au moulin du Mage en 1656.

Le 6 mai 1641, il avait vendu ce moulin à René de Gruel pour 1100 l. (2), ce qui le mettait à l'époque de sa retraite, aux droits du seigneur de Feillet. Il reçut le testament de Michelle Nyon veuve Goddé, en 1642.

1623-1661. Noël Bernard. Maître Etienne Pecnard, ayant rédigé tous les actes depuis 1624 jusqu'à 1653, nous n'avons relevé que de très rares signatures de messire Noël Bernard. Mais il nous a laissé un intéressant testament du 22 novembre 1659, dont l'original est conservé et dont on trouvera analyse aux pièces justificatives. Il ne dut pas exercer le ministère jusqu'à la fin de sa vie, car nous rencontrons :

1656 (27 septembre). Claude Pousset, prêtre, curé du Mage qui accepte pour lui et ses successeurs une rente de 8 l. de la part de Me Etienne Pecnard. Claude Pousset est remplacé en 1660.

1660-1704. René Jusseaume. Le 22 juillet 1669, il rendit hommage à Messire René de Gruel, ce qui ferait croire que Noël Bernard, vivant encore en 1661, ne serait décédé que vers cette épo-

---

(1) Cependant dans une sentence de Louis Gravelle, du 15 mai 1645, nous lui voyons donner le titre de « curé ».

(2) En 1759 ce moulin n'existait plus et l'étang était en pré. (*Inv. des arch. de Feillet*).

que et que René Jusseaume n'eut jusque-là que l'administration et non la charge, comme du reste Claude Pousset précédemment. Dans cet aveu il reconnaît au seigneur de Feillet les droits de haute-justice et se soumet à la banalité des moulins seigneuriaux.

Le 18 mars 1692, le Conseil d'Etat ayant réclamé une déclaration des domaines et biens de main-morte, René Jusseaume fit le relevé exact des revenus de sa cure :

« 12 arpents donnant 40 l. de revenu.

Dixme, à raison de la 13ᵉ gerbe en blé, orge, avoine et pois 750 l., ainsi que sur les menues dixmes, agneaux, veaux, cochons, laine et filasse.

Fondations et obits : 40 l. Total : 830 l. de revenu, sur lesquelles le vicaire touchait 250 l.

A payer 80 l. de dixmes et d'impôt.

30 l. pour les réparations de l'église et du presbytère.

Revenu net : 370 l. qui, espérons-le, étaient grossies par les ressources que lui offraient ses honoraires.

En 1699, René Jusseaume bénit la chapelle de Feillet ; il mourut à 67 ans le 3 mars 1704 et fut enterré le jour de Pâques par Henri Le Roy, prieur, curé de Longny, en présence d'Alexandre Rougère, chapelain des religieuses de Longny, et des charités de Longny, Verrières et Moutiers.

René Jusseaume nous a laissé en latin cette note que nous recommandons aux hommes de science et particulièrement aux astronomes.

« *Anni postremi, extremis diebus, etiam hujusce anni inchoati*
« *1665 apparuit stella quasi caudata, dein circumradiata quæ*
« *cometa nuncupatur, a quinquagenta fere annis usque nunc*
« *haud visa. Utinam magis hocce calamitoso sæculo succedat*
« *non vero præcursor existat quia intimà homines deveniunt*
« *malitià.* » (1).

1704-1706. Intérim fait par maître *Pierre Brunet*, et les prêtres voisins. Pierre Brunet prêtre habitué au Mage, demeurait en 1712 au village des Cointinières, il laissa au trésor 5 l. de rente annuelle à charge de trois messes par chacun an.

1706-1721. *Michel Huet*, fut installé en juillet 1706 et le 6 février 1708, rendit aveu et hommage à Renée-Antoinette de Gruel, dame de Feillet, veuve de messire Anthoine d'Aydie, reçut

(1) Cette comète parut du 20 décembre 1664 au 6 janvier 1665 et reparut la même année du 6 avril jusqu'au 20 entre Pégase et les Cornes du Bélier. Dans sa première apparition elle parcourut 143° et en tout 160° par mouvement rétrograde. (Dict. de mathématique : Encycl. du XVIIIᵉ siècle.) Elle fut étudiée par Halley.

et inhuma la même année dans le caveau des seigneurs, le cœur de ladite dame. Il fut enterré le 17 octobre 1721 dans le cimetière du Mage, en présence de Louis Jouin, curé de Neuilly, Charles Bourdon, chapelain de Longny, Choiseau, vicaire du Mage, Levesque, prieur curé de Longny.

C'est à lui qu'est dû le réservoir situé dans la prairie du presbytère ; il nous a raconté en quelques lignes que nous reproduisons, la difficulté que ce travail lui suscita avec son voisin, le sieur de Fontenay :

« Le sieur de Fontenay, antien (sic) garde du corps, mary de
« damoiselle Charlotte Bellejambe, a intenté procès contre maître
« Michel Huet, curé de cette église, au sujet d'une fontaine appar-
« tenant audit sieur curé, scituée au bas de son jardin, dans le
« canal qu'il a fait faire, disant y avoir droit, ce qu'il n'a pu prou-
« ver quoiqu'il alléguât une prétendue possession de tout temps
« immémorial sans apporter aucun titre, laquelle possession lui
« a été refusée par les aveux rendus aux seigneurs de Feillet,
« dans lesquels ladite fontaine est employée comme appartenant
« aux sieurs curés, sans aucun blâme ; d'ailleurs ledit sieur Huet
« ayant fait démolir la fontaine, trois ans auparavant le procès
« intenté, ladite possession n'a plus eu lieu se perdant par an et
« jour ; ledit sieur de Fontenay a été obligé de cesser ses pour-
« suites et d'abandonner l'affaire, ne pouvant prouver ce qu'il
« avait avancé par ces procédures. Mémoire que je laisse à mes
« successeurs, afin qu'ils sachent ce qu'il s'est passé, et que per-
« sonne n'a nul droit sur les fonds du presbytère et que c'est par
« pure souffrance que l'on vient à sa fontaine et qu'on lave à son
« lavoir qu'il a fait faire la même année.

« M. Huet, curé du Mage. »

1722. *Gombault.* Ce prêtre ne dut pas exercer le ministère. Remplacé dès l'année suivante, il passa pouvoir d'administrer sa paroisse, jusqu'à ce qu'il put le faire lui-même, à messire de Brévan, Franciscain.

« *Ego infrascriptus sacerdos parochus Ecclesiæ S^{ti} Germani*
« *in loco dicto Le Mage, delego et constituo, R. Patrem de Bre-*
« *van, Franciscanum ab. Ill° D° D° Episcopo Carnotensi appro-*
« *batum ut, in prædicta parœcia, possit omnibus curialibus*
« *officiis defungi, matrimonia celebrare et cœtera exsequi donec*
« *ipse Ecclesiam illam regere possim. Datum in œdibus nostris*
« *presbyteralibus, die sexta Januarii anno Domini mill° septing°*
« *vig° secundo.*

C. Gombault.

1722. *Jean Rollet*, signe comme curé dans une assemblée d'habitants.

1723-1738. *Gilles Simon*, gradué de l'Université de Paris vécut quinze ans au Mage, rendit aveu de la cure à Messire Julien Clément, seigneur de Feillet, le 6 novembre 1726, et mourut âgé de 44 ans 10 mois 16 jours, en son presbytère du Mage. Il fut inhumé le 25 janvier 1738, en l'église du Mage, par maître Roger, curé du Pas Saint-Lhomer, son ancien vicaire, en présence de Jean Hallais, curé de Malétable, Le Pesant, curé de la Lande, Mercier, curé de Boissy-Maugis, Orieul, vicaire du Mage, Le Large, vicaire de Digny, Hesniard, curé de la Magdeleine-Bouvet et de plusieurs autres prêtres.

Le procès qu'il soutint en Parlement contre les habitants du Mage au sujet de la dixme des pailles est trop important pour que nous en parlions ici, nous l'exposerons tout au long à l'article du temporel de la cure.

1738-1753. *Louis Chenu.* Il reçut et inhuma en 1747 dans le caveau des seigneurs, le cœur de Messire Julien Clément décédé à Paris, paroisse Saint-André des Arts. Il fut lui-même inhumé, en novembre 1753, dans le chœur de l'église par Louis Courbet, curé de la Lande, en présence de Antoine Defesques, curé de Moutiers, Nicolas Rousseau, curé de Neuilly, Henri Vauthier, curé du Pas Saint-Lhomer, Besniard, vicaire de Monceaux, Beaudoin, vicaire de Neuilly, Choiseau, vicaire de Longny, Brunet, vicaire de Moutiers, Hubert, vicaire du Mage.

1753-1755. Commission de desserte donnée à *Me René Hubert*, pour desservir « *in divinis* » jusqu'à ce qu'il y ait un curé.

1755-1770. *Charles-Alexandre Mercier*, exerça le ministère au Mage jusqu'en 1770. Trois actes qui suivent sa dernière signature sont signés « Mercier, vicaire général d'Auxerre », un de ses parents probablement, peut-être son frère. Maître Mercier, tout en ayant résilié ses fonctions, resta cependant domicilié au presbytère du Mage jusqu'à sa mort, avec le titre de Prieur de Saint-Georges et de Président de la Conférence de Longny (1). Il décéda le 10 janvier 1775, à 74 ans, et fut inhumé dans le chœur par Alexis, curé de Malétable, en présence de Choiseau, curé de Longny, Lalizet, curé de Tourouvre, Davignon, curé de la Lande, Dehail, curé d'Autheuil, Hervieu, prieur, curé de Monceaux, Lecomte, curé de Dorceau, Arnoult, curé de Bizou, François, curé du Mage, Renoult, vicaire, Alexandre-Charles Mercier, ancien officier, frère du défunt, Jouvet, notaire à Bretoncelles.

---

(1) Dix-sept curés se rendaient à cette importante conférence. C'étaient : Autheuil, Bizou, Boissy-Maugis, Brotz, Dorceau, la Lande-sur-Eure, L'hôme-Chamondot, Moulicent, le Mage, Monceaux, Malétable, Moutiers-au-Perche, Regmalard, Tourouvre, la Poterie, la Trinité-sur-Avre, la Ventrouze.

G. S. LE FRANÇOIS
CURÉ DU MAGE
Né à Condeau le 31 8bre 1733
Député du Perche
à l'Assemblée Nationale de 1789.

LA LOI ET LE ROI

La sœur de maître Mercier, Marie-Jeanne-Charlotte, qui demeurait avec lui au Mage, avait été inhumée le 26 octobre 1772, par maître Bernier, curé de la Rouge, ainsi que leur tante quelque temps auparavant.

Deux décès survenus en 1757 pendant le ministère de maître Mercier, méritent d'être signalés, aussi bien sont-ils ceux de deux religieux. Il y avait sur la limite de la paroisse du Mage et de Regmalard, à l'orée des bois de Blandé, un ermitage appelé Saint-Thomas, qui existe aujourd'hui encore à l'état de village. Deux ermites l'habitaient et y menaient la vie de pieux anachorètes ; le 27 mars 1757, l'un d'eux mourut sans qu'on ait pu indiquer ni ses noms (1), ni sa famille, ni sa patrie ; il avait, dit l'acte « cent ans ou environ ». Deux mois après, le survivant des deux ermites Jean-Baptiste Cordier, fut trouvé mort « de mort violente » dans son ermitage. Il fut inhumé après les constatations légales de la justice de Longny (24 mai 1757).

1771-1791. Gabriel-Sébastien François, est sans contredit le plus connu des curés du Mage, à cause de son rôle politique. Né à Condeau le 31 octobre 1733, il paraît pour la première fois au Mage, le 8 octobre 1770, en qualité de second vicaire, Lebailly étant premier. Le 14 janvier 1771, il reste seul vicaire et le 18 mars suivant il est titulaire du Mage, ayant Got pour vicaire, puis en 1772, Renoult, qui lui succèdera après la Révolution. Nous dirons qu'il fut le constructeur présumé du presbytère actuel ; il fit faire à l'église d'importantes réparations en peintures, sculptures et dorures dont nous avons les comptes pour 1777. En 1789 il fut élu député du Clergé à l'Assemblée Nationale pour le Grand Baillage du Perche ; l'un des premiers il réclama la suppression des dixmes et protesta contre « l'acte constitutionnel » (2), en signant la déclaration d'une partie des députés, le 31 août 1791. Sa situation de député nécessitant son absence de la paroisse, il fut remplacé dans l'exercice des fonctions curiales par un desservant, mais conserva son titre de curé. En 1791, il écrivit sa « *Lettre* « *pastorale d'un curé plus patriote que les patriotes, à ses parois-* « *siens* » (31 p. in-8° sans nom d'imprimeur) ; sa dernière signature comme curé du Mage est du 9 juin 1790. Ayant refusé le serment, il passa en Angleterre où il vécut pendant l'orage révolutionnaire.

Dans la liste de ceux dont les biens furent confisqués, nous

( ) Il portait en religion les noms de « frère Patrice Palémon. »
(2) C'était la nouvelle constitution contre laquelle s'inscrivirent par une noble et fière protestation, environ cent quatre-vingt députés, tant gentilshommes qu'ecclésiastiques. Le curé du Mage est inscrit le 32e entre le marquis d'Angosse, député d'Armagnac et le chevalier de Verthamont, député de la Guyenne. Un peu plus bas on lit les noms de Leclerc, curé de la Cambe et de Dufresne, curé de Ménil-Durand, députés d'Alençon.

trouvons au district de Bellême : « Le François, ci-devant curé du Mage, ex-constituant. » A son retour, il fut nommé curé de N.-D. d'Alençon où il mourut le 15 juillet 1813, honoré de la croix de chevalier de la Légion d'Honneur (1). Il n'oublia point son ancienne église ni ses paroissiens; en mourant il leur en laissa la preuve : « L'Eglise de N.-D. d'Alençon, dit-il dans son testament,
« étant suffisamment fournie de ce qui est nécessaire au Service
« Divin, je donne à celle du Mage, mon ancienne paroisse, mes
« aubes avec une somme de 100 l. pour être employée en orne-
« ments ou décorations, à la volonté du sieur Renoult, curé de
« ladite paroisse, mon successeur et mon ami, ou de son succes-
« seur qui alors prendra avis du maire de la paroisse.

« Quant à la somme de 1200 l. placée à constitution dont j'ai
« laissé la disposition audit sieur Renoult, pour le soulagement
« de ses pauvres, je veux que le fonds leur appartienne et qu'il
« soit employé pour leur plus grand avantage par les soins de
« MM. les Curés, maires et trois des plus notables habitants de
« ladite paroisse. »

Cette somme de 1200 l. était placée chez M. de Suhard pour moitié, et celui-ci en faisait 30 l. annuelles de rente, chez Louis Madeleine pour un quart à 15 l. de rente, et chez Jean Tafoiry pour l'autre quart et le même revenu de 15 l. (2). Le total de la rente de 60 l. était laissé, du vivant de M. François entre les mains de maître Renoult, pour les pauvres du Mage et à sa mort, comme on le voit, il abandonna capital et intérêts pour le même usage.

Il mourut avec l'estime et les regrets de ceux qui l'avaient connu; son portrait est conservé au presbytère du Mage; nous en donnons ici une reproduction (3).

1789-1791. Fortier. Ce prêtre ne fut pas curé, mais seulement administrateur du Mage pendant les deux années de députation de M. François. Maître Fortier fut nommé à cette fonction par lettre commissoriale de l'évêque de Chartres en date du 25 décembre 1789. Jean-Jacques Fortier, né à Authon, décéda en 1803 curé de Souancé (diocèse de Chartres).

1791 An III. Gadeau. Le 27 juin 1791, MM. François et Fortier qui avaient démissionné se préparaient à prendre le chemin de l'exil; ils furent remplacés par un prêtre que nous avons tout lieu de croire assermenté, maître Gadeau qui resta en exercice

(1) Une carte des districts de Bellême et Mortagne qui est en ma possession est dédiée à MM. François, curé du Mage, J. C. comte de Puisaye, A. L. L , Bailleul, députés et Thoumin, député suppléant, par St Michel, ingénieur et géographe.

(2) Journal particulier de M. Renoult.

(3) Le fac-simile de gravure inséré ici est, à notre regret, différent de celle conservée au presbytère du Mage.

jusqu'au 6 Fructidor an III, époque où il demanda à la municipalité la permission de se retirer ailleurs.

« Suivant la déclaration que nous a faite le citoyen Gadeau, dit le procès verbal, que son intention était de quitter la commune pour aller exercer ses fonctions ailleurs, pourquoi il demande qu'il lui soit accordé un délai de trois semaines pour trouver un logement et faire enlever son meuble du presbytère, nous, agent national de la commune, arrêtons que cette demande est juste et qu'elle lui sera accordée et invitons la municipalité d'y donner agrément.
Foucault, ag. nat.

Le jour même le Conseil fit droit à cette demande et accorda au citoyen Gadeau 18 jours pour déménager.

An III. Rodolphe-Guillaume Chauvin.

8 thermidor an III. « Est comparu Rodolphe-Guillaume Chauvin, prêtre, lequel a déclaré qu'il se propose d'exercer le ministère d'un culte connu sous la dénomination de culte catholique, dans l'étendue de cette commune, et a requis qu'il soit décerné acte de sa soumission aux lois de la République, de laquelle déclaration il lui a été décerné acte et a signé. »

Nous ne savons quelle fut la durée du ministère de maître Chauvin qui certainement était assermenté (1). Il dut être secondé par un autre confrère auquel aucun document ne donne la qualité de curé, c'est :

Joseph Marchand, au sujet duquel nous lisons :

« 6 Messidor an III. — S'est présenté le citoyen Joseph Marchand, prêtre, lequel nous a déclaré qu'il promettait d'obéir aux lois de la République, tant qu'elles ne blesseraient point sa conscience et qu'elles ne lui empêcheraient point le libre exercice de la religion Catholique, Apostolique et Romaine, dans laquelle il veut mourir et a le dit déclarant signé. »

Nous n'avons jusqu'au rétablissement du culte aucun acte qui nous permette de constater que ces prêtres aient exercé leur ministère.

An XI-1822. *François Renoult*. Vicaire en 1772 de l'église du Mage, M. Renoult fut nommé le 5 juin 1776 à Bizou, dont il construisit le presbytère actuel ; il a laissé sur le temporel de la cure des notes intéressantes que l'on trouve dans les registres paroissiaux. Il émigra, de compagnie avec M. François « *au-delà des mers* » nous dit son épitaphe : « *ultra mare per annos pulsus fuit* ». A son retour, nommé curé du Mage, il fut installé le

---

(1) Rodolphe Chauvin est inscrit sur les listes officielles d'émigration ; probablement, il rétracta son serment.

13 germinal an XI (1803) après prestation de serment faite à Mortagne. Un mois après son arrivée, il obtint du conseil municipal une somme de 350 l. pour acheter des ornements et des meubles pour son église en partie pillée par la Révolution (1).

Le 12 septembre 1822, François Renoult fit un testament où nous lisons ces lignes :

« Je donne et lègue à la Fabrique du Mage 80 l. de rente per-
« pétuelle à prendre sur l'Etat suivant mon inscription en date du
« 20 septembre 1820 à charge : 1° De faire dire tous les ans à per-
« pétuité pour le repos de mon âme et celle de mon père une
« messe le jour de St-François (4 octobre) ; 2° de faire aussi dire
« une messe à perpétuité le 15 du même mois pour l'âme de Thé-
« rèse, ma mère.

« .....Je donne et lègue à la Fabrique de l'église du Mage, ma

(1) L'inventaire fait le 15 ventôse an XI, quelques semaines avant son arrivée nous accuse les objets suivants :
Une cloche pesant 400.
Un calice d'argent massif.
Une bannière.
Un bassin en cuivre.
Deux chapes rouges, trois blanches, trois violettes, deux couleurs mêlées, une noire.
Trois chasubles, rouge, blanche, violette.
Trois aubes garnies de mousseline et une de mauvaise mousseline.
Deux grandes nappes, deux petites.
Deux serviettes.
Quatre chasubles de couleurs diverses.
Quatre chandeliers de bois.
Une croix argentée de cuivre.
(Registres de l'état-civil.)

M. Renoult a laissé sur les registres de Bizou et du Mage différents essais de littérature dont on nous permettra de donner quelques échantillons ; nous offrons ici deux énigmes en vers, et nous laissons au lecteur le soin d'en trouver la clef, une série de proverbes, et une page sur le costume de l'époque « genre la Bruyère » que nous avons donnée ci-dessus p. 72.

1. *Phœbo genitum quivis me cantat ubique*
Corporis in partes divide membra duas
Quotannis rigidos aquilones prima propellit
Altera viva manens displicet, assa sapit.

Engendré d'Apollon, l'on me chante partout
En deux égales parts, qu'on divise mon tout
Par l'une le grand froid tous les ans prend la fuite
L'autre en vivant déplaît, mais on la goûte cuite.

2. *Nocte diuque tego miserum pariterque potentem*
Frons generosa micat, caudaque dente furit.

Je couvre nuit et jour le riche et l'indigent
Je commence en donnant, je finis en rongeant.

Nous ne donnons point cette poésie pour servir de modèle dans une prosodie.

« bibliothèque pour l'usage de mes successeurs et la boiserie de
« la chambre que j'occupe.

M. Renoult mourut le 25 octobre 1822, on lit sur sa tombe l'inscription suivante :

Hic jacet D. Franciscus Renoult
Sacerdos Bizou, posteàque ab XX annis
Magi curio.
Fidei christianœ propugnator, in exsilium
Ultra mare per X annos, pulsus fuit.
In pace Domini, lugentibus curialibus,
Vita functus est œtatis LXXV die XXV 8^{bri} 1822.
Oremus pro illo
Pastori. Flentes gratique in eum,
petram, collecto concilio, dedicaverunt
D^{nus} de Suhard eq. et prœfectus
Rivard th^{ii} custos, Dubois, Lamblin
Leroy, Brunet.
Deo et regi fidelis
Requiescat in pace

1823-1859. *Jacques-René Cohu*. Ce prêtre établit en 1834 une Confrérie de la Sainte Vierge qui pendant son ministère eut une époque florissante, elle existe encore aujourd'hui mais dans un état beaucoup moins prospère. C'est lui qui, pendant que la municipalité faisait refondre la seule cloche laissée par la Révolution, engagea le conseil de Fabrique à faire la dépense d'une autre cloche pour laquelle fut votée une somme de 1500 l. à laquelle s'ajoutèrent des dons particuliers ; cette cloche est aujour-

Proverbes.

1. Les plaisirs délicieux de l'innocence ne sont une chimère que pour les scélérats.
2. La raillerie est l'éclair de la calomnie.
3. On n'a point fait de livres sur la vertu tandis que les mœurs l'enseignaient.
4. Les vertus des mères assurent des vertus à leurs enfants, celles des pères ne leur assurent que de la gloire.
5. La vertu ne donne pas de talent mais elle y supplée, le talent ne donne ni ne supplée la vertu.
6. On ne s'aime bien que quand on n'a plus besoin de se le dire.
7. Le cérémonial est la fumée de l'amitié.
8. On perd plus d'amis par ses demandes que par ses refus.
9. Le cœur le plus capable d'aimer est celui qui n'a point aimé.
10. Les cœurs les plus faciles à se donner sont aussi les plus faciles à se reprendre.
11. Le plaisir de bien faire est le seul qui ne s'use pas.
12. Le vice empoisonne les plaisirs, la passion les frelate, la modération les aiguise, l'innocence les épure, la bienfaisance les multiplie, l'amitié

d'hui la plus forte des deux qui existent. M. Cohu a laissé au Trésor la somme de 15 fr. de rente à charge d'une messe annuelle, et a, comme son prédécesseur abandonné sa bibliothèque à la cure, avec défense de l'aliéner. Disons en passant que nous serions heureux de voir chaque curé suivre cet exemple (1).

1859-1888. *Joseph Leroux*, aujourd'hui retiré dans le bourg du Mage, à cause de sa cécité a continué avec zèle l'œuvre de ses prédécesseurs. Né au Pin-la-Garenne le 5 juin 1814, il est mort au Mage le 31 août 1898.

1888-1895. *Emile Gohier*. Nous devons à cet aimable confrère, la restauration intérieure complète et très intelligente du chœur de l'église; il a su aussi, et nous l'en félicitons, défendre avec succès les droits du temporel de la Cure.

1895. *Eugène Aubert*, actuellement curé, à la bonne obligeance duquel nous devons de précieux renseignements.

Nous avons relevé dans différents endroits quelques noms de prêtres qui ont été, ou attachés à l'église du Mage comme vicaires ou ont habité cette paroisse en qualité de prêtres retraités. En voici la liste qui clôra le paragraphe consacré au clergé.

1659. *Le Bouvier*, prêtre résidant au Mage.
1673. *Etienne Hurisson*, prêtre.
1682. *Jacques Aubert*, vicaire.
1690. *François Landois*, vicaire.
1708. *Gille Le Richer*, vicaire.
1738. *Orieul*, vicaire.
1753 et 1760. *René Hubert*, vicaire.
1771. *Luneau*, vicaire.
1779. *Landais*, vicaire.
1784. *Roger*, vicaire.
1852. *Gigan*, vicaire (2).

les perpétue, mais il n'appartient qu'à la conscience de les faire pénétrer dans l'âme.
13. Charbon qui fume gâte l'encens.
14. Que chacun balaie le devant de sa porte et les rues seront nettes.
15. Les beaux chemins ne vont pas loin.
16. L'œil le plus juste ne vaut pas une règle.
17. Ce ne sont pas les puces des chiens qui font miauler les chats.
18. Les nuages les plus brillants ne sont que de l'eau.
19. Paroles qui volent ne vont pas loin.
20. Qui dit des injures ne choisit pas les mots, qui frappe ne compte pas les coups. etc., etc.

Sans valoir celles de la Rochefoucault, ces maximes ne manquent ni de fonds ni de bon sens.

(1) Nous avons maintes fois constaté, dans les ventes après décès de nos confrères, que des étrangers mettent à prix les bibliothèques presbytérales dans un tout autre but que celui de la science.

(2) Le vicariat du Mage, vacant depuis déjà plusieurs années, a été supprimé en 1886.

§ II.

Temporel et Revenu de la Cure et de la Fabrique.

A. *Cure.*

Fondée par les seigneurs de Feillet, l'église du Mage ne manqua pas d'être aumônée par eux de tout ce qui devait y intéresser le culte divin et la dotation de la cure fut leur premier souci. Assurant le logement, il fallait également assurer la subsistance du curé appelé à desservir cette église. L'aveu de 1543 et ceux qui ont suivi, nous font connaître dans quelle mesure fut établi le patrimoine de la cure ; en dehors de la maison, de l'étable, de la cour, du jardin et de l'ètrise, assis sur un demi arpent de terre, dix arpents de terre en culture et de prés formaient, en 1543, le fonds curial hommagé aux seigneurs de Feillet ; en 1669 une pièce à seigle de 26 boisseaux (1) y avait été ajoutée. Si l'on tient compte qu'à cette époque, l'arpent se louait 3 et 4 l. au plus dans les meilleures terres nous pouvons admettre que, sur le terrain fort ingrat où se trouvait le domaine de la cure, les curés ne devaient recueillir au plus qu'une trentaine de livres, à moins qu'ils ne fissent valoir leurs terres eux-mêmes, comme c'était à peu près généralement l'usage. Mre Jusseaume faisait cultiver par moitié et retirait 40 l. environ de revenu en 1669 ; il nous laisse à entendre que ce vieux fonds de la cure fut donné en 1499, avec charge d'une messe tous les dimanches et fêtes de l'année (2) ; cette charge, on le voit, était une diminution du revenu à laquelle il fallait ajouter le cens et la rente qui en 1692 était de 15 deniers sur le presbytère et 2 s. 12 d. sur les terres.

Mais, nous l'avons déjà dit, la cure jouissait d'autres revenus ; des fondations avaient successivement augmenté les ressources du curé. En 1493. Jehan de Salle avait donné la terre de la Folie ou Fontaine Livray de trois arpents ; en 1502 Germain Febvrier laissait 5 l. pour une messe ; l'un comme Guillaume Courpotin en 1584 fondait 25 s. de rente, pour le recommander chaque dimanche et fête, un autre comme Gilles Douveau (1586) 5 l. de rente annuelle pour 4 messes hautes aux octaves des quatre grandes

---

(1) Le boisseau équivalait à 1/4 d'arpent. Cette terre de 26 boisseaux n'était pas hommagée à Feillet. L'estimation de Messire Jusseaume nous porte à croire qu'au XVIIe siècle le boisseau n'était que le 1/8 d'arpent puisque la pièce de 26 boisseaux n'est estimée par lui qu'à trois arpents.

(2) Mre Jusseaume veut parler ici de la donation de son précécesseur Jehan Guérin de Salle en 1493.

fêtes, celle-ci, Marie Costier, donne 12 s. 6 d. pour une messe à
« toujours mais » le jour de l'Assomption ; celle-là, Tiennette
Durand veut pour 12 s. t. une messe annuelle le dimanche qui
précède la veille de la Toussaint (1586 et 1587). C'est M⁹ Noël
Bernard qui laisse à successeurs un plaçage de logis avec cour,
joignant le presbytère, restauré plus tard par M⁶ François, aujourd'hui distrait du temporel de la cure, mais toujours existant et
voisin de la cure ; c'est Louis des Croix, écuyer, et son épouse
Margueritte du Grenier qui veulent annuellement et à perpétuité
3 services 3 messes hautes et 2 basses largement retribuées. Enfin
ce sont Margueritte Le Hérier, Jean Tousche, Balthazar de l'Isle,
Marie Marolles, Margueritte Boulay, Pierre Brunet, prêtre, Pierre
Coddé, etc., qui chacun à leur manière apportent le denier, le sol
ou la livre qui va grossir le revenu curial, en fin de compte toujours fort maigre.

La dîme y ajoute son appoint et ses charges ; car si les paroissiens la lui font, le curé la doit rendre à d'autres. La dîme, nous
dit M⁹ Jusseaume (1), est au Mage à raison de la 13ᵉ gerbe, tant
de bled, orge, avoine que pois, et, en sus, la menue dixme qui
consiste en agneaux, veaux, cochons, laines et filasses que ledit
curé fait toutes valoir par ses mains. Avec les 40 l. qui reviennent des obits et fondations, le curé se fait de ce chef 750 l., mais
là-dessus il doit retirer 250 l. pour son vicaire, il lui faut payer
80 l. de dîmes ordinaires et extraordinaires, 30 l. pour les réparations de l'église et de son presbytère. Que lui reste-t-il ? 430 l.
y compris le revenu foncier ; ce n'était pas une fortune ; fort heureusement à ce chiffre venaient se joindre les honoraires de
messes et le casuel (2) qui pouvaient rétablir le chiffre de 750 à

(1) Déclaration au Roy des biens et revenus de la cure du Mage, ordonnée par arrêt du Conseil d'Etat, en date du 18 mars 1692.

(2) Les tarifs de 1630, 1660 et 1728 que nous publions ci-dessous feront
voir que les prix qu'ils accordent sont loin de renforcer d'une façon
avantageuse la portion congrue assez minime par elle-même.

Tarif de M⁹ʳ d'Etampes (1630)

Pour ce que la plus grande part des curez ne jouissent (comme il serait
à souhaiter) d'un revenu assez suffisant pour leur entretien ; afin de leur
donner moien de vivre selon leur qualité, et aussi pour remédier à une
infinité de plaintes pour le droit honoraire desdits curés, nous ordonnons
qu'ès Paroisses ils ne prendront que : 17 s. 6 d. pour la sépulture d'un
corps, pour la grand messe 10 s ; pour les vigiles 5 s. ; pour les litanies
3 s., pour l'assistance du Diacre, Sous-Diacre. ou vicaire, habitué (s. ent.
Prêtre) deux s. chacun pour l'enterrement et convoi et autant pour vigiles
et encore autant pour la Grand-Messe et autant pour les litanies ; pour la
sépulture d'un enfant jusqu'à l'âge de 14 ans, 7 s. 6 d. ; pour un corps
qui passe sur le territoire d'une autre paroisse, ou qui étant mort désire
être enterré en une autre 17 s. 6 d. ; pour la reception d'un testament
10 s. ; pour la publication d'un monitoire et de rengravation avec le certi-

800 l. fort entamé par les frais ci-dessus ; mais il n'en est pas moins vrai que le curé du Mage comme tant d'autres, tout bien compté avait peu de superflu. Ce n'étaient point cependant les réclamations qui manquaient. En 1686, la portion congrue qui, selon les provinces, était de 200 à 300 l. fut généralement fixée à 300 l. : mais, bientôt, cette portion fut considérablement amoindrie par l'augmentation des denrées. En 1736 les curés firent entendre leurs plaintes ; ils représentaient qu'en 1686 les monnaies étaient sur un pied beaucoup inférieur à celui de 1736. On ne tint pas compte de leurs griefs. En 1765, deux mémoires, dont l'un adopté par plus de 160 curés du diocèse de Chartres, et l'autre signé de 60 curés de Normandie furent présentés sur le même objet ; ils firent sentir la nécessité d'un nouveau règlement et, en 1768, un édit porta la portion congrue à 500 l. pour les curés, à 200 l. pour les vicaires. Cette somme était encore au-dessous de ce que

ficat 15 s. ; pour la publication d'une simple monition avec le certificat 5 s. ; pour toute autre publication certifiée 2 s. ; pour un mariage et la messe 10 s. ; pour la publication de chacun ban 5 s.

Leur défendons d'exiger aucune chose pour raison de leurs fonctions ecclésiastiques, avant que de les avoir exercées et les exhortons d'user de charité envers les pauvres.

Tarif de Mgr de Neuville (1660).

Nous ordonnons aux paroisses des bourgs et villages :

Pour les Commendaces 5 s. ; pour la sépulture d'un enfant jusqu'à l'âge de 14 ans 10 s. ; pour un corps qui passe 25 s. ; pour la réception d'un testament 12 s. ; pour la publication d'un monitoire et de la rengrave avec le certificat 20 s. ; pour la publication d'un simple monitoire avec le certificat 10 s. ; pour un mariage et la messe 20 s.

Les honoraires pour les autres offices sont les mêmes que ceux fixés par Mgr d'Etampes.

Tarif de Mgr Moutiers de Mainville (1728).

Nous avons ordonné et ordonnons ce qui suit :

Pour les messes basses les Curez et autres Ecclésiastiques ne prendront que 12 s. dans les villes de notre diocèse ; dans les bourgs et villages il ne sera pris que 10 s. ; par rapport aux messes hautes on ne prendra dans les villes que 20 s. ; dans les bourgs et villages 15 s. ; à l'égard des mariages il sera pris dans les villes, y compris les fiançailles 30 s. ; dans les bourgs et villages 20 s. ; pour chacune des publications de bans on ne prendra que 10 s., tant dans les villes que dans les bourgs ; pour la messe de mariage, il ne sera pris dans les villes que 20 s. ; dans les bourgs et villages que 15 s. ; au cas qu'on ne fasse pas le mariage, on se contentera, soit dans les villes, soit dans les bourgs et villages de la somme de 10 s. pour chacune des publications de ban comme il a été dit ci-dessus ; en outre on pourra prendre 5 s. pour le certificat de toutes lesdites publications, tant dans les villes que dans les bourgs et villages. Quant aux enterrements, pour le seul droit d'inhumation y compris le « *Libera* » on ne prendra que 50 s. dans les villes pour les personnes au-dessus de l'âge de 14 ans et pour les enfants au-dessous de cet âge il ne sera pris que 25 s. ; dans les bourgs et villages, ces droits ne seront que de 40 s. et 20 s. ;

la justice exigeait, les réclamations continuèrent. Elles étaient fondées, si nous en jugeons par l'état suivant des dépenses d'un curé, en 1768 :

Pour le cheval : entretien, ferrures, harnais.	200 l.
Domestique : nourriture et gage.	200 l.
Tous les trois ans un manteau et une soutanelle qui coûteront au moins 60 l., dépense annuelle.	20 l.
Chaque année une soutane, une ceinture, une veste et des culottes.	100 l.
Une paire de guêtre.	6 l.
Un chapeau.	6 l.
Trois paires de bas.	15 l.
Trois paires de souliers.	12 l.
Trois chemises.	18 l.
Blanchissage du linge du curé, de celui de son domestique, des draps de lit, linge de cuisine.	30 l.
Bois à brûler.	100 l.
Chandelles et huile à brûler.	40 l.
Collets et mouchoirs.	10 l.
Paiement des décimes.	10 l.
	777 l.

Cette dépense nous dit l'auteur de cette note ne paraît point enflée et convient à peu de chose près à tous nos curés de campagne et cependant on n'y a point compris la nourriture, les frais de maladie, les réparations usufruitières. Le registre des dépenses de M⁰ Renoult nous confirme cette situation précaire ; il nous prouve que 300 l. valaient mieux en 1686 que 500 en 1760 ; nous

pour les vigiles et les vêpres tant dans les villes que dans les bourgs et villages 10 s. Le vicaire et le sacristain ne prendront chacun dans les villes pour leur assistance tant aux inhumations qu'aux vigiles, vêpres, service, convoi que la somme de 20 s. et dans les bourgs et villages que 15 s. Les prêtres habitués, Diacres ou Sous-Diacres ne pourront prendre pour toutes ces assistances tant dans les villes que bourgs et villages que 10 s. ; les simples clercs ne prendront que 5 s. ; pour les enfants que l'on enterre, il ne sera pris que la moitié des susdits honoraires, tant pour le droit d'inhumation que pour l'assistance. Les prêtres qui viennent de la campagne ne pourront prendre pour leur assistance à l'inhumation que 40 s. ; pour extrait de baptême, ou mariage, ou sépulture, il ne sera pris que 10 s. dans les villes et 5 s. dans les bourgs et villages ; pour réception d'un testament dans les villes 30 s. ; dans les bourgs et villages 20 s. ; pour publication de monitoire dans les villes, bourgs, etc. 10 s. ; pour chaque publication de réagrave 10 s. ; dans les endroits où les bancs de la nef ne sont pas adjugés à l'enchère, on prendra au profit de la Fabrique seulement 3 l. pour l'entrée et 10 s. de rente, tant dans les villes que les bourgs. Il sera donné à la Fabrique, pour droit de sépulture dans la nef, non compris le repavage, dans les villes la somme de 6 l. et celle de relevons en effet qu'au 17ᵉ siècle les gages d'un domestique ne dépassaient pas 15 l.; lorsqu'ils atteignaient 80 l. à la fin du dernier siècle (1). Le bois qui valait 15 s. la mesure en 1680 se payait un siècle plus tard 4 l. 10 s. et le détail des dépenses ci-dessus ne dépassait guère 150 l.

700 à 800 l. eussent été la portion à fixer à la fin du siècle dernier; Napoléon la laissa à 500; nous demandons à combien devrait la fixer aujourd'hui en fin de xixᵉ siècle un gouvernement soucieux d'un culte qui est celui d'une nation depuis quatorze siècles ; que de réclamations n'auraient pas à faire tous ces desservants entretenus en 1895 par une indemnité qui eut été loin de paraître superflue en 1800 s'ils ne se savaient obligés de pratiquer le détachement que leur enseigna le Maître, détachement sur lequel par une heureuse disposition de la Providence, se chargent de veiller avec un soin jaloux, ceux qui sont chargés de remplacer en espèces, les biens fonciers accaparés au mépris de la justice par la Révolution et qui ont assumé dans la personne de leurs devanciers la charge d'entretenir et de faire vivre ce clergé catholique spolié au profit de la Nation.

B. *Fabrique.*

Les moyens d'existence des Fabriques étaient de trois sortes : 1° les fondations et obits ou services ; 2° le revenu foncier des terres léguées par donations et testaments; 3° les quêtes, droits de bancs et de sépulture dans l'église, lesquels il faut le dire

---

3 l. pour les enfants au-dessous de 14 ans ; dans les bourgs et villages on ne donnera que 3 l.; non compris le repavage et 30 s. pour la sépulture des enfants.

. . . .
. . . .

Il est pas d'usage qu'on prenne aucun honoraire dans ce diocèse pour le droit curial.

Comme nous ne prétendons point par le présent Règlement donner des bornes à la libéralité des personnes riches, notre intention n'est pas non plus qu'on exige avec rigueur ces droits à l'égard des pauvres, auxquels on ne doit pas être à charge ni paraître trop intéressé.

(Statuta diœcesis Carnotensis. Carnuti 1742 apud Jacobum Roux, Illustrissimi ac Reverend. Domini D. Carnotensis Episcopi atque Cleri Typographum, via antiquarum Pellium, juxta magnum Lianarium, sub signo Spiritus Sancti.)

(1) En 1776, M. Renoult payait François Lelarge, son domestique 66 l. 24 s. et nourri ; François Rivaud 54 l. en 1777. Dans la suite il eut des servantes: Françoise Durand, qui gagnait 42 l. et une paire de sabots en 1782, Marie Tremblay qui avait le même prix avec les faisances d'un mouchoir, un tablier, une paire de bas et de sabots. La dépense en bois va chercher 100 l. qu'il payait au garde de Feillet.

n'entraient en ligne de compte que dans une proportion fort minime, les rentes et fondations faisant le principal fonds des ressources du Trésor ; aussi allons-nous en parler plus spécialement.

La Fabrique du Mage, dotée dans le cours des siècles de nombreuses fondations, n'a jamais manqué de jouir d'un certain bien-être ; au siècle dernier elle réalisait maintes économies qu'elle plaçait chez divers particuliers et aussi sur l'Etat. En 1714 le trésorier, M. de Grandmaison avait délivré à M. des Vauxgoins (Pierre Le Large, bailli de Feillet) et à son épouse une somme de 150 l. devant rapporter 7 l. 10 s· annuels ; en 1722, en assemblée d'habitants, Pierre Lunois, trésorier, fut autorisé à constituer sur le sieur et dame de Heurtaumont une rente de 75 l. en leur prêtant 1500 l., provenant de l'amortissement de certains intérêts dont le capital avait été remboursé, entre autres la fondation Huet au capital de 800 l. « Nous autorisons d'autant mieux, dit l'assem-
« blée, que l'argent est à un haut prix et que l'on ne trouve pas
« fréquemment des occasions. »

Deux ans plus tard (1724) le sieur de la Gohière, résidant à Mortagne, avait fait un remboursement à la Fabrique, elle en profita pour placer 915 l. sur l'Etat. Le titre de rente conservé au Mage (original en parchemin) faisait partie des 8,000,000 de rente au denier 50 créés par édit du mois d'août 1720, mais ne donnait que 18 l. 6 s. de rente annuelle (1). Cela ne valait pas les placements précédents, tous à 5 0/0, mais on était à une époque où les coffres de l'Etat étaient vides, et notre Fabrique en ressentit les désastreux effets ; heureuse encore si dans ce placement à 2 0/0 elle ne vit pas comme tant d'autres rentiers malheureux engloutir son capital.

Trente et quelques testaments connus et une dizaine de donations servaient de bases principales à ces diverses ressources dont les intérêts étaient assis sur des terres hypothéquées à cet effet et de ce chef défendues de toute aliénation à moins que le capital de la fondation n'eut été préalablement versé au Trésor. Ainsi avaient agi les héritiers Huet, les héritiers Des Croix et certains autres. Honorable homme Etienne Huet, sieur de la Boulaye, maître chirurgien et bourgeois de Nantes, avait constitué 40 l. de rente sur ses biens de la Faudière, « spécialement et hypothécairement » pour l'entretien d'une lampe en l'église du Mage *(voir aux Pièces justificatives l'analyse de ce curieux document)*. Après avoir quelques années payé cet intérêt, les héritiers remboursè-

---

(1) Il est signé Paris de Montmartel, lequel, comme Joseph de la Borde, était banquier du roi.

rent, comme nous venons de le dire, 800 l. de capital et ainsi dégrevèrent leur héritage. Louis des Croix et Margueritte du Grenier n'avaient pas d'enfants; ils léguèrent 160 l. annuelles au Trésor; maître Jusseaume, curé, fut leur exécuteur testamentaire, Jacques du Grenier, leur neveu, principal héritier. Celui-ci laissa une fille mineure, mise sous la tutelle de Robert Blanchoin, sieur de la Hélière et plus tard mariée à Antoine Le Lasseur du Lomboz. La fondation fut faite en 1667, or en 1698 le Trésor réclamait au tuteur et au mari de Anne du Grenier 1000 l. d'arrérages sur lesquelles, 600 l. ayant été versées, il restait encore 1000 l. L'archidiacre de Dreux, en cours de visite à Longny, condamna les retardataires à payer 100 l. par an en dix termes et à passer un titre nouveau de reconnaissance de la rente annuelle de 150 l. Mais, en 1729, Mme du Lomboz, devenue en secondes noces madame de la Faucherie, devait, depuis la transaction de 1705, 4150 l. soit 24 années d'arrérages et encore 550 l. d'arriéré; elle versa 3763 l. et resta en dette de 387 l. Cette charge engagea Mme de la Faucherie, qui du reste demeurait assez loin du Mage (à Luigny), à se défaire de l'héritage de son père qui était en 1759 aux mains et en la possession de François Guérin, avec la susdite charge de 150 l.

Le Trésor avait des difficultés pour ainsi dire quotidiennes à se faire rembourser de ses rentes, et la charge de trésorier ne ressemblait en rien à une sinécure.

Rappelons ici, ce que nous avons exposé plus longuement dans un autre travail (1) : que les percepteurs des deniers de l'Eglise n'assumaient cette charge qu'aux dépens de leurs deniers personnels ; quand ils ne rendaient pas leurs comptes nets de toute redevance, et si la mort les venait surprendre dans le cours de leur gestion, la veuve et les héritiers devenaient garants de cette gestion. C'est ainsi que Mme de Suhard rendit compte de quatre années pour son mari défunt (1768 à 1771), justifiant les recettes et dépenses de 2,824 l. 5 s. 10 d. On comprend, surtout si l'on sait que ces comptes se rendaient publiquement à l'église, que les trésoriers missent la plus grande exactitude à percevoir les fonds de la Fabrique, et on comprend aussi que fort souvent des héritiers récalcitrants, surtout à cinquante années, un siècle et quelquefois plus de distance, n'ayant connu ni les fondateurs ni les premiershéritiers, fissent tous leurs efforts pour amortir par prescription des rentes qui étaient quelquefois assez lourdes pour des journaliers, manœuvres et gens de culture peu aisés. Parfois on y réussissait en ne faisant pas renouveler le titre au bout des trente

---

(1) Mémoire historique sur la paroisse des Mesnus.

années légales. Un Inventaire du 20 juillet 1712 formule ainsi ses plaintes à ce sujet :

« Comme les biens d'Église, nous dit Pierre Le Roux, sieur de
« Marigny, trésorier, le plus souvent mal régis et gouvernés par
« les trézoriers qui les régissent, qui croyent qu'il leur suffit d'être
« payés des rentes des Trézors pendant leur administration, négli-
« gent de les faire ratifier, soit par considération ou crainte qu'ils
« ont pour les rentiers, en sorte que d'ordinaire tels titres de biens
« d'Église se prescrivent et le changement de biens qui arrive
« toujours par la mort des bienfacteurs et par la vente des biens
« affectez auxdites rentes, est une parfaite connoissance aux
« trézoriers qui s'atachent à la conservation des biens d'Église,
« d'où il arrive fort souvent qu'un trézorier, lorsqu'il veut faire
« payer les rentes et les faire recognoître des héritiers ou acqué-
« reurs des bienfacteurs des dites églises (ceux-ci) se servent de
« la prescription ou denient être héritiers ou bien tenants de ceux
« qui ont donné à l'église, et par là embarassent beaucoup un
« trésorier ; c'est ce qui arrive dans le cas présent. »

La majorité des trésoriers ne méritaient point les reproches qu'on leur fait ici, disons qu'ils étaient rares ; le contentieux de la comptabilité nous en est une preuve ; à chaque gestion, assignations et sentences de condamnation pleuvaient sur les insolvables et les baillis de Feillet ne chômaient guère ; aux arrérages à payer qui parfois arrivaient au 20e on avait soin de faire signer une nouvelle reconnaissance et ratification.

Depuis la « desclairacion des héritaiges que monstrent et des-
« clarent par manière de vue les gaigers de l'Eglise de Saint-Ger-
« main du Maige » en l'an 1412, dans laquelle ils réclament en justice « 3 soulz » de rente héritale annuelle avec neuf années d'arrérages sur la terre de l'Auberdière, jusqu'à l'opposition mise à Mortagne, au bureau des hypothèques devant Camusat de la Fremonnière, conservateur, à toute aliénation de biens appartenant à Jean Huet, sieur de la Boulaye, marchand à Longny, jusqu'à ce qu'il ait soldé sa dette à la Fabrique, nous lisons 90 pièces qui témoignent de la sollicitude des trésoriers pour les intérêts de l'église du Mage.

En effet, malgré tous ces procès et plaidoiries, malgré ces prescriptions et destructions de titres qui, comme ceux de la fondation des Douveaux avaient été jetés au feu par les intéressés (*v. la pièce du 11 septembre 1694*), nous constatons des recettes annuelles sans reliquats appréciables. Le compte de Louis Loche (1685) est à 513 l. de recettes. En 1727 celui de Nicolas Aubert pour huit ans (1717-1725) s'élève à 4940 l. 4 s. 6 d. c'est une moyenne de 618 l. Ce chiffre se maintient à quelque chose près dans la suite, sauf que en 1771 il atteint 772 l. et en 1777, 759 l., eu égard peut-être à quelque générosité.

Ces sommes se composaient, nous l'avons dit, des rentes et fermages principalement ; quelques appoints minimes s'y venaient ajouter, c'étaient les redevances de bancs, lesquels, en dehors du droit d'entrée, de 3 l. payaient 20 sols annuels en 1665 et donnaient 8 l. de revenu ; ils étaient taxés seulement à 10 sols en 1766, donnant alors 4 l. et quelques sols ; nous remarquons à ces deux dates une dizaine de bancs tout au plus ; en 1671 celui des sieurs Huet tient la tête près l'autel Saint-Nicolas qu'ils ont fait reconstruire à neuf et entourer d'une balustre pour 200 l. tournois. Ce banc mesure 5 pieds 1/2. C'est entre ce banc et l'autel qu'ils demandaient à être enterrés en laissant à la Fabrique 20 l. tournois de rente annuelle.

Les quêtes, la cire, les ouvertures de fosses dans l'église augmentaient en certaines années les revenus de l'église, mais il y avait dans ces recettes beaucoup d'aléa, et peu de ressources. En 1661, la quête des garçons donna 5 l., celle des filles 7 l. ; en 1662, ils ne quêtèrent point. Il y avait à cette époque un autre genre de quêtes que celles qui se faisaient dans les églises ; elles avaient pour but l'entretien par les jeunes gens de gros cierges en cire sur lesquels la Fabrique percevait un certain droit lequel en 1661 atteignit 61 l. 17 s. Au Mage on entretenait celui de Saint-Sébastien ; en 1660 ces quêtes furent interdites par l'autorité épiscopale de Chartres. « L'Eglise, dit Mgr de Neuville, a retranché les
« quêtes anciennes à cause de l'abus énorme qui s'était glissé
« dans ce ministère, parce que nous avons remarqué dans le
« cours de nos visites que dans quelques paroisses il se commet-
« tait de grands abus et désordres touchant l'entretien de certains
« gros cierges donnez par les jeunes garçons et filles, les uns et
« les autres faisant des quêtes par les maisons, avec beaucoup de
« liberté et d'immodestie d'où pouvait arriver plusieurs accidents
« et scandales ; pour à quoi obvier nous avons défendu et défen-
« dons par ces présentes auxdits jeunes garçons et filles de faire
« aucune quête dans les maisons, sous prétexte d'entretenir les
« dits gros cierges, leur permettant seulement d'en faire dans les
« églises avec modestie et honnêteté requise (*Statuta diocesis Carnotensis I. t. XIII. 1742*). Ces cierges pesaient 3, 4, 5, et parfois 6 livres, représentaient en général quelque confrérie, ou, comme dans le cas de celui de Saint-Sébastien étaient offerts et brûlaient auprès de la statue de quelque saint honoré dans l'église.

Nous ne prolongerons point ce travail, ni ce chapitre par des détails de comptes des recettes ou de dépense qui sans doute ne manquent point d'être curieux, mais ont leur place aux pièces justificatives où on lira aussi avec intérêt les noms des bienfaiteurs avec leurs pieuses intentions (1). Attirons seulement l'attention sur ce fait que, par suite de la diminution de valeur de l'argent, des réductions devinrent nécessaires sur les charges précédemment imposées. En 1740, maître Chenu en écrivit à Chartres *(v. Pièces diverses. Lettre du sieur Guillard au curé du Mage)*; on lui répondit de présenter à l'Evêque de Chartres une requête signée de lui, des gagers et des principaux habitants, en

---

(1) Aux grandes fêtes de l'année on recommande encore une liste des principaux donateurs ; nous la donnons en faisant remarquer qu'elle contient quelques inexactitudes de noms et de quelques qualités qu'on saisira facilement :

Mortuologe des fondateurs et bienfaiteurs de l'Eglise du Mage

M^{tre} Etienne Pecnard, P^{tre} curé.
M^{tre} Noël Bernard, P^{tre} vicaire.
M^{tre} Huet, P^{tre}.
M^{tre} Jean Guérin, P^{tre}.
Sr Claude et Etienne Huet.
S^r et dame de Trousseauville.
S^r et dame des Croix.
Marie et Amadis Amiot.
Simon Creste.
Margueritte Le Herier.
Jacques Bigot.
Perrine Normand.
Philippe Cognard.
Sr Balthazard de l'Isle,
M^{tre} Pierre Brunet, P^{tre}.
M^{tre} Martin Collet, P^{tre}.
Jean et Gilles Daiveau
Geneviève Faguet.
Jean Lelarge des Cointintères.
Gervais Février.
Marie Gouju.
Perrine Beaudoin.
Marie Johannet.
M^{tre} Huet de la Hélière.
M^{tre} Lemercier, P^{tre}.
Thérèse Pasquier, Veuve Renoult.
M^{tre} Gabriel Sébastien François, P^{tre},
Dame Helvetius Geneviève d'Andlaw.
Mr François Renoult, P. C.
Dame Henriette d'Andlaw, marquise de Rosambo.
Sidonie de Beausse, dame de la Vente.
Marie de Loubert, dame de Beausse.
Victoire de Bras-de-Fer de Maineville.
Elisabeth de Beausse, dame de Bure.
Antoinette de Loubert, comtesse de Franclieu.
De Suhard, dame de Bras de Fer.
Et quelques autres.

indiquant les fondations qui auraient péri ou diminué; on éteindrait ou réduirait la charge d'une manière proportionnée au revenu; pour celles dont le fonds serait totalement perdu on fonderait deux ou trois services, comme cela se faisait déjà ailleurs. Quelque temps avant la Révolution on réclama à peu près généralement de nouvelles réductions; ces réclamations furent radicalement exaucées par la Révolution elle-même qui opéra les réductions à la façon des détrousseurs de grands chemins. Au commencement de ce siècle, en 1808, on fit au Mage un état des revenus de la cure et de la Fabrique, il n'était que l'ombre de celui qu'on eût pu dresser vingt ans auparavant. En voici le résumé exact.

Le desservant jouit de son presbytère, cour, jardin et pièce d'eau « *sans impôts* »; avantage appréciable que n'ont plus ceux d'aujourd'hui.

La Fabrique n'a pas été aussi spoliée que la cure. Un arrêté des Consuls du 8 Thermidor an XI et un décret impérial du 15 ventôse an XIII la remirent en possession de 26 f. 46 c. 1/2 de rentes dont environ 5 fr. établis sur des titres inconnus n'étaient pas perçus; à cette somme s'ajoutaient 88 f. 60 d'arrérages et une créance de 500 f. due par Michel Lejeune, ancien trésorier (1787-1788) par un billet déposé aux archives du Trésor, mais perdu pendant la Révolution, ou plus probablement anéanti par l'intéressé; ce billet en effet était « nié par le débiteur, nous dit-on, bien que « cette créance fut connue de tous les paroissiens. » Ces diverses créances et rentes formaient un capital de 1024 fr. 52 à recouvrer ainsi qu'une faisance de « *deux fromages* » estimés 0. 60 c.

Voici du reste comment un état des débiteurs répartit la somme entre eux; en indiquant l'époque du dernier titre, le nom et la demeure des débiteurs et des notaires, le revenu annuel, les arrérages, les capitaux des rentes et enfin les propriétaires des dites rentes avant le 7 thermidor an XI et le décret du 15 ventôse an XIII:

DÉBITEURS	DERNIER TITRE	NOTAIRES	REVENU de la rente	ARRÉRAGES	CAPITAL de la rente	Propriétaires DES RENTES avant le 7 thermidor an XI et le décret de l'an XIII
Chassegeay, Gabriel, Le Mage	18 janvier 1581		0c 55l		11l »	La Fabrique du Mage
Vve Pelletier	20 mai 1724		3. »	15. »	60. »	id.
Vve Barrier, à Châteauneuf	14 mars 1775	Fontaine, à Marchainville	0. 30		6. »	id.
Vve Girard, à Longny	1er octobre 1791	Goislard, à Longny	1. 50		30. »	id.
Lunois, Pierre, à Longny	5 juin 1791	id.	0. 67		13.02	id.
Sylvestre, Pierre, au bourg du Mage	8 décembre 1778		0. 10		5. »	id.
Lavie, François, à Lhôme	an III 3 vendemiaire		1. »	5. »	20. »	id.
Norture, François, au Mage	25 mai 1727	Sentence, à Feillet	2. 40		48. »	id.
Metton, Pierre, à Laigle	id.		1. »	5. »	20. »	id.
Pierre et conjoints, à Longny	id.		0. 35	1.85	7.50	id.
Foucault, à la Faudière, et Taffoiry, à Volizé	7 mai 1682		0. 10	0.50	2. »	id.
Jouvin, René, au Mage	16 juin 1584		0. 10	0.50	2. »	id.
De Suhard, au Mage	26 octobre 1740	Lange, à Mortagne	4. »	20. »	80. »	Collégiale de Toussaint
Vve Barrier	16 février 1734	Renusson, à Longny	3. »		60. »	id.
Lamblin, au Mage	7 mars 1726	Revel, à Regmalart	4. »	20. »	80. »	id.
Foucault, à Moutiers	juin 1733	Lange	0. 75	3.75	15. »	id.
Huet La Boulaye, à Chartres	18 décembre 1769	Lange	2. » 2 fromages		45. »	id.
Lejeune, Michel, trésorier. reliquataire	1788				500 »	Fabrique
			23.86 1/2	88.60	1.024.52	

La fabrique du Mage possédait donc après l'orage révolutionnaire à peu près le dixième du revenu de ses rentes et biens d'autrefois ; encore faut-il dire qu'elle bénéficia des biens que possédait au Mage la Collégiale de Toussaints de Mortagne, c'est-à-dire d'environ 13 l. de rentes et de « *deux fromages* ». La Fabrique de N.-D. de Mortagne avait manifesté quelques prétentions sur ces rentes, mais elle fut déboutée de ses demandes ; on conserve au Mage une lettre du 28 juin 1813, de la Sous-Préfecture de Mortagne avisant le maire que la dite Fabrique de N.-D. n'est pas autorisée par le Conseil de Préfecture à se faire remettre les titres et rentes de la Collégiale de Toussaintx qui étaient en la possession de la Fabrique du Mage, laquelle les avait déjà refusés à celles de Mortagne.

Depuis, quelques nouvelles fondations sont venues remplacer celles qui avaient disparu ; nous avons indiqué plus haut en parlant de leurs personnes que MM. Renoult et Cohu prêtres, M. et Mme de Bras-de-Fer, née de Suhard, avaient, entre autres, contribué à relever les fonds de la Fabrique, et nous croyons pouvoir affirmer qu'aujourd'hui avec ses ressources diverses, cette administration a peu à envier à sa situation pécuniaire du passé.

Liste des gagers et trésoriers de la Fabrique.

Citons, en terminant ce paragraphe, les noms des fidèles et honnêtes administrateurs de cette Fabrique du Mage, ceux du moins qui nous sont connus et rendons hommage ainsi au désintéressement si chrétien qui les a guidés, dans les siècles précédents comme en celui-ci et surtout aujourd'hui, dans la défense si énergique des intérêts paroissiaux.

Trésoriers de la Fabrique
1609-1899.

1609. Jean Giroult, *gager.*
1616. Chandeleur Aubert.
1632. Casimir Foucault.
1656. Charles Huet, sieur de Grandmaison.
1666. Gilles Daumouche. *Feillet.*
1668. Louis-René-Henri de Gruel. *Feillet.*
1680. Louis Loche.
1682. Nicolas de Bellejambe, *trésorier principal.*
  id.   François Léan.
  id.   François Sanglebœuf.
  id.   René Guérin, sieur de Mesraimbert. *Mesrimbert.*
1691. Pierre Brunet, *prêtre. Les Cointinières.*

1726. Pierre Lunois, sieur du Perche. *Château de Feillet.*
1727. Nicolas Aubert.
1729. Michel de Suhard, sieur de Grandmont. *Feillet.*
1730. Nicolas Laigneau.
1742. Guérin.
1748. François Couillin.
1755. Gilles Adam.
1756. Michel Cottereau. *Petite Guerotière.*
1757. Nicolas Godet. *La Ville-Dieu.*
1758. Joseph Godard. *Feillet.*
id. Michel Lejeune.
1759. Germain Aubert.
1760. Etienne Lebouc.
1767. Jacques Lejeune.
1769. Jean de Suhard de Grandmont.
1771. Pierre Bourlier.
1772. Pierre Joannet.
1774. Emery Joannet.
1777. Louis Guérin. *La Forge.*
1787. Michel Lejeune.
1811. Louis Rivard, *trésorier de la Fabrique extérieure.*
id. De Suhard, *trésorier de la Fabrique intérieure.*
id. Charles Foucault.
1812. Louis Rivard, *jusqu'à 1823.*
1823. Louis-Jean Brunet.
1825. François Foucault.
1827. Pierre Rivard.
1829. Jean-Charles Taffoiry.
1830. Louis Delestang.
1833. Pierre Rivard.
1837. Louis Cottereau.
1838. Pierre Desvaux.
1839. Louis Cottereau.
1840. Pierre Rivard.
1841. Jean Taffoiry.
1842. René Couvé.
1845. Pierre-Marin Courpotin, *instituteur.*
1846. Vincent Romet.
1847. Marin Taurin.
1848. Louis Cottereau.
1849. Pierre-Marin Courpotin.
1851. Jean-Charles Regnard.
1852. Célestin Trouvet.
1854. Pierre-Marin Courpotin.

1856. Frédéric Lavie.
1857. François Lelarge.
1860. Pierre Bachelier.
1861. Césaire Taurin, *jusqu'en 1867.*
1867. Jules Marcy qui depuis 32 ans remplit aujourd'hui encore la charge de trésorier.

§ III

Procès de 1728-1729 entre le curé Gilles Simon et les habitants.

En mars 1727, fut soulevée au Mage une question fort débattue ailleurs, nous pouvons presque dire dans la majorité des paroisses du Perche, question qui si elle fut résolue ici, resta toujours en général non complètement jugée jusqu'à la Révolution : Les gros décimateurs avaient-ils le droit de vendre, à qui bon leur semblait, en dehors de leurs paroisses et au prix le plus avantageux, les pailles provenant de la dîme qui leur était desservie par les habitants du lieu, ou ceux-ci, dans l'intérêt de leurs terres, avaient-ils le droit d'exiger que les pailles leur fussent réservées de préférence aux étrangers, à un prix fixe et invariable, à la condition de s'en livrer dans un délai de temps voulu, passé lequel le gros décimateur se trouvait en droit d'agir comme il l'entendrait ?

Maître Gilles Simon tenait naturellement, et il n'était pas le seul, pour la première opinion, les habitants du Mage pour la seconde. L'accord étant loin de se faire, on en référa au Parlement de Paris où, de 1727 à 1729, l'affaire resta en suspens.

Charles Huet sieur de Grandmaison était alors syndic et Pierre Lunois, procureur fiscal ; ces messieurs avaient-ils eu à se plaindre de maître Gilles Simon, curé ? Peut-être ; en tous cas nous savons que, dès l'arrivée de maître Simon au Mage, il se mirent à la tête du parti qui s'éleva contre les prétentions du sieur curé au sujet de la dîme ; les têtes s'échauffèrent et le procès commença le 6 mars 1727 ; Michel Basly, procureur en la Cour, plaidant pour les habitants, et Mᵉ Drapier, aussi procureur, pour le curé du Mage.

Les habitants s'appuyaient sur une sentence rendue au bailliage de Mortagne, le 10 décembre 1667, pour la paroisse de Tourouvre contre les religieux de la Trappe et demandaient qu'elle leur servit de règlement. Cette sentence condamnait les prieur et religieux de la Trappe, gros décimateurs de cette paroisse, à vendre aux habitants de la dite paroisse qui les leur demanderaient les pailles de la dîme, sans que les religieux pûssent en enlever avant que les habitants soient fourragés ou en voulussent acheter à raison de 6 l. pour le cent de grosse paille et 3 l. pour le cent de menue paille.

« Ce règlement aussi sage que juste, disent les habitants, a tou-
« jours été exécuté ; les gros décimateurs s'y sont toujours con-
« formés et, lorsqu'ils ont voulu s'en écarter, leur entreprise a
« toujours été condamnée. Cependant le sieur Simon refuse cette
« justice, et on a été obligé de le faire assigner en décembre 1726
« à Mortagne ; il ne s'est pas présenté mais a interjeté appel de
« sa condamnation, ne sentant rien à opposer à une décision
« aussi juste ; c'est en effet une injustice au décimateur de refuser
« de vendre à ceux qui lui ont payé la dixme, les pailles à un
« prix convenable et de vouloir y mettre les enchères, et pour cela
« y appeler des étrangers, pendant que ceux qui l'auront fournie
« seront hors d'état de nourrir leurs bestiaux et de cultiver leurs
« terres.

Ce réquisitoire est du 18 janvier 1728 ; le lendemain 19, Me Basly donna à Me Drapier copie d'une sentence du baillage du Mage du 1er mars 1727, laquelle avait ouvert les hostilités l'année précédente et le 20 mars 1728 le somma de signer et passer l'appointement au Conseil à lui offert et signifié, déclarant que sinon « Lundi
« prochain du matin en la Grande Chambre il en passerait la
« remption. »

Deux jours après, Me Drapier exposa à NN. SS. du Parlement en la Grand'Chambre, et ce au nom de son client le curé du Mage, que Charles Huet, sieur de Grand-Maison et Pierre Lunois, procureur-fiscal au Mage, aidés de quelques autres « avaient projetté
« de faire un procès au suppliant lequel n'avait pas été aussitôt
« pourvu de la cure du Mage que le dit Charles Huet, en sa qua-
« lité de Syndic, a prétendu que le suppliant, en sa qualité de
« gros décimateur, devrait donner les grosses et menues pailles
« provenant des dixmes de sa cure pour le prix et sur le pied
« qu'il plairait aux habitants et à l'appui il a apporté une sentence,
« rendue le 10 décembre 1667 à Mortagne entre les gros décima-
« teurs du Perche et les habitants du Mage, de laquelle sentence
« le suppliant a interjetté appel le 22 décembre 1726, sur lequel
« appel le dit Huet, syndic, ayant constitué un procureur, au lieu
« de commencer par se faire autoriser par le commissaire départi
« dans la province, suivant la déclaration du roy d'octobre 1703,
« ils ont le 17 janvier 1728 présenté requête à la Cour par laquelle
« ont demandé que le suppliant fût déclaré non recevable en son
« appel et ont pris l'ajouté au rôle des mardys et vendredys de
« relevée de la Chandeleur et avant même que le rôle soit expiré,
« ils ont offert un appointement tant sur l'appel du suppliant que
« sur leur requête. Toute cette procédure ne vaut rien en la forme

« ni au fond : en la forme, parce qu'elle est contraire aux règlements,
« au fond, parce que avant que le suppliant puisse avoir des parties
« capables avec lesquelles il puisse procéder, les manans et habi-
« tants doivent se faire authoriser ; jusqu'à la dite authorisation,
« que toute audience leur soit déniée et que le dit particulier
« Huet se disant syndic et autres soient condamnés personnelle-
« ment aux frais dommages et intérêts du suppliant suivant la
« sentence du roy de 1703 : *Voulans Sa Majesté que les maires,
« échevins, jurés et autres qui auraient entrepris des procès sans
« être autorisés, soient condamnés en leur propre et privé nom
« aux frais et dépens des dits procès.*

Maître Gilles Simon et son procureur ne prenaient point de face la question, et nous savons qu'ils n'étaient point sans appréhension sur l'issue du débat. Les mois suivants se remarquèrent par différentes significations et déclarations entre les parties. Le 22 mars 1728, jour même de sa plaidoirie, M⁰ Drappier signifiait à Basly que la cause était la 28⁰ à venir au rôle de relevée de Pâques 1728, M⁰ Gaubert en était chargé ; ce même jour en effet, un arrêt du Parlement avait appointé les parties en leur indiquant que leur cause était mise aux rôles des mardis et vendredis de relevée après la Chandeleur 1728 ; et le 7 avril Basly sommait Drappier de satisfaire à l'arrêt de la Cour en fournissant ses causes et moyens d'appel ; mais dès le lendemain Maître Gilles Simon forma opposition à la procédure, faisant déclarer par son procureur M⁰ Drapier à M⁰ Basly que cette opposition était dans les règles, car il ne s'est jamais vu qu'on ait pris appointement le 22 mars sur le rôle de la Chandeleur qui finit à Pâques ; il présentait requête au Parlement exposant de nouveau les faits et demandant annulation de la procédure jusque là suivie par Huet et consorts et Drappier sommait Basly de faire communiquer son avocat au Parquet avec maître Gaubert avocat de Gilles Simon.

A l'accusation de leur curé, les habitants répliquèrent que l'objection n'était qu'une chicane méprisable, puisque M⁰ Simon, sans examiner si l'autorisation de plaider leur était nécessaire, en appelait contre eux et les forçait de se défendre. En juin, juillet et aoust les requêtes, déclarations, arrêts se succédèrent. C'était M⁰ Basly qui sommait son adversaire M⁰ Drapier de se mettre en rapport avec M⁰ Laverdy, avocat des habitants, et M⁰ d'Aguesseau Avocat général ; c'était une requête du curé du Mage tendant « à
« ce que les gens mal intentionnés qui se sont unis aux habitants
« contre le suppliant et les prêtres circonvoisins fussent déboutés
« de leurs demandes. » De droite et de gauche on faisait pleuvoir les avis et les sommations.

De nouveaux acteurs étaient entrés en scène ; pour soutenir les besoins de sa cause fort aventurée, le sieur curé du Mage avait eu recours à l'appui de quelques-uns de ses confrères voisins ; c'étaient MM. René Le Fleuriel, curé de Marchainville, Adrien Le Pesan, curé de la Lande, Jacques Le Choisne, curé de Brotz, Pierre Burin, curé de N.-D. d'Autheuil, Jean Le Chapelain, curé de la Ventrouze. Ils appuyaient les réclamations de leur confrère du Mage, déclarant que les habitants ne pouvaient réclamer que la préférence sur les autres acheteurs de paille et certifiant qu'eux-mêmes avaient toujours été libres d'en disposer.

« Les officiers du baillage de Mortagne, écrivaient-ils aux Con-
« seillers de la Cour, ont entrepris, on ne sait sur quel fondement
« de vouloir assujettir les curés de leur ressort à donner aux
« habitants de leurs paroisses les pailles provenant de la dixme
« qu'ils perçoivent sur les habitants pour le prix et dans le temps
« que les habitants voudraient ; mais une entreprise de cette qua-
« lité n'est pas aisée, aussi on prétend qu'ils ne travaillent à sa
« réussite que petit à petit et de loin en loin. Les intervenants,
« pour ce qui les concerne, n'ont point entendu parler qu'on la
« voulût établir dans leurs paroisses quoique voisines de celle du
« Mage ; cependant, sous prétexte de la sentence du 10 décem-
« bre 1667 qu'on dit avoir été rendue entre un précédent curé et
« les habitants de cette paroisse, ou pour mieux dire avec quel-
« ques particuliers d'icelle, et avoir décidé quelque chose sur
« cette entreprise, on a voulu dans ces derniers temps renou-
« veler la même chose contre le curé d'aujourd'hui lequel n'ayant
« pas été d'humeur à suivre le dessein de ces officiers du baillage
« de Mortagne, s'est pourvu en la Cour tant contre cette sentence
« que contre celle qu'ils se sont avisés de rendre contre lui le
« 1er mars 1727, et c'est son appel de ces deux sentences et les
« demandes qu'il a formées qui donnent lieu à l'intervention du
« sieur Le Fleuriel et consorts. »

La requête des susdits curés fut appointée aux autres pièces, et eux-mêmes prirent pour avocat Me Rigobert Le Febure, procureur à la Cour ; mais soit qu'ils ne vissent pas l'affaire bien nette, soit qu'on eut pesé sur leur détermination, les sieurs Burin, curé d'Autheuil et Le Choisne, curé de Brotz, se désistèrent.

En juillet 1728, la cause en question fut inscrite 4e au rôle de Chartres ; mais, n'étant point venue, resta néanmoins appointée. Sur ces entrefaites Me G. Simon crut devoir, vu le sérieux de cette cause, payer de sa personne en se présentant lui-même au Parlement ; il partit pour Paris et, le 27 septembre 1728, se fit inscrire au greffe des affirmations de voyages comme « étant venu exprès du Mage à Paris distant de 28 lieues pour faire plaider sa cause. »

Les causes et moyens d'appel étaient ceux-ci. Il commençait par établir les dispositions des sentences de 1667 et de 1727 dont il appelait, la 1re servant de base à la 2e, la 1re rendue entre plusieurs particuliers du Mage et le sieur Creste cessionnaire de Mo Jusseaume, curé du Mage infirmant deux sentences rendues par les baillis de la seigneurie de Feillet et par celui de Regmalard et déclarant que le règlement établi pour Tourouvre serait commun à la paroisse du Mage. La sentence de 1727 reconnaissant et confirmant les conditions demandées par les habitants, savoir que le dit curé sera tenu de livrer aux habitants les bottes de paille telles qu'il les reçoit pour la dîme sans pouvoir les diminuer, qu'il ne pourra vendre à d'autres qu'aux habitants ni laisser transporter ses pailles jusqu'au 1er février de chaque année, sera tenu de commencer ses battaisons au 1er décembre, de laisser ses granges ouvertes ou de délivrer aux habitants qui se présenteront ce qui sera demandé par chacun, après lequel temps il pourra disposer de ses pailles ainsi qu'il l'avisera.

« Cette sentence rendue applicable aux autres paroisses du
« ressort, sera lue, publiée et affichée dans toute l'étendue du
« baillage du Perche, à la diligence du substitut, appliquée
« nonobstant appellation ou opposition, attendu qu'elle est fondée
« en précédente, et qu'il s'agit du bien public.

Le dit sieur Simon est condamné aux coust, émoluments, sceau contrôle, droits et tous frais.

Ces dispositions de sentences étaient suivies d'un état de contestations. Les habitants n'étaient pas autorisés à faire ce procès, les officiers du baillage en rendant ces sentences étaient sortis de leur sphère, ils n'avaient point en effet porté un simple jugement sur un point contesté, ni sur une question résultant de la loi, mais c'était l'établissement d'une loi que ces officiers voulaient introduire dans l'étendue de leur ressort et elle ne tendait pas moins, si on faisait tant que de l'adopter, qu'à l'anéantissement de toutes les lois : or il n'appartient qu'au seul souverain d'un Etat de faire des lois et de les interpréter.

Puis venait l'exposition des faits.

Le sieur Simon n'a pas été plus tôt pourvu de la cure du Mage que plusieurs particuliers habitants du lieu, auxquels il n'a point eu le bonheur de plaire, ont concerté ensemble de lui faire de la peine ; entr'autres Charles Huet, sieur de Grandmaison, syndic et Pierre Lunois, procureur-fiscal. Ces deux particuliers qui apparemment eurent lors quelque souvenir de la sentence de 1667, commencèrent par prétendre que le dit sieur Simon, en sa qualité de curé du Mage, devait leur donner les grosses et menues pailles provenant de la dîme de sa cure, pour le prix et sur le pied qu'il leur plairait, en lui faisant connaître que ce n'était pas seulement envers eux qu'il était assujetti à une telle obligation, mais encore envers tous les autres habitants.

N'y ayant ni raison ni vraisemblance dans une telle prétention, le dit sieur Simon la reçut comme il devait et comme tout autre curé que lui aurait fait. Cependant ces deux particuliers sous le nom des habitants, le 3 décembre 1726, non seulement lui firent donner copie de cette prétendue sentence, mais encore ils l'assignèrent devant les juges pour voir dire et ordonner que la dite sentence et autres intervenues dans différentes paroisses seront exécutées. Le dit curé ainsi assigné ne crut pas prudent de répondre à cette assignation, mais le 22 décembre 1726, quelques jours après qu'elle lui fût signifiée, il fit déclarer aux habitants qu'il était appelant de la prétendue sentence de 1667.

Le 12 janvier 1727, Me Simon releva son appel en la Cour, et, le 10 février, il fit assigner les habitants. Ceux-ci, quoiqu'assignés en la Cour et ne pouvant plus procéder devant les officiers du bailliage de Mortagne ne laissèrent pas cependant de s'y faire rendre une sentence par défaut contre le dit curé, le 1er mars 1727 et de la lui faire signifier le 22 du dit mois. Le 15 janvier 1728, les habitants présentèrent une requête à la Cour et demandèrent que le curé ne fût point recevable en son appel, que cet appel fut mis à néant et que, condamné aux frais et aux dépens, le sieur curé se conformât à la sentence du 1er mars 1727. Le 22 mars 1728, Me Simon demanda par requête que la procédure des habitants fut annulée jusqu'à ce qu'ils aient été autorisés à entreprendre procès par les commissaires départis. Malgré cela, ces derniers continuèrent leur chemin et, le 4 juin 1728, présentèrent une nouvelle requête demandant les conclusions de la sentence de Mortagne. Le 6 juillet le curé offrit de leur donner préférence de sa paille mais sans fixation de prix et c'est dans ces entrefaits que la plupart des curés voisins intervinrent dans la cause.

En janvier 1729, les habitants du Mage répondirent à leur curé d'une façon qui assurément n'était point banale. L'intérêt qui s'attache à cette requête est trop général pour que nous n'en donnions pas une analyse très détaillée.

Requête d'emploi pour réponse à causes et moyens d'appel contenant demande réglée.

On débute par rappeler la sentence de 1667 pour Tourouvre ; elle est passée en règlement pour le Mage, le sieur Simon est donc déjà condamné par elle ; les habitants seront tenus de faire leur soumission par le Syndic d'enlever les pailles le 1er novembre de chaque année et le curé et ses fermiers tenus de commencer les battaisons, au plus tard le 1er décembre sans discontinuation, à peine de saisie de son temporel et de 60 l. d'amende ; les habitants n'achèteront pas ailleurs. Exposé des requêtes faites de part et d'autres. Le 6 septembre 1728, maître Simon a exposé ses causes d'appel ; on y répond par les présentes.

Il y a en cette affaire deux points à examiner : les fins de non recevoir basées, 1° sur une question de forme, et 2° sur une de fond.

Question de forme. — Le curé prétend que les habitants ne sont pas suffisamment autorisés ; or ils ont porté leur *Acte d'Assemblée* au sieur commissaire départi et ont été autorisés à poursuivre la sentence de 1667 ; cette autorisation n'est point limitée, elle est indéfinie et spéciale ; d'ailleurs pourquoi une autorisation ? Ils sont intimés, ils doivent donc se défendre, la question est donc une chicane misérable.

Le curé n'est pas recevable en ses appellations ; car, depuis la sentence de 1667, rendue contre un curé du Mage et ses fermiers, tous les prédécesseurs de maître Simon se sont soumis à cette sentence et à ses dispositions ; c'est donc chose jugée et exécutée depuis 56 ans.

Le curé n'est pas recevable à se plaindre de la sentence du 1er mars 1727, car elle ne fait que confirmer celle de 1667.

Question de fond. — Les habitants peuvent-ils forcer les décimateurs à leur vendre pour un prix raisonnable les pailles provenant de leur dixme, ou ces derniers ont-ils le droit de vendre leurs pailles comme bon et à qui bon leur semblera au détriment de ceux de qui ils les ont reçues ?

Le premier point est certain et de droit commun. L'usage immémorial de la Province, ce droit, cet usage a été établi en règlement par les *Assises de la province du Perche*, tenues à Vernouil le 14 septembre 1643, par trois ordonnances de commissaires départis par le Roy dans la Province, par dix jugements rendus aux sièges royaux du Perche, Mortagne et Bellême ; c'est donc la preuve d'une possession immémoriale presque centenaire.

Ce droit, cet usage sont préjugés par la Cour. Dans une semblable contestation entre les gros décimateurs et les habitants des Mesnus, ceux-ci ne produisaient que trois sentences du seul juge de Mortagne ; or par l'arrêt de Mr Le Moyne, du 17 février 1705, la Cour déclare que les parties feront preuves respectives de l'usage immémorial de la province ; les habitants ayant donné les preuves ci-dessus, la Cour décida que les gros décimateurs devaient s'y conformer.

Si ce règlement n'était pas fait, il le faudrait faire et introduire, parce que la misère de la Province et l'utilité publique le demandent.

« La misère de la province du Perche n'est que trop constante.

« L'on se le persuadera aisément si l'on fait attention qu'elle n'est
« presque couverte que de bois et que le peu de terres qui res-
« tent à cultiver ne sont presque en partie que des bruyères,
« terres maigres, ingrattes et stériles, dont la froideur naturelle
« ne peut être échauffée que par l'abondance des fumiers que les
« pailles seules peuvent produire. La crainte de ne travailler que
« pour satisfaire aux impositions et pour enrichir uniquement le
« gros décimateur en avait fait négliger longtemps la culture.
« Cette frayeur guérie et dissipée depuis que le prix des pailles
« est fixé, c'est l'époque du moment heureux où l'on a commencé
« à s'appliquer à augmenter ces fumiers pour mettre en valeur
« une plus grande quantité de terre. Si on laisse au décimateur
« la liberté de fixer un prix auquel les habitants ne puissent
« atteindre, le pays va retomber dans la première désolation. »

L'utilité publique est pareillement intéressée en ce sens que, laissant une plus grande quantité de pailles, on facilite de faire valoir une plus grande quantité de terres et le décimateur doit comprendre lui-même que, sans le secours de ses pailles, il ne peut plus percevoir la dixme, qu'au contraire plus il en laissera plus il verra se défricher de terres et plus son profit réel doublera et triplera par la multiplication des gerbes et des troupeaux sur lesquels il perçoit la dixme. Et puis c'est un droit quasi naturel; les habitants en livrant leurs pailles se retiennent tacitement la faculté de racheter les pailles pour produire de nouveaux fumiers et de nouvelles récoltes et cela d'autant plus que la dixme de la paille n'est pas universelle.

« Les Décrétales qui ont une si grande attention d'étendre la
« dixme jusque sur les moindres fruits, n'en font aucune mention.
« Il est constant qu'elle n'existe pas en Italie, en Espagne, ny en
« Allemagne, mais seulement en quelques provinces de France,
« où il n'est point d'usage d'employer les bœufs à fouler et à
« briser les gerbes pour en faire sortir le grain sur lequel seul on
« dixme. »

Enfin, d'après un arrêt du Parlement de Normandie du 3 mars 1662, rapporté par Banage (Titre Ier, art. 2) il est défendu au décimateur de transporter ses pailles ailleurs que dans la paroisse où il les a récoltées.

Réfutation des objections. — Entr'autres celle-ci : le sieur Simon dit qu'il n'est point marchand public pour être taxé par forme de police; mais c'est précisément parce qu'il n'est pas tel que la police veille à ce que dans les cas de nécessité il ne vende des pailles outre raison. A Paris plusieurs règlements de police ont réglé le poids et le prix des pailles ; les marchands qui fournissent cette grande ville sont au moins aussi favorables qu'un bénéficier qui débite les fruits de son bénéfice. Les gros décimateurs s'entendent entre eux pour exercer sur cette marchandise un espèce de monopole et pour y imposer le prix que bon leur semble, parce qu'il n'y a qu'eux en pareil cas, les fermiers n'ayant ce droit ; d'où les divers règlements entr'autres l'arrêt du Parlement de Normandie fait pour réprimer l'avidité des décimateurs. Pour les grains la difficulté est nulle, car ils sont forcés de suivre le cours des marchés.

Si l'intérêt du décimateur est blessé dans les années de disette, que tout bon citoyen ne doit prévoir qu'avec horreur, il en est dédommagé dans les années ordinaires. C'est une dérision d'offrir la préférence, car elle suppose des enchères et ainsi les habitants sont réduits à une condition peu avantageuse, un bénéficier toujours industrieux dans ses intérêts ferait trouver des gens affidés qui mettraient à sa paille le prix qu'ils conviendraient, lequel par sa hauteur écarterait les habitants.

Conclusion. — Le curé devra livrer la paille à raison de 6 l. la grosse ; 3 l. la petite ; les bottes pèseront 15 l. ; les livraisons auront lieu du 1ᵉʳ décembre au 1ᵉʳ février ; les suppliants ne demandent point les pailles que le curé récolte de ses fonds ; elles lui sont nécessaires pour ses terres ; ils offrent de payer à l'avance la quantité de pailles qu'ils retiendront ; de cette sorte le curé saura à quoi s'en tenir sur la quantité qui lui restera laquelle si elle n'est pas achetée en février, pourra être vendue aux étrangers au prix que bon lui semblera ; les suppliants ne demandent donc rien que de juste.

Ils n'achèteront de pailles à qui que ce soit et ne revendront point cette paille à d'autres ni celles de leur propre fonds qui seront consommées sur sa paroisse.

Enfin ils concluent à une peine qui force le décimateur à exécuter l'arrêt.

Il viendra une année de disette, le curé éludera le règlement, et le pauvre, plutôt que d'essuyer un long procès contre un riche décimateur, sera contraint d'abandonner le profit de son arrêt, et de payer par provision ce que le curé exigera ; il est de la bonté et de la pitié de la Cour de prévenir ces inconvénients et les besoins pressants du malheureux opprimé. Le sieur Simon a voulu chercher du secours dans une intervention qu'il a mendiée de cinq curés de la province du Perche ; le petit nombre de ses adhérents fait voir que son avidité n'a pas heureusement encore fait beaucoup de progrès. Qu'est-ce que cinq curés comparés à tous ceux de la province qui vivent sous la loi de ce règlement et s'y conforment, et encore ces curés ne demandent pas à s'y soustraire vis-à-vis de leurs habitants.

En terminant, on demande que si le sieur Simon ou ses successeurs ne se conforment pas à l'arrêt de la Cour, on saisisse leur temporel et que leurs fermiers aient 60 l. d'amende, qu'en plus le dit sieur Simon soit condamné à tous les frais.

A l'appui de cette requête, les habitants du Mage produisaient 17 pièces (1) de réglements, sentences et transactions, rendues dans le Perche et en dehors, appuyant le droit commun de la province et le bien fondé de leurs réclamations.

La question, on le voit, était d'un intérêt général pour le pays et dans maints endroits elle n'avait pas laissé que de susciter de graves difficultés. A tous les considérants, à toutes les raisons et preuves qu'apportaient les gens du Mage, maître Simon répondit par des contredits particulièrement travaillés avec fiel et aigreur; on y lit cette assertion dont les habitant se défendirent vivement « que l'on savait de bonne part que c'étaient quelques seigneurs « du pays qui cherchaient à accaparer toutes les pailles à un prix « dérisoire pour ensuite les vendre bien chères, ils ont à cause « de cela poussé les intimés à engager le procès dont il s'agit. » La longueur de cette pièce ne nous permet pas de l'analyser; qu'il nous suffise de savoir que c'est une diffuse réfutation de toutes les allégations des habitants, émaillée de termes fort risqués à leur adresse, lesquels attirèrent au curé du Mage une réponse assez vive de la part de ses paroissiens :

« Les contredits que ledit sieur Simon a fait signifier ne méri-
« tent aucune attention, écrivaient-ils à la Cour, le 3 mai 1729; s
« on en retranche les mauvais termes répétés dans ces écritures
« de discours impertinents et extravagants contre le sens commun
« et autres de cette politesse dont le sieur curé a fait un si ample
« usage, il ne reste rien; il s'est apparemment imaginé être sur
« son territoire et qu'il lui était permis d'haranguer ses parois-
« siens; il y a au moins dans cette conduite un défaut d'atten-
« tion qui ne fait pas honneur au curé; il doit savoir accomoder
« ses discours ou ses termes aux lieux et aux personnes et il y
« aurait de la présomption de sa part de s'imaginer *que les
« sermons qu'il débite au Mage fussent bons pour Paris.* Mais
« c'est trop s'arrêter à des mots qui ne demandent pour toute
« réponse que le mépris. »

. . . .

« Il y a cependant un mauvais discours glissé dans les premières
« écritures et répété dans celles-ci, que les suppliants ne peuvent
« laisser passer comme la première fois sans réponse ; on avait
« bien voulu ne pas le relever, lorsqu'il a été hazardé dans les

---

(1) Voyez ces actes aux Pièces justificatives.

« premières écritures, comptant qu'il avait pu échapper et qu'il
« n'était pas le fruit d'une méditation, mais la répétition prouve
« qu'il y a eu du dessein, et s'il était sans réponse, le sieur Simon
« le débiterait pour avoué.

« Ce discours indiscret est que les suppliants sont séduits par
« les seigneurs de la Province qui veullent se rendre maîtres de
« toutes les pailles et y mettre le taux qu'ils jugeront à propos;
« cela est trop fort parce que cela est calomnieux; cette monopole
« ne serait pas praticable quand elle aurait pu être imaginée;
« mais les suppliants doivent rendre l'hommage qu'ils doivent
« à leurs seigneurs et convenir que *la protection qu'ils leur ont
« donnée a toujours été bienfaisante et utile* et qu'ils n'ont pas
« lieu de rien apréhendre du contraire. »

Pour appuyer aussi fortement que possible leurs contredits et leur requête, les habitants du Mage rapportèrent encore une sentence du 25 janvier 1720, intervenue entre le curé de Saint-Julien-sur-Sarthe, le fermier du gros décimateur et les habitants. Le curé et le fermier étaient condamnés par le baillage de Bellême à livrer les pailles à 6 l. et 3 l. le cent de grosses et menues avec défense d'en livrer à d'autres avant que ceux de Saint-Julien soient pourvus, leurs granges étant ouvertes au 1ᵉʳ décembre de chaque année, et les habitants tenus de s'y approvisionner, de n'en acheter ailleurs et de ne les vendre à qui que ce soit. Les suppliants se conforment à toutes ces dispositions.

Les derniers documents que nous ayons sur ce curieux procès sont de mai 1729. Il nous manquait la copie du délibéré et de la sentence; après avoir vainement cherché dans les archives du Mage, nous nous étions vus, à regret, dans la nécessité de présumer, par de sérieux arguments, il est vrai, la condamnation de Mᵉ Gilles Simon, lorsqu'un heureux hasard nous fit découvrir aux Archives départementales, dans le fond du Prieuré de Sainte-Gauburge au Perche, le document que nous cherchions, et qui vint confirmer nos prévisions sur la sentence du Parlement.

Cette sentence du 28 juillet 1729 condamne le curé du Mage à livrer à ses paroissiens les pailles de sa grange dixmeresse depuis le 1ᵉʳ décembre jusqu'au 1ᵉʳ février au poids de 15 l. la gerbe et aux prix que nous avons indiqué plus haut; le condamne en outre à tous les frais et dépens des causes d'appel et demandes faites à son égard; les curés intervenants aux frais de leur intervention, ceux faits à l'égard de MM. Burin et Choisne désistants compensés. On lira en entier aux « *Pièces justificatives* » ce curieux jugement qui jusqu'à la Révolution, fit réglement dans la province du Perche dans les différents de même nature (1)

(1) Imprimé, 12 pages, petit in-4°. *Archives de l'Orne*, II. 2095. Fonds

Deux entr'autres sont parvenus à notre connaissance ; celui qui nous a fourni copie de la sentence du Mage, soulevé entre Joseph Payen, fermier général du Prieuré de Sainte-Gauburge et quelques habitants de Préaux (1783) ; et un autre qui nous avait servi à établir nos déductions avant que nous n'ayons retrouvé la susdite copie, ce dernier est un imprimé à nous appartenant intitulé « *Extrait des Registres du Parlement du 21 mars 1778* » (1). C'est une sentence identique à celle que réclamaient les gens du Mage contre leur curé. Divers propriétaires et métayers de la paroisse d'Arrou ont assigné en la Cour les décimateurs de cette paroisse et entr'autres Mre Alexis de Pontevès, ch^r Cte de Saint-Victor de Marseille, prieur commandataire de Saint-Romain-le-Brou, et en cette qualité décimateur en partie de la paroisse d'Arrou et lui-même est appuyé par vingt-cinq curés nommés dans la sentence lesquels sont parties intervenantes.

Or la Cour ordonne que l'*arrêt du 28 juillet 1729* sera exécuté selon sa forme et teneur dans toute l'étendue des Baillages de Mortagne et de Bellême et dans toute la Province du Perche, et en conséquence de cet arrêt *ordonne* que les parties de Blondel (avocat de Pontevès et des curés intervenants) seront tenues de faire aux habitants de leur paroisse la livraison des grosses et menues pailles provenant de la dîme de chaque année, depuis le 1er décembre jusqu'au 1er mars, à raison de 12 l. le cent de grosse, de 6 l. le cent de menue du poids de 8 livres, la grosse étant de 15 livres la botte, avec les quatre au cent ; *fait défense* aux parties Blondel et à leurs fermiers de vendre à d'autres personnes qu'aux habitants avant que ceux-ci ne soient pourvus et à la condition qu'ils n'achètent pas ailleurs, tant que celles de la grange dîmeresse seront suffisantes, toutes lesquelles pailles ils seront tenus de consommer sur le territoire de leurs paroisses ; *condamne* les parties Blondel aux dépens ; *ordonne* que le présent arrêt sera lu aux premiers jours des audiences des sièges de Mortagne, Bellême, Chartres et Yenneville.

L'arrêt sera publié et imprimé jusqu'à concurrence de cent exemplaires aux frais des parties Blondel et affiché dans toute l'étendue desdits baillages, aux lieux et endroits accoutumés partout où besoin sera.

A part la prise des pailles, nous pouvons regarder cette sentence comme une copie de celle de 1729 qui condamna Me Simon, curé

de Sainte-Gauburge-au-Perche indiqué par erreur dans l'Inventaire des Archives de l'Orne *Sainte-Gauburge-sur-Rille*.

(1) 12 pages in-4º, à Paris, chez Simon, imprimeur du Parlement, rue Mignon-Saint-André-des-Arcs, 1778.

Reproduction d'une estampe gravée partie en manière noire, partie au burin et conservée au presbytère du Mage.

du Mage; c'est d'ailleurs sur elle que s'appuie la Cour; c'est aussi, disons-le, sur l'opinion la plus généralement répandue à cette époque, opinion dont se fait, dans les lignes suivantes, l'interprète en 1751 un avocat au Parlement, M⁰ Louis-François de Jouy, dans son traité sur les « Principes et usages concernant les dixmes ».

« On peut mettre, dit-il, dans le nombre des charges des gros
« décimateurs l'obligation où ils sont de vendre leurs pailles aux
« habitants des lieux où ils perçoivent leurs dixmes ; il y a à la
« vérité peu de paroisses où cela s'exsécute, mais il n'en faut
« pas conclure que la qualité de gros décimateur ne les y assujetit
« pas.

Du reste dans cette difficulté comme dans bien d'autres, la Révolution se posa bientôt en juge souverain et trancha le nœud gordien à la façon d'Alexandre.

§ IV

Esprit religieux.

Nous pouvons affirmer que les premières familles du Mage, châtelains, gentilshommes et autres, ont donné l'exemple de la fidélité à Dieu dans les siècles passés comme dans celui-ci. Les seigneurs de Feillet ont toujours eu leur chapelle particulière à l'église, ils l'ont eue au château, et sous les Gruel un aumônier est attaché au service de cette dernière. « Très-Haute et très-Puis-
« sante Damoiselle Hélène Auvè elle vivante, damoiselle de Feil-
« let et du Maige et aussi tout le temps de sa vie, zellée en tout
« l'amour de Dieu..... » avait laissé « six vingt livres » pour que la messe fut dite chaque jour en sa chapelle de Feillet. Louis René de Gruel, seigneur de Feillet avait embrassé l'état ecclésiastique; en 1668, étant sous-Diacre et trésorier de l'Eglise du Mage, il entretint cette chapelle. Antoinette de Gruel la fit reconstruire et obtint de Mgr Paul Godet toutes autorisations d'y continuer la pieuse fondation d'Hélène Auvé. La piété de Mre Julien Clément, en la mettant sous le vocable de Saint-Joseph, lui donna quelque chose de plus digne du service divin et de plus en rapport avec ses sentiments personnels, qui n'étaient pas d'une pratique moins chrétienne à Paris qu'au Mage comme peut nous l'attester ce précieux témoignage des membres du clergé de Paris accompagnant ses restes et ceux de sa femme déposés au Mage ; Messire Helvétius sait mettre de côté sa philosophie rationaliste quand il est au milieu de ses gens de Feillet, il s'intéresse à leur église, il la sou-

tient de ses aumônes, Helvétius n'a pas perdu la foi, mais il a surtout la charité qui le sauvera. Et dans une autre classe de la haute société du M ge, Etienne Huet, sr de la Boullaye offre à son église une lampe ardente qui sera entretenue jour et nuit à perpetuité devant le Saint-Sacrement (1681) et toute cette famille Huet a son banc qu'elle fait reconstruire à neuf, dix ans auparavant devant l'autel Saint Nicolas, et aussi Jean de Suhard en a deux pour sa femme et ses enfants leur vie durant, et de même François Guérin, Jean Sortais, Claude Lortie, Charles Foucault et d'autres encore (1).

L'esprit religieux, bien que se manifestant sous des formes différentes, n'offre pas un intérêt moindre dans le reste de la paroisse; l'exemple vient d'en haut, il ne manque point d'avoir de féconds résultats; nos pièces justificatives en sont les irrécusables témoins; elles nous accusent un attachement profond à l'église qui n'est qu'une conséquence de la pratique soutenue des devoirs religieux; ces testaments et donations signés du plus aisé comme du plus pauvre, du bourgeois comme du manœuvre, s'élevant du plus simple denier jusqu'aux multiples livres tournois en sont les meilleures preuves; ils sont pour nous la résultante d'une admirable vie chrétienne et d'une profonde conviction religieuse qui s'affirme par delà le tombeau; ils sont aussi le seul jalon sur lequel nous puissions nous appuyer pour affirmer l'idée religieuse.

Intense et presque partout irréductible cette idée se manifeste à chaque décès, à la fin du XVIe siècle et pendant le cours du XVIIe. A la fin pourtant de celui-ci et surtout pendant le XVIIIe ces gages de foi disparaissent, lentement il est vrai, mais d'une façon progressive et inquiétante, pour arriver à ne plus exister à la fin de ce siècle, pour être même constamment combattus, constamment sujets à procès de la part des héritiers qui ont perdu l'esprit de foi de leurs ancêtres; la Révolution paralyse l'expansion charitable de cette foi chrétienne sans pourtant réussir complètement; son œuvre néanmoins sera fatale; sans doute le commencement du XIXe siècle par quelques actes de générosité chrétienne envers l'église paroissiale témoignera d'un reste de foi vive et pratique, mais seulement dans quelques familles privilégiées telles que celles des descendants d'Helvétius et des de Suhard; l'ensemble de la paroisse se tiendra désormais à l'écart de ces manifestations charitables et chrétiennes, qui servent de thermomètre à la foi religieuse; d'ailleurs, on le sait et point n'est besoin de le dire, la Révolution ja a tant travaillé à faire baisser, à détruire cette foi,

(1) Sous l'ancien régime les bancs étaient fort rares dans les églises, et nous regardons comme le fait d'une foi pratique celui d'en être titulaire, d'un ou de plusieurs.

a mieux réussi à faire baisser et à anéantir les ressources matérielles, c'est là, plutôt que dans la diminution de la foi, qu'il faut chercher la cause principale de la disparition des legs et testaments religieux au commencement de ce siècle qui va finir.

Depuis un siècle et demi la foi a descendu de bien des degrés, mais elle n'est pas tombée à zéro ; sans doute elle a été ébranlée au Mage comme partout par la Révolution, mais nous savons que le dimanche a continué, surtout jusqu'à la fatale guerre de 1870, à être absolument respecté ; à quelques exceptions près, nous savons que les devoirs familiaux autant que les devoirs religieux ont été pratiqués, que le respect des parents et l'honneur du foyer se sont réunis dans une vertu commune à tous les membres de chaque famille ; que la propriété si elle a été sujette à quelques malheureuses convoitises, ne l'a jamais été que par des malentendus regrettables qui avec la bonne foi des partis, n'ont pas manqué de s'évanouir complètement sans laisser trace aucune de désaccord (1). Elevés à l'église et vivant à l'ombre tutélaire du clocher, ces chrétiens de vieille roche ne pouvaient manquer d'être à l'abri des orages passionnels plus fréquents dans une société dépourvue de principes et de pratiques religieuses comme malheureusement tend à le devenir celle où nous vivons.

(1) Le procès des pailles n'entrava en aucune manière les bonnes relations du curé et de ses paroissiens ; cette question de droit local, une fois jugée, ne fit que resserrer les liens d'affection et de respect que certains esprits chagrins eussent voulu rompre. L'acte des fils de Nicolas Guérin jetant au feu les pièces de la rente des Douveaux (1691) et celui de Michel Lejeune, trésorier, anéantissant une reconnaissance de 500 l. faite par lui au Trésor sont des faits trop isolés pour en tirer conclusion.

CHAPITRE IV

Histoire sociale.

Ce chapitre était inscrit dans notre programme après l'histoire économique mais, les chapitres qui précèdent, traitant des habitants personnellement, appellent ici celui qui a trait à leurs rapports et à leurs relations ; c'est pourquoi nous avons cru mieux de le faire suivre par l'histoire économique ou du travail.

§ Ier.

Mœurs, Epargne, Alcoolisme.

A. *Mœurs.*

L'état social est une conséquence de l'état religieux ; la religion fait les mœurs ; en les christianisant, elle les adoucit, elle les rend honnêtes et tranquilles. Ainsi furent-elles au Mage. Attachée à sa terre autant qu'à son clocher, cette paisible population ne veut s'émouvoir que lorsque l'un ou l'autre est attaqué, elle ne les abandonnera ni l'un ni l'autre, héritière en cela du caractère percheron ; le sol qui l'a vue naître, la verra mourir, l'église qui l'aura baptisée, recevra ses dernières dépouilles. A cette simplicité se joint la sympathie la plus respectueuse pour la classe élevée, pour ses seigneurs. A une époque où déjà commençaient à germer les semences de division jetées entre le peuple et la noblesse, les habitants du Mage protestent hautement de leurs sentiments d'attache et d'union à l'égard des privilégiés et ils affirment « que la protection que leurs seigneurs leur ont donnée
« a toujours été bienfaisante et utile et qu'ils n'ont rien à appré-
« hender du contraire (1728). » Au début de la Révolution quand déjà les têtes étaient si échauffées, dans leur cahier de doléances, où ils ne trouvent pas de critique assez amère contre les officiers

ministériels et leurs exactions, ils ont un mot d'éloge pour leurs seigneurs : « Nous rendons, disent-ils, à notre seigneur actuel « toute justice qui est due à son équité » (1).

La même douceur, la même fraternité se retrouve dans les mœurs privées, l'union se manifeste entre proches et amis; l'égoïsme, qui fait aujourd'hui tant de ravages, est étouffé alors par la charité chrétienne qui donne aux rapports mutuels une gaîté franche et honnête que nous ne soupçonnerons bientôt plus. Tout n'est pas parfait sans doute, et nos documents ne cachent point que maintes fois les baillis de Feillet eurent à rétablir la concorde que l'esprit de chicane cherchait à étouffer, que les curés du Mage eurent à s'élever contre des désordres regrettables; mais la voix des uns comme des autres était écoutée et leur autorité sans conteste.

Il nous faut arriver à la fin du siècle dernier et au commencement de celui-ci pour voir se modifier profondément l'état général des mœurs que l'on retrouve pourtant chez les veillards avec son antique simplicité jusqu'à la dernière moitié du XIX° siècle.

B. *L'épargne.*

L'épargne a été au Mage une nécessité ; on comprendra en effet que sur un fragment de territoire aussi divisé et aussi peuplé et où la culture était l'unique ressource, il fallait ordonnancer les dépenses avec la plus grande parcimonie pour voir la fin de l'année sans voir le fond de sa bourse. Quand on sait que beaucoup d'entre les gens du Mage pouvaient à peine se procurer le moyen de « manger une malheureuse soupe maigre trois ou quatre fois « par semaine », on prévoit que ceux-là non seulement, mais d'autres plus aisés, durent par force sinon par caractère ménager leurs ressources. Quelle épargne pouvait faire un journalier qui comme les batteurs en grange gagnaient en 1772, douze sols par jour, quelques-uns 9 et dix sols, 37 livres comme faucheur pour toute la moisson ; tel fut le cas de Courpotin du Mage en cette même année. (*Lettre de M*r *Le Fleuriel, curé de Marchainville, à M*r *Mirbeau le jeune à Moutiers*); en 1770 Messire Renoult, payait François Lelarge son domestique, 57 livres et nourri ; en 1777 il en donnait 54 à François Rivaud ; ses servantes Marie Tremblay et Françoise Durand furent payées en 1782, 42 livres avec les faisances d'une paire de sabots, un mouchoir, un tablier, une paire

(1) Nous pouvons donc appliquer ici à la population du Mage, et sans crainte de nous tromper, ces deux lignes des « Mémoires » de Madame de Genlis : « Nous n'avons trouvé dans un voyage de 620 lieues en France, des paysans doux, honnêtes, obligeants que dans les villages ou les seigneurs étaient bons et aimés. »

de bas. Dans la première moitié de ce siècle, le journalier à 1 f. par jour, le manœuvre maçon 1,25, le maître 1,50; l'ouvrière couturière ou blanchisseuse 0,50 c. Ces chiffres parlent assez haut sans que nous en citions d'autres ; ils indiquent assez clairement que ces braves ouvriers, lorsqu'ils étaient pères ou mères de famille, ne purent apporter à leur maison d'autre luxe que celui de la propreté. Dans une situation en apparence plus aisée, les fermiers ou métayers, établis sur une terre peu rémunératrice, n'ayant que de bien faibles moyens de l'améliorer, chargés de la taille, de la corvée et des dîmes qui « sont très haut dans la paroisse » (*Cahier de plaintes et doléances*), de l'impôt de la gabelle « qui est le plus à charge », pas plus que les journaliers ou manœuvres ne purent réaliser d'épargnes sérieuses sur leur travail ou la vente de leurs denrées, qui n'avaient que d'insignifiants débouchés.

Dans leur cahier de doléances, les habitants d'une paroisse voisine écrivaient ceci : « Un pauvre particulier, par les épargnes
« qu'il faut faire en cultivant la terre amasse 100 livres, pour
« pouvoir vivre plus aisément, il met ces 100 livres en bien;
« après l'avoir acheté il est obligé d'en payer, outre son acquit de
« 100 livres, la douzième portion au seigneur pour les lots et
« ventes, ce qui fait, au lieu de 100 livres, une somme de 108 livres
« 6 sous 8 deniers. Ce particulier étant approprié de son morceau
« de terrain, outre ce qu'il a payé au seigneur, il n'est pas quitte
« il faut encore lui payer par an 2 sous, 5 sous, 10 sous et plus
« par arpent pour les rentes seigneuriales et quelquefois ce ter-
« rain ne vaut pas davantage de revenu. Comment que pourra
« faire le pauvre particulier? Pourra-t-il payer les impositions
« royales, si il y paye le revenu au seigneur? » (*Cahier de la Madeleine-Bouvet.*)

Que l'on veuille bien croire que nous ne citons ces lignes uniquement que pour faire ressortir les difficultés de l'épargne et non la multiplicité des charges qui pouvaient peser sur la petite culture; car elles n'ont pas varié: les changements de régime n'y ont apporté aucune amélioration, et sous d'autres formes la terre, et par conséquent l'épargne, n'en est pas moins, sinon plus, grevée aujourd'hui par de lourds prélèvements qu'il est inutile de faire apercevoir à nos laborieux cultivateurs. Et pourtant malgré ces charges et le bas prix du travail, l'esprit de sobriété, d'économie, disons-le, de privations a permis à ces parcimonieux de laisser à leurs enfants avec leurs vertus, un patrimoine que ceux-ci n'ont pas manqué de faire fructifier. Habitués aux besoins factices que nous nous créons chaque jour, nous ne comprenons que fort difficilement un genre de vie aussi simple, qui pourtant n'a pas absolument disparu de nos campagnes et reste aujourd'hui comme alors la source principale des faibles épargnes réalisées par les travaux de la terre au Mage et pays circonvoisins.

C. *Alcoolisme.*

Nous n'inscrivons ici ce nom que pour y revenir en traitant plus loin de la situation actuelle ; le mot est nouveau, il appartient à notre fin de siècle, la chose doit donc elle-même être spéciale à notre génération ; il n'est point à dire pour cela que chez nos aïeux il n'y eut point d'excès de commis dans le genre de celui que nous indiquons ; il y a eu et il y aura toujours des amis de la bouteille, mais le type de l'alcoolique actuel n'existait pas, l'alcoolisme était une plaie inconnue, surtout au Mage où le cidre fut toujours la boisson favorite, et où le vin ne fut bien connu que dans peu de maisons plus à l'aise ; avant la dernière moitié de notre siècle, l'eau-de-vie fut un luxe que l'on s'offrit rarement dans les auberges et les cafés, plus rarement encore au domicile familial ; et encore n'entrait-elle dans la consommation qu'à faible dose. D'ailleurs la réglementation assez sévère des auberges et cafés ne manquait pas dans une certaine mesure d'apporter un frein aux débordements bachiques.

Un arrêt du Parlement du 10 février 1724 fait défense aux cabaretiers, taverniers, limonadiers de vendre aux heures indues, c'est-à-dire après huit heures en hiver et dix heures en été et le dimanche pendant la grand'messe et vêpres, à peine de 50 livres d'amende dans les villes et de 20 livres dans les villages ; et nous connaissons diverses sentences de police condamnant les cabaretiers à l'amende pour avoir servi à boire pendant le service divin. (12 février 1734, 39 juin 1739.)

L'apparition des cafés dans les campagnes au commencement du siècle, fut la cause première, quoiqu'alors peu apparente, de l'alcoolisme. L'auteur des « *Antiquités Percheronnes* » nous fait un tableau, qui nous semble exagéré des ravages de l'alcoolisme naissant dans le Perche, mais qui, par son exagération nous montre la réserve du siècle précédent sur ce point. « Les caba-
« rets et les cafés, écrivait-il en 1840, qui depuis une trentaine d'an-
« nées, se sont multipliés avec une progression effrayante, jusque
« dans les plus humbles villages, sont pour bien des familles
« l'écueil du bonheur et la source d'affreuses misères. Pour com-
« bien d'infortunés, ces repaires de débauche et de libertinage, dévo-
« rent-ils tous les huit jours la portion la plus liquide d'un gain
« ou d'un salaire destiné à la subsistance d'une femme et de plu-
« sieurs enfants qui n'ont d'autres moyens d'existence. Combien
« de marchands, d'ouvriers, de bons propriétaires, voient s'en-

« gloutir là toutes leurs épargnes, et la fortune amassée avec tant
« de fatigues par trois générations d'hommes!......

« ..... Les jeunes gens sur qui la religion a perdu son influence,
« fréquentent assez ordinairement les cabarets et les cafés, sacri-
« fiant tout à cette passion funeste, ils n'éprouvent que dégoût et
« insouciance pour les autres plaisirs de leur âge. »

Ces quelques lignes qui semblent généraliser les faits, ne s'appliquent, à cette époque surtout, qu'à des faits particuliers, mais qui peu à peu tendront en se rapprochant de notre temps à se multiplier, tout en laissant, disons-le, à la grande majorité de la population du Mage sa bonne et vieille réputation de sobriété.

§ II.

Fondations et associations.

Le reste du chapitre de l'Histoire Sociale c'est-à-dire les § II, III, IV, ne sera à proprement parler que la suite et le complément du chapitre de l'Histoire religieuse ; ce qu'en effet nous y annonçons (*fondations diverses, œuvres de bienfaisance pour les pauvres, écoles*) se trouvait pour ainsi dire fondu avec l'administration du Trésor et de la Fabrique et souvent régi par des gagers.

A. *Boîte des Trépassés.*

Elle était destinée, son nom l'indique, à l'acquit de prières et messes pour les défunts en général, sans aucune exception faite pour les membres de la famille du défunt qui avait laissé quelque aumône. Il n'y avait point ordinairement de fondation pour cette œuvre ; telle somme était payée une fois pour toutes au décès du testateur ; c'était une simple offrande pour laquelle on demandait quelques recommandations. Peu de personnes trépassaient sans se rappeler ainsi « *au bon et dévot peuple* » ou sans être « *associés aux prières des gens de bien.* »

Cependant d'aucuns, tenant à un souvenir plus durable, léguaient quelques rentes annuelles de 3, 5, 15, 20 sols comme Jean Tousche, Maur Cousin, Guillaume Courpotin, Jean Foucault ; d'autres donnaient et exigeaient davantage, comme : Marie Gouju, laissant 40 l. de capital pour une messe annuelle le 8 novembre ; Gilles Douveau, 60 sols tournois de rente pour 4 messes hautes. Cette coutume d'avoir dans chaque église une « *boête des trépassez* » était générale dans le pays et nous devons en voir, comme une continuation, l'usage encore existant dans certaines églises de faire chaque dimanche une quête dans ce but spécial de secourir les défunts par des prières et de verser le résultat des quêtes dans un tronc établi à cet effet.

B. *Confréries.*

Nous avons constaté l'existence de trois *Confréries* avant la Révolution, et d'une établie en ce siècle-ci.

1° *La confrérie du Saint-Sacrement* à laquelle, en 1740, Nicolas Charpentier faisait une rente de 5 l. dont les administrateurs Jean Huet et Jean Bruneau lui délivrent quittance.

2° *La confrérie de Sainte-Anne* à laquelle, en 1642, Michelle Nyon, veuve de Jean Goddé donne 5 sols tournois à toujoursmais. La dévotion à Sainte Anne, déjà grande à cette époque, où les confréries de cette sainte étaient communes, n'a pas disparu aujourd'hui de notre contrée ; elle se manifeste particulièrement chaque année encore à Longny et dans une paroisse d'Eure-et-Loir, voisine du Mage, Fontaine-Simon, où se voit un pèlerinage toujours très fréquenté, non seulement le jour de Sainte Anne, mais chaque jour de l'année, surtout à cause de la fontaine consacrée à cette bonne sainte.

2° *La Confrérie du Rosaire* semble compter plus d'adhérents ; entr'autres dons, elle reçoit en 1695 celui de Marie Gouju de 40 l. de capital à charge d'une messe annuelle le 8 octobre et celui de Simon Cresto (1673) qui donne « *à la noble confrairie du Rosaire* » 6 l. 14 sols annuels, à charge par l'administration de faire chanter en l'église du Mage, pour lui et ses parents défunts, 5 messes hautes à diacre et sous-diacre avec « *libera* » les lendemain de Chandeleur, N.-D. de mars, N.-D. de mi-aoust, N.-D. de septembre (8 septembre), N.-D. de décembre (8 décembre) et à charge par l'administration de faire sonner les cloches, fournir les ornements et luminaires.

Cette confrérie existait partout et il n'y a pas d'églises dans les environs dont les archives ne nous aient attesté l'établissement de la confrérie du Rosaire dans l'endroit.

Vers le milieu du XVI° siècle, les confréries fort nombreuses s'étaient en maints endroits laissées aller au relâchement. On portait les bâtons des saints qu'elles avaient pour patrons, par les rues et les chemins, en frappant du tambour, en jouant sur divers instruments de musique des airs excitant plutôt à la danse qu'au recueillement ; ceux ou celles qui portaient le bâton étaient parfois revêtus de chappes et d'ornements d'église ; enfin les confrères, réunis le jour de la fête en un repas commun, s'y livraient à des désordres regrettables dont parfois les deniers de la caisse faisaient les frais. En 1550 Mgr Louis Guillard, évêque de Chartres, dut élever la voix afin de remédier à cet état de choses ; il prohiba les instruments de musique dans les processions des confréries, ainsi que le port d'ornements ecclésiastiques, défendit d'établir de nouvelles confréries sans son consentement et voulut réviser les statuts de toutes celles qui existaient (Voir « *Statuta diœcesis Carnotensis* » ; *Titul. XVIII.* 1742).

3° *La confrérie de la sainte Vierge*, fondée en 1837 par Mʳ Cohu, existe encore aujourd'hui dans un état plus ou moins prospère, elle a compté parmi ses trésorières, Mᵐᵉ Achard de la Vente, née de Beausse.

Nous ne doutons point qu'il y ait eu au Mage d'autres confréries, mais n'ayant découvert à leur sujet aucun document nous n'en pouvons certifier l'existence.

§ III.

Bienfaisance.

Nous remontons à 1616 pour trouver le premier indice d'une institution de bienfaisance qui aurait été beaucoup plus ancienne si on eût donné suite à l'idée des bienfaiteurs.

Chandeleur Aubert, trésorier de la Fabrique rend aveu à Haute et Puissante dame Louise de Faudoas, veuve de Claude Gruel « d'un lotheau de terre laissé anciennement et donné par les sei-
« gneurs prédécesseurs du dit Feillet à la dite église du Maige
« pour y faire bastir, construire et édifier une léproserie afin d'y
« (*mettre*) les mallades sy tant estoit qu'il arrivast que auchun de
« laditte parroisse en fust atteint, sans auchunne charge toutte-
« foys, fors de deux deniers de cens seullement pour le droit de
« supériorité, lesquels deux deniers..... en cette qualité seulle-
« ment promets payer à l'advenir faire et continuer par chascun
« an au jour et feste saint Remy » etc.

La léproserie ne fut pas construite et la terre resta propriété foncière de la Fabrique qui, le 27 decembre 1671, adjugeait à Henri de Gruel, sous-diacre, sʳ de Feillet, élu trésorier de la dite Fabrique, pour la somme de 6 l. de rente annuelle « *le champ de la Maladrerie* » et en 1674 à René Guérin, pour 6 l. 15 s.

Une clause introduite dans la « Constitution de rente de 40 l. annuelle » en faveur de l'Eglise du Mage, par honorable Etienne Huet, sʳ de la Boulaye en 1681, ne fut pas d'un plus grand profit aux pauvres de l'endroit. Si les habitants refusaient d'accepter la donation ou d'en remplir les charges, les 40 l. de rentes devaient être « distribuées aux cinq plus pauvres de la paroisse, particu-

Église du Mage

Dessinée par le Vte de Romanet d'après une photographie.

« liérement aux pauvres honteux, à commencer par les parents
« du fondateur, s'il s'en trouvait dans ce cas. »

Les habitants, réunis en assemblée, le 12 avril 1682, acceptèrent tout le don et ses charges « *comme trouvant la chose avantageuse pour eux.* » Ainsi les pauvres furent privés d'un bénéfice aléatoire qui pouvait leur échoir.

Les choses ne tournaient pas toujours ainsi à leur désavantage ; maintes personnes charitables ne manquaient point en décédant de se recommander à la miséricorde du grand Juge par un dernier acte de charité fraternelle. C'est de cette manière que Perrine Féron, en 1603, laisse quatre boisseaux de bled aux pauvres qui assisteront à son inhumation et à son service de huitaine ; Noël Bernard, curé (1659), veut à son enterrement « 13 torches de chacune 12 l. qui seront portées par 13 pauvres auxquels on donnera, tant à l'inhumation qu'au trentain, chacun 2 sols et, à son service anniversaire, les pauvres se partageront six boisseaux de bled. » Pierre Brunet, prêtre, laisse, pour les jours de son inhumation, huitaine et bout de l'an, trois boisseaux de bled aux pauvres pour chacun de ces jours ; ces exemples, nous n'en doutons pas, étaient, à ces époques de foi religieuse, imités par nombre de personnes, dont le nom n'est aujourd'hui connu que de Dieu, et nous constatons qu'ils ont porté leurs fruits jusqu'à nos jours, où l'usage chrétien des distributions de pain le jour des inhumations a généralement persisté.

Au Mage, les pauvres ne furent point des déshérités dans le sens absolu du mot ; si les seigneurs avaient leur domaine, les roturiers leurs fiefs, les cultivateurs leur héritage familial, les pauvres eux aussi avaient leur terre et leur patrimoine. Cinquante-huit arpents de sol (environ 29 hectares) en faisaient le fonds. C'était un terrain, qui aujourd'hui a peu changé de nature, connu sous le nom de « *Bois de l'Aumosne* » sis au Mage entre les bois de la seigneurie de Longny et ceux de Feillet. A vrai dire ce terrain n'était pas des plus fertiles ; autrefois en bois et buissons, vers 1775, en friches et briaudages ; il avait toujours appartenu aux pauvres de Longny et du Mage qui allaient s'y approvisionner de bois et de landes et y faisaient paître leurs bestiaux. En 1775, une difficulté s'éleva entre l'Hôtel-Dieu de Longny et la municipalité du Mage. Les administrateurs de l'Hôtel-Dieu avaient commencé à faire clore ce terrain, les habitants du Mage virent cette mesure d'un mauvais œil et choisirent Louis-François Guérin pour protester en leur nom et s'opposer à ce que l'on pouvait regarder comme un accaparement, à moins qu'on ne les laissât participer à la clôture afin de faire ainsi reconnaître leurs droits et continuer leur jouissance.

Les pauvres ne furent secourus régulièrement qu'à partir de la fondation du bureau de bienfaisance dont le curé-député, M' François, semble avoir été le premier fondateur. Rappelons cette clause de son testament : « .....Quant à la somme de 1200 l. placée à
« constitution dont j'ai laissé la disposition audit s' Renoult pour
« le soulagement de ses pauvres, je veux que le fonds leur appartienne et qu'il soit employé pour leur plus grand avantage par
« les soins de MM. les Curés, Maires et trois des plus notables
« habitants. »

M' Renoult a conservé dans son « Journal particulier » le détail de la répartition des secours qu'il distribuait avec le nom des personnes qui en étaient l'objet. En 1808 M. et Mme de Suhard ajoutèrent au don de M' François une somme de 600 l. c'était un revenu de 30 l. qui avec les 60 l. déjà fondés formait 90 l. de rente. Jusqu'en 1860, cette somme fut peu dépassée, elle a toujours depuis progressivement monté et a atteint 607 l. Nous donnons la liste des revenus du bureau de Bienfaisance depuis 1845.

1845	—	111 l.	1875	—	573 l. 50
1855	—	93 04	1880	—	594
1860	—	101 70	1885	—	607 98
1865	—	223	1889	—	551
1870	—	447 88	1895	—	485

La diminution constatée au dernier chiffre provient de la conversion du 4 1/2. Pauvres comme riches ont dû prendre leur part de ce deuil pécuniaire amené par le système invraisemblable suivi par les Chambres de voter toujours de nouvelles dépenses sans s'occuper de savoir s'il y a des recettes normales pour y faire face.

§ IV.

Ecoles.

Nous ne voulons point répéter ici ce que d'autres ont prouvé et ce que chacun peut connaître, à savoir que l'Eglise a toujours tenu la haute main à l'instruction populaire, qu'elle en a été la promotrice et la maîtresse.

« Que chaque paroisse ait son maître d'école dit en 1742, Mgr de
« Moutiers, évêque de Chartres, dans ses *Statuts;* que les maîtres
« conduisent leurs enfants à l'église, qu'ils leur enseignent les
« lettres, les prières et le Catéchisme. Que les maîtres ne lisent
« aucun livre d'une lecture réprouvée, qu'ils n'en tolèrent pas la
« lecture par les enfants. Que les filles ne soient pas reçues dans

« les écoles des garçons ; que les maîtres ne fassent point l'école
« dans les églises. »

En 1489, M⁰ʳ Miles écrivait : « Dans les endroits populeux que
« chaque curé ait des clercs qui sachent et puissent instruire les
« enfants de leurs premières lettres. » En 1526, M⁰ʳ Guillard :
« Qu'il y ait dans chaque paroisse un prêtre au moins ou un
« clerc suffisamment instruit pour enseigner familièrement les
« enfants. »

Un édit de 1695 mit à l'approbation des curés, dans les petits endroits, le choix des maîtres d'école ; mais dans le cours de leurs visites, les évêques et archidiacres avaient droit d'interroger les maîtres et maîtresses et d'ordonner qu'on les remplaçât lorsqu'ils n'étaient pas contents de leur doctrine ou de leurs mœurs (1).

Nous serions portés à croire qu'à la fin du xvıᵉ siècle, les écoles du Mage se tenaient à Feillet, car nous lisons dans le testament d'Hélène Auvè, qu'elle laisse 120 l. de rente annuelle à l'aumônier de la chapelle de Feillet à la condition de « tenir les écoles audit Feillet. En 1756, les écoles se tenaient au Mage dans un immeuble de la Fabrique, se composant « d'une maison manable, avec petite chambre froide au-dessus et grenier dessus et moitié d'une cave et d'un jardin » (2) ; Florent Blaise y habitait avec Marie Pillaze sa femme qui pendant que son mari instruisait la jeunesse, consacrait une partie de ses loisirs à blanchir le linge de l'Eglise (3), et une autre partie aux soins que lui demandait « une vache que devait loger gratuitement » le charron Jean Blanche qui avait loué le reste de la maison et quelques terres de la Fabrique pour 30 l. annuelles. Florent Blaise est le seul maître d'école dont le nom nous soit connu au Mage avant la Révolution : il eut une fin tragique ainsi que sa femme ; Marie Pillaze fut trouvée expirante dans les bois de Feillet et inhumée après visite des officiers de la Haute-Justice de Feillet (2 février 1767). Florent Blaise fut trouvé mort près de la Véronnière, paroisse de Longny, et après visite des officiers de justice de Longny ainsi que du consentement du prieur pour la translation du corps, il fut inhumé au Mage, le 15 juillet 1779, âgé de 77 ans, en présence de Maître Renoult, curé de Bizou, François, curé du Mage et de son vicaire, Landais.

Les 25,000 écoles primaires qui existaient avant la Révolution,

(1) 1695. Alexandre Pousset, « maître d'eschole à Longny, signe un acte conservé aux archives de la Fabrique du Mage.
(2) 1758. Au compte du trésorier « vitres mises à l'école 12 l. »
(3) 1767 et 1771. Payé 30 l. et 15 l. à Florent Blaise, maître d'école pour blanchissage du linge.

sombrèrent dans ce cataclysme politique et religieux ; les divers gouvernements qui se succédèrent alors, eurent d'autres soucis : leur principal, on le sait, fut d'abattre les têtes et non d'élever les esprits. Devenu Premier-Consul, Bonaparte releva l'instruction populaire, mais laissa aux municipalités la charge et l'initiative de ce rétablissement.

Au Mage, on établit l'école dans la mairie actuelle qui fait corps avec le presbytère ; 70 à 80 élèves étaient entassés dans un appartement de 15 mètres carrés ; c'était manifestement insuffisant, on se transporta dans la maison d'une veuve Poivré, où l'on avait 25 mètres pour 60 élèves ; cette situation dura de 1800 à 1845. En 1841, on fit acquisition d'un terrain et, l'année suivante, 2400 l. furent votés pour la construction de l'école actuelle. Construite sous la direction de M' Lefevre, architecte à Paris, cette école très spacieuse, bien éclairée et aérée a 72 mètres carrés pour une population scolaire de 20 à 25 élèves. L'école de filles se fait dans une maison louée par la commune, mais dont les conditions hygiéniques laissent à désirer. (15 mètres carrés de superficie et 2 mètres de plafond, sont des dimensions bien restreintes pour 25 élèves). (1).

A la tête de ces écoles nous avons relevé dans le cours du siècle les noms suivants :

	Instituteurs.	Institutrices.
An XIII.	Héron.	
1815.	Forestier.	
1825.	Doret.	
1830.	Courpotin.	
1853.	id.	Mlle Doret.
1857.	Constant Beuzeval.	Mlle Guérin.
1858.	Alexandre Communeau.	id.
1869.	Henri Chapelain.	id.
1874.	Edouard Toutain.	id.
1883.	Louis Germond.	id.
1886.	id.	Mlle Froger.
1896.	id.	id.

La situation pécuniaire de ces dévoués éducateurs ne fut pas fort brillante dans la première moitié et surtout au début du siècle. Un rapport du 18 février 1806 nous la montre fort tendue au Mage. « La commune, dit-on dans ce rapport, possède un ins-

(1) Les enfants fréquentant les écoles étaient au nombre de 80 en 1815 ; ce nombre descendait en 1882 à 44, aujourd'hui il a peu varié comme on le voit, chacune des écoles ayant un nombre à peu près égal de 20 à 25 enfants.

« tituteur qui depuis huit ans exerce cette profession ; l'école est
« composée en ce moment de 30 garçons et 5 filles.
 « La rétribution est par mois de 1 f. 25 pour les enfant qui écri-
« vent, ils sont au nombre de 10 ; les enfants qui lisent payent
« seulement 0 f. 75. Au commencement de la belle saison 10 à
« 12 enfants continuent leur école. L'instituteur ne jouit d'aucune
« indemnité quoiqu'ayant passé au jury d'Instruction publique en
« l'an VI. La commune lui fait chaque année une petite somme
« de 50 fr. qui lui est payée par les plus aisés des proprié-
« taires. »

En 1833, on apporta à cet état de choses une petite amélioration, on alloua 200 f. au s' Courpotin, instituteur, et une indemnité de logement de 60 f. payés au moyen d'une imposition extraordinaire de 0 f. 02 c. au principal des contributions. Enfin en 1851, le traitement de l'instituteur fut élevé à 600 f., les élèves payant 1 f. pour lire, 1 f 25 pour lire et écrire 1 f. 50 pour lire, écrire et compter (1).

Nous n'avons point besoin de faire remarquer qu'aujourd'hui la situation des instituteurs ne laisse plus rien à désirer.

---

(1) Nous devons à M. Germond, instituteur, une partie de ces détails ; nous le remercions de cette communication.

CHAPITRE V

Histoire économique.

§ Ier.

Division de la propriété. — Prix de la terre.

A. *Division de la propriété.*

Nous n'entendons pas confondre ici deux choses qui sont totalement distinctes et qu'on serait tenté d'assimiler, la propriété et la culture ; une immense étendue de terrain peut fort bien n'être pas divisée comme propriété et l'être comme culture, ainsi le domaine de Feillet ; d'autres et de plus autorisés que nous ont traité des avantages de la petite ou de la grande culture ; nous laisserons de côté cette question qui d'ailleurs n'entre pas dans ce paragraphe, mais plutôt dans celui de l'agriculture où nous en dirons quelques mots ; nous avons seulement à donner une page sur la propriété elle-même au Mage d'après les faits et les documents.

Au Mage comme partout la propriété a subi, dans le cours des siècles derniers, d'importantes révolutions amenées par les fluctuations de la population ou du bien être ; les familles nombreuses ont été une cause de division, et le manque de ressources, la pénurie de fonds, chez les membres de ces familles, en nécessitant la vente d'un maigre héritage, ont nécessairement augmenté la propriété voisine. Ainsi en a-t-il été de la propriété de Feillet.

A partir du xvie siècle (les documents ne nous ayant laissé que des données fort confuses sur cette propriété dans les siècles précédents), à partir des Auvé et des Gruel (1584 à 1708) Feillet nous apparaît plutôt comme un domaine forestier entouré de peu de culture et de quelques pièces de terre égrenées ça et là. L'aveu de 1543 nous mentionne la ferme de la Cucuière ; nous connaissons en plus la ferme du Portail, qui n'était que la basse-cour du château, ajoutons la métairie de la Garde, nous avons le total. Les hébergements environnants ainsi que le bourg de Feillet, quoique grevés de cens et rentes vis-à-vis du seigneur de Feillet, appartiennent à divers particuliers. La Fourlière appartient à Rodolphe Godefroy, sr de la Petite-Noë. La Faudière est à la famille Huet, la Douvellerie aux Douveaux ainsi qu'une partie de Volizé ; l'extrémité nord du domaine est resserrée entre les terres de la famille d'Aligre, et la propriété des Templiers qui possèdent la ferme de la Ville-Dieu ; nous ne connaissons d'autres contrats d'acquets des Gruel avec leurs voisins que celui du moulin du Mage, cédé par le sr Pecnard, vicaire de la paroisse à Mre René de Gruel, pour 1100 l. (1641) et pour voir se constituer la propriété actuelle, il nous faut entrer dans le XVIIIe siècle avec Messires Clément et Helvétius ; ils font ce domaine de Feillet non seulement tel que nous le voyons aujourd'hui au Mage, mais encore avec une importante extension dans les paroisses voisines.

Les derniers Gruel et surtout Antoinette qui n'avait pas d'héritiers directs, héritière elle-même de son frère René, mort sans enfants, n'eurent aucun attrait à l'augmentation de leur propriété ; l'Hôpital de Paris en avait encore moins, et Vincent Le Méc avait une autre raison, il n'avait pas même les ressources nécessaires pour payer la propriété. Mais on voit Messire Clément arriver à Feillet avec l'intention fixe d'en faire une résidence de campagne, il reconstruit les ailes du château, il restaure la chapelle ; il est riche, il relèvera et agrandira le domaine si abandonné de Feillet et ne laissera passer aucune occasion d'acquérir aussi bien les plus importantes propriétés voisines, que les plus petites parcelles de terrain. Il travaillait à réunir dans cette propriété de Feillet tout ce que la terre pouvait lui offrir de charmes, quand tout-à-coup en détruisant ses projets, la mort prématurée de sa jeune femme, emportée à 23 ans, semble devoir porter un coup fatal à la reconstitution de la terre de Feillet. Cependant Messire Clément a plusieurs enfants en bas âge ; il ne perd pas de vue leur avenir, il continue ses agrandissements. Son aîné Ambroise-Julien lui succède dans ses titres de seigneur et propriétaire de Feillet, mais pour des raisons à nous inconnues, il vend au bout de six ans. La terre de Feillet tombe en bonnes mains, Messire Helvétius ne s'y intéresse pas moins que Messire Clément et il achève par divers échanges et contrats l'œuvre commencée par le seigneur précédent ; et quand lui-même disparaîtra, il laissera le domaine constitué comme il suit, c'est-à-dire près de moitié plus étendu qu'il n'était un siècle auparavant.

Fermes.

1° Terre et ferme du Portail, ancienne basse-cour du château, réunie à la Cucuyère (1759).

2° Ferme de la Garde de 55 arpents et en plus les augmentations d'Helvétius.

3° Ferme de la Cucuyère, d'environ 44 arpents et en plus les prés du château, louée 600 l. autrefois 350 l.

4° Ferme du Haut-Voré, vendue le 9 mars 1564 par François de la Noue (1), ch^r s^{gr} de Bretoncelles, gentilhomme de la chambre du Roi, à Marie de Thénat, épouse de Gilles de Voré, éc^r, s^{gr} du lieu.

5° Ferme de la Thuilerie.

6° Ferme de la Fourlière, vendue le 25 mai 1720, par Rodolphe de Godefroy, s^r de la Petite-Noë, ancien serdot du Roy, à Julien Clément (de 63 arpents environ).

7° Ferme de la Pichardière, vendue le 18 octobre 1720 à Messire Julien Clément, par Loup Lavesnier, revendue le 17 octobre 1750, par ledit seigneur à Pierre Joannet, laboureur, pour 100 l. de rentes foncières, rachetable à 2000 l., rachetée le 14 mai 1753 par Claude Helvétius.

8° Bordage des Landes proche la Garde, vendu le 7 octobre 1750 par les héritiers de Madeleine Bouthier, veuve en premières noces de Pierre Héraud, s^r de Marigny, à Julien Clément, acquitté par Helvétius.

Quelques autres terres égrenées acquises par MM. Clément et Helvétius en 1736 et en 1756, en particulier au Vaugiroust.

9° Métairie de l'Herbage Béard.

Etangs.

1° Etang des Personnes.	120	arpents d'eau.
2° id. de Saint-Laurent.	70	id.
3° id. Petit-Brefin.	8	id.
4° id. Grand-Brefin.	22	id.
5° id. Le Bardeau.	12	id.
6° id. La Rougette.	2	id.
7° id. L'Etang-Neuf.	8	id.
8° id. La Forge.	50	id.
9° id. du château.	5	id.
10° id. le Haut-Voré.	1	id.
	298	arpents d'eau (2).

(1) Ou peut-être de la Vove.

(2) On voit que le vœu présenté au conseil municipal par l'administration départementale et rejeté, s'est accompli en grande partie naturellement puisqu'au commencement du siècle on ne comptait plus que 92 arpents d'étangs ou 46 hectares.

Moulins.

1° Le Moulin banal de la Forge.

2° Le Moulin du Mage, qui en 1759 ne fonctionnait plus et dont l'étang était desséché.

Nous n'avons cité que les propriétés sises au Mage ; les terres suivantes doivent, en outre, être considérées comme réunies au domaine de la seigneurie de Feillet en 1759. (V. l'inventaire du domaine de Feillet aux pièces justificatives).

1° Le Bordage de la Bouillandière en Boissy-Maugis.

2° La Renardière, acquise par Helvétius en 1754, de François de l'Etang, sr de la Houssaye, et de Catherine le Boulleur, son épouse, pour 7800 l. et 2000 l. de pot de vin, en Boissy-Maugis.

3° Ferme de Saint-Laurent de Crasne, baillée par Charles de Roussard, abbé commendataire de l'abbaye de Tiron, les Religieux et Prieur et couvent dudit monastère à Guillaume Moreau, sa femme, ses frères et sœurs, tous de Bizou, le 17 janvier 1568 (contenance 69 arpents), cédée par transaction, le 16 avril 1751 à Julien Clément, par lesdits religieux, et à Claude Helvétius qui était aux droits de Julien Clément, moyennant une rente annuelle de 150 l., ratifiée par Jean Anthoine de Malherbe, abbé de Tiron, le 25 janvier 1760 (1).

4° Le moulin de Mesleray en Boissy-Maugis, ainsi que le moulin Chevreil, le moulin de Bluteau et celui du Reil, avec leurs banalités.

5° Le four à ban de la rue de Saint-Germain de Regmalard, dont le droit de 3 l. ne s'étendait que sur les sujets de Vaujours.

Après avoir passé par diverses mains pendant le cours du XIXe siècle et s'être trouvé divisé en 1893 par la mort de M. le comte Richard d'Andlau (2), le domaine de Feillet se trouve de nouveau réuni sur une seule tête et dernièrement (1898) par l'acquisition qu'il a faite de l'ancienne maison des baillis de Feillet, de sa ferme et de ses dépendances (3), M. le Comte Terray a reconstitué la propriété d'Helvétius plus complètement, peut-être, qu'elle ne l'était au Mage au siècle dernier ; puisque nous savons que depuis cette époque diverses acquisitions telles que la ferme de la Ville-Dieu et autres ont donné une nouvelle importance à ce domaine

---

(1) La chapelle de Saint-Laurent de Crasne fut détournée de son usage religieux par permission de Messire André, grand vicaire de Chartres, le 13 novembre 1769, pour la livrer à tel usage qu'on voudrait.

(2) Après le partage en 1895, Mlle d'Andlau possédait 676 hectares ; M. le Cte Terray 474 hectares ; M. le Cte Arnold d'Andlau 90 hectares et M. le Cte de Mun seulement 2 hectares de taillis, le tout sur le Mage.

(3) Mr Marcel Aumont du Moutier étant décédé en juin 1898, c'est de Mlle Aumont du Moutier, sa fille et unique héritière, que M. le comte Terray a acquis la propriété du Baillage.

qui aujourd'hui, sur 2496 hectares de territoire communal, en comprend à lui seul 1244 h. 31 a. 45 c. auxquels viennent s'ajouter maintenant les terres de l'ancien bailliage.

C'est donc la moitié de la paroisse sans morcellement aucun ; quand à l'autre moitié, elle suit le sort commun de la petite propriété, partagée entre des lots qui parfois sont inférieurs à un arpent pour s'élever à des propriétés de 40, 60 et quelquefois 80, sans toutefois dépasser ce chiffre. La seule propriété dont nous connaissons exactement l'étendue avant la Révolution avec le détail des terres, est l'Ardillière contenant 74 arpents en 1667, à la mort des époux Des Croix qui l'avaient agrandie de moitié, c'est-à-dire de 41 arpents « d'acquiest » (1); nous ne saurions douter que cette propriété fût alors une des plus importantes du Mage après Feillet.

En 1689 la chapelle de St-Thomas a le revenu de 25 arpents de terre ; en 1720 la Fourlière se compose de 63 arpents et rentre au domaine de Feillet. D'après les aveux, la cure possède 10 ar. 1/2 en 1543 et M^{ire} Jusseaume en accuse 13 arpents en 1692. A part deux ou trois autres propriétés comme celle des Suhard à Montégu, la terre se trouve, dans le reste du territoire du Mage, morcelée en divers lots que nos contrats et échanges nous font soupçonner d'une assez minime importance et l'on comprend ce morcellement quand on sait que le domaine de Feillet, c'est-à-dire la moitié du territoire auquel il faut joindre les 53 arpents du bois de l'Aumône étant peu ou presque pas habitée, les 800 habitants qui composaient Le Mage n'avaient plus qu'environ 1200 hectares à se partager. En résumé nous rencontrons sur le territoire du Mage les trois types bien distincts de la grande, de la moyenne et de la petite propriété, comme nous avons trouvé dans sa population les trois classes bien caractérisées, de la noblesse, de la bourgeoisie et du peuple.

(1) Voici le détail des pièces dont se composait l'Ardillère en 1667:

La Bessemolle. . . .	16 boisseaux.	Le Champ du Noyer.	2 arp.
Les Boulayes.	1 arp. 1/2.	Les Hayes (herbages).	3 arp.
La Moulière.	17 boisseaux.	Le Petit-Champ. . .	3 boisseaux.
La Mare.	4 arp.	Un Clos de.	1/2 arp.
Le champ de Fontaine.		La Cour des Landes.	
Les Clos.	4 boisseaux.	pré de.	1 arp. 1/2
La Brière.	9 arp.	Les Petits-Prés. . . .	2 arp. 1/2
Les Landes.	15 arp.	L'Herbage aux Bœufs.	2 arp.
Le champ des Chardons.	2 arp.	Le petit pré en des-	
La Grande-Pièce. . .	7 arp.	sous du jardin. .	1 quartier.
Les Champs-Longs. .	9 arp.	Terre non nommée.	5 arp. 3 q.

En tout 64 arpents 1/2 et 40 boisseaux, dont 31 arpents 1/2 et 39 boisseaux d'acquests, le reste propre.

A. *Prix de la Terre.*

Nous avons dit ailleurs que le sol du Mage n'avait par lui-même à part quelques lots privilégiés et fort rares, qu'une valeur fort médiocre ne se composant en majeure partie que de sable dans les terres en labour et très souvent de marécages dans les vallées ; la terre n'a donc pu prendre de valeur que par la main-d'œuvre et la culture qui fut si maigre dans les derniers siècles ; aussi ne s'étonnera-t-on point des prix minimes et fort aléatoires que nous avons relevés à travers nos documents et dont nous donnons ici un aperçu rapide. Le prix moyen de l'hectare varie entre 400 et 500 livres, nous le voyons parfois tomber à 250, son prix fort ne dépasse jamais 600 l. en terres labourables.

Le pré se tient, et c'est naturel, un peu plus haut, dans les bonnes pâtures, avec une moyenne de 5 à 600 livres l'hectare et un maximum de 700 livres. Les prés en marais n'ont qu'une valeur de convention, c'est ainsi que nous voyons un arpent et demi se vendre en 1771, 40 livres ; à peine 60 livres l'hectare ; c'est donc en général des prix fort modestes.

Terre labourable.

1675. 27 perches (1) sis au Bouhoudoux, pour 75 l. et 60 sous de pot de vin, vendus par Georges Guérin, sacristain, à Denys Godard de Feillet.

1735. 3 quartiers pour 99 l. 15 s. par Charles Godard à son frère Michel.

1772. 1 boisseau (clos à chanvre où il y a de vieux vestiges de masures) 120 l. par Alexandre-Michel Lunois, avocat à Nogent, à sa tante Renée Lunois de Feillet.

Nous faisons remarquer que ce dernier prix, qui met l'hectare à 960 l., était un prix de faveur exceptionnel provenant de la situation de ce lot de terre, situé dans le village de Feillet, à la porte et à la convenance de l'acheteur et de l'ameublement que lui avaient donné les vestiges que l'on y signale. Ce prix ne peut donc servir de base.

Prairies, Herbages.

1648. 1 arpent de pré, 200 l. tournois par Denys et Jean Godard à Antoinette d'Albret, veuve de Mre René de Gruel.

1676. 30 perches au Bouhoudoux pour 100 l. et 50 sous de pot de vin, par Barbe Gohon à Denys Godard.

---

(1) Rappelons que la perche est la centième partie de l'arpent, le boisseau ou le quartier le quart de l'arpent ou 25 perches, l'arpent équivalant à peu près à la moitié d'un hectare.

1738. 37 perches de pré, 152 l., par Charles Godard à son frère Michel.

1770. Terre de bruyères, aulnaie, marais, à la Forcennerie, 200 l.

1771. 1 arpent 1/2 (Herbage des marais), 40 l., par Mathurin Foucault, cordonnier à Moutiers, à Joseph Godard, de Feillet.

Bois (le fond de terre seulement).

1721. 6 arpents au Bois des Débats, 400 l., vendus par Mre Albert du Quesnel, s^r de Coupigny, s^{er} de Neuilly, à Mre Julien Clément.

1752. 5 arpents de bois taillis, aux Minières, pour 300 l., vendus par Charlotte Huet à Mre Clément, acquittés par Mme Helvétius.

Le sol boisé n'a donc qu'une valeur insignifiante, 130 l. l'hectare, et tous ces chiffres que nous donnons ne monteront que bien faiblement dans les trois quarts de ce siècle-ci, quand ils ne resteront pas stationnaires ; nous le constaterons au dernier chapitre.

§ II.

Agriculture.

L'agriculture au Mage a toujours, dans les siècles qui nous ont précédé et dans la première moitié du nôtre, présenté beaucoup de « desiderata », qu'à certaines époques on a pu chercher à combler, qui ne l'ont jamais été complètement. Vers le milieu du xvie siècle, époque où nos documents commencent à parler, il dut y avoir comme partout un essor généreux malheureusement trop tôt paralysé. C'était l'époque de Bernard Palissy (1563), c'était, un peu avant, celle d'Olivier de Serres (1539) qui définissait si bien l'agriculture, « une science *plus utile* que *difficile*, « pourvu qu'elle soit entendue par ses principes, appliquée avec raison, conduite par expérience et pratiquée par diligence ». C'est, disons-le en passant, une méthode qui n'est pas spéciale à l'agriculture et dont tous les arts, à peu près, peuvent se réclamer. Ce fut, quelques années plus tard, l'âge d'or d'Henri IV qui introduisit de nouvelles méthodes avec de nouvelles cultures, et qui, pour relever l'agriculture anéantie par un demi siècle de guerres, mit en jeu toutes les ressources d'une intelligence supérieure. Cet âge d'or fut de courte durée, il ne reparaît plus qu'à de rares éclaircies et nous en arrivons en 1729, à cette navrante déclaration des habitants du Mage : « La crainte de ne travailler que « pour satisfaire aux impositions et pour enrichir uniquement le « gros décimateur a longtemps fait négliger la culture ». Cette

crainte fut-elle une des raisons qui amena en 1661 et 1662 dans le pays Chartrain, le Perche et pays voisins, cette affreuse disette où plusieurs individus furent trouvés morts dans les chemins, et les blés verts dont ils arrachaient les tiges pour s'en nourrir, et cela en plein siècle de Louis XIV. Saint-Simon prétend que ce grand roi tirait le sang de ses sujets et en exprimait « jusqu'au jus. » (1) Ce fut le côté sombre de ce siècle d'ailleurs si brillant. Sous Louis XIII, déjà, le Duc d'Orléans pouvait écrire au roi son frère : « Vos sujets périssent de faim dans vos campagnes, d'au-
« cuns ne vivent que de glands et d'herbes ». Comment le grand roi si attentif sous tant de rapports à la prospérité de son royaume aggrava-t-il cette situation ? Par la multiplication des impôts et des tailles, surtout par la réglementation administrative des cultures, rendant impossible le perfectionnement des méthodes, les entraves apportées à la circulation et à la vente des céréales (2), la création de nouvelles charges sur les ports, halles et marchés, les douanes, les aides, les gabelles, en un mot par cette œuvre de centralisation inaugurée par Richelieu et qui depuis n'a cessé de s'accroître au point de paralyser aujourd'hui le pays.

Le commencement du xviiie siècle semble s'annoncer sous de meilleurs auspices au moins pour nos habitants du Mage, car à la suite des plaintes que nous rapportions plus haut, ils ajoutent : « Cette frayeur guérie et dissipée, ... c'est l'époque du moment « heureux où l'on a commencé à s'appliquer à augmenter les « fumiers pour mettre en valeur une plus grande quantité de « terre ». A la fin du siècle, l'agriculture généralement relevait la tête ; dans toutes les classes de la société on s'y intéressait, on commençait même à fonder dans certaines contrées des Sociétés d'encouragement, des Sociétés agricoles ; le mot de « Syndicat » n'était pas encore prononcé ; la Révolution arriva ; elle enleva à l'agriculture tous ses bras, et de nouveau pendant un quart de siècle le sol fut délaissé ; depuis elle est rentrée à certains points de vue dans une période de progrès à laquelle, hélas ! les résultats répondent bien peu : la culture rapporte un quart ou un tiers de moins qu'il y a vingt ans, et la dépopulation des campagnes prend des proportions effrayantes.

(1) Que dirait-il maintenant, les impôts n'ayant cessé de croître depuis cette époque. Aussi ne sont-ce plus quelques rares individus qui souffrent de la faim dans les campagnes, mais des familles entières qui en meurent, en plein Paris, à quelques pas des guichets de la richissime Assistance laïque.
(2) On comprend difficilement, par exemple, cette obligation de vendre le grain sur certains point déterminés, et la défense une fois mis en vente de les retirer du marché avant d'avoir trouvé acheteur à n'importe quel prix ; mais ces règlements étaient-ils appliqués ?

A. *Exploitation.*

Nous n'avons pas remarqué que dans le passé la terre au Mage, dans les fermes importantes, ait été exploitée directement par le propriétaire, mais seulement par des fermiers ou tenanciers ; seule la petite propriété est restée aux mains du maître qui la travaillait en en payant certaines redevances. Le seigle et le méteil ont été particulièrement cultivés ; beaucoup de pièces de terre sont qualifiées dans nos actes « de pièces à seigle », ce qui nous porte à croire que ces lots de terre étaient périodiquement et exclusivement consacrés à sa culture ; le froment, l'avoine et l'orge complètent la culture des céréales, les prairies artificielles, d'ailleurs rares, sont couvertes de fourrages dont quelques lots sont en luzerne et trèfles, d'autres en « bourgogne » (le sainfoin), d'autres enfin en pois et vesces. *(Voir les aveux des curés depuis 1550 et la déclaration des biens curiaux en 1692.)* Les prairies naturelles ne sont pas négligées et beaucoup d'entr'elles sont hypothéquées en faveur du Trésor ; enfin, à côté du jardin potager, une grande partie des petites propriétés ont leur clos à chanvre, leur *chénevière,* qui ne supporte que cette seule culture (1).

B. *Fermages, Baux, Particularités coutumières.*

Le fermage a été le système d'amodiation le plus suivi au Mage, peut-être y a-t-il eu quelques métayages ; rien ne nous l'indique. Peu élevés au XVIIe siècle et au début du XVIIIe, les prix remontent vers la moitié du dernier siècle, l'agriculture se trouvant plus favorisée et la terre mieux cultivée. Ainsi, la ferme de la Cucuyère, de 44 arpents, était louée vers 1700 pour le prix de 350 livres ou 8 l. l'arpent ; en 1750, elle est louée 600 l., soit 14 l. l'arpent, prix plus élevé que certaines terres aujourd'hui. Les baux sont, comme actuellement d'ailleurs, d'une durée maximum de douze ans ; ils se divisent en périodes de trois ans, durée d'un assolement, ils commencent ou prennent fin en général à la Saint-Rémy. En 1701, le moulin de la Forge et ses appartenances, qui précédemment avait été loué pour six ans par Antoinette de Gruel à Pierre Brière, fut loué à Noël Bougis la somme de 800 l. Mais soit que le bail eut été résilié, soit que le fermier fût décédé, Pierre Brière reprit le 19 mai 1705 un bail de six ans au même prix et condi-

---

(1) Mre Renoult écrit qu'en 1779 sa chenevière lui ayant donné 52 douzaines de chanvre femelle il eut 72 livres pesant dont 31 de gros et 19 de brin.

tions. Ces conditions ou *particularités* consistaient en faisances ; dans le bail ci-dessus on demandait une demi-douzaine de poulets et autant de chapons ; il n'y avait pour ainsi dire aucun bail où ne fût introduite cette clause ou d'autres semblables, comme celle de ces deux fromages dus à la Collégiale de Toussaint avec 13 l. de rentes. Parfois même la rente seigneuriale établie sur les terres ou immeubles du domaine ne se soldait qu'en nature ; ainsi, en 1650, Guillaume Lejeune, maréchal à Feillet, reconnaît devoir annuellement au seigneur, pour cinq perches de terre, sa maison et sa boutique, deux poulets à la Saint-Jean et deux chapons à la Saint-Rémy, et c'est pour n'avoir pas rempli les conditions de cet aveu que Marie Brière, veuve de Claude Godard, se verra en 1750 condamnée à payer vingt-neuf années d'arrérages de deux chapons et un poulet « attendu la diminution d'un poulet « qui a été faite à cause d'un petit bâtiment servant de grange « à présent possédée par le sieur de Grandmont ». L'engagement pris par devant le seigneur de l'endroit de moudre aux moulins-baneaux nous semblerait plutôt faire partie des droits privilégiés que des coutumes particulières.

C. *Salaire, Main-d'œuvre.*

Nous sommes tellement peu renseignés sur cet article et sur les deux suivants que nous avons pensé utile de visiter, disons-le « d'intervieuwer » nos bons fermiers des siècles passés. Eux seuls auront qualité pour nous répondre. Nous sommes entrés à la ferme de la Garde et nous y avons trouvé en 1560 Tiennette Durand, veuve sans doute, mais tenant d'une main ferme la direction de ses travaux de maison et d'exploitation ; elle n'a point manqué de « faire des affaires » puisqu'en 1587 elle fait un fort bon testament qui nous parle de « toutes ses maisons et héritages au lieu « de la Basse-Ferette », Tiennette Durand n'avait aucun enfant, aussi, laissée seule par son mari, lui a-t-il fallu un personnel complet. Elle nous a dit avoir pour la seconder un charretier, une servante et un petit valet. Elle paye son charretier 37 l., sa servante 15 l., son petit valet 12 l. bon an mal an, et quand vient la moisson il lui faut en plus un faucheur auquel elle donne soit en nature trois boisseaux de méteil par arpent, soit 18 sous à 1 l. en argent ; l'avoine ne lui demande que moitié moins et le fourrage ou le pré environ 12 sous ; si elle a besoin d'un journalier ou d'un batteur, elle donne au premier 6 à 8 sous, au second environ trois ou quatre boisseaux de grain battu sur cent.

Un siècle plus tard, nous nous sommes promenés dans la campagne du Mage, nous avons interrogé Jacques Houlle, Simon Creste, Jehan Regnart et d'autres, et nous avons appris d'eux que les labours se payaient 5 livres l'arpent, que le fauchage du pré se payait 30 sous et celui de l'avoine 20 sous, mais que si on la sciait (1) il fallait donner autant que pour le pré et pour le blé, le sciage revenait à 50 sous ; une journée de moissonneur vaut 10 s. et en hiver les batteurs en grange gagnent la jolie somme de 3 à 4 livres pour battre un muid d'avoine, 5 l. pour autant de blé. (Le muid, peu usité dans le Perche, se divisait en 12 septiers ou 144 boisseaux équivalant aujourd'hui à environ 6 hectolitres.)

En 1772, François Lorieux, bordager, donnait 9 sous par jour à son batteur, et Courpotin, qui était allé faire la moisson à Marchainville, avait rapporté 37 livres comme faucheur. François Lelarge s'était engagé en 1782 pour 62 livres annuelles comme domestique et dans la même année Marie Tremblay gagnait 33 l., il est vrai que l'année suivante Mme Renoult, son maître, lui donna 42 l. et qu'elle avait comme faisances « un mouchoir, un tablier, « une demi-livre de laine, une paire de sabots ». Et c'était bien payé, car sa camarade Marie-Anne Foucault ne gagnait que 18 livres d'argent. Nous avons rencontré Claude Guérin qui allait à sa journée ; Claude Guérin est sacristain et de ce fait a un traitement de 72 l., mais aussi il faut qu'il conduise l'horloge ; il nous a dit gagner 15 sous à la Cucuyère et y être occupé autant qu'il le voulait, le charretier y est payé 80 l. par an, le valet de ferme 60 l. et ils ne se plaignent pas.

Tels sont les renseignements principaux que nous avons pu recueillir sur le salaire de nos ouvriers de culture, nous les donnons aussi fidèlement que nous les avons reçus et nous ajoutons que les derniers chiffres, tout en étant un peu majorés au commencement de notre siècle, n'ont commencé à monter rapidement qu'à partir de 1850, époque où les agriculteurs ayant augmenté leur gain purent faire participer leurs employés à cet accroissement de profits par une augmentation de salaire.

D. *Culture, Assolement, Défrichement.*

La petite culture a été de tout temps la seule exploitée au Mage ; nous ne pouvons en effet classer dans la grande culture une exploitation de 80 arpents et nous n'en comptons qu'une de cette étendue au Mage, l'Ardillière, dont nous avons déjà parlé comme propriété ; c'est donc ici la petite culture faible, parfois très faible, c'est en beaucoup d'endroits le « allotage » (allotum alleu, culture d'un alleu), qui ne permet pas toujours d'avoir un

---

(1) Dans le Perche on appelle scier (prononcez *séyer*) couper à l'aide de la faucille, système bien plus long que le fauchage et maintenant abandonné dans notre province depuis trente ou quarante ans.

mobilier de ferme complet. Aussi, lorsque la culture devenait trop minime, s'associait-on, et un cheval servait parfois à plusieurs pour occuper l'attelage d'une charrue, ou si deux chevaux devenaient nécessaires et qu'on n'en eût qu'un à sa disposition, le voisin donnait le sien et à son tour reprenait l'autre, quand besoin en était ; cela s'appelait « socer » (sociare, s'associer) (1). Les laboureurs à bras ne manquaient pas non plus et souvent, quand on ne possédait qu'un demi-arpent, même un arpent à cultiver, on bêchait soi-même son coin de terre.

L'assolement qui a peu changé aujourd'hui était triennal, rarement bisannuel, avec un an de jachères et deux labours avant les semailles. Les engrais artificiels sont inconnus ; on n'en connaît pas d'autres que les fumiers de ferme, les marnes et les détritus de mauvaises herbes ; et encore a t-on beaucoup de difficultés à se procurer la paille nécessaire pour l'engrais, les décimateurs y apportant, par la vente trop élevée, un obstacle dont se plaignent à bon droit nos cultivateurs du Mage. Aussi les engrais furent-ils toujours insuffisants, et c'est une des raisons de la place considérable que tiennent les jachères dans les assolements, le sol ayant besoin de repos pour renouveler ses forces productives.

Le *défrichement* dut occuper une certaine place dans la culture au siècle dernier, si nous en croyons ces quelques lignes du Procès des pailles où il est dit aux Décimateurs que « laissant une « plus grande quantité de pailles, ils faciliteront de faire valoir « une plus grande quantité de terre, et plus ils verront se défri- « cher de terres ». Le manque d'engrais fut donc un obstacle au défrichement qui commença à se produire quoique faiblement à la moitié du siècle dernier et qui aujourd'hui laisse encore beaucoup à désirer, en particulier sur toute la lisière des bois de Feillet.

E. *Animaux domestiques.*

M. de Pommereu nous apprend (v. p. 19) que « sur les bruyères « du Mage, où le pâturage vaut mieux que sur d'autres cantons, « on engraisse avec succès les troupeaux de vaches et de mou- « tons qui sont conduits aux marchés de Sceaux et de Paris ». C'était une bonne ressource pour le petit laboureur si peu rémunéré dans sa culture. Les chèvres accompagnaient souvent sur les bruyères les vaches ou les moutons, pendant que le porc, objet d'attentions spéciales, demeurait, et à peu près dans chaque ferme ou village, casanier auprès de son toit, frayant volontiers avec les hôtes de la basse-cour, qui comptait en dehors des galli-

---

(1) Ce terme n'a pas disparu et on dit encore : « Pierre *soce* avec Jean. »

nacés que nous remarquons aujourd'hui, le chapon, qui fut longtemps sujet de faisances, le pigeon, qui, comme à l'Ardillière, s'élevait en nombreuse compagnie dans le colombier. Nous ignorons si, comme aujourd'hui, le veau fut mis à l'engraissement et le cheval à l'élevage ; ce que nous pouvons indiquer, c'est qu'en 1692, M° Jusseaume prélevait sur les agneaux, veaux et porcs, une dîme qui entrait en ligne de compte et nous fait ainsi soupçonner dans nos fermes du Mage un élevage assez intéressant sur cette catégorie d'animaux.

F. *Prix des denrées, Débouchés.*

Nous avons pour le siècle dernier et le commencement de celui-ci un précieux document, le journal particulier de M. Renoult, curé du Mage, nous parlerons d'après les comptes que nous y avons relevés. Mais auparavant nous en voudra-t-on d'inscrire ici quelques prix généraux des siècles précédents qui ne sont connus que de bien peu de nos lecteurs ; sans que ces prix aient été ceux du Mage, ils s'en écartent fort peu et aideront à établir un point de comparaison avec les prix fixes que nous indiquerons ensuite d'après le document conservé aux archives du presbytère du Mage.

	XVI° siècle.	XVII° siècle.
Blé *(le setier, 120 kilog., mesure de Paris)*.	5 l. 12 s.	10 l.
Méteil et seigle.	4 l. 12 s.	8 l. 10 s.
Avoine.	3 l.	5 l.
Orge.		6 l.
Foin, la botte.	1 s.	
Pois (le boisseau, 40 litres).		30 s.
Vesce id.		25 s.
Cheval de course.	200 l.	
Cheval de trait.	150 l.	
Bœuf.	50 l.	
Vache.	20 l.	
Chèvre.	6 l.	
Mouton.	4 l.	6 l.
Porc.	15 l.	25 l.
Poule.	5 s.	15 s.
Chapon.	7 s.	12 s.
Dindon (poule d'Inde).	20 s.	30 s.
Poulet.		6 s.
Canard.		12 s.
Oie grasse.		25 s.
Pigeon.		3 s.

	XVIᵉ siècle.	XVIIIᵉ siècle.
Beurre, la livre..	5 s.	6 s.
Fromage, la pièce..	2 s.	4 s.
Œufs, le cent.		30 s.

Boucherie, Venaison, Poisson.

Bœuf, la livre.	9 s.
Vache.	2 s. 1/2.
Langue de bœuf.	20 s.
Veau.	4 s.
Ris de veau.	10 s.
Mouton.	4 s.
Graisse.	8 s.
Lièvre.	40 à 50 s.
Lapin.	25 s.
Perdrix.	20 s.
Bécasse.	25 à 28 s.
Faisan..	5 l.
Alouette.	2 s.
Grive.	6 s.
Brochet (gros).	15 l.
Truite de un pied.	30 s.
Tanche.	25 s.
Carpe.	20 s.
Ecrevisses, le cent..	50 s.
Grenouilles, id.	20 s.

Dans les prix que nous allons donner, et qui sont spéciaux au Mage, on ne retrouvera pas toujours les articles correspondants à ceux désignés ci-dessus, mais en revanche on en trouvera de nouveaux qui ne manqueront point de frapper l'attention et pourront servir de comparaison avec nos prix actuels.

(milieu et fin du XVIIIᵉ siècle et commencement du XIXᵉ siècle).

Blé et méteil, le minot (120 litres).	4 l. 5 s.
Orge, id.	3 l.
Avoine, id.	2 l. 3 s.
Mouture, id.	3 l. 5 s.
Paille, le cent de bottes.	8 l. à 12 l.
Agneau.	2 l. 10 s. à 4 l. 10 s.
Veau.	6 l.
Cochon.	11 l.
Pain, le kilog. (en 1814).	7 s.
Vin (un quart).	30 l. à 50 l.
Vin, 2 poinçons, (420 litres)..	120 l.

(milieu et fin du XVIII⁰ siècle et commencement du XIX⁰ siècle).

Viande de boucherie (bœuf, kilog.).	15 s.
Une morue.	32 s.
Un chien de mer.	24 s.
Vinaigre, la bouteille.	8 s.
Eau-de-vie, la bouteille.	18 s.
Cidre (2 pipes fûts et jus, la pipe de 600 l.).	40 l.
Une pièce de fil à tisser (chanvre).	20 s.
Chaux de Senonches (9 minots).	36 s.
Plâtre (la livre)	1 s.
Briques (le cent).	3 l.
Marne (le banneau, 1 mètre cube).	1 l.
Une pipe pour mettre le cidre.	8 l.
Souliers de femme.	4 l. 10 s.

Les menues denrées qui n'étaient pas consommées sur place étaient portées soit sur le marché de Longny, soit sur celui de Regmalard, et nous savons que le gros bétail était en grande partie dirigé sur les marchés de Paris et de Sceaux, où on était particulièrement friand de la viande engraissée sur les bruyères du Mage.

§ III.

Sylviculture.

Essences, Exploitation, Débouchés, Valeur.

La partie boisée du Mage qui, comme nous le savons, occupe la moitié de son territoire, est principalement composée de *bois feuillus*, c'est-à-dire repoussant de souches et parmi ceux-ci, dans les hautes futaies, nous comptons le hêtre, le frêne, mais surtout le chêne ; dans les taillis, le bouleau, le charme, le tremble, le merisier jouent le plus grand rôle avec le châtaignier ; parfois on rencontre le pommier et le poirier sauvages et le coudrier. Autrefois, le châtaignier tenait une place importante dans les hautes futaies, on ne le rencontre plus aujourd'hui que dans les taillis.

En 1830, on admirait encore près de la route qui passe au pied du château de Feillet un groupe de majestueux châtaigniers qui ont disparu. L'alisier et l'acacia closent la liste des bois feuillus. Les bois résineux ne sont guère représentés que par le pin maritime, mais le sont largement, principalement sur la côte sablonneuse qui avoisine le château et le bourg du Mage ; les bruyères sont entremêlées de genêts, de bouquets de houx, d'épine blanche et noire. Les petits bouquets de bois particuliers sont plutôt composés de bouleaux, et d'aunes dans les bas fonds. Ce sont d'ailleurs deux essences de bois qui semblent avoir eu de tout temps les faveurs dans toute la contrée, les noms de *Launay*, les *Aunaies*, le *Boulay*, la *Boullaye* donnés à de nombreux villages en sont une preuve.

Une grande partie de ces bois était soit consumée au Mage par les particuliers, soit dirigée sur la forge de Beaumont ou le fourneau de Rainville, tous deux sis à Longny, soit encore, mais en moindre quantité, sur le fourneau du Moulin-Renault (paroisse de la Magdeleine-Bouvet). On vendait au dernier siècle, et de 1800 à 1820, le bois de chauffage au Mage d'après les prix ci-joints :

Corde (18 pieds de couche, 4 pieds de haut, 3 stères).	12 livres
Bourrées, le cent.	9 livres
Souches, la corde.	8 livres 10 sous.

D'ailleurs si nous voulons avoir une idée générale et exacte de la valeur des bois de Feillet, au siècle dernier et avant, écoutons M^{ire} Hugues de l'Estang, sieur de Montfroger, bailli de Feillet en 1742, et plus tard (en 1765) procureur général au grenier à sel de Regmalard et procureur du Roi à Mortagne.

A propos de l'établissement d'une forge que M^{ire} Helvétius avait projeté, M^{ire} de l'Estang déclare aux représentants de la ville de Mortagne réunis en séance extraordinaire le mardi 20 mars 1764, que « les bois de M. Helvétius n'ont peut-être pas l'importance
« que ce dernier leur attribue. Il ne sont point de futage ni de
« recepages, mais de brière et de peu de valeur. Il y a même dans
« les bois de St-Laurent et de Feillet grand nombre d'arpents où
« on ne pourroit pas trouver de quoy faire une demi-corde
« de bois à charbon. Et ce que je dis, ajoute le procureur du Roy
« n'est point jeté au hazard, puisque j'en ai fait plusieurs années
« l'assiette et le recolement, alors que j'étais bailli de Feillet et
« que M. Clément, conseiller au Parlement, en était propriétaire. »

Tout en prenant note de cet aveu, n'oublions pas que M^{ire} de l'Estang parlait pour les besoins de sa cause, nous le verrons tout à l'heure.

En ce qui concerne le bois de charpente, de charronnage ou de menuiserie, dont on devait faire un assez important débit, nous ne pouvons donner pour le passé aucun renseignement exact.

§ IV.

Commerce.

Nous avons donné plus haut (p. 70) le nom de huit marchands résidant au Mage dans les deux derniers siècles, sans pouvoir indiquer leur spécialité sauf celle du « drapier » André Ozanne ; nous en remarquons cinq au XVIIe siècle et trois au XVIIIe Ces marchands devaient faire le colportage non seulement au Mage, mais dans les campagnes environnantes, car demeurant dans des villages quelquefois assez retirés et en tous cas peu habités, ils ne pouvaient espérer gagner suffisamment en restant à domicile. Nous voulons croire en tout cas que leur commerce ne devait pas chômer. Ne serait-ce point entr'autres à André Ozanne ou à son successeur immédiat que fut acheté « cet habit en serge ou fil composé de haut de chausses, pourpoint, bas de chausses et mante » donné à Guillaume Guérin par le curé Noël Bernard à cause des bons services que lui avait rendus son père Jehan Guérin et encore ces « dix aunes de serge » donnés à la Fabrique par le même pour servir aux ornements de la dite église. Lequel de Zacharie Donette, Jean Godard, Guillaume Crête ou René Guérin portait les épices, le poisson salé, les ustensiles en terre pour le le ménage, etc. ? tous peut-être.

Denys Godard ne se dérangeait pas lorsqu'il tenait boutique de boulanger à Feillet, il avait assez à faire de cuire son pain et les « fouaces » sans se voir obligé de les porter à domicile, car la concurrence était nulle et il était maître en sa partie, tout comme son voisin d'en face, le redoutable bailli. Mais combien le cœur gai entrait-on chez lui et combien triste parfois chez le sieur de la Gréotière, pour lors bailli et avocat au Parlement. On savait d'ailleurs que Denys Godard, André Ozanne et autres ne pouvaient frauder les acheteurs peu fortunés, le seigneur de Feillet n'avait-il pas droit de vérification des poids et mesures ? et M^{tre} Ambroise Julien, à la suite de ses prédécesseurs, n'avait-il pas obtenu, en 1752, un arrêt de la Cour des monnaies de Paris, contenant le talonnage d'une pile de 32 livres 65 marcs pour servir à vérifier les poids.

Déjà, du reste, comme maintenant, des commerçants mieux fournis et mieux achalandés que ceux du Mage attiraient en dehors de la paroisse les clients du Mage ; le « Journal » de M^{tre} Renoult nous renseigne positivement à ce sujet en mentionnant des achats faits, soit à Longny, soit à Alençon, soit à Chartres chez un membre de la famille Lunois qui était établi marchand drapier en cette ville.

Le commerce des céréales et des chevaux avait particulièrement lieu aux foires de Longny dont parlait déjà en 1689 M. de Pommereu (24 Février St-Mathias, 1er mai St-Jacques, 21 septembre St-Mathieu, 21 décembre St-Thomas), on sait qu'elles n'ont rien perdu de leur réputation, le marché du mardi n'avait pas un moindre attrait ; a lfoire de St-Michel à Regmalard et son marché du lundi favorisaient également le développement du commerce local ; Mortagne, enfin, était, quoique assez éloigné (cinq lieues) un centre qui était loin d'être négligé.

§. V

Industrie.

Le Mage n'est pas un pays industriel et ne l'a jamais été : nous voulons néammoins saluer en passant ceux qui dans la plus petite mesure ont représenté cette branche. Et d'abord rendons hommage à Mre Helvétius dont les louables efforts pour l'établissement d'une forge vinrent échouer contre l'opposition hostile et peu raisonnable des représentants de la ville de Mortagne, entraînés à cette opposition par l'ancien bailli de Feillet, M° de l'Estang, qui peut-être avait quelques griefs contre le nouveau seigneur de Feillet. Le mardi 20 mars 1764, il exposa en la séance dont nous avons déjà parlé que « M. Helvétius, seigneur et propriétaire de Feillet, Vaujours, Voré, était sur le point de faire construire une *forge à fer ;* qu'il avait à cet effet adressé une requête au Conseil du Roi, où il exposait que l'établissement de cette forge d'une utilité incontestable pour l'intérêt public et de l'Etat, lui faciliterait non seulement la consommation de ses bois plantés sur une surface de 3,000 arpents, mais encore une partie de ceux des forêts de Bellême, du Perche et de Réno. »

M° de l'Estang fait observer que cet établissement sera pour les gens de Mortagne une nouvelle charge et cela par la cherté des bois qui se payent déjà 15 et 17 livres la corde et la rareté qui s'ensuivrait infailliblement. Sur la seule étendue de la maîtrise de Mortagne il existe déjà huit grosses forges ou fourneaux : Longny et le moulin Renault à M. de la Galaisière, Intendant de Lorraine ; la Frette et la Motte-Rouge à M. le Riche de Cheveigné, Conseiller au Parlement et de la Grande-Chambre ; Gaillon et Randonnai à M. Ollery d'Orainville, et le fourneau de la Fonte au Marquis de Riantz. En plus il se trouve encore, sur la même maîtrise, plus de quinze fonderies en fer, martinets, clouteries, tréfileries, briqueteries, tuileries. « La construction projetée mettrait le comble à la pauvreté de la province. » Nous n'en saisissons pas bien la raison ; en tous cas devant de si sérieux considérants et ceux relatés plus haut au sujet des bois, la demande de M. Helvétius fut rejetée. (*Mortagne, Registre des Délibératio is. V. le Bonhomme Percheron du 23 juillet 1889.*)

En 1636, Louis Guérin est meunier de la Forge ; c'est le moulin banal de l'endroit, aussi ne doit-il pas chômer ; tous, jusqu'au curé, s'engageant à faire moudre à ses meules, Louis Guérin donne donc de bonnes rentes au Seigneur ; il lui verse 600 l. Plus tard, Pierre Brière et Noël Bougis lui en feront 800, prix bien raisonnable pour l'époque, avouons-le, aussi nos meuniers de la Forge doivent-ils être industrieux et travailleurs, comme d'ailleurs tout meunier sait l'être, pour, après avoir versé leur rente, se réserver un certain confortable. En cette même année 1636 nous entrons dans la boutique de Guillaume Lejeune, maréchal à Feillet ; il est vraiment bien établi ; les voitures de charges, de rouliers, de promeneurs passent à sa porte ; elles y passeraient aussi bien au bourg du Mage, sans doute, mais la clientèle du Seigneur est à faire entrer en ligne de compte, ses écuries sont richement habitées, ses visiteurs sont nombreux, son industrie réussira mieux à Feillet qu'au Mage.

Pourquoi alors trouvons-nous le charron Blanche établi au bourg en l'année 1756 ? Feillet disparaît avec ses Seigneurs qui ne l'habitent plus ; le centre industriel va se déplacer et se transporter au Mage, le baillage lui-même est supprimé, quelques bourgeois comme les Suhard et les Lunois ne sont plus que les seuls habitants de Feillet qui n'aura désormais d'attrait ni pour le commerce ni pour l'industrie. Jean Blanche, d'ailleurs, à son métier de charron joint celui de menuisier en gros, de faiseur de portes et fenêtres, il a tout intérêt à demeurer au Mage, et puis, il est bien logé et à peu de frais ; le Trésorier de la Fabrique lui a donné pour 30 livres annuelles, toutes les terres labourables, brières et briaudages de la Fabrique avec une maison manable où il y a petite chambre froide, moitié d'un grenier, moitié d'une cave et deux petites étables qu'il partage avec Florent Blaise, maître d'école.

Entre la Forge et Feillet nous avions des tuiliers, mais l'industrie de ces braves ouvriers n'avait que peu d'avenir, le nom seul de l'endroit qu'ils occupèrent « la Thuilerie » nous indique leur passage et nous irons bientôt, au chapitre suivant, les retrouver ailleurs dans un état plus prospère. Faisons mémoire en terminant du vitrier Robert Morand, de Jehan Lelarge, de Balthazar de l'Isle, un de nos donateurs, qui, bien sûr, construisirent quelqu'un de nos vieux bâtiments à colombages, de ces nombreux sabotiers qui exploitèrent les bouleaux, aunes et hêtres des bois voisins, de ces faiseurs de cotterets, expédiés dans les villes voisines, de ces humbles tisserands, de ces légendaires et paisibles fileuses, les uns travaillant le lin ou le chanvre, les autres la laine de leurs moutons, et dont nous ne revoyons jamais sans émotion les métiers ou les rouets aujourd'hui relégués à l'ombre des caves ou des greniers.

§ VI.

Bâtiments.

Ce paragraphe ne sera autre que le récit d'une promenade archéologique et historique dans le bourg et dans chaque village de la paroisse, l'histoire de chaque monument intéressant, le résumé des impressions que chaque visite nous aura laissées. Église, presbytère, mairie, école, château et sa chapelle, maison des baillis, etc., seront autant d'objets fort intéressants à étudier. Les villages, qui ne nous offriront rien à visiter, nous auront peut-être laissé quelques souvenirs historiques ; nous les noterons fidèlement, et chemin faisant nous ne manquerons pas de signaler les croix, tombeaux, ponts, et en général tout ce qui nous aura paru digne d'être signalé.

A. *Eglise.*

L'église actuelle, d'une construction extérieure très ordinaire, a dû compléter, nous ne savons à quelle époque, un monument roman dont le portail a été conservé, quoique très détérioré ; l'œuvre manque de régularité et nous remarquons ici ce qui a été observé ailleurs ; le chœur sortant du plan de la nef et s'inclinant à gauche, irrégularité qui est dissimulée en dehors par la sacristie et la chapelle.

Certains architectes du moyen-âge modifièrent ainsi le plan habituel des églises pour figurer l'inclinaison de la tête de N. S. Jésus-Christ mourant sur la croix : la cathédrale de Quimper en est un des exemples les plus connus. Dans notre Perche nous pouvons citer l'église de Ceton (canton du Theil), fort remarquable au même point de vue, mais nous ne croyons pas pouvoir appliquer à son inclinaison l'interprétation ci-dessus, qui, d'ailleurs, n'est pas invariable. Le chœur actuel de l'église de Ceton servait de chapelle au prieuré avant la destruction de l'église de Saint-Nicolas (XIII° et XIV° siècle); la tour, qui est romane, n'était autre que le donjon du château féodal de Prez. Or la chapelle et la tour n'étant pas dans le même alignement, on fut obligé, au XVI° siècle, en construisant le vaisseau de la nouvelle église, de le faire sur un plan oblique pour relier la tour à sa base et aussi lui donner la chapelle pour chevet. Au Mage, l'œuvre également est de deux époques, la partie inférieure est romane, bien qu'elle en ait perdu le style par les remaniements successifs qu'elle a subis, la partie supérieure est plus récente (xv⁰ siècle), peut-être de l'époque où Feillet cessa d'exister comme paroisse, mais nous ne trouvons aucune raison archéologique pour expliquer l'inclinaison du chœur et nous admettons volontiers le sens mystique donné plus haut.

Le clocher est dans le style des flèches ou mieux des lanternes octogonales du siècle dernier; il renferme deux cloches fondues il y a bientôt cinquante ans (1), lesquelles ont remplacé entr'autres une cloche qui fut redevable à Mr Helvétius, seigneur de l'endroit, d'une somme de 156 l. (2). Un cadran, complément d'une vieille horloge muette depuis longtemps, mais qui existe encore, nous reporte aux comptes des trésoriers, où nous lisons :

1755. 12 l. à Jean Blanche pour conduire l'horloge.

1771. 28 l. 8 s. 6 d. au régisseur du moulin Renaud pour les poids de l'horloge, etc.

L'intérieur de l'église nous rappelle plus de souvenirs et, là encore, nous retrouvons les traces de la générosité d'Helvétius. Pendant qu'il était seigneur de Feillet, on fit un remaniement complet de la décoration intérieure; le sculpteur Julien Hervieu travailla les petits autels et les stalles; on restaura le grand autel, dont le rétable est si remarquable par ses sculptures Louis XV, et par son tableau qui, sans avoir le même cachet artistique, n'est pas sans exciter l'intérêt par le sujet qu'il reproduit et par ses

---

(1) C'est avec plaisir que nous avons relevé cette générosité du philosophe si connu; elle n'est point d'ailleurs la seule au Mage et nous savons que l'église de Regmalard ne fut point étrangère à ses libéralités. Nous avons trouvé cette note sur le dos d'une carte à jouer. Elle est d'ailleurs confirmée par le compte du trésorier, M. de Suhard.

(2) *Inscription de la grosse cloche*

L'an 1852, sous l'épiscopat de Mgr Charles-Frédéric Rousselet, j'ai été bénite par M. Jacques-René Cohu, curé du Mage, et nommée Zoé-Jeanne par M. Jean-Richard-Léonor d'Andlau, comte, et par dame Zoé Lefebvre, épouse de M. François-Charles Chaucheprat, chr de St-Louis, offr de la Légion d'honneur, membre du Conseil Général de l'Orne. M. l'abbé Gigan, vicaire du Mage; MM. Couvé, président, Regnard, trésorier, Courpotin, secrétaire, Collet, maire, Cottereau, Taurin, Marin, tous membres du Conseil de Fabrique de l'église paroissiale du Mage.

Inscription de la petite cloche

En août 1852, j'ai été bénite par M. Jacques-René Cohu, curé du Mage, et nommée Marie-Aglaé par M. Marie-Louis-Antonin de Viel-Lunas d'Espeuilles, sergent à l'école spéciale militaire de Saint-Cyr, et par dame Aglaé d'Orvilliers, comtesse d'Andlau. M. Gigan, vicaire du Mage, MM. Collet Frédéric, maire, Achard de la Vente Victor, adjoint, Guérin Jean, Besnard René, Rivière Pierre, Bellanger Théodore, Tomblaine Jean, Gonet Louis, Madelaine Charles, Chauvin Pierre, de Bras-de-Fer Louis, conseillers municipaux; MM. Couvé Nicolas, Regnard Jean, Courpotin Pierre, Cottereau Louis, Taurin Marin, marguilliers.

personnages (1). Helvétius apporta sa part de frais dans ces heureuses innovations; le compte de son régisseur, Mr Caquet, et celui du trésorier, Mr de Suhard, font foi de 340 l. versées par le châtelain philosophe (2).

On attribue, mais sans preuve, à Mme Helvétius la tapisserie qui recouvre la table du Trésor ou *banc-d'œuvre* (3). Divers ornements en fine marquetterie de soie du siècle dernier, deux immenses tapisseries flamandes représentant des scènes bibliques donnent à la sacristie un intérêt qu'elle n'a pas par elle-même. La chapelle tombale des seigneurs de Feillet attire spécialement l'attention, non par son style, car elle n'en a point, mais par ses souvenirs historiques.

Cette chapelle est de 1646; une permission donnée par l'autorité diocésaine de Chartres au sieur Blondeau, prêtre, prieur de Longny, de bénir cette chapelle en fait foi (4); elle fut construite par Antoinette d'Albret dont le mari, René de Gruel, était mort le 2 mai 1645 à 35 ans, après seulement 7 ans de mariage. Surélevée de deux marches au-dessus du chœur de l'église, cette chapelle est établie sur un caveau où furent déposés les restes de plusieurs seigneurs de Feillet. Les inscriptions funèbres que nous avons relevées sur les murs nous rappellent les principaux; deux plaques en marbre noir de 0m,50 c. carré nous ont conservé le souvenir des Gruel; un cœur, aussi en marbre noir, celui de messire Clément et de son épouse; tous les trois sont encastrés et scellés dans les parois du mur; en voici le texte :

La première, surmontée des armes des Gruel, *D'argent à trois fasces de sable*, sur un écu ovale, est supportée par deux lions :

Jesus-Maria

Ici gist très Haut et Puissant seigneur Messire René de Gruel, chevalier, seigneur et comte de Lonsac, Feillet, etc., âgé de 35 ans décédé en son château de Feillet le 2eme May 1645.

(1) Ce tableau représente l'adoration des Mages, et il n'est point téméraire d'avancer que peint vers la moitié du siècle dernier il puisse représenter quelques figures de la famille d'Helvetius ou de Julien Clément.

(2) Avec les 156 l. de la cloche, c'est une somme de 500 l. offerte à l'église du Mage par Helvétius. Qu'on nous pardonne d'attirer aussi spécialement l'attention sur les libéralités du célèbre seigneur de Voré et de Feillet; assez d'autres ont enregistré ses erreurs pour que nous le fassions connaître sous un jour plus favorable qui nous permet d'espérer pour lui un pardon que la charité a toujours su conquérir. « *Eleemosynis redime peccata.* »

(3) Cette tradition m'a été rapportée par M. l'abbé Leroux, ancien curé du Mage.

(4) Permission donnée par Jacques Lescot au sieur Blondeau, prêtre, prieur de Longny, de bénir la chapelle nouvelle, bâtie à côté du chœur de

Ici gît aussi très-Haut et Puissant seigneur messire René de Gruel, son fils, comte de Lonsac, etc., âgé de 49 ans XI mois sept jours, décédé le 7me *de Juin 1694.*

Requiescant in pace

La seconde est surmontée des armes accolées de Gruel *(D'argent à trois fasces de sable)* et d'Aydie. *Écartelé au 1*^{er} *de gueules à quatre lapins courans d'argent l'un sur l'autre,* qui est d'AYDIE; *au 2 et 3 contrécartelé au 1*^{er} *et 4 d'or à 3 pals de gueules,* qui est de FOIX; *au 2 et 3 d'or à deux vaches passantes de gueules, accornées, accolées et clarinées d'azur,* qui est de BÉARN).

Jésus-Maria

Ici gist très Haut et Puissant seigneur Messire Antoine Daydie, chevalier, seigneur vicomte de Riberac, Elpluche, Montegrié, Lonsac, Feillet, Escandillac, etc., âgé de 84 ans et 4 mois neuf jours, décédé en son château de Feillet le 2me *septembre 1699, espoux de dame Renée Antoinette de Gruel.*

Requiescut in pace

La troisième est un cœur en marbre noir convexe et faisant saillie hors du mur (0^m,50 de haut sur 0^m,45 de large) avec texte latin surmonté des armes des familles Clément: *Coupé de gueules au soleil d'or, et d'azur à la fleur de lys d'or à la face d'or brochante* (1), et Gaudin de la Poterie. *D'azur au cygne d'argent sur une mer de même.*

Cor
viri fidelis
Alexandri Juliani Clement
Equitis, Senatoris Parisiensis, Domini de Feillet
redditum est
Cordi
suavissimæ uxoris
Henricæ Catharinæ Gaudin
a quo tantisper dissitum fuerat
non absens.
Utinam quæ a Deo conjuncta fuerunt
in via
Deo conjunctim vivant
in patria.
Obierunt, illa, die 19 octob. 1721 ætatis 23,
Illo, die 25 jan. 1747 ætatis 61.
Requiescant in pace

l'église du Mage et de transférer en la cave de la dite chapelle le corps de feu M. de Lonzac et de MM. ses enfants..

(Invent. des titres de Feillet communiqué par M. A. d'Andlau.)

(1) Les armes exactes de cette famille, telles qu'elles sont portées au-

HISTOIRE ÉCONOMIQUE.

Le caveau, à n'en pas douter, dut être violé à la Révolution. En 1870, pendant l'occupation prussienne, on y cacha, entre autres objets, les archives de la cure du Mage qui nous ont servi à publier ce travail (1).

B. — *Presbytère*

Le presbytère est de la dernière moitié du siècle dernier; nous ne saurions trop louer le bon goût qui a présidé à sa construction et à la distribution de ses vastes appartements du rez-de-chaussée et du premier; l'un d'eux, qui est à la pointe nord de l'édifice et fait corps avec lui, a été désaffecté de sa destination première et sert aujourd'hui de mairie.

L'architecte présumé de ce travail serait M. François, curé du Mage et député du clergé en 1789; nous n'avons rien trouvé qui

---

jourd'hui par ses représentants sont un peu différentes comme disposition des pièces : *De gueules à la fasce d'or accompagnée en chef d'un soleil d'or et un écu d'azur chargé d'une fleur de lys d'or en cœur*. Devise : *Si regnare cupis, regnet clementia tecum*.

Nous ajouterons ici quelques renseignements que nous n'avions pas quand parut le paragraphe relatif aux seigneurs de Feillet (voyez p. 53) et que M. le comte Ludovic de Blavette a bien voulu communiquer pour nous à M. de Romanet. La famille Clément, originaire de Clémensane, en Provence, a fourni au Perche Jean Clément, grand-bailly du Perche et du Sonnois en 1564 et 1567, marié à Michelle de Blavette. Ce n'était pas de lui, mais d'une autre branche, restée en Provence, que descendait : Alexandre-Julien Clément, chr, comte d'Etoges en Champagne, qui acheta Feillet en 1717, et acquit quatre ans plus tard, en 1721, la terre de Blavette, en Barville, de M. Le Comte de Nonant, Mis de Bretoncelles. Henriette-Catherine Gaudin, qu'il avait épousée le 8 août 1714, était fille d'Ambroise Gaudin, sgr de la Poterie, et de Henriette-Catherine de Lens, et mourut à 23 ans, après avoir eu dix enfants (3 fois des jumeaux), dont trois se marièrent : 1º Ambroise-Julien qui suit ; 2º Athanase-Alexandre, né à Créteil en 1716, sgr de Boissy-Maugis et de Blavette, marié en 1744 à Marie-Marguerite Brochant du Breuil, et mort à Sainte-Palaye le 22 août 1703 ; 3º Jean-Chrysosthome-Antoine, sgr de Barville au Perche, comte de Montgommery en Normandie, baron d'Ecot en Bourgogne, marié à Geneviève Brochant du Breuil et mort en émigration.

Ambroise-Julien Clément, sgr de Feillet, qui, comme son père, avait été tenu sur les fonts baptismaux par Louis XIV, épousa, à Saint-Gervais de Paris, le 12 août 1743, Marie Auvray de Grandville, fille d'André-Pierre-A., sgr de Grandville, Gourde, etc. et de Louise-Marie Touchet, petite-nièce de la maîtresse de Charles IX. Auvray porte : *D'azur au chevron, accompagné de 2 étoiles en chef et une merlette en pointe, le tout d'or*.

(1) M. Leroux, curé, et M. Tombelaine, maire, s'entendirent pour y cacher, en même temps que les archives, une partie des vases sacrés. Le caveau est blanchi à la chaux, mesure 4 à 5 m. de superficie et contient sur les murs les mêmes inscriptions que sur les murs de la chapelle. On y descend par un escalier en pierre.

nous permît de l'affirmer, mais nous n'en serions aucunement surpris ; nous retrouvons là en effet le style et le goût des constructions bourgeoises de la fin du règne de Louis XV.

Qu'eussent dit alors et que diraient aujourd'hui Maître Jehan Guérin de Salle, voire même Maître Jehan Le Large, tous deux curés de St-Germain du Mage, l'un en 1499, l'autre en 1545. Eux n'étaient point logés en bourgeois, loin de là ! et leur presbytère n'était pas un palais. Situé sur l'emplacement du presbytère actuel, il tenait un enclos d'un demi-arpent; en cet enclos était une maison manable composée seulement de deux chambres, d'un côté une étable, de l'autre une étrise ; devant : une cour et un jardin ; c'était l'ancienne maison d'un sieur Renaudière chargée de 12 deniers envers le trésor du Mage, habitation fort apostolique et qui même pour l'époque nous paraît d'une grande simplicité (1).

En 1669, le presbytère avait été reconstruit, mais la vieille maison qui servait autrefois à cet usage existait encore. En 1655, le clergé avait fait de grands efforts pour rétablir les maisons curiales, presque partout dans un état déplorable. Il obtint de Louis XIV, en février 1657, une déclaration qui portait : « Que les « paroissiens seraient obligés de rétablir les presbytères et « maisons d'habitation des curés démolis par l'injure des guerres « civiles ou par caducité ». Restée sans effet, cette déclaration fut suivie d'une seconde en 1661. Elle ordonnait « que les évêques « ou leurs grands vicaires et officiaux visiteraient les maisons « presbytérales de leur diocèse, et pourvoiraient promptement, « les officiers des lieux étant appelés, à ce qu'elles fussent bien et « dûment réparées et construites où il n'y en avait pas; à quoi « faire seraient contraints les décimateurs, marguilliers, parois- « siens et autres. » Une troisième déclaration de 1666 suivit les deux premières et enfin un peu partout l'accord se fit pour restaurer ou reconstruire les presbytères. Celui du Mage dura un siècle et fut remplacé par le presbytère actuel. On y voit le portrait gravé de son fondateur présumé, M. François, et un fonds de bibliothèque assez intéressant, provenant en majeure partie de celle de M. Renoult, son successeur, et de M. Cohu (2).

---

(1) Le logement des curés et vicaires considéré comme l'accessoire des églises resta jusqu'en 1455 à la charge des gros décimateurs et à cette époque-là, seulement, passa à celle des habitants.

(2) Nous avons dit plus haut (v. Ecoles) que l'école actuelle des garçons construite en 1845 est du meilleur goût et ne laisse rien à désirer. Il n'en est pas de même de la mairie qui n'est qu'une simple chambre de presbytère.

C. — *Le Château de Feillet et sa Chapelle.*

Hier ce château était en ruines, aujourd'hui il revoit ses beaux jours après deux siècles d'abandon. A qui en doit-on le premier œuvre. Rien de positif sur ce point ; seulement des probabilités qui paraissent sérieuses ; le style de l'ouvrage est du commencement du dernier siècle, rien du vieux château historique, ni des gentilhommières du XVI° siècle ; c'est plutôt une maison de plaisance de l'époque Louis XIV et Louis XV, à façade rectiligne, accostée, à droite et à gauche, de deux pavillons, composée d'un sous-sol, d'un rez-de-chaussée, d'un étage au-dessus et de mansardes ; un document vient appuyer la date que l'œuvre accuse d'elle-même. Nous lisons dans l'Inventaire des archives de Feillet, que messire Helvetius acheta « le château, manoir et for-
« teresse de Feillet, clos à douves et fossés, joignant de toutes
« parts aux terres cy-après déclarées avec le jardin étant derrière
« led. château contenant cinq arpents environ, lequel château
« existe en son entier, avec l'augmentation des deux pavillons
« qui ont été faits par feu messire Alexandre-Julien Clément,
« s^r du dit Feillet. »

Ailleurs et dans le même inventaire, nous voyons qu'en 1712, lors du contrat de vente fait par les directeurs de l'Hôpital général de Paris à m^{re} Vincent Le Mée, la maison seigneuriale de Feillet consistait en « un pavillon servant de château, bastiments,
« offices, cours, avant-cour, jardin derrière le château, dans
« lequel sont plusieurs canaux, petit bois de futaye à côté du
« jardin, clos, etc. »

Ainsi le château de Feillet serait de deux dates assez rapprochées, le corps principal de logis, qui était naguère le plus délabré, remonterait à la fin du XVII° siècle et au temps des derniers Gruel, et les deux pavillons à l'époque plus récente de m^{re} Julien Clément, qui fit également édifier la chapelle actuelle, en 1738.

Négligé, abandonné depuis deux siècles, Feillet n'était plus qu'une vaste ruine où il devenait dangereux de s'aventurer. Dans ces dernières années, maintes fois nous avons visité ses fenêtres brisées dont les vitraux étaient remplacés par des carreaux de bois, ses plafonds effondrés et ses solives pendantes, comme l'épée de Damoclès, sur la tête du visiteur, ses planchers vacillants où le pied ne se posait qu'en tremblant, ses boiseries disloquées, ses lambris et ses peintures salpêtrées, dont un appartement cependant avait conservé de beaux vestiges et pardessus tout cela la toiture presque écrasée et laissant sa charpente à jour ; et, en déplorant cet état de délabrement et de misère, en souhaitant le relèvement de cette maison qui avait succédé au castel des sires de Feillet, nous ne songions point que de sitôt elle renaîtrait de ses ruines. Il y a de cela cinq ans ; le partage du domaine de feu M. le comte d'Andlau ayant fait passer Feillet dans le lot de M. le comte Terray, son gendre, celui-ci voulut restaurer, au moins en partie, cette vieille résidence qui aujourd'hui semble rajeunie de deux siècles. Les alentours ont été assainis, l'ancienne avenue, que l'on ne soupçonnait plus sous les futaies et le gazon, a été réouverte ; les grands peupliers qui bornaient la vue sur le vallon ont été abattus ; l'étang, la pelouse ont subi les plus heureuses transformations, et, à la belle saison, la présence des nouveaux châtelains complète le plus heureusement le renouveau que nous rêvions pour Feillet à chacune de nos excursions.

La chapelle est distincte et séparée du château, mais de quelques mètres seulement. C'est un petit édicule de la grandeur d'un appartement ordinaire, sans style, garni d'un autel en bois et surmonté d'un petit campanile. Nous venons de dire qu'il est dû à la piété de m^re Julien Clément, qui le fit construire en 1738. La bénédiction en fut faite par Jean Riollet, prêtre, licencié en droit de l'Université de Paris, en présence de plusieurs prêtres du voisinage, et cette chapelle fut placée sous le vocable de Saint-Joseph.

Elle remplaça celle qui avait été construite quarante ans auparavant par Antoinette de Gruel, veuve de messire Antoine d'Aydie, et bénie le 24 décembre 1699 par m^e Jussceaume, curé du Mage, sous l'invocation de Saint-Antoine ; la permission donnée à cette occasion par Mgr Paul Godet, évêque de Chartres, est trop intéressante pour l'histoire de cette chapelle pour que nous n'en donnions pas ici même le texte complet :

« PAUL, par la grâce de Dieu et l'authorité du Saint-Siège
« apostolique, évêque de Chartres, Conseiller du Roy en tous ses
« Conseils, à tous ceux qui ces présentes lettres verront, salut.
« Vu la requête à nous présentée par dame Antoinette de Gruel
« La Frette, veufve de feu messire Antoine Daydie, chevalier, s^r
« comte de Ribérac, Montagrier, Lonzac, Feuillet et autres lieux,
« exposant que dès le neuvième jour de novembre 1586, dame
« Hélène Auvé, dame de la Frette et de Feuillet, aurait, par son
« testament (1), ordonné qu'il serait célébré, à perpétuité, en la
« chapelle bastie au château de Feuillet, paroisse du Mage, de

(1) L'Inventaire des archives de Feillet mentionne une copie informe sur papier blanc non signée du testament de Hélène Auvé, dame de la Frette et de Feillet, par lequel il est spécifié qu'elle veut et entend que tous les jours on célèbre la messe dans la chapelle du château de Feillet

« notre diocèse, une messe tous les jours, pour la célébration
« de laquelle elle aurait légué la somme de six vingt livres,
« laquelle y a été dite jusqu'à environ vingt ans, que le sieur
« abbé de la Frette (1), voulant faire rebastir ladite chapelle plus
« proprement, l'aurait fait démolir et peu de temps après serait
« mort, sans avoir exécuté son dessein ; depuis lequel temps la
« messe aurait été acquittée tous les jours par les chapelains
« dans l'église du Mage ; et comme ladite dame de Gruel fait
« présentement sa demeure au château de Feuillet, où, pour
« l'entière exsécution dudit testament, elle a fait bastir une autre
« chapelle, requérait qu'il nous plut commettre qui nous juge-
« rions à propos pour la bénir et luy permettre d'y faire célébrer
« ensuite la sainte messe, ladite requête signée « Lean », pro-
« cureur de ladite dame ;

« Vu aussi un certificat y attaché donné par le sieur Jus-
« seaume, curé de lad. paroisse du Mage, qui, à la prière de
« lad. dame s'étant transporté dans lad. nouvelle chapelle,
« assure l'avoir vue et visitée et l'avoir trouvée bien bastie et
« placée deument, fort proprement ornée et pourveue de calice,
« livres, linges et ornements convenables,

« Nous avons permis et permettons aud. sieur Jusseaume,
« curé du Mage, de bénir ladite nouvelle chapelle, selon la forme
« prescrite par le rituel de notre diocèse, de laquelle béné-
« diction il dressera procez-verbal pour estre annexé à ces
« présentes.

« Après quoy permettons aussy à lad. dame de Gruel la Frette
« de faire dire et célébrer la messe par tous prêstres séguliers ou
« réguliers, non suspens ou interdits, approuvez dans notre
« diocèze, à la réserve des jours de Pâques et des quatre festes
« annuelles et du jour du patron de lad. paroisse du Mage, sinon
« qu'aux dits jours ladite Dame fut malade et hors d'estat de
« pouvoir aller à la messe de paroisse, l'exortons toutefois d'en-
« voyer festes et dimanches quelqu'un de sa maison à la grand'
« messe de lad. paroisse, qui assistera au prône pour avertir les
« autres personnes de lad. maison des choses les plus impor-
« tantes qui y auront esté annoncées ;

« Deffendons à tous prestres de bénir l'eau et le pain en lad.
« chapelle et qu'il y soit rien fait au préjudice de l'Office divin

---

et pour ce faire elle laisse la somme de six vingt livres par chacun an, à la charge que « celuy qui dira la messe dans ladite chapelle tiendra les écolles au lieu de Feillet dans une maison de deux fermes qu'elle fera édifier audit lieu.

(1) C'est Henri de Gruel, sgr de Feillet, sous-diacre en 1668, et vivant encore en 1671.

« qui se célèbre en l'église paroissiale du Mage et contre les
« droits dud. curé.

« *Signé :* PAUL, év. de Chartres,
« *et plus bas :* par monseigneur : PROUST,
« *avec paraphe.* »

Nous avons tout lieu de croire que les dispositions de l'évêque de Chartres et de la dame Auvé furent observées jusqu'à la Révolution ; nous devons pourtant faire remarquer qu'en date du 29 mars 1729, réduction fut faite par l'évêque de Chartres au profit de messire Alexandre-Julien Clément de l'annuel de messes qui devaient se dire dans lad. chapelle, à 160 messes par an. Depuis le commencement de ce siècle, le Saint Sacrifice se célèbre dans la chapelle de Feillet à certains jours de l'année, principalement aux Rogations, mais il va sans dire que la fondation d'Hélène Auvé n'y est plus pour rien.

Nous avons relevé sur une dalle de cette chapelle l'inscription suivante qui indique qu'on y enterra Elisabeth-Anne Boulard, supérieure des Sœurs de l'Hôtel-Dieu de Paris, probablement morte à Feillet où elle avait pu venir pour remettre sa santé, cette terre appartenant alors à l'Hôtel-Dieu, comme nous l'avons vu plus haut.

Hic
exspectat
Beatam spem
gloriæ magni Dei R.
M. Elisabeth As. Anna
Boulard à nugacitatibus
sœculi quæ adolescentulæ
arriserant, donante Deo, conver-
sa sic fuit de virtute in virtutem ut
votis anno M. DC. LII. emissis, mox sacrario
Præfecta, dein altera sanctæ professionis
Candidatarum magistra varia subinde et majora
Domus Dei munia strenue sancteque obierit præ-
posita an. M. DC. XCI. abbatissa anno M. DC. XCIX electa, ita se
gessit ut in primo loco, necessitate officii, sedens novis-
simo toto corde appeteret ; sororibus, non superbe
nec austere, sed exemplo vere religioso præesse
arctissima regulæ observantia præiri et continentia
ad Deum oratione prodesse studuit. Illius in ad-
versis omnibus animi fortitudinem et tran-
quillitatem inspexere omnes. . . . . .

. . . .
. . . .
. . . .

Château de Feillet en 1900

Façade Sud

D'après une Photographie du Comte Ludovic de Blavette.

> ... *In pace Domini re-*
> *quievit XII. Cal. Maii*
> *An. D. M. D. CC. VI.*
> *œtatis*
> **LXXIX.**

Restaurée en 1895 et 1896 en même temps que le château, la chapelle de Feillet fut de nouveau bénite, le 8 août 1896, par M. Robin, curé-doyen de Longny, en présence de M. Aubert, curé du Mage, MM. Cuny, supérieur du Petit-Séminaire de Nogent, Lebel, professeur de rhétorique dans le même établissement, du chef de la musique instrumentale du Séminaire et des principaux ouvriers qui ont contribué à la restauration du château. La confrérie de la Sainte-Vierge avait été spécialement invitée. La chapelle est dédiée à saint Joseph et une statue de ce saint remplace le tableau de l'autel. Quant à la cloche du campanile, elle est, nous a-t-on dit, depuis longtemps à Voré.

D. *Maison du Baillage.*

C'est une maison de maître qui s'annonce être, comme le château, de la première moitié du siècle dernier ; elle borde absolument la route du Mage à Moutiers ; entourée de murs avec ses dépendances et son parc, elle forme une enclave d'un hectare environ dans le domaine de Feillet, mais sans en dépendre. Cette propriété qui, en 1786, se trouvait entre les mains de Michel-Louis-François de Suhard, sr de Montégu, demeurant à Longny, fut vendue le 27 juillet de la même année par lui et Charlotte-Gabrielle Goislard, son épouse, à Pierre Lunois, bourgeois de Chartres. La maison était composée, nous dit l'acte, « de plu-
« sieurs chambres tant basses que hautes, dont une haute boisée,
« et non compris une glace sur la cheminée de la chambre basse,
« cave dessous, grenier dessus, remises, écuries, cours, jardins,
« clos à chanvre, réservoir au bas desdits jardins, le tout en un
« tenant, situé au bourg de Feillet, tenant par devant le grand
« chemin de Longny, par derrière le seigneur de Feillet, d'un
« bout le chemin de Feillet au Portail, d'autre bout ledit seigneur
« par un étang (1). »

Avec deux lots de terre, dont l'un d'un arpent sur le chemin de Feillet au Portail et l'autre à la Forcennerie, le tout fut vendu 3,696 l., non compris les droits seigneuriaux, et 10 l. de rente à la Fabrique du Mage.

Cette propriété qui, en ce siècle-ci, resta entre les mains de la

---

(1) Archives de M. Aumont du Moutier.

famille de Beausse et Aumont du Moutier, vient de rentrer au domaine de Feillet par l'acquisition qu'en a faite M. le Comte Terray de Mlle Aumont du Moutier (1898).

E. *Villages, Fermes, Maisons d'habitation.*

Sous ce titre, nous réunirons les principaux documents historiques que nous avons jugé pouvoir intéresser chaque village ou principal lieu d'habitation ; en effet, on comprendra que dans un travail du genre de celui que nous offrons, l'intérêt historique qui s'attache au centre paroissial s'étend tout naturellement aux différents hameaux qui composent la paroisse. Nous serions donc incomplets si, après avoir dit ce que furent Feillet et le Mage, nous n'avions un mot à écrire, sinon sur tous les villages, au moins sur la majeure partie des lieux habités de la paroisse.

Le Pont Riboust
Le Guay Riboust
1543

En 1543, une pièce de terre d'un arpent et trois autres arpents de terre dépendant du presbytère sont situés sur le chemin du Mage au Pont Riboust et au Guay Riboust.

(Aveu du curé au seigneur de Feillet.)

Le Moulin
du Mage
1567

Occupé en 1567 par François Quatremère qui teste en faveur de la Fabrique, et plus tard par Etienne Pecnard, prêtre, qui le vend en 1641 à René de Gruel pour la somme de 1,100 l., s'en réserve l'usufruit, s'y retire et y meurt en 1656. En 1759, le moulin n'existait plus et l'étang était en pré.

(Arch. de la cure et de Feillet.)

La Cucuyère
1543

1543. Métairie relevant de Feillet, contenant vers 1750 environ 44 arpents et les prés en plus.

(Arch. de la cure et de Feillet.)

La Garde
1616

1616. Métairie relevant de Feillet, contenant, en 1750, environ 55 arpents, avec les augmentations qu'y avait faites Helvétius.

(Aveu de Chandeleur Aubert et arch. de Feillet.)

Les Landes
(n'existe plus)
1616

Fief bursal tenu en 1616 par Barthélemy Le Comte, sr des Landes.

« Après avoir rendu les devoirs qu'il devait
« au corps de Monseigneur (Claude Gruel,
« mort à Warthy et rapporté à Saint-Victor),

« il tomba malade, mourut et fut enterré
« honorablement au Mage, le 1ᵉʳ janvier 1616. »
En 1636, Jehan Le Vaillant, sʳ des Landes,
est procureur fiscal à Regmalard.

(Arch. et registres paroiss. du Mage.)

Petites Landes *(Disparu)*	Mʳᵉ Etienne Pecnard inscrit 4 l. au profit du trésor sur un morceau de terre sis au fief des Petites-Landes, laquelle rente est payée en 1772 par François Sortais, de l'Ardillère. Ce fief est probablement le même que le précédent. *(Arch. de la cure.)*
La grande Guérottière La petite Guérottière 1727	Terre hommagée ou fief bursal (1) possédée en 1728 par Pierre Arnoulin et Elisabeth Laigneau. Deux boisseaux de terre labourable sont grevés de 12 sols de rente vis-à-vis la Fabrique par Jean Tousche du Boulay. En 1665, Margueritte Le Hérier, veuve de Robert Laigneau, avocat à Feillet, y fait son testament. *(Arch. de la cure.)*
L'Ardillière L'Ardelière 1601	Fief bursal habité en 1601 par François du Grenier, écʳ, sʳ de Valmorin, en 1638 par Louis des Croix, écʳ, laissé par héritage à Jacques du Grenier en 1667, hérité de lui par ses enfants mineurs ; occupé en 1726 par François Drouot, fermier, qui loue 350 l. sur lesquelles 150 l. sont inscrites les rentes de la Fabrique par donation des époux des Croix. Marie-Anne du Grenier, fille de Jacques, veuve de François Le Lasseur du Lomboz, vendit cette terre de 64 arpents 1/2 à François Guérin, marchand à l'Ardillière, ce dernier la possédait en 1759. *(Arch. de la cure.)*

(1) Les terres hommagées ou fiefs bursaux étaient souvent possédés par des roturiers et comme tels soumis au droit de franc-fief. Voici le nom de ceux, situés au Mage, qui étaient soumis à cet impôt en 1742 :

L'Allemandière.	Mesraimbert et Beccassière.
La Fleurière.	Mesnilpot et Chevrollière.
La Beuvrière et Molière.	Les Landes.
La Petite et la Grande-Guérottière.	L'Auberdière. La Racouyère.
La Grande Ardelière.	La Ridelière.

Rôle des francs-fiefs de 1742 à 1702. — *Arch. de l'Orne* c. 724, fol. 46.

Le Bouhoudoux 1581	Maur Cousin, du Bouhoudoux, teste en faveur de la Fabrique de 5 sols tournois de rente annuelle et de 5 sols pour la boîte des trépassés.
	(Arch. de la cure.)
Le Volizé 1582	Philippe Congnart, du Volizé, donne 25 deniers au curé du Mage en 1582.
Le Grand-Vaulizé 1586	Gilles Douveau laisse 60 sols tournois aux trépassés et 5 l. de rente au curé sur la pièce aux Douveaux, sise au Grand-Vaulizé (1586).
	(Arch. de la cure.)
Les Grandes-Loges	Perrine Beaudoin, veuve de Siméon Creste, donne au trésor 3 l. annuelles ou 60 l. de capital sur sa terre des Grandes-Loges. (Est-ce « la Loge » d'aujourd'hui ?)
L'Aistre-aux-Collas La Levrauderie 1584 *(Villages disparus)*	Guillaume Courpotin donne 25 sols de rente au curé et 15 sols aux Trépassés, assis sur une terre de 2 arpents à la Levrauderie, près l'Aistre-aux-Collas, au-dessous du chemin qui va du Mage à Maison-Maugis, joignant les terres de Voré.
	(Arch. de la cure.)
La Basse-Ferette 1587	Tiennette Durand donne 4 sols 12 deniers et 12 sols tournois à toujourmais sur ses maisons et héritages présents et futurs, au lieu de la Basse-Ferette.
	(Arch. de la cure.)
Le Boullay 1600	Habité par Jean Touscho qui teste en faveur du trésor. (V. Guérottière.)
	(Arch. de la cure.)
La Boulaye 1600	Terre possédée par les Huet, sʳˢ de la Boullaie. En 1600, Matry Foucault donne 10 sols à l'église affermés sur deux boisseaux de terre proche la Boulaye, nommé la Courtehaye.
	(Arch. de la cure.)
L'Auberdière 1412	Fief bursal et hommagé. Les gagers de l'église du Mage entament procès pour 3 sols de rente héréditaire assis sur les terres à l'Auberdière. Perrine Féron donne en 1603 à la

HISTOIRE ÉCONOMIQUE.

Fabrique une pièce de terre appelée « le champ du Trésor », sur le chemin du Mage au Moulin-Fossard.

(Arch. de la cure.)

Le Val-Hardouin
Le Noyer
1629

Pierre Goddé, laboureur au Val-Hardouin, laisse au trésor un logis qu'il a au village du Noyer sur le grand chemin de Boissy-Maugis et un jardin de 4 pièces 1/2.

(Arch. de la cure.)

Le Vaugiroust
1690

Jean Regnart lègue à la cure un 1/2 arpent de bois taillis au Vaugiroust.

(Arch. de la cure.)

Les Haies
Quartier
1642

Michelle Nyon, veuve de Jean Goddé, donne à toujoursmais 5 sols tournois à la confrérie de Sainte-Anne sur un lot de terre proche le village des Haies-Quartier, sur le ruisseau qui sépare Longny du Mage.

(Arch. de la cure.)

La Hélière
1626

Fief bursal occupé par les Blanchoin et les Huet de Grandmaison, dont le dernier connu, Gaston, vend sa part, ainsi que sa sœur Charlotte, épouse de M° de Suhard, à René Gouaux, du Mesle-sur-Sarthe. La part des Blanchoin passe par alliance à Rodolphe d'Escorches qui prend le nom de s' de la Hélière et possédait cette terre à la Révolution. En 1626, Damianne Haie donne au trésor une rente de 30 sols hypothéquée sur une pièce de terre à la Hélière, appelée « la Petite Pointe à Friche ».

(Arch. de la cure.)

Les Cointinières
1624

Johan Le Large lègue 20 sols de rente au curé, hypothéqués sur une pièce de terre aux Cointinières. Pierre Brunet, prêtre, s'y retire et y fait son testament en 1712.

(Arch. de la cure.)

Le Haut-Voré
1741

Michel et Jacques Lejeune, laboureurs au Haut-Voré, ratifient une rente de 5 l. assise aux Cointinières.

(Arch. de la cure.)

La Beuvrière
et La Molière
1774

Fiefs bursaux habités par Michel Lejeune en 1774.

(Arch. de la cure.)

La *Faudière* 1713	Fief bursal, résidence des Huet de la Boulaye.

(Arch. de la cure.)

La *Fourlière* 1671	Marie Johannet, femme Goddé, donne au trésor 15 l. assises à la Fourlière.

(Arch. de la cure.)

La *Pannetière* 1698	Claude Johannet, de la Pannetière, est condamné à payer neuf années d'arrérages de la rente de 15 l. de Marie Johannet.

(Arch. de la cure.)

La *Fleurière* 1631	Fief bursal appartenant à Pierre Halgrin bailli de Moutiers, s' de la Fleurière qui en 1631 constitue une rente de 110 sols à la cure et de 22 sols au trésor.

(Arch. de la cure.)

La *Brenillière* ou *Bernillère* 1659	Balthazar de l'Isle, manœuvre, donne 3 l. au trésor sur un clos à chanvre sis à la Brenillère, possédé, en 1727, par Anne de Gastel et en 1772 par Marguerite Rocher, maîtresse de la poste extraordinaire de Regmalart, veuve de François Bresdin.

(Arch. de la cure.)

Mesraimbert et la Beccassière 1682	Fief bursal tenu par René Guérin, s' de Mesraimbert.

La *Douvellière* ou *Douvellerie* 1667	Terre des Douveaux hypothéquée en faveur du trésor de la Fabrique cédée à René Guérin, marchand au Mage, pour 94 l. et les charges.

(Arch. de la fabrique.)

La *Ville-Dieu et le domaine de Feillet* 1265	Cette métairie, qui, depuis le siècle dernier, dépend du domaine de Feillet, fut donnée, vers 1265 (1), par Jean, comte de Chartres, aux Hospitaliers de Jérusalem nouvellement établis à trois lieues de là, à la Ville-Dieu de Manou (la Ville-Dieu en Drugésin). Ce seigneur donne aux dits frères « la cure et bénéfice de la « Ville-Dieu de Feillet avec tout pouvoir lui « appartenant, tout domaine, haute et basse « justice sur homicide, vol, clameurs, effu- « sion de sang, rapt, duel, et généralement

---

(1) Voir : Archives du diocèse de Chartres : « *Les Templiers en Eure-et-Loir,* » charte CLXI, p. 174. Bibliot. Mazarine, mss. 4,367, f° 98, v° et Archives nationales s. 4,083, n°s 5 et 6.

« tous autres droits séculiers dans ledit do-
« maine de Ville-Dieu, nouvellement nommé
« de Feillet ». Ainsi, à partir de la moitié
du XIII° siècle, le domaine de la Ville-Dieu se
confond avec le domaine de Feillet, et de
cette vaste étendue de terre, le comte de
Chartres jouit de 604 arpents réduisant à la
portion congrue les seigneurs de Feillet.
Le 10 avril 1265 il fait passer aux Hospitaliers
de Jérusalem tous les droits qu'il a en la paroisse de Feillet, fief, terre, bois, pré, patu-
rage et aussi le titre de nobles, il y ajoute aussi
bien à Feillet qu'à la Ville-Dieu, c'est-à-dire
sur son immense fief relevant de ces deux endroits « généralement tous autres droits sécu-
« liers, les amendes, les épaves, les coutumes,
« les traverses, les mesures, les seings, les
« guets, les gardes, les cornages (1) et toute
« justice plénière, tout droit temporel, sauf
« le ressort de justice devant le bailli de
« Chartres ».

C'était, on en conviendra, une belle aumône
pour nos Templiers, quand surtout elle était
faite, comme nous le savons, « *en pure et
perpétuelle aumône et pour jouir en titre de
main-morte et exemption de toutes charges et
servitudes*. Le tout se tenait, d'un côté entre la
terre de « Jehan Charpentier des Sentes (*Johannis Carpents sentirarum*) et de l'autre entre le
ruisseau de Laizé ou de Régérende (*rivulo de
Laizeio, aliàs de Regerenda)* (2), lequel des-

(1) *Emenda.* Les amendes prononcées par voix de justice.
    Spava. Les épaves ou bêtes égarées qui ne sont avouées d'aucun seigneur.
    Traversias. Droit de traverse, payé au seigneur de l'endroit ou au premier justicier par ceux qui font passer leur marchandise à travers leur domaine.
    Mensuras. Droit de mesure sur la terre et les marchandises.
    Signa. Droit de bornage, de seing et de contrôle.
    Gueta. Droit de guet revenant aux Haut-Justiciers.
    Custodias. Droit de garde auquel sont tenus les vassaux.
    Cornagia Droit de cornage consistant, dans certaines contrées, à fournir un bœuf pour le labour, mais, ici, se réduisant à une contribution de blé équivalent au travail d'un bœuf.

(2) Le ruisseau de Laizé est certainement le ruisseau actuel de Feillet,

cendait la vallée de Feillet, sur l'étang du sire de Feillet *(sicut valles continet descendendo in fontem Domini de Feillet)*. C'est encore avec quelques variantes la limite actuelle des bois dont la lisière ouest affleure sur la vallée du ruisseau de Feillet, et celle de l'est sur l'ancienne terre de Jehan Carpents (1). La limite sud-ouest nous semble plus difficile à déterminer. La Charte de 1265 nous dit que de l'étang de Feillet, il faut revenir sur le grand bois de Feillet et longer un héritage qualifié de « sollicidiis Geneteris ». Que signifie cette expression, nous n'avons pu nous en rendre compte, néanmoins nous reconnaissons, quoique assez vaguement, la lisière actuelle des bois du côté de la Fourlière et de la Faudière.

La donation de la Ville-Dieu de Feillet entraîna pour les Hospitaliers d'autres petites aumônes partielles dont une nous est connue, celle de 12 deniers, faite, en 1502, par Germain Febvrier et Blanchette, sa femme. A cette époque les Frères jouissaient-ils encore de leurs droits et privilèges sur le vaste domaine octroyé par le comte de Chartres, nous l'ignorons, ainsi que la date où ils en furent complètement dépossédés par les sires de Feillet ; nous ne savons qu'une chose, c'est qu'en 1757 la métairie de la Ville-Dieu est occupée par Nicolas Godet, trésorier de l'église du Mage, et dépend du domaine de Feillet (2).

---

traversant l'étang de Feillet et se jetant dans celui de Forges où il se perd. Nous ne retrouvons nulle part ailleurs les noms de Laizé ni de Régérende, dont l'étymologie nous échappe.

(1) On regardera comme très libre la traduction de *Johannis Carpents Sentirarum* en celle de *Jehan Charpentier des Sentes* qui nous offre certaine probabilité.

(2) Antérieurement à cette donation du comte de Chartres, c'est-à-dire en 1212 et 1213, le pape Innocent III avait donné mandat au prieur de Sainte-Geneviève et à maître Thibault, chanoine de Paris, de juger un différend survenu entre les Templiers et Guillaume de Feuillet *(Guillelmus de Foilet Miles)* sur la jouissance des bois ; par accord conclu en juin 1213, ce dernier s'engage à servir 25 sols parisisis de rente aux Templiers. Il s'agit ici de Guillaume II. *(Arch. du diocèse de Chartres. Les Templiers en Eure-et-Loir Ch. IX, p. 61).* Les chartes CXII et CXVII nous font connaître un seigneur de Feillet dont nous n'avons pas parlé (voir p. 41 et 42). Hugues de Feillet *(Hugo de Foillose)* aumône les Templiers d'un

Le Mesnil-Pot et La Chevrollière 1502-1585

Ces deux villages, dont l'un, la Chevrollière, a disparu, étaient en 1585 fief de Jehan Rahier, s^r de Maison-Maugis, qui dans ladite année en rendit aveu à d^{lle} Hélène Auvé, veuve de Jehan de Trousseauville. En 1591, le Mesnil-Pot relevant de la seigneurie de Feillet fut acquis en partie par d^{lle} Felice Rahier, dame de Maisons-Maugis, veuve de feu noble Olivier de Commergon, éc^r s^{gr} d'Armenonville la Grande et Courtioust, gentilhomme ordinaire de la Reine, enseigne de 50 hommes d'armes. Le Mesnil-Pot et la Chevrollière restèrent tenus à foi et hommage envers Feillet et sont indiqués comme tels de 1742 à 1762. Une rente de trente sols, dont 20 au trésor et 10 au curé, est reconnue par M^{ire} Robert-Alexandre Jacquet de Malétable et Marie-Jeanne de Godefroy, sa femme, sur la terre de Mesnil-Pot qui leur appartient en 1727, et deux siècles avant, en 1502, Germain Février et Blanchette, sa femme, grèvent leur terre de Mesnil Pot de 5 l. envers le trésor.

(Chartrier de Maison-Maugis, et arch. de la cure.)

Le Buisson 1728-1765

Une grange au Buisson fut léguée au trésor par Michel Huet, curé du Mage, sur une estimation de 30 l. et 6 sols de rente reconnus sur 90 perches de terre par François Soyer, Nicolas Richard, foulon à Bretoncelles, et Emery Joannet, marchand à Longny (1775), en faveur du trésor de la Fabrique.

(Arch. de la cure.)

L'Allemandière 1199-1742

En 1199, la terre de l'Allemandière appartenait au prieuré de Moutiers et le prieuré y avait toute justice. En 1742 elle était hommagée à Feillet.

(Dans le cartulaire de Moutiers l'Allemandière s'écrit la Lémandière.)

(Cart. de Moutiers. Arch. de l'Orne.)

---

bien qu'il avait à Champseru du consentement d'Hodierne, son épouse, et de Béatrix, sa fille, mariée à Robert de Botigne; c'est la quatrième partie du champart de Champseru et deux sols sur le moulin de Montulé (1233 et 1234).

La Racouyère *La Ridelière* 1742	Terres hommagées, nous ne connaissons plus ces villages ; La Ridelière pourrait cependant être l'Ardelière. *(Arch. de l'Orne.)*
Montaigu *ou* *Montégu* 1556	En 1556, la métairie de « Montaigu » relève de la juridiction de Feillet ; à la fin du siècle dernier elle appartient à la famille de Suhard et dans la première moitié de ce siècle à M. de Bras-de-Fer.
Le Tartre *Bouttyer* *ou* *Talbouquet* 1633	Déclaration des maisons et héritages du fief et métairie du « Tartre Bouttyer » en le Mage, tenu de la seigneurie de Vaubezard, joignant les terres de Mesnil-Pot et le chemin tendant du Mage à Bizou. C'est aujourd'hui « Talbouquet. » *(Chartrier de Maison-Maug.s.)*
Le Moulin *de la* *Forge* 1700	Il consistait, en 1700, en une maison manable, chambre haute, cabinet, cave, laiterie, four, grenier, cours, jardin, pâture, prés, etc. Loué à cette époque à Pierre Brière et Louise Tomblaine, sa femme, en 1701, à Noël Bougis et Marie Rousseau, sa femme, pour 800 l., une demi-douzaine de chapons, autant de poulets ; repris, en 1705, par Brière, aux mêmes conditions, il relevait du domaine de Feillet. *(Arch. de Feillet.)*
L'Ermitage *St-Thomas* 1757	L'origine de cet ermitage et de sa chapelle nous est absolument inconnue ; elle doit se confondre avec la fondation de la chapelle seigneuriale de l'église qui porte le même nom. En tous cas nous ne saurions dire quand et pourquoi cet ermitage fut donné à l'abbaye de Fontevrault. Son histoire, pour nous, ne commence qu'en 1689. A cette date, Frère André Philippe, prêtre, prieur et curé de Belhomert, en était titulaire et jouissait de ses revenus à charge de deux messes annuelles, et ce en qualité de religieux de l'ordre de Fontevrault. Trois pièces gracieusement communiquées par M. Tournouer et par lui relevées aux archives nationales nous font connaître la situation de St-Thomas à la fin du XVIIe siècle. Jean Le Saulnier, huissier à la Chambre des comptes de Rouen, a

fait commandement à Frère André Philippe de faire déclaration du temporel de la chapelle de St-Thomas dont il jouit, cette déclaration a été faite et Frère Philippe en demande entière main levée au procureur général.

Par acte du 25 juillet 1690, il déclare jouir, à St-Thomas d'une « petite pièce de terre as-
« sise paroisse du Mage, contenant environ
« un arpent où est bâtie et édifiée ladite cha-
« pelle qui est d'ancienne fondation du prieuré
« de Belhomert, dépendant de l'abbaïe roïalle
« de Font-Evrault, avec un petit droit de
« dixme assis en la paroisse de Regmalart et
« consistant sur vingt-quatre à vingt-cinq ar-
« pens de terre assis en plusieurs petites
« pièces, toutes lesquelles choses ci-dessus
« peuvent valoir par chacun an de revenu
« annuel la somme de vingt-quatre livres sui-
« vant les baux à ferme qui en ont été faits et
« le dernier qui a été fait à François Rousseau,
« marchand de la par^{sse} de Moutiers en date
« du 18 juillet 1689 pour la même somme
« de 24 livres tournois, ladite chapelle chargée
« de deux messes par chacun an et de l'office
« le jour de St-Thomas, apostre. » Le 23 septembre 1690, droit fut accordé à la demande du curé de Belhomert et pleine et entière main levée octroyée sur les revenus de l'Ermitage St-Thomas.

Un demi-siècle plus tard, nous retrouvons cet ermitage desservi et habité par deux ermites du Tiers-Ordre de St-François du décès desquels les registres paroissiaux du Mage font ainsi mention (1):

27 mars 1757. — Inhumation de Frère Patrice Palémon, ermite du Tiers-Ordre de St-François, en présence de Frère Jean-Baptiste Cordier, ermite du même ordre, de famille et patrie inconnue, âgé de cent ans ou environ.

(1) Il est à croire que la présence d'ermites étrangers ou inconnus avait occasionné dans le diocèse de Chartres certaines difficultés, car dans les statuts du diocèse, pour 1742, nous lisons à l'article XXVIII, du titre XXII : « Il ne faut pas souffrir que des Hermites s'établissent dans le diocèse sans permission. »

24 may 1757. — Inhumation de frère J.-B. Cordier, ermite de St-Thomas, trouvé mort de mort violente dans son ermitage.

Comment ces tertiaires se trouvaient-ils en possession de l'ermitage ; payaient-ils redevance au curé de Belhomert, et d'ailleurs l'ermitage relevait-il encore de l'abbaye de Fontevrault ; énigme absolue. Aujourd'hui l'Ermitage, assez pauvrement habité, n'a d'autre souvenir historique que son nom.

La Thuilerie et

Les Chaintres 1751

Métairie cédée le 4 mars 1751, à la réserve de l'étang, par messire Julien Clément à J.-B. Gaston Huet, s^r de Grandmaison, contre 23 arpents de bois taillis, joignant les bois de la Thuilerie de Feillet, les terres de Montégu et le chemin de Montégu à Regmalart.

(Arch. de Feillet.)

Les quelques villages non signalés ici ne nous ont laissé aucun document.

En terminant cette liste nous devons attirer l'attention sur ce fait que si le Mage resta dans le cours des siècles centre paroissial, Feillet ne lui avait cédé aucune de ses autres prérogatives ; baillis, sergents, tabellions, commerçants, écoles demeurèrent concentrés jusqu'à la moitié du dernier siècle dans ce village, alors qualifié du nom de bourg, et aujourd'hui composé seulement d'une maison, d'une ferme et de la vieille habitation du baillage.

§ VII.

Moyens d'accès

Sans avoir, comme nous, des routes carrossables et entretenues à grand renfort de cantonniers et de manœuvres, nos ancêtres ne manquaient pas de voies de communication, parfois fort nombreuses, ayant sans doute le désavantage, une fois tracées, de n'offrir, trop souvent, que heurts et chaos, mais l'avantage appréciable, que nous n'avons plus, de n'émarger d'aucun liard au budget communal ou paroissial. C'est d'ailleurs un progrès, quoique fort onéreux, dont nous aurions tort de nous plaindre complètement. D'ailleurs, ici au Mage, à part ce dédale de petits chemins qui s'entrecroisent dans le milieu de la campagne et relient les fermes et villages, nous suivons sur nos routes les principales

voies de communication qui déjà nous sont signalées il y a quatre
et cinq siècles. En effet, la route actuelle de Regmalard n'est autre
que la route tendant du bourg au Pont-Riboust ; la route qui traverse le bourg a suivi le tracé du chemin du Mage à Feillet et de
Moutiers à Longny ; la route du Mage à Bizou tient la place du
chemin du Mage à Bizou, au bord duquel était et est encore sis le
pré et la fontaine du presbytère, en exceptant le coude que fait
cette route pour rentrer dans le milieu du bourg, à cause de
l'accès fort difficile et de la pente rapide qu'a l'ancien chemin
auprès de l'église et de l'ancien cimetière (*Voir l'aveu de 1412 et
les pièces suivantes*). Tous les autres chemins et sentiers que nous
suivons avec tant de plaisir dans nos promenades d'été sont une
création de nos ancêtres. Depuis huit et dix siècles plusieurs ont
été battus par eux, et, si par ailleurs et dans d'autres circonstances, nous ne marchons plus sur leurs traces, nous sommes
sûrs, ici, de suivre le chemin qu'ils nous ont tracé, et c'est
encore le plus agréable.

CHAPITRE VI

Situation actuelle

Ce chapitre sera consacré à revoir, mais sous un jour nouveau, ce que nous avons décrit dans les chapitres précédents ; ce sera, en quelques lignes, l'histoire du Mage à l'heure où nous écrivons. Plusieurs détails qui, au fond, devraient rentrer dans ce chapitre nous ont volontairement échappé dans les précédents, parce qu'ils ouvraient un horizon plus net sur l'ancienne situation. En quelques lignes, et d'une façon rapide, nous les rappellerons, nous étendant plus longuement sur les détails de l'état général actuel que nous avons, à dessein, laissés dans l'ombre. On comprendra que ce que nous avons écrit sur la première partie n'ait à présenter aucune modification et que c'est surtout sur la seconde partie que porteront nos observations. Pourtant nous avons un mot à écrire sur cette première partie et nous le dédions aux naturalistes qui ne manqueront pas d'en faire leur profit.

§ Ier.

Zoologie. — Ornithologie. — Botanique.

Nous nous effaçons, ici, devant M. l'abbé Letacq, aumônier des Petites Sœurs des Pauvres, à Alençon. Une vieille amitié nous a permis de réclamer ces détails de M. l'abbé Letacq qui a particulièrement étudié l'étang des Personnes et avec l'autorité scientifique que chacun connaît

1° Zoologie. — M. l'abbé Letacq envoyait à la Société des Amis des Sciences de Rouen, pour sa séance du 5 mai 1898, ce curieux rapport sur le « Vison » à l'étang des Personnes. « Je demandai au « garde-chasse s'il ne connaissait pas le *Putois d'eau* ; d'après sa « réponse affirmative et surtout divers détails qu'il me donna sur « cet animal, grand destructeur de poisson, dont plusieurs indi- « vidus avaient été capturés, j'inclinai à croire que ce n'était « autre que le *Vison d'Europe*. Il se trouve aussi, paraît-il, à l'é-

« tang de Forge, également de la commune du Mage. Le Vison,
« connu de plusieurs localités des environs d'Alençon et d'Argen-
« tan, n'avait pas encore été signalé dans l'arrondissement de
« Mortagne. »

Les bois de Feillet sont fréquentés par les *cerfs, chevreuils* et *sangliers*, qui, d'ailleurs, n'y font pas, en général, leur habitat spécial, ces bois ayant communication avec ceux de Longny, la Lande, la Ferté et par ceux-ci avec la forêt de Senonches. Les vautraits de MM. de Chambray et de Dorlodot y font de fréquentes excursions.

2° ORNITHOLOGIE. — A part les oiseaux de petite ou de grande envergure communs à tous nos bois et en général connus, nous tenons à signaler ceux mentionnés par M. l'abbé Letacq aux alentours et sur l'étang des Personnes:

Aquila fluvialis (Aigle balbuzard ou pêcheur commun).

Erythacus cyanecula (Bubiette gorge bleue).

Charadrius minor (Pluvier à collier). Peu commun.

Tringa subarquata (Beccasseau cocoli).

Fulica atra (Foulque noir).

Ardea stellaris (Héron-Butor).

Ardea nycticorax (Héron bihoreau, tué par M. Lecomte, ancien régisseur de Voré. Collection de feu M. Touche, ancien curé de Coulonges-les-Sablons).

Phalacrocorax carbo (Cormoran ordinaire). Novembre et mars aux Personnes.

Cygnus ferus (Cygne sauvage). Pendant l'hiver de 1879-80 une bande de plus de 40 s'abattit sur l'étang.

Anas tadorna (Tadorne). Pendant les grands froids.

Anas strepera (Chippeau ou Ridenne). Rare. Février-mars.

Mergus merganser (Harle bièvre). Pendant un hiver rigoureux.

Podiceps cristatus (Grèbe huppé). Novembre à mars; se reproduit dans les roseaux.

Calamoherba turdoides (Rousserole turdoïdes).

3° BOTANIQUE. — M. l'abbé Letacq nous y signale deux des plantes les plus rares dans notre région :

Trapa natans.

Potamogeton gramineus.

§ II

Histoire générale.

Le Mage appartient, comme circonscription administrative, au département de l'Orne, à l'arrondissement de Mortagne, et comme circonscription religieuse au diocèse de Séez, archiprêtré de Mortagne, doyenné de Longny. Les habitants plaident auprès du Juge de paix du canton de Longny, du Tribunal de Mortagne en 1re instance et de la Cour de Caen en appel ; ils remettent leurs impôts entre les mains du Percepteur de Longny. Vers la moitié de ce siècle nous remarquions comme principaux imposés :

M. d'Espeuilles, 4,733 f.
M. de Bras de Fer, 575 f.
M. Bresdin, Noël, à Longny, 264 f.
M. de la Porte de Riantz, 249 f.
M. d'Orglandes, 200 f.
M. de Moucheron, à Longny, 163 f.

En 1855, Feillet fut supprimé au revenu des propriétés bâties. Du reste une liste des revenus, dans ces dernières années, donnera, avec un état des recettes et dépenses, un aperçu de l'état financier du Mage ; ce sont les chiffres officiels de la situation financière des communes.

Revenu annuel.		Recettes.	Dépenses.
1880... 422	1891...	3,307	3,290
1881... 276	1892...	2,829	2,829
1882... 404	1893...	2,836	2,836
1883... 341	1894...	2,724	2,686
1884... 359	1895...	2,777	2,745
1885... 306	1896...	2,742	2,742
1886... 391	1897...	2,857	2,859
1887... 420	1898...	2,722	2,722
1888... 412	1899...	2,683	2,683
1889... 454			
1890... 487			

Les contributions indirectes sont perçues par les commis à cheval de Longny.

La représentation législative du Mage est celle de Mortagne dont M. Bansard des Bois est actuellement député (1900). M. Monthulet, conseiller général et M. Charpentier, conseiller d'arrondissement. M. Cottin, Arsène, a été réélu maire aux élections de mai dernier ayant M. Séverin Sagot pour adjoint et pour membres de son conseil MM. Gautier, Durand, Berrier, Rivière, Demouth, Plumerand, Dubois, Madelaine, Hayes, Chauvin.

La circonscription militaire est celle du 4e corps et de la 7e division.

Les écoles relèvent de la Sous-Inspection de Mortagne et de l'Inspection d'Alençon.

La voierie est confiée à l'agent-voyer de Longny, deux cantonniers font le service manuel de cette voierie.

SITUATION ACTUELLE.

Le bureau de postes de Moutiers envoie chaque jour un facteur distribuer les dépêches, et le soir le postillon en voiture de Longny à Bretoncelles les reçoit sur son passage.

Une voiture publique, partant de Longny, prend les voyageurs pour Bretoncelles et la ligne de Paris à Brest vers une heure de l'après-midi et revient le soir à son point de départ, passant au Mage vers 6 heures 1/2.

§ III

Histoire démographique.

Nous avons dit que le recensement de 1896 accusait au Mage une population de 534 habitants, en baisse de plus de 200 habitants depuis un demi-siècle. A la tête de cette population, et en dehors de sa municipalité, nous relevons comme principaux propriétaires :

M. le comte Terray, époux de Mlle Antoinette d'Andlau, ayant pour enfants M. Camille et Mlle Marie, chatelain de Feillet.

MM. Petit, de la Petite-Guérottière.
      Rivière, ancien maire, propriétaire du Bouhoudoux (résidant au bourg).
      Benard, des Noyers.
      Bodin, de l'Hôtel aux Agneaux.
      Sagot, de l'Auberdière.
      Touly, de la Couplerie.
      Cottin, de l'Ardillière (résidant au bourg).
      Marcy, de l'Ardillière.
      Brizard, de la Cure.
      Hayes, de la Boulaye.
      Berrier, de la Fleurière.
      Demouth, du Buisson (résidant au bourg).
      Camus, de la Haute-Ferrette.
Mlle Soulbieu, de Montégu.

D'ailleurs la population entière se répartit comme il suit par village et famille, d'après le recensement de 1896 :

Noms	Profession	Nombre des membres de la famille
Le Bourg		
Germond,	instituteur,	6
Cottereau, Victoire,	propriétaire,	1
Leroux,	ex-curé,	2
Trépied,	cultivateur,	3
Maréchal,	cultivateur,	2

Noms	Profession	Nombre des membres de la famille
Moutiers,	épicier,	2
Demouth,	propriétaire,	3
Maheu,	menuisier,	3
Geffroy,	journalier,	2
Breuil, Brigitte,	cultivatrice,	1
Tripied,	charron,	2
Monthulé,	cantonnier,	2
Mercier,	cultivateur,	2
Racinet,	charretier,	8
Marchand,	cultivateur,	2
Jouvin,	propriétaire,	1
Hurel, Françoise,	propriétaire,	1
Silvestre, Julienne,	épicière,	2
Guillin, Ernestine,	rentière,	2
Gautier,	charron,	5
Millet, Marie,	journalière,	1
Taurin, Désirée,	rentière,	1
Surcin,	journalier,	2
Brizard,	cultivateur,	3
Aubert,	curé,	2
Hamelin,	cordonnier,	2
Faudet, Adélaïde,	journalière,	2
Plessis,	cercleur,	1
Provost,	sabotier,	2
Brunet,	aubergiste,	2
Dagonneau,	journalier,	4
Trouvé,	propriétaire,	2
Collet,	cultivateur,	5
Thuan,	maçon,	1
Fanuel, Angélique,	cultivatrice,	3
Gervais,	journalier,	3
Chevalier,	boulanger,	4
Raguenet,	sabotier,	2
Rivard, Désirée,	journalière,	1
Breuil,	jardinier,	2
Rivière,	propriétaire,	3
Norture,	bûcheron,	2
Collet,	propriétaire,	1
Josset, Armandine,	propriétaire,	1
Suzanne,	journalier,	2
Norture,	bûcheron,	1
		107

SITUATION ACTUELLE.

Noms	Profession	Nombre des membres de la famille
Haut-Chêne		
Martin,	journalier,	3
Bourdin,	journalier,	1
Legout, Joséphine,	journalière,	1
Taurin, Césaire,	maçon,	1
Langlois,	journalier,	2
Brunet,	charpentier,	4
Madelaine, Jérôme,	maçon,	2
Touly,	cultivateur,	2
Fanuel, Margueritte,	cultivatrice,	1
Esnault,	journalier,	1
Millet,	journalier,	5
Faudet,	rentier,	1
Lévêque,	journalier,	3
Collet, Désiré,	journalier,	3
Taurin, Louis,	maçon,	3
Thuan,	journalier,	2
Porcher,	cultivateur,	2
Proust,	cultivateur,	2
Anjoubault,	journalier,	4
Fetu,	journalier,	1
Renoust,	journalier,	2
		46
Le Vieux-Moulin		
Legrand,	journalier,	2
Guérin,	journalier,	1
Hée,	maréchal,	3
Gauthier, Fortuné,	charron,	10
Poivré,	cultivateur,	2
Camus,	rentier,	1
Joannet,	journalier,	2
Durand,	journalier,	2
Courville,	propriétaire,	1
		24
La Douvellerie		
Taurin, Victorien,	cultivateur,	2
Bachelier, Angélique,	journalière,	2
Lefort,	journalier,	2
Adam,	journalier,	3
Maheu, Louise,	journalière,	7

Noms	Profession	Nombre des membres de la famille
Grenet,	cultivateur,	2
Faudet,	propriétaire,	2
Vallée,	bûcheron,	2
Tutier,	journalier,	1
Vallée,	journalier,	1
Collet, Auguste,	journalier,	3
		27

Volizé

Lefort,	cantonnier,	2
Bonnard,	journalier,	2
Rivard,	journalier,	3
Guerrier,	fendeur,	7
Mouton,	cultivateur,	6
Madelaine,	propriétaire,	2
Thuan, Philogène,	cultivateur,	3
Bonnard, Pierre,	journalier,	1
		26

La Beuvrière

Dubois,	propriétaire,	2
Besnard,	cultivateur,	6
Romet,	charron,	3
Tutier,	cultivateur,	3
		14

Marimbert

Chartrain,	cultivateur,	5
Dubois,	cultivateur,	9
Jouvin, Sébastien,	propriétaire,	2
		16

Le Pont-Riboust

Foucault,	cultivateur,	3
Buguet,	propriétaire,	2
Charpentier,	bûcheron,	5
		10

Les Noyers

Leroy, Marguerite,	propriétaire,	1
Leroy, Rosalie,	cultivatrice,	1
Lidor,	bûcheron,	2
Souverain,	marchand de bois,	3
Charpentier,	cultivateur,	4
		11

SITUATION ACTUELLE.

Noms	Profession	Nombre des membres de la famille
L'Ardillère		
Marcy, Victorien,	cultivateur,	7
Cottin,	propriétaire,	5
Madelaine, Albert,	cultivateur,	3
		15
Le Boulai		
Mauger, Emilie,	cultivatrice,	3
Moussard,	journalier,	2
Lormeau,	sans profession,	3
Rossignol,	cultivateur,	3
Madelaine, Françoise,	propriétaire,	1
		12
La Ferrette		
Pierre,	journalier,	3
Touret,	journalier,	2
Camus, Prudent,	cultivateur,	4
Jouvin,	cultivateur,	3
		12
La Prunerie		
Philippe,	journalier,	4
Tremblay,	journalier,	2
		6
La Guérottière		
Petit,	cultivateur,	5
Desvaux,	cultivateur,	4
		9
L'Hôtel-aux-Agneaux		
Chauvin,	cultivateur,	3
Breant, Marie,	cultivatrice,	1
Legrand,	bûcheron,	2
Bodin,	cultivateur,	3
		9
L'Hôtel-Morice		
Fouttier,	journalier,	5
Narbonne,	journalier,	7
		12
La Couplerie		
Hurel,	cultivateur,	2
Meunier,	propriétaire,	3
		5
		13

Noms	Profession	Nombre des membres de la famille
La Haie-Quartier		
Lamblin,	cultivateur,	3
Guérin,	journalier,	2
Soive,	cultivateur,	3
		8
Feillet		
Terray (M. le Comte),	propriétaire,	6
Aumont du Moutier,	propriétaire,	2 (partis)
Marchand,	garde,	2
Thuan, Jean-Louis,	cultivateur,	2
		12
La Cointinière		
Gouhier,	cultivateur,	3
Julien,	cultivateur,	3
		6
L'Auberdière		
Paris,	bûcheron,	2
Breuil,	cultivateur,	4
		6
La Florentinière		
Plumerand,	tuilier,	2
La Pannetière		
Paizot,	cultivateur,	8 (partis)
Menil-Pot		
Pied,	cultivateur,	3
L'Herbage		
Charron,	cultivateur,	7
La Boulaie		
Hayes,	cultivateur,	5
Montaigu		
Soulbieu (d^{lle}),	propriétaire,	2
Lelarge,	cultivateur,	5
		7
Le Ménil		
Nourry,	cultivateur,	3

Noms	Profession	Nombre des membres de la famille
La Faudière		
Verdier, Sidonie,	cultivatrice,	3
Le Haut-Voré		
Louveau,	cultivateur,	4
La Forge		
Richer,	meunier,	3
La Hélière		
Desvaux,	cultivateur,	4
Le Bouhoudoux		
Verdier,	cultivateur,	4
La Garde		
Verdier,	cultivateur,	2
La Ville-Dieu		
Rocher,	cultivateur,	3
La Fleurière		
Berrier,	cultivateur,	3
La Bernillère		
Sagot,	cultivateur,	3
Les Chaintres		
Millet,	cultivateur,	3
La Cucuyère		
Taurin,	cultivateur,	5
L'Etang-aux-Moines		
Boucher,	garde,	4
Saint-Thomas		
Laurent,	journalier,	2
L'Etang-des-Personnes		
Durand,	garde,	3
La Loge		
Marcy,	cultivateur,	4

Noms	Profession	Nombre des membres de la famille
Champsorand		
Boisgirard,	journalier,	3
Collin,	journalier,	3
		6
Tertre-Boutier ou *Talbouquet*		
Lancelin,	cultivateur,	1
Fossail		
Henri,	cultivateur,	3
Le Buisson		
Buguet,	cultivateur,	1
L'Allemandière		
Foucault,	cultivateur,	4

Nous devons mentionner ici une personne de qualité, dont le nom nous avait précédemment échappé, bien que nous l'ayons mentionné dans la liste des maires : M. Chaucheprat. Né à Cusset (Allier), le 31 mars 1792, ce monsieur était, quand il vint se retirer au Mage, ancien secrétaire du Ministère de la Marine et des Colonies, maître des Requêtes, chevalier de Saint-Louis, officier de la Légion d'Honneur, membre du Conseil général de l'Orne, délégué cantonal de l'Instruction primaire ; il fut nommé maire du Mage par arrêté préfectoral du 21 juin 1852 et y mourut le 29 août 1853. Quelques églises des environs participèrent à ses bienveillantes aumônes.

Habitation, Vêtement, Nourriture.

Habitation. — Le bourg du Mage est coquettement assis sur les deux côtés de la route de Longny à Moutiers ; c'est, après Longny, celui du canton qui dans son ensemble nous a paru le plus intéressant par sa disposition. Composé d'une cinquantaine de feux, il forme, à droite et à gauche de la route, deux lignes régulières et continues d'environ un demi-kilomètre, qui se trouvent rehaussées de plusieurs maisons à un étage, formant contraste avec celles du vieux bourg, encore assez nombreuses mais pourtant elles-mêmes aussi un peu rajeunies. Le presbytère, l'école des garçons, les maisons de M. Lecomte, ancien régisseur de Voré, Demouth, Rivière, ancien maire, attirent plus spécialement l'attention. On remarque dans ce petit bourg un commencement du renouveau qu'apporte en maint endroit notre fin de siècle et que terminera le siècle qui s'ouvre. A la campagne la maison a subi elle aussi une transformation. La cuisine ou pièce principale, désignée spécialement par le terme de *maison*, a élargi sa porte d'entrée et ses fenêtres; une *chambre*, quelquefois mais rarement deux, accostent cette première pièce et permettent, en lui donnant plus d'ampleur, d'avoir l'appartement de famille et celui de réception pour les jours de frairie ou d'hospitalité pour les parents et amis connus. Parfois nous trouvons la *laiterie* en bas-côté; en général au-dessus de la maison et de la chambre se trouve le *grenier à grain*, soit pavé, soit parqueté; sur les écuries et étables sont les *fenils* ou greniers au fourrage et à l'extrémité la *remise* tantôt couverte en paille, tantôt en tuiles, où sont retirées la *carriole* (curriculus), sorte de tilbury à deux roues, qui mènera les maîtres au marché ou ailleurs, la *guimbarde*, servant à rentrer les foins et les gerbes, et le *banneau* qu'on nomme ailleurs tombereau, dans lequel on transporte la terre, les pierres, le fumier, etc. Disons en passant que les appartements destinés aux bestiaux ne nous ont pas toujours paru construits dans les conditions hygiéniques requises et que bien des pertes attribuées à des causes souvent non raisonnées, parfois déraisonnables, comme le sortilège, ne doivent être reportées qu'à un défaut d'air et de propreté. Ce qui a été fait et se fait chaque jour pour l'amélioration de l'habitation humaine dans nos contrées, doit être fait et peut l'être avec autant de succès pour le logement et l'habitat des animaux domestiques. Depuis le cheval, si recommandable par sa race et ses services, jusqu'à la moindre volaille, jusqu'au plus faible quadrupède, tous donnent leur rapport à la ferme, et chacun doit être logé et nourri en raison de ses avantages. Terminons en disant que, à part quelques murs de colombage, pittoresques vestiges du dernier siècle, les constructions neuves se font en pierres siliceuses pour les parties extérieures, et en dedans de l'œuvre fréquemment en brique pour les murs de cloisonnement.

Vêtement. — Si nous désirons que l'aisance pénètre dans l'habitation et elle ne saurait trop y pénétrer, regrettons que le luxe s'empare d'une façon parfois trop exagérée du vêtement; nous sommes loin de la simplicité de nos ancêtres, et nous pouvons répéter, mieux encore aujourd'hui qu'il y a cinquante ans, « que, « grâce à l'habileté des couturières, on voit de simples servantes « plus élégantes que leurs maîtresses »; et, sans nous poser en censeur, nous pouvons dire que si cette exagération de toilette n'est pas toujours faite au détriment de la morale, elle l'est constamment à celui de la finance : les économies si attaquées, d'autre part, ne manquent pas d'être bien compromises, sinon totalement absorbées, par ces dépenses fort élevées en raison du revenu de ceux qui les font, puisque nous les voyons presque toujours faites par ceux qui sont le moins en mesure de les faire.

En général, le cultivateur, propriétaire ou fermier, a conservé l'honnête blouse de ses aïeux, même les jours de fêtes, à part les cérémonies exceptionnelles de mariage ou d'inhumation, où il prend le paletot ou la redingote et le chapeau ; la casquette est la coiffure ordinaire, elle s'allie bien d'ailleurs avec la blouse ; le cultivateur se plaît avec ce simple vêtement, et nous aussi nous l'aimons ainsi proprement et simplement paré, à côté de l'économe fermière, coiffée du bonnet de lin ou de dentelle, laissant le privilège du chapeau enrubanné et fleuri aux plus jeunes et quelquefois aux moins aisées. Le jeune homme a endossé le paletot bourgeois et porte le chapeau de feutre dur ou mou ; la jeune fille a la tête couverte de plumes et de fleurs, presque tous portent la montre. Le domestique et la servante ne diffèrent pas des jeunes maîtres et peu importe à qui reçoit un salaire annuel de 200 à 300 fr. de prélever sur cette somme un impôt de 80 à 100 fr. Certains utopistes rêvent l'égalité des conditions ; si elle n'est pas au fond des choses, elle est pour le moins à la surface, et c'est au début de la vie, quant la nécessité semble s'imposer davantage de réaliser quelques économies pour une famille présente ou à venir, que ces excès de luxe sont le plus communs, tandis que le bon cultivateur retraité semble souvent tomber dans un excès contraire en se soumettant à un régime de privations opposé à son âge et à son revenu.

Nourriture. — Pour être un peu plus confortable, la nourriture a cependant peu varié et nous n'avons que peu de chose à ajouter à ce que nous écrivions sur le même sujet (p. 75). Dans un assez grand nombre de ménages, la viande de boucherie qu'on n'est plus obligé d'aller chercher, mais qui est apportée à domicile, a remplacé la viande de porc qui, pourtant, au moins dans la ferme, reste le plat de résistance journalier, même aux principaux repas, les autres viandes, volailles, lapins, etc., étant réservées aux dimanches ou jours de réception ; le hareng a les honneurs du premier déjeuner, et c'est le seul poisson qui, en général, entre à la cuisine ; le potage ou la soupe est présenté à tous les repas ; en résumé, la nourriture, quoique simple, est à peu près partout bonne et fortifiante ; elle est sobre, c'est même une qualité qui, par son excès, devient chez certains un défaut... au dire du moins de certains ouvriers ou domestiques. Le Mage se fournit de viande aux boucheries de Longny et de Moutiers.

§ IV.

Esprit religieux.

Le Mage a conservé de bons débris de cette Foi religieuse du passé si amoindrie et une assez grande partie de sa population la met en pratique. L'église, remplie aux fêtes annuelles, se trouve parfois fort abandonnée les dimanches ordinaires à la messe et presque totalement aux vêpres, et nous ne sommes plus à l'époque où, dans le recensement, chaque habitant en âge de discrétion était inscrit sous le nom de *communiant*. Les parents sont respectés des enfants ; c'est une conséquence de l'exactitude qu'ils apportent à faire suivre, pendant trois années, de 8 à 11 ans, les instructions religieuses par leurs enfants ; d'un autre côté, en ce qui concerne Le Mage, rarement nous apercevons dans les feuilles locales de ces chroniques ou faits scandaleux dont elles se plaisent hebdomadairement à entretenir leurs lecteurs ; nous sommes heureux de le signaler ; mais nous devons faire remarquer que les jeunes domestiques, abandonnés à eux-mêmes, manquent de direction morale ou religieuse de la part de leurs maîtres, même les mieux pensants ; il y a de ce côté une réforme qui s'impose et que nous recommandons spécialement aux excellents fermiers qui en ont la responsabilité devant Dieu et devant la Société.

Mœurs, Epargne, Alcoolisme.

Les mœurs ont peu varié : elles sont simples, tranquilles ; le travail étant le partage de tous, chacun s'y adonne selon ses forces et ses facultés et sait ainsi, en conservant ces mœurs champêtres qu'on cherche à transformer, se procurer l'aisance honnête, récompense d'une vie laborieuse. L'épargne, du bas de laine où elle a commencé à naître, passe à peu près toujours à la Caisse d'Epargne ou au petit placement particulier ; l'agiotage des actions et obligations est heureusement connu de bien peu ; la terre attire le plus souvent le fond d'économie, et bien qu'elle soit aujourd'hui si lourdement grevée, c'est encore elle qui a la préférence des placements.

Mais un obstacle se dresse devant l'augmentation de l'épargne et l'agrandissement du patrimoine familial, et il croît de jour en jour ; c'est l'alcoolisme qui, en détruisant les forces, anéantit les fruits du travail. Avant 1850, on ne connaissait pas, du moins en France, l'alcoolisme chronique, c'est-à-dire l'ensemble des affections morbides engendrées par l'usage abusif et quotidien d'alcools impurs et de liqueurs aromatisées d'essences toxiques ou de substances vénéneuses ; on avait observé des cas d'alcoolisme aigu dans lesquels la folie ou les accidents suivis de mort avaient été déterminés plutôt par la quantité d'alcool ingérée que par les éléments toxiques charriés par ce liquide. Aujourd'hui, l'alcool de vin ne pouvant suffire aux besoins de la consommation, les buveurs, qui jadis n'usaient que de vin naturel et d'eau-de-vie de vin, s'abreuvent de vins frelatés, de substances amylacées, de mélasse et de liqueurs à essences nocives. L'alcoolisme chronique n'est pourtant pas absolument, à vrai dire, une plaie profonde au Mage ; mais elle s'aggrave là comme ailleurs ; les alcools de cidre deviennent d'un usage journalier, ils sont absorbés tout frais dans l'année de leur distillation et ce sont des alcools de 70, 75 et quelquefois 80 degrés qui, bien que dilués dans le café, n'en ont pas moins pourtant conservé leurs éléments mauvais. Par leur usage fréquent, ils créent l'habitude des autres alcools commerciaux dont on ne sait plus se passer au bourg ou à la ville voisine lors des sorties, des foires ou marchés ; de sorte que nos campagnes seront bientôt envahies par cette malheureuse pandémie de l'alcoolisme chronique, si nous n'avons d'autres mesures préventives ou répressives que celles du jour, pour la plupart puériles ou inefficaces, trop souvent vexatoires.

A côté de l'alcoolisme règne le *narcotisme* qui, sous la forme de cigares et surtout de cigarettes, empoisonne aujourd'hui la jeunesse depuis l'âge de douze et quinze ans ; la vieille tabatière est reléguée au fond de l'armoire, la pipe aussi sort rarement du coin du feu. Alcoolisme et narcotisme se donnent la main pour ruiner la bourse et la santé.

Bienfaisance.

Nous avons vu plus haut ce que fut le bureau de bienfaisance et quelle fut son origine. Aujourd'hui ce bureau a pour administrateurs : MM. Cottin, maire, Demouth, délégué du Préfet, Sagot, Plumerand, Madelaine, Hayes, Brisard, Ses revenus ont été :

En 1895. . . 1,309 f.   En 1898. . . 1,292 f. 47 c.
   1896. . . 1,395   1899. . . 1,378   66
   1897. . . 1,260

En été, il soutient quatre à cinq pauvres, en hiver, huit à dix.

Instruction.

Le niveau de l'instruction n'est pas élevé ; les enfants fréquentant très irrégulièrement et venant peu à la classe, à partir de

10 à 11 ans, où beaucoup sont employés à la garde des bestiaux et aux travaux de la ferme. Si le malaise, quelquefois la misère, est pour beaucoup dans cette fréquentation irrégulière, l'indifférence des parents y est pour autant : depuis dix-sept ans qu'il est à la tête de l'école des garçons, M. Germond n'a pu obtenir que onze certificats d'études, et l'institutrice, Mme Trépied, deux seulement accordés aux deux filles de l'instituteur.

Il est juste d'ajouter que si les programmes scolaires étaient rédigés d'une façon plus pratique et comprenaient, avec l'instruction religieuse, l'enseignement exclusif mais solide des choses les plus utiles à connaître à un cultivateur, les parents seraient peut-être plus empressés pour en faire profiter leurs enfants ; tandis qu'il est triste de constater que l'enfant qui a obtenu un certificat d'études se croit désormais bien supérieur à ses père et mère, dont il serait humilié d'exercer la profession, et n'aspire plus qu'à grossir le nombre des déclassés.

Fabrique.

Cette administration est dirigée par :

MM. Bodin,	président,	1896.
J. Marcy,	trésorier,	1896.
Aubert,	curé.	
Cottin,	maire.	
A. Hayes,	membre,	1899.
R. Petit,	membre,	1899.
P. Touly,	membre,	1899.

§ V

Histoire économique.

Division de la propriété. — Prix de la terre.

Nous avons dit que la plus grande propriété du Mage, Feillet, fractionnée dans le cours de ce siècle, puis réunie sur la tête de M. d'Andlau, s'était de nouveau vue divisée à sa mort, puis de nouveau réagglomérée. Les familles de Rosambo, d'Orglandes, d'Espeuilles, sont tour à tour propriétaires de Feillet de 1818 à 1866. Le comte d'Espeuilles jouit de 305 hectares de 1864 à 1876, le comte d'Orglandes de 110 hectares ; nous avons inscrit plus haut (note 2, p. 131) le partage résultant de la succession de M. d'Andlau. A côté de cet immense domaine, dont dépendent, en dehors des bois, les fermes de :

La Cucuyère,	55 hectares.
La Garde,	51 hectares.
Le Moulin,	
La Pichardière,	
La Fourlière,	de contenances diverses
La Villedieu,	et inférieures aux deux
La Faudière,	premières.
Les Chaintres,	
Feillet (ferme du baillage),	

nous rencontrons : *Montaigu*, de 61 hect. ; *le Mesnil-Pot*, de 55 hect. environ ; *le Haut-Voré*, de 45 hect., ces deux dernières fermes appartenant à M. Lecouturier, avoué à Argentan, et *Montaigu* à Mlle Lucie Soulbieu. L'*Ardillère*, qui fut longtemps une des principales propriétés, ne l'est plus depuis plusieurs années. Appartenant au commencement de ce siècle à M. le comte de la Porte de Riantz, lors de la confection du cadastre (1829-1830), cette propriété fut détaillée en trois parts par MM. Cohin et Brière, marchands de biens à Bellême, en 1856. La part principale (15 hect.) fut achetée par M Cottin, aujourd'hui maire du Mage ; Mme Lefèvre, veuve d'un professeur au Conservatoire de musique, en avait été la dernière propriétaire ; elle l'avait acquise : 1° de M. Etienne d'Aligre, pair de France, commandeur de la Légion d'Honneur, et 2° de Mme Catherine-Etienne-Claude d'Aligre, veuve de Hilaire Rouillé, marquis de Boissy, pair de France, chevalier de la Légion d'Honneur, auxquels elle appartenait comme leur ayant été abandonnée en toute propriété sans soulte ni retour, et indivisément par acte des 4 et 5 février 1840, contenant partage des biens dépendant de la succession de Mme Catherine-Françoise Beauvarlet de Bomicourt, veuve de M. Guy-François-Henri, comte de la Porte de Ryantz, décédé à Paris le 4 novembre 1839 et laissant pour héritiers :

1° le marquis d'Aligre ;

2° la marquise de Boissy ;

3° Antoinette-Catherine-Amélie des Portes, épouse de Louis-Raymond-Charles, marquis de Galard ;

4° Adolphe-François-René, marquis des Portes.

Citons encore comme propriétés relativement importantes : la *Petite-Guérottière*, à M. Petit, 41 hect. ; le *Bouhoudoux*, à M. Rivière, 40 hectares environ ; les *Noyers*, à M. Besnard, l'*Hôtel-aux-Agneaux*, à M. Bodin, l'*Auberdière*, à M. Sagot, la *Couplerie*, à M. Touly, la *Cure*, à M. Brizard, la *Boulaye*, à M. Haye, la *Fleurière*, à M. Berrier, le *Bisson*, à M. Demouth, la *Haute-Ferrette*, à M. Camus, toutes propriétés équivalentes ou au-dessous de 40 hectares.

On comprend que la terre n'a pas la même valeur sur un territoire de nature et de culture diverses. C'est ainsi qu'au Boulay la terre pourra se vendre à peu près 2,600 fr. l'hectare, 1,400 dans la banlieue basse du bourg, 1,200 à 1,600 du côté de Montégu et seulement 600 du côté de Talbouquet (1).

Agriculture.

Nous ne pouvons que rendre hommage à nos cultivateurs : ils sont laborieux à l'excès ; il ne dépend certes pas d'eux que leur terre reste sans rapport et nous n'exagérons pas en disant que les trois quarts mériteraient cette anodine décoration du Mérite Agricole, si elle pouvait en quelque chose les encourager ; mais nous affirmons que tous ne souhaiteraient et ne mériteraient comme récompense qu'une diminution de ces impôts dont ils semblent grevés à plaisir ; le nouvel impôt sur le revenu, dont ils sont menacés, ne semble-t-il pas fait pour apporter le découragement et le malaise auprès des plus courageux. Les Syndicats sont appelés à les soulager dans une certaine mesure, à condition de rester indépendants de l'Etat et de ne pas devenir de nouvelles machines administratives. Au Mage, un cercle agricole, fondé par M. Germond, instituteur, réunit 36 membres et est affilié au Syndicat officiel d'Alençon.

Culture, Exploitation, Assolement.

Une partie de la terre au Mage, en dehors du domaine de Feillot, est exploitée par ses propriétaires plus ou moins importants, surtout à partir et au-dessous de 40 à 50 arpents ; nous ne connaissons aucun métayage sauf sur quelques parcelles de terre insignifiantes. La terre est consacrée à la culture des quatre principales céréales, dont nous donnons pour 1899 le rapport :

Froment,	90 hectares,	1,800	quintaux en	grain.
		4,500	id.	paille.
Méteil,	79 —	632	id.	grain.
		1,732	id.	paille.
Seigle,	105 —	735	id.	grain.
		2,100	id.	paille.
Orge,	80 —	400	id.	grain.
		640	id.	paille.
Avoine,	185 —	740	id.	grain.
		1,100	id.	paille.

En culture, 539 hectares.

(1) Ces chiffres qui sont, on le comprend, très approximatifs, nous ont été donnés par des cultivateurs du Mage que nous avons cru assez bien renseignés.

L'hectolitre de blé   pesait 80 kilog.
— méteil — 76 —
— seigle — 75 —
— orge — 65 —
— avoine — 48 —

La différence très élevée du rapport du blé avec les autres céréales provient de cette cause que l'engrais joue un rôle absolument considérable dans la culture du blé et presque nul dans les autres. On mettra 400 kilogs de guano soit 4 sacs à l'hectare et une douzaine de mètres cubes de fumier pour le blé, quand au contraire les autres cultures ne bénéficient que d'une dose insignifiante et doivent parfois se contenter de ce qui a été employé l'année précédente pour le blé qui a presque tout absorbé. Les autres cultures se répartissent comme il suit :

Pommes de terre, 2 hectares. 100 quint. à 7 f. 50 le quintal.
Fourrages divers, 5 — 400 — 3 f. —
Trèfle, 185 — 3,145 — 4 f. —
Sainfoin, 24 — 480 — 5 f. —

En rapport, 216 hectares.

Ainsi nous avions, en 1899, 755 hectares de terre en culture ; si nous y ajoutons 144 hectares de pré et 89 de pâtures, nous avons une moyenne annuelle de 988 hectares de rapport pour l'agriculture. L'horticulture, qui s'étend sur une surface moyenne de 12 hectares, n'a pas de représentant attitré. M. Breuil exerçant peu sa profession, elle appartient à l'initiative privée ; il y a d'ailleurs peu de maisons qui n'aient leur coin de terre réservé au jardinage, assez négligé chez le cultivateur, mieux entretenu chez le rentier et l'ouvrier qui, n'ayant que ce coin de terre, le soignent d'une façon spéciale.

L'assolement est en général quadriennal ; mais dans les cultures plus faibles il est triennal. La marne, autrefois employée, est remplacée par les engrais chimiques dans les proportions que nous avons données tout à l'heure.

Fermages.

Les baux et fermages se font à 4, 8 ou 12 ans pour la terre comme pour les maisons ; les loyers sont à des prix tellement variables qu'il nous est difficile de les analyser. Au Bouhoudoux, au Menil-Pot, la terre se louera 40 et 50 fr. l'hectare. Nous savons exactement que la Cucuyère, de 55 hectares, se loue 1,300 fr. impôts en plus, soit environ 23 fr. 60 l'hectare, que la Garde, qui a 51 hectares, se loue 2,000 fr. impôts en plus, soit 39 fr. 40 l'hectare, prix plus élevé à cause des prairies qui en dépendent.

La location des maisons d'habitation est, on le conçoit, dans le même tenant, suivant leur situation et le produit qu'elles peuvent donner. Au bourg, nous trouverons des maisons de commerce de 200 à 300 fr. et aussi des demeures de petits commerçants ou artisans de 40 à 80 fr. et c'est la majorité. A la campagne, la maison du journalier, composée de deux pièces, entourée d'un jardin, sera louée de 25 à 50 fr. Inutile de dire que les assurances d'immeubles sont aux frais du propriétaire et celles du mobilier aux frais du locataire, qu'elles varient de 40 à 80 cent. du mille, selon la nature de la chose assurée, les risques qu'elle peut avoir à courir et la Compagnie à laquelle on s'adresse.

Salaires, Main-d'Œuvre.

Le *journalier* se paie 1 fr. 25 en hiver, 1 fr. 50 en été, quand il est nourri ; l'*homme d'état*, maçon, charpentier, menuisier, etc., de 3 à 5 fr. selon son expérience et son habileté ; le *charretier*, le *berger*, l'*homme de cour*, 300, 400 et 500 fr. par an ; le *petit valet*, 100 à 150 fr. ; le *vacher*, enfant de 10 à 12 ans (de la Saint-Jean à la Toussaint), 30 à 40 fr. Les *ouvriers de moisson*, faucheurs indépendants de la ferme, reçoivent 12 et 14 fr. de l'arpent de blé ou de seigle pour eux et leurs ramasseuses, et 6 à 7 fr. pour l'orge ou l'avoine. Les machines agricoles n'ont pas encore pénétré au Mage, sauf à Feillet où il existe une faucheuse. Le Cercle agricole possède également un concasseur et un trieur. M. Gauthier, charron, possède une batterie à vapeur. La nouvelle loi sur les accidents du travail, qui semble être une garantie pour l'ouvrier, forcera le propriétaire à rabattre sur les prix ci-dessus des sommes quelquefois fort élevées qu'il versera aux Compagnies d'assurances pour sa tranquillité personnelle ; et cette loi n'aura apporté qu'un impôt de plus à la charge de l'ouvrier.

Animaux domestiques.

Il y avait au Mage en 1899 :

Chevaux.	168	Moutons.	280	
Anes.	14	Brebis.	175	600
Taureaux.	5	Agneaux.	145	
Vaches.	215 / 295	Porcs.		20
Génisses.	75	Chèvres.		4

Les veaux en général sont mis à la graisse et vendus au bout de trois à quatre mois. Les plus grandes fermes possèderont 4 à 5 chevaux et 10 à 12 vaches, la moyenne est de 2 chevaux et de 4 à 6 vaches. L'élevage du porc se fait peu, bien que sa viande soit d'une grande consommation ; on l'achète prêt à tuer et le lendemain il est au saloir. La basse-cour est habitée par la poule, la dinde, le canard et quelquefois l'oie ; le lapin tend à se généraliser et nous pouvons dire que chaque ménage s'offre les agréments de cet élevage économique.

Prix des Denrées, Débouchés.

Le cheval, presque toujours de race percheronne, ne naît pas dans le pays ; il est acheté antenais (c'est-à-dire âgé d'un an), sur la place de Longny ou de Regmalard ; on le nourrit et on le fait servir jusqu'à l'âge de cinq à six ans ; c'est alors qu'il est revendu pour être dirigé sur Paris et ailleurs ; il doit alors, s'il est en bon état, rapporter un tiers de plus, quelquefois le double de son prix d'achat ; son prix de vente peut alors monter à 1,000 et 1,200 fr. Les vaches varient de 200 à 400 fr. L'agneau, de 15 à 20 fr., le mouton, à sa vente définitive, de 30 à 40 fr. Le porc s'achète de 0 fr. 50 à 0 fr. 70 sur pied. Entrerons-nous dans le détail d'autres menues denrées. Dirons-nous que le beurre se vendra bon an mal an de 0 fr. 80 à 1 fr. 20 le demi-kilog., le couple de poulets, entre 4 et 6 fr., le lapin, 1 fr. 50 à 2 fr. 50, les œufs, de 0 fr. 60 à 1 fr. 20 la douzaine, la viande de boucherie, 70 et 80 cent. dans le bœuf, 1 fr. à 1 fr. 20 dans le veau et le mouton, le pain, 1 fr. 05 les 4 kilog., taxe de Longny (juin 1900).

Nous ne pouvons arrêter le lecteur à des détails qui lui paraîtraient fastidieux, et après avoir dit que toutes les denrées du Mage non consommées sur place sont dirigées soit sur Longny ou sur la Loupe le mardi, soit sur Regmalard le lundi, nous ouvrons le paragraphe de la sylviculture.

Sylviculture.

En dehors des essences que nous avons déjà indiquées, nous n'en connaissons aucune qui mérite d'être mentionnée ; nos observations porteront simplement sur les ventes et prix du bois et aussi sur la voierie du domaine de Feillet.

Et d'abord commençons par nous orienter, par indiquer les lignes qui desservent ces bois. La plus ancienne qui, disons-le, était presque l'unique voie, est la ligne *Clément*, partant de Feillet et se dirigeant vers la Ville-Dieu et les Personnes. Divers petits chemins ou sentiers aboutissaient et se ramifiaient à cette ligne principale ; M. le comte Terray les a classés avec les désignations suivantes :

Entre la tuilerie de la Florentinière et l'étang des Personnes :

A droite, en revenant à Feillet :	*A gauche :*
Ligne de *Riberac*.	Ligne d'*Espeuilles*.

Ligne de *l'Herbage-Beard*.   Ligne *Rougette*.
Id. *Breffin*.   Id. *de Rosambo*.
Id. *de Lonzac*.   Id. *de Saint-Laurent*.
Id. *des Personnes*.

Le côté sud-ouest est relié avec le château par trois autres lignes :

Ligne *de la Fourlière* où se raccorde, près du château, la ligne *de la Souris*.

Ligne *de la Douvellerie*.

Ligne *de la Frette*.

Et en dernier lieu les trois avenues principales donnant accès au château, de la route de Moutiers au Mage, l'une par l'ancienne propriété Du Moutier, l'autre plus au-dessus débouchant vis-à-vis la ferme de la Garde et la troisième à 200 mètres au-delà de la Croix de Feillet, suivant, nous a-t-on dit, l'ancienne avenue du Château.

Les bois se répartissent dans les 18 ventes suivantes, dont les principaux adjudicataires sont MM. Buguet, Viette, Paulin, Souverain, Brunet, Prévost, Noël Filleul, Deshayes, Plumerand, les uns de Neuilly, les autres du Mage et environs.

1. Vente *de Feillet*.
2. — *des Vieilles-Verreries*.
3. — *des Petites-Fontaines*.
4. — *de la Vallée-Mitois*.
5. — *de la Fourelière*.
6. — *du Chemin-Ferré*.
7. — *de l'Etang-Neuf*.
8. — *de la Marre-du-Louis*.
9. — *des Houssayes*.
10. Vente *1re des Personnes*.
11. — *2e des Personnes*.
12. — *de Saint-Laurent*.
13. — *des Forts*.
14. — *du Coudroi*.
15. — *du Bardeau*.
16. — *de la Rougette*.
17. — *de la Douvellerie*.
18. — *du Taillis*.

Les bois de ces ventes sont utilisés pour l'industrie et le chauffage et expédiés à Chartres et à Paris, où la boulangerie est une des principales consommatrices. Les deux gardes de Feillet et des Personnes ont la surveillance de ces bois. M. Sainte-Marie Goupil, beau-frère de M. Haton de la Goupillère, directeur de l'Ecole des Mines, est propriétaire sur Longny de près de 400 hectares de bois faisant suite à ceux de Feillet, dans une lisière de dix hectares sur le Mage et sur cette lisière possède un garde à l'*Etang-aux-Moines*.

D'autres bois en taillis appartiennent à divers propriétaires, parmi lesquels M. le comte d'Andlau et M. le comte de Mun, ce dernier pour deux hectares seulement. Le prix du bois de chauffage se monte en pommier de 25 à 28 fr. les 3 stères, le chêne, 12 à 15 fr. rendus; le bois de coupe varie de 23 à 25 fr. en charme, de 22 à 24 fr. en bouleau, le bois à charbon, 12 fr. sur place. La *bourrée*, de 8 à 12 fr. le cent, quand elle ne comprend que le bois d'abattage ; la branche monte de 20 à 28 fr. quand elle est faite de menu et de gros bois, devenant *fagot* ou « *margotin.* »

Commerce et Industrie.

La liste que nous avons donnée des habitants du Mage et de leur qualité nous renseigne sur ce qu'est le commerce dans cette localité ; un boulanger, trois épiciers, quatre cafetiers, deux aubergistes ou maîtres d'hôtel, sont les principaux représentants du commerce, un peu paralysé par le voisinage de Longny. L'industrie et principalement celle qui se rapporte à l'agriculture est plus florissante ; quatre charrons, un menuisier, un mécanicien, un bourrelier, deux maréchaux, un scieur de long, deux lattiers, sont un nombre assez raisonnable pour la population, si nous y ajoutons le tuilier de la Florentinière, fermier de M. Lajamme-Belleville, châtelain de Malétable. Depuis un demi-siècle, une tuilerie que les anciens ont encore vue en activité à Feillet, près du château, ne fonctionne plus, et les bâtiments d'exploitation ont été récemment détruits par M. le comte Terray ; on y fabriquait spécialement des tuyaux de drainage.

Bâtiments.

Eglise. — L'église est la maison paroissiale, entrons-y quelques minutes. Le pavage du chœur, fait en 1892 par M. l'abbé Gohier, curé de la paroisse, a été continué dans la nef en 1899 par M. Aubert, son successeur, lequel y a dépensé une somme de 1,100 fr., ce qui, avec les dépenses du chœur, donne un total d'environ 2,000 fr. En cette même année 1899, deux grisailles avec médaillon des Sacrés-Cœurs de Jésus et de Marie, données par feu M. l'abbé Leroux, ancien curé, ont été posées dans le chœur *(des ateliers de Lorin à Chartres).*

Les deux premières grisailles de la nef sont un don de M. Aumont du Moutier ; elles portent les armoiries de cette famille : « Huit monts sur fond de gueules ». Les deux dernières grisailles du fond de la nef ont été données, en avril 1900, en mémoire de la famille de Beausse, avec armoiries de famille. Un chemin de croix artistique a été posé en 1897, des boiseries doivent prochainement être placées sur les murs de la nef, à la hauteur des fenêtres (2 mètres). Toutes ces restaurations terminées se chiffreront par 3,500 fr. pour cette église du Mage, qui sera devenue intérieurement une des plus coquettes des environs.

Château. — Le château de Feillet, contrairement à ce que nous avions avancé plus haut, a toujours appartenu en entier, depuis la mort de M. d'Andlau, à M. le comte et à Mme la comtesse

Terray. Il n'est pas encore aujourd'hui complètement aménagé, mais il a été dégagé entièrement des anciens communs (tuilerie, remises et maison de garde) qui le masquaient précédemment.

Les abords de ce château ne sont encore qu'à l'état provisoire, néanmoins sa position surélevée de plusieurs marches au-dessus de l'étang, du nouveau canal et de la pelouse, lui donne le plus riant aspect sur le fond verdoyant des futaies et sapinières qui l'entourent. En face et bordant l'ancienne propriété Aumont du Moutier, sur le bord de l'étang, une tour carrée démantelée, couverte de lierre, d'une quinzaine de mètres de hauteur, sert de nouveau logis au garde ; elle est surmontée d'une horloge dont les timbres de la plus joyeuse harmonie réveillent chaque heure les échos endormis de cette vieille propriété. La maison du baillage et ses dépendances servent de nouveaux communs au château, et de cet ancien Feillet dont le rôle fut autrefois si prépondérant au Mage, il ne reste plus que la maison de maître et la ferme ; le châtelain, le garde et le fermier.

Chapelle du château. — Au § C, traitant de la chapelle du château de Feillet, et transcrivant l'inscription de la si curieuse et énigmatique dalle funéraire d'Anne Boulard, nous donnions cette opinion que cette religieuse avait pu venir terminer ses jours à Feillet, au moment où ce domaine appartenait à l'Hôpital de Paris (1706). Nous n'avions fait que reproduire l'épitaphe qui, sans doute, nous donnait de curieux renseignements sur la vie de la défunte, mais ne nous la faisait pas connaître autrement, d'où notre hypothèse. Une heureuse découverte de M. le comte Terray nous permet d'écrire deux pages du plus grand intérêt sur cette dalle, tout en nous laissant, et nous le regrettons vivement, l'énigme sur sa présence à Feillet.

Pendant les travaux de restauration de la chapelle, en 1896, on trouva sous ladite dalle une plaque de cuivre d'une longueur moyenne de 15 centimètres et d'une largeur de 8 à 10. Gravée sans aucun doute sous l'inspiration de M. Clément, elle contient ces lignes :

Lapidis subjecti translati hùc
anno 1738, e ruderibus Portus Regis,
Historiam lego in necrologia ejusdem
domùs typis data anno 1723, pag. 165.

(Lisez dans le Nécrologe de la maison de Port-Royal, imprimé en 1723, p. 165, l'histoire de la pierre placée ci-dessous transportée ici en 1738 et prise dans les ruines de cette maison (1).

(1) Nécrologe de l'abbaïe de N.-D. de Port-Royal des Champs, ordre de

Fortement intrigué, et qui ne l'aurait été, M. le comte Terray ouvrit l'histoire de Port-Royal, se reporta à cette curieuse page 165 et y lut ce qui suit :

« Le 20ᵉ jour d'avril 1706 mourut la Révérende Mère de Sainte-
« Anne, Boulard de Ninvilliers, dernière abbesse de ce monastère.
« Elle y était entrée dès l'âge de sept ans, ayant ainsi quitté le
« monde avant que de le connaître, et y a vécu, jusqu'à près de
« 80 ans, dans une entière ignorance de sa corruption. Il n'est
« guère de charges considérables dans cette maison qu'elle n'ait
« rempli, toujours avec beaucoup d'édification et de sagesse.
« Abbesse, comme simple religieuse, elle a toujours donné des
« marques d'une sincère et profonde humilité et a toujours été
« d'une exactitude la plus exemplaire à toutes les pratiques de
« cloiture. Comme Dieu lui avait donné beaucoup de foi et de
« constance, il la réserva aussi à des temps bien fâcheux qui lui
« firent naître bien des occasions de faire preuve de l'une et de
« l'autre. Elle eut à souffrir plusieurs violentes persécutions, qui
« ne furent jamais capables d'affaiblir sa vertu et qui n'empê-
« chèrent point qu'elle ne finit ses jours dans la paix ordinaire
« des élus de Dieu. Elle a sa sépulture dans le bas-côté à gauche
« du chœur, avec cette épitaphe qui causa quelque bruit dans le
« temps » (1).

Il nous faut, pour faire comprendre au lecteur ce qui suivra, reproduire ici l'épitaphe que nous avons donnée plus haut (p. 156). Comme d'ailleurs elle est transcrite en latin et dans son texte primitif, nous sommes sûrs d'être agréables et utiles à la plus grande partie de nos lecteurs en la traduisant ici en français :

« Ici repose, dans l'attente de la béatitude future et de l'avène-
« ment glorieux du Dieu de majesté, la B. M. Elisabeth de Sainte-
« Anne, Boulard. Dieu lui ayant fait la grâce de renoncer aux
« amusements du siècle qui lui avaient souri dans sa tendre
« jeunesse, par la grâce de Dieu elle progressa tellement de vertu
« en vertu qu'après sa profession en 1652, on lui confia aussitôt
« le soin de la sacristie. Ensuite elle fut établie seconde maîtresse
« des novices et passa à diverses fois par les premières charges
« de la maison qu'elle remplit avec beaucoup de suffisance. Elue

Citeaux, Institut du Saint-Sacrement, qui contient les éloges historiques avec les épitaphes des fondateurs bienfaiteurs de ce monastère et des autres personnes de distinction qui l'ont obligé par leur service, honoré d'une affection particulière, illustré par la profession monastique, édifié par leur pénitence et leur piété, sanctifié par leur mort et leur sépulture. (Amsterdam 1723).

(1) Lorsqu'en 1711 on exhuma son corps avec ceux des autres saints qui reposaient dans ce sanctuaire, il se trouva encore entier et sans nulle corruption.

« prieure en 1691, puis abbesse en 1699, elle tint une conduite
« si humble, qu'obligée par sa dignité d'occuper la première
« place, elle désira de toute l'étendue de son cœur de se voir la
« dernière de toute la communauté. Un de ses principaux soins
« fut de faire sentir son autorité, non par des manières dures
« et impérieuses, mais par l'exemple de toutes les vertus du
« cloître et par une exacte pratique de la règle et de travailler
« à l'avancement de ses filles par des prières continuelles. Sa
« tranquillité au milieu des afflictions et la grandeur de son
« courage à les souffrir firent l'admiration de tout le monde.. . .
« . . . .
« . . . . Elle mourut dans la paix du Seigneur
« le 20e jour d'avril, en 1706, en la 79e année de son âge. »

Ainsi, Anne Boulard fut sa vie entière religieuse Bernardine de Port-Royal des Champs. Née en avril 1628, elle reçut l'habit de novice en 1651 et fit profession le 29 décembre 1652. Toujours, nous disent les Mémoires de Port-Royal, on remarqua en elle une sévère et profonde humilité, l'exactitude la plus exemplaire à toutes les pratiques de la vie religieuse, l'amour de la prière, de la mortification, du silence, de la résignation et de la confiance en Dieu; la foi et le courage étaient admirables en elle. Après avoir passé successivement par toutes les charges de la maison, élevée à la plus haute dignité, elle tint toujours une conduite si humble qu'il était facile de juger qu'elle désirait bien sincèrement n'occuper que la dernière place. Élue abbesse en 1699, à une époque particulièrement difficile pour sa communauté, elle eut le grand honneur de recevoir la lettre suivante de M. le Cardinal de Noailles, depuis quatre ans archevêque de Paris, aussi connu, nous dit un historien, par le mérite de ses vertus que par l'intérêt d'une persécution soufferte avec constance.

« Je ne doute pas, ma chère fille, étant persuadé comme je le
« suis de votre zèle et de votre piété, que vous ne soyez effrayée
« et affligée du fardeau dont la Providence vous charge; votre
« douleur m'édifie et me fait en même temps espérer que Dieu
« vous donnera toute la force nécessaire pour le porter dignement
« et utilement pour sa gloire. Je l'en prie de tout mon cœur et
« vous y aiderai pour ma part avec plaisir en ce qui dépendra de
« moi. Que j'aie toujours part, je vous en conjure, dans les
« prières de votre communauté et dans les vôtres. »

Et l'auteur des « Mémoires » continue ainsi : « Les espérances de M. de Noailles ne furent pas vaines ; elle porta dignement et utilement pour la gloire de Dieu pendant six ans le fardeau dont on l'avait chargée, travaillant à procurer l'avancement de ses filles par des prières continuelles et par l'exemple qu'elle leur donna de toutes les vertus religieuses, sans jamais se relâcher en rien de la règle, malgré son grand âge et ses infirmités. Le temps de son gouvernement ayant concouru avec celui de la dernière persécution, nous la voyons pleine de foi et tranquille au milieu des plus grandes afflictions, inspirant à ses filles les plus saintes dispositions que Dieu avait mises en elles et leur donnant l'exemple du courage avec lequel on doit défendre la Vérité.

Encore un dernier détail avant de reprendre l'histoire de notre dalle funéraire.

« Le 20 avril 1706, la Révérende Mère étant à l'agonie, on en-
« tendit en divers lieux de la maison comme une mélodie très
« agréable qui semblait partir de la moyenne région de l'air et
« d'un lieu fort élevé. »

Ce qui précède nous fait comprendre les lignes élogieuses gravées sur le tombeau d'Elisabeth-Anne Boulard, en nous faisant déjà soupçonner la raison politique de la suppression des derniers mots de l'épitaphe. La dernière abbesse de Port-Royal n'assista pas à la catastrophe finale qui amena la dispersion de son monastère ; mais, héritière des principes de la Mère Angélique Arnauld, qui avait été sa devancière et aussi sa supérieure dans les fonctions d'abbesse, elle demeura obstinée avec ses religieuses dans les doctrines Jansénistes, à nouveau condamnées à Rome, en 1700, par Clément XI, dans la première année où elle exerçait la charge d'abbesse à Port-Royal. Appuyée par le Cardinal de Noailles, qu'on accusait d'être en dessous favorable à Port-Royal, elle tint tête à l'orage pendant les six dernières années de sa vie et cette résistance fut consignée sur son tombeau comme un des plus beaux actes de sa vie.

L'inscription, dans les lignes laissées en noir, se terminait ainsi :

« ... Sur la fin de ses jours, elle vit Satan qui demandait ses
« filles pour les cribler, comme on crible le froment ; elle vit et
« pleine de confiance en Dieu, elle pria que leur Foi ne défaillit
« point ; elle eut la consolation de voir l'effet de ses prières... » (1).

C'était là une vive attaque et contre le Pape et contre le Roi.

Quelques personnes ayant vu et lu ces dernières lignes, pensèrent qu'elles seraient malicieusement interprétées. Aussi conseillèrent-elles de les changer et d'en substituer d'autres. Le changement n'était pas si aisé à faire, à cause de la gravure. Tout ce que l'on put faire fut de remplir ces mots de plâtre et d'écrire dessus avec une peinture noire à l'huile ces autres : « Vidit sorores

(1) Nous regrettons de ne pouvoir donner le texte latin que nous ne possédons pas.

« nova jamque tempestate actas. » (Elle vit ses sœurs ballottées par une nouvelle tempête). Mais quelques gens de mauvaise volonté qui avaient eu par hasard une copie de cette épitaphe avant qu'elle fût réformée, s'en servirent pour faire leur cour à M. l'Evêque de Chartres (Paul Godet des Marais), curieux et avide de ces minuties. Ce prélat estima celle-ci si importante qu'il en informa le Roi et même qu'il grossit l'objet et envenima tellement une pensée, aussi innocente qu'elle était naturelle dans les circonstances de la mort de cette abbesse, comme si on eut voulu par là insulter à *des puissances très respectables*. Le Roi en parla à M. le Cardinal de Noailles et lui demanda comment il souffrait qu'on eût mis une telle épitaphe.

Son Eminence promit d'éclaircir la vérité de ce fait et manda à M. Gilbert, supérieur de Port-Royal-des-Champs, qu'on lui donnât une copie de l'épitaphe de la dernière abbesse. On la lui donna avec sa correction et telle qu'on la lisait sur la tombe. Ce changement surprit M. le Cardinal, qui s'attendait d'y trouver le sujet de la plainte et comme il y avait alors sur les lieux M. Collet et un autre Nicolaïte (1) nommé M. l'Escolan, il leur donna ordre d'entrer au dedans de la maison et de vérifier la sincérité de la copie par la lecture de l'épitaphe gravée. Ils satisfirent si exactement à cet ordre qu'à force d'y regarder de près, ils s'aperçurent qu'il y avait eu quelque chose de gravé par dessous. Ils en informèrent M. le Cardinal, qui envoya le sculpteur même qui avait gravé l'épitaphe, pour ôter avec le ciseau tout ce qui était depuis « *Peregrinationis* » jusqu'à « *voti compos* », en sorte que l'on y voit aujourd'hui toute cette suite biffée et remplie seulement d'un mastic. *(Mémoires de Port-Royal.)*

La pierre tumulaire d'Elisabeth Boulard est aujourd'hui telle qu'elle était à cette époque, dans le plus parfait état de conservation et n'a pas souffert autrement que de la rature des dernières lignes. Comment est-elle venue à Feillet, c'est la seule énigme qui nous reste à son sujet. Nous savons qu'en 1709, les Religieuses ayant refusé de signer le Formulaire qui condamnait les cinq propositions de Jansénius, le Cardinal de Noailles n'osa plus les défendre, elles furent enlevées de leur monastère et dispersées en divers couvents. L'église et les bâtiments conventuels furent rasés; on s'attaqua même aux sépultures et aux monuments funéraires, qui furent transportés dans les églises et cimetières des environs. Le transport des corps se fit de nuit et sans éclat, sauf ceux enterrés avant 1625 qui restèrent (2). Quelques

(1) Ecclésiastique élevé au Séminaire de Saint-Nicolas-du-Chardonnet.
(2) Au cimetière de Magni furent transportés les corps de MM. Grenet, de la Potherie, Coislin, Pontchâteau.

corps, mutilés lors de l'exhumation, furent jetés au cimetière de Saint-Laurent. Que devint celui d'Anne Boulard ? que devint la dalle de son tombeau jusqu'en 1738 ? Nous ne savons qu'une chose : c'est que messire Clément plaça cette dalle dans la chapelle de son château de Foillet, l'année même où il la construisit, voulant sans doute rendre un dernier hommage aux vertus de la dernière abbesse de Port-Royal, dont il avait peut-être lui-même embrassé les doctrines. On nous pardonnera, nous voulons le croire, de nous être étendu aussi longuement sur l'histoire de cette dalle funéraire, qui ajoute tant d'intérêt à l'histoire de la chapelle de Feillet.

Tombeaux, Croix et Ponts.

Le cimetière est à 500 mètres de l'Eglise, sur la route de Moutiers ; la visite que nous lui avons faite dernièrement nous a présenté un intérêt particulier. A droite et longeant l'allée parallèle au mur, nous nous sommes agenouillés devant la tombe du prêtre vénérable qui fut notre confrère et notre voisin et sur sa tombe en marbre blanc nous avons lu :

A la mémoire de Joseph-Lucien Leroux,
nommé curé du Mage le 24 novembre 1859,
Démissionnaire le 27 janvier 1888,
Décédé le 22 août 1898,
Agé de 84 ans.

Il a aimé le décor de la maison de Dieu,
Sa main était ouverte à l'indigent.
Requiescat in pace.

Plus loin, et à l'angle sud-ouest du cimetière, nous nous arrêtons devant les sépultures de la famille de Beausse et Aumont du Moutier, dont les dalles, couchées au pied d'une crypte en briques abritant une Vierge avec cette inscription : « Marie, mère de Douleurs, priez pour nous ! » sont reserrées dans un hémicycle en plein air, défendu par un mur en briques de 80 centimètres de hauteur. Sur l'une de ces dalles nous lisons :

*Hic jacet
Dom. J.
De Beausse,
89 annos natus,
Regii et militaris
Ordinis S. Ludovici
Eques, centurio peditum
Veterarius, regisque beneficiarius.*

> *Obiit*
> *10 7bris* MDCCCVI
> *Reverentia virtutum,*
> *Mœrens, hoc posuit filius.*
> *Requiescat in pace !*

A côté, sur un monolithe d'environ 2 mètres :

> *Priez Dieu pour*
> *M. et Mme de Beausse*
> *et leurs enfants, dont*
> *les corps reposent ici.*

Puis le tombeau de *Mme Achard de la Vente, née Sidonie de Beausse*, décédée à Feillet le *8 janvier 1866,*

Et de *Charles-Marcel Aumont du Moutier,* décédé à Feillet *(5 juin 1898), âgé de 76 ans,* et quelques autres dalles dont les inscriptions sont en partie effacées.

Sur l'allée du côté nord, nous remarquons le tombeau de la famille *Charles Picard,* où est déposé le corps de *Hélène-Euphrasie Cohu, dame Charles Picard,* décédée à Caen le 17 juillet 1875, à 52 ans, et à côté la tombe de M. Cohu, curé du Mage, où nous lisons :

> *Ici repose Maître Jacques-*
> *René Cohu, prêtre, décédé à Mortagne,*
> *le 11 mars 1863, à l'âge de 68 ans,*
> *curé du Mage pendant*
> *plus de 36 ans. Il a voulu*
> *que ses restes mortels fussent*
> *déposés dans le cimetière*
> *de cette commune, sa patrie*
> *d'adoption. Deux mots*
> *résument sa vie :*
> *Benefaciendo transiit.*
> *Priez pour lui !*

A côté se trouve la tombe du confesseur de la foi, M. Renoult, dont nous avons donné l'épitaphe, et enfin nous saluons le tombeau de la famille Tomblaine, ancien maire du Mage.

En dehors du cimetière, dont la Croix est en ruine et va être relevée prochainement, nous rencontrons la *Croix de la Cucuyère,* déjà ancienne ; la *Croix de Feillet,* rafraîchie dans ces dernières années et ornée d'un Crucifix ; la *Croix de la Guérottière,* sur la route de Bizou, dernièrement érigée par les soins de M. Petit et rappelant la dernière mission. La *Croix Marion* n'est autre qu'un chêne dont deux branches principales forment croisillon avec le tronc et au centre duquel se trouvait installée une petite statue de la Vierge (une *mariette*).

Le pont établi sur la route de Bizou, au sortir du bourg, avec le *pont Riboust* sont les deux seuls qui méritent l'attention.

Moyens d'accès, Routes.

Nous avons déjà indiqué les routes qui desservent Le Mage ; donnons ici leur longueur sur la commune et la date de leur confection.

Direction.	Date.	Longueur.
Lisieux à Chartres.	1832	4 k. 7
Séez à Senonches.	1841	4 k. 5
Le Mage à Bizou.	1868	4 k. 2
Le Mage à Regmalard.	1855	4 k. 8
Le Mage à Moutiers, par le Gué-des-Chaintres.	1885	2 k. 5
Le Mage à Neuilly.	1900	3 k. 5

Le n° 39 ne passe pas sur la commune du Mage, aussi est-ce une anomalie assez inexplicable que cette commune contribue à son entretien. Veut-on enfin, et pour terminer ce chapitre, savoir quelles sommes moyennes sont dépensées pour l'entretien de cette voirie, ouvrons le Recueil des Actes administratifs de l'Orne *(Administration des travaux publics)*, nous y trouvons ce renseignement pour 1899 :

N° 8.	530 fr.
36.	82 fr. 74 c.
39.	82 fr. 74 c.
45.	529 fr. 99 c.
13.	40 fr.
Petite vicinalité.	572 fr. 73 c.
	1,838 fr. 20 c.

Un projet de tramway de La Loupe à Mortagne, devant desservir le Mage, lancé, il y a trois ans, et dû à l'initiative privée, n'a pas encore abouti, bien que l'idée n'en soit pas abandonnée.

Les travaux de terrassements faits au château de Feillet ont mis à jour quelques objets que nous devons signaler dans l'intérêt de l'archéologie locale :

1° Une pièce de monnaie qui nous fut remise par un ouvrier et dont nous avons fait hommage à M. le Comte Terray. — *Petit blanc d'Henri VI*, aux deux écus accolés de France et d'Angleterre, à la croix accostée du lis et du léopard (de 1429 à 1444).

2° Une épée longue de 1^m,07 (XIIIe à XIVe siècle).

3° Un couteau de chasse de 0^m,25. Emmanchure os et corne de cerf, 0^m,08.

4° Deux cuillers en étain aux armes de Clément.

5° Plat rond et cuiller longue dorée.

6° Eperons XVIIe siècle.

Tous ces objets, propriété de M. le Comte Terray, sont conservés au château de Feillet.

PIÈCES JUSTIFICATIVES

A. Archives de la Fabrique et de la Cure du Mage

§ 1. TITRES DE PROPRIÉTÉ

a. Donations et Constitutions de rente entre vifs en faveur de la Fabrique.

1.

Le Mage ; 13 may 1611.

Donation par Macé du Tartre de 6 l. de rente au Buisson, ratifiée par Toussaint Courpotin.

2.

Moutiers ; 10 août 1631.

Constitution d'une rente de 110 sols à la cure et de 22 sols 6 d. au Trésor, sur la terre de la Fleurière, par Pierre Halgrin, bailli de Moutiers, par devant Loiseleur, principal tabellion à Moutiers.

Parchemin.

3.

Moutiers ; 26 août 1632.

Constitution à m^{tre} Etienne Pecnard, p^{tre}, vicaire, dem^t au Mage, de 4 l. tournois de rente foncière, héritalle, annuelle et à toujoursmais, à prendre sur la grande pièce appelée le « pré des Landes », sis à la Guérottière, laquelle rente est constituée par Martine Touchet, femme séparée quant aux biens d'avec Jehan Symon, son mari. — Passé devant Loyseleur, principal tabellion de la châtellenie de Moutiers.

Parchemin.

4.

Regmalard ; 27 octobre 1632.

Constitution de rentes de m^tre Pecnard au Trésor.

Maître Pecnard, p^tre, cède 4 l. de rentes au Trésor, à la charge de faire dire quatre messes hautes à diacre et sous-diacre, pour le repos des âmes de Georges Pecnard, son père, et Françoise Aveline, sa mère, aux quatre fêtes solennelles, avec *Libera*, ensuite à charge de les annoncer le dimanche précédent et en faire la prière, et aussi deux messes basses pour François Aveline, son parent, l'une l'octave du Saint-Sacrement, l'autre l'octave de Saint-Jean et les annoncer le dimanche précédent « *au prosne* « *de la messe parochialle avec exhortation au bon peuple de* « *prier pour eux* ». Le Trésor ne devra verser que dix s. au curé pour chaque grand'messe et cinq s. pour chaque messe basse, ce qui fera 50 s. ; le reste sera employé aux réparations et entretien de l'église. La rente est celle qui a été constituée à m^tre Pecnard par Martine Tousche et se trouve en « *un morceau de terre en pré assiz dans ladite paroisse, au fief des Petites-Landes, joignant Macé Chevalier, homme de foy dudit fief, et d'autre part Claude Bellejambe et sa femme* ». Casimir Foucault, trésorier en charge de la Fabrique, Jehan Le Vaillant, licencié en droit, sieur des Landes, avocat au Parlement de Paris, procureur fiscal de Regmallart. — Passé par Loys Hureau, tabellion juré à Regmallart.

Parchemin.

5.

Le Mage ; 4 mai 1648.

Constitution d'une rente de 10 s. au Trésor du Mage par M. Des Croix, pour un banc dans l'église, par devant Hureau, tabellion à Regmallart, Jehan Febvrier, procureur, Noël Bernard, curé, Jehan Guérin, trésorier de la *Boîte des Trépassez*, Etienne Maillard, trésorier de la Fabrique, Claude Bellejambe, syndic de la paroisse.

Parchemin.

6.

Regmalart ; 27 septembre 1650.

Constitution de rentes par m^tre Pecnard au curé du Mage.

Maître Pecnard, Estienne, prêtre, dem^t au village du moulin du « *Maige* », cède à Claude Pousset, curé du Maige, qui accepte tant pour lui que pour ses successeurs, une rente assise sur un logis, situé au bourg du Mage, composé de deux chambres dans l'une desquelles il y a four et cheminée, à charge de le recommander aux prières et d'employer ces 8 livres en services pour les trépassés.

Passé devant Loys Hureau, tabellion, Jehan Febvrier, licentié ès lois, sieur de la Vigne, advocat à la Cour et Parlement, procureur et garde des sceaux de Regmallart.

Parchemin.

7.

Longny ; 3 may 1607.

Cession par les héritiers Goislard à René Guérin, fils de Georges, marchand au Mage, de leur part de terre venant des Douveaux, situés à la Douvellerie, pour 95 l., avec charge de remplir les conditions du testament des Douveaux concurremment avec les héritiers Bellejambe.

Extrait des registres de Guinchard, tabellion en la baronnie de Longny.

8.

Le Mage ; 28 juin 1671.

Contrat de fondation de rente par les frères Huet (Claude, s^r de la Faudière, Estienne, s^r de la Boulaye), de la ville de Nantes, par devant Gilles Daumouche, tabellion à Regmalard, en présence de René-Henri de Gruel, sg^r de Feillet, sous-diacre du diocèse de Chartres, de René Guérin, trésorier, m^{re} Pierre Brunet, prêtre, Nicolas Beljambe, etc. Lesdits Huet laissent à la Fabrique 20 l. tournois de rente foncière, annuelle et perpétuelle à toujoursmais, sur la mestairie de la Faudière, payable au trésorier le 1er juillet, à charge par lui de faire célébrer tous les premiers dimanches du mois et aux fêtes de N.-D. (Assomption, Nativité, Conception, Purification, Annonciation), une grand'messe avec les prières, un « *Libera* » et le « *De Profundis* » sur les fosses où sont inhumés les corps de Emery Huet, s^r de Grandmaison, et de Perrinne Normand, sa femme, leur père et mère et Françoys Huet, leur fils, qui sont en ladite église devant le crucifix et autel de Saint-Nicolas et aussi de faire faire les jours ci-dénommés par les curés et prêtres habitués la procession autour de l'église et chanter les litanies de la Sainte Vierge devant son autel, puis « *Libera* » et « *De Profundis* » sur la fosse des susdits, à la charge enfin de faire construire de nouveau un autel en la place de celui de Saint-Nicolas, qui est devant leur place et banc, avec une balustre tout autour de la valeur de 200 l. tournois, et ils seront enterrés ainsi que leurs parents devant leur Crucifix et leur banc qui est devant l'autel Saint-Nicolas, et, dans le cas où toutes ces clauses ne seraient pas exécutées, ou qu'on voulut enlever leur banc (long de 5 pieds 1/2), leur fondation sera transportée à la Charité de Moutiers aux mêmes charges et conditions.

Parchemin.

9.

Longny ; 10 avril 1674.

Constitution d'une rente de 3 l. au Trésor par honnête homme Hémery Huet, demeurant au Mage, à prendre et hypothéquée sur tous les biens de Jean Courpotin, spécialement sur un clos de 23 perches à l'Auberdière, dont le sr Courpotin et ses hoirs pourront se libérer par le remboursement de 60 l. au Trésor. — Devant Beuzelin, notaire à Longny.

Parchemin.

10.

Nantes ; 29 novembre 1681.

Constitution d'une rente annuelle et perpétuelle, à prendre sur tous ses biens, mais spécialement et hypothécairement sur ses biens de la Faudière, par honorable homme Estienne Huet, sr de la Boullaye, maître chirurgien et bourgeois de Nantes, demeurant à la Fosse dudit lieu, paroisse Saint-Nicolas, « *lequel considérant les grâces et faveurs qu'il reçoit journellement de l'adorable main du Tout-Puissant et les biens temporels qu'il a plu à la divine bonté lui départir et désirant l'en remercier* », de sa libre volonté, sans aucune contrainte, par un pur motif de reconnaissance, a légué à jamais au temps à venir, avec promesse de garantie à la « fabrice » du Mage, 40 l. .... et ce afin qu'il soit entretenu jour et nuit à perpétuité une lampe ardente au *cœur* de ladite église Saint-Germain, devant le maistre-autel, où repose le Très-Saint Sacrement, « *le tout à la plus grande gloire de la Majesté Divine* ».

Noble homme Charles Huet, sr de Grandmaison, officier de madame la Duchesse d'Orléans, et noble homme Claude Huet, sr de la Boullaye, sont constitués procureurs spéciaux du donateur.

La donation et la charge acceptées, les habitants et Fabriciens ne pourront plus, à partir de Noël prochain, discontinuer d'entretenir cette lampe, sous peine de déchéance de leur droit dans les huit jours, sans qu'il soit besoin de formalité ; et, afin que la lampe ardente ne tombe en oubli par laps de temps, il sera posé en lieu éminent dans ladite église, pour y rester à toujoursmais, une plaque de cuivre ou un tableau de vélin contenant la substance de la fondation. Si les habitants refusent cette donation, ou cessent plus tard d'en remplir les charges, les héritiers Huet distribueront chaque année le total de la rente aux cinq plus pauvres de la paroisse du Mage, particulièrement aux pauvres honteux, à commencer par les parents du fondateur, s'il s'en trouve en ce cas.

Les héritiers Huet pourront amortir leur rente pour la somme de 800 l. et cette somme pourra être employée en l'achat d'un fonds ou rente foncière ou constitué le plus utilement et sûrement que sera.

Fait à la Fosse de Nantes, estude de Mathurin Verger, notaire royal héréditaire, présence de Petit, ancien notaire royal héréditaire.

Parchemin.

11.

Le Mage ; 6 août 1696.

Abandon au curé du Mage par Nicolas Garnier, manœuvre, héritier en partie des Guérin et des Beljambe, de la part qu'il a sur le champ des Douveaux, à la condition qu'il ne lui demandera aucun retour sur le passé, à cause de la connaissance qu'il a que cette terre était hypothéquée à une somme de 100 s. pour la cure du Mage.

12.

Regmalard ; 22 mai 1729.

Constitution d'une rente de 10 l. au profit de la Fabrique, sur Nicolas Charpentier et Renée Adam, sa femme, auxquels Michel de Suhard, écr, sr de Grandmont, trésorier, verse, en présence de Gilles Simon, de Pierre Lunois et d'autres notables, la somme de 200 l. en louis, argent et monnaie ayant cours, devant Revel, notaire royal héréditaire à Regmalard.

[En note :] Cette rente a été remboursée par Charpentier au moyen de la vente qu'il a faite de ses héritages au Trésor, par contrat du 1er avril 1742.

Parchemin.

b. *Testaments contenant des dispositions en faveur de la Fabrique et de la Cure.*

1.

Le Mage ; 21 juin 1493.

Testament de Jean Guérin de Salle.

Maître Jean Guérin de Salle, curé de la paroisse Saint-Germain du Mage, donne aux curés ses successeurs les terres et prés de la Folie, à la charge de la première messe les dimanches et fêtes annuelles, d'un « *Libera* » et d'un « *De Profundis* » à son intention, et de le recommander aux prières. Fait devant Baudonné, tabellion en la chastellenie de Regmalard, et Guillaume Boullay, p^{bre}, curé de Moutiers, qui a signé avec le testateur.

Arch. de la cure du Mage. Original en parchemin, 46c 1/2 sur 26c 1/2.

2.

Le Mage ; 13 avril 1502 et 19 janvier 1514.

Copie du testament de Germain Febvrier et de Blanchette, sa femme, léguant 5 l. pour une messe et un « *Libera* » après, 20 s. à la Fabrique pour le luminaire de la messe, 10 s. au curé pour le recommander aux prières, lesdites rentes à prendre sur la terre de Mesnil-Pot, et 2 s. 6 d. une fois payés à chacune des églises suivantes : Saint-Germain du Mage, Saint-Germain de Regmalard, N.-D. de Montarou (de Moutiers), St-Denys de Condeau, Saint-Pierre de Bertoncelles, N.-D. de Condé, Saint-Anthoine de Verrières, Saint-Jehan de Nogent-le-Rotrou et N.-D. dudit lieu, Saint-Pierre-la-Bruyère, Saint-Germain de Boissy-Maugis, Saint-Germain de Bizou, Saint-Martin de Longny, pour avoir part aux prières et 12 d. à la confrérie de Saint-Jehan de Jhérusalem.

Original (parchemin de 54c sur 47c) et 2 copies, la 2e de 1614.

3.

Le Mage ; 10 janvier 1545.

Testament de Jean Pasquier, demandant quatre messes aux Quatre-Temps.

Original parchemin 42c sur 50c, accompagné de la copie sur papier dudit testament.

PIÈCES JUSTIFICATIVES.

4.

Le Mage ; 24 juin 1507.

Testament de François Quatremère.

« A tous ceulx qui ces présentes lettres verront, Jehan Le Vaillant, procureur fiscal et garde des sceaux de la chastellenie de Regmallart, salut. Scavoir faisons que, par devant Jehan Bonnier, tabellion juré establi en ladite chastellenie, fût présent en sa personne : François Quatremère, fils de deffunt Louis Quatremère et de deffunte Catherine Charron, ses père et mère, demourant en la paroisse du Maige, au moullin dudit le Maige », etc.

Suivent les dispositions : deux messes, une dans l'octave du Saint-Sacrement, l'autre dans l'octave de Saint-Jean, le testateur demande à être enterré dans l'église près de ses père et mère.

Parchemin de 54e sur 40.

5.

Le Mage ; 9 janvier 1578.

Testament de Jehan Bachelier de 30 s. t. de rente assiz sur un demi-arpent de terre, près le lieu du Fresne (?), paroisse du Mage, pour en faire la prière aux dimanches et festes.

6.

Le Mage ; 18 mars 1581.

Testament de Maur Cousin, demeurant au Bouhoudoux, donnant à la Fabrique : 5 s. t de rente pour le pain et le vin à Pâques et 12 d. pour le recommander les jours de Pâques et de Toussaint et 5 s. à la Boête des Trépassés

Original suivi d'une copie sur papier.

7.

Le Mage ; 7 mai 1582.

Testament de Phelippe Congnart, au Volizé, « avant midy en sa maison » demande à être enterré dans l'église et « pour être
« aux prières du bon et dévot peuple des esglises dudict le Maige,
« Longni, Boissemaugis, Bizou, la Lande et Neuilli, icelui testa-
« teur a donné et laisse 12 d., moistié aux curés d'icelles paroisses
« et moistié aux boestes des messes .... puis 25 d. au curé du

« Mage pour une messe à diacre le jour de Saint-Phelippe et de
« Saint-Jacques ».

Original suivi d'une copie.

8.

Le Mage ; 9 septembre 1584.

Testament de Guillaume Courpotin, demandant six messes le jour de ses funérailles et deux messes au bout de l'an, le tout avec vigiles ; laisse 12 d. pour être recommandé au Mage, à Moutiers, Longny, Bizou et Regmalart, puis 40 s. de rente, dont 25 au curé du Mage pour faire la prière pour l'âme dudit testateur, tant fêtes que dimanches, à la petite et grand'messe, et 15 s. aux « Boestes » et Messes des Trépassés, pour être participant aux prières et messes qui seront dites dans ladite église du Mage, lesquels 40 s. sont assiz sur une terre contenant 2 arp., située près l'Etre (Aistre) aux Collas, sur le Mage, nommée la Levrauderie, au-dessous du chemin qui va du Mage à Maison-Maugis et joignant les terres de Voray, le tout payable à la Toussaint.

La minute et l'expédition sont joints ensemble.

9.

Le Mage ; 1ᵉʳ octobre 1586.

Testament de Gilles Douveau, laboureur et mᵈ, demeurant pˢˢᵉ du Mage, fondant quatre messes hautes aux octaves des quatre fêtes solennelles et laissant à la Boîte des Trépassez 60 s. t. annuels et 5 l. de rente annuelle au curé, hypothéquée sur la pièce aux Douveaux. — Devant Bonnier.

10.

Feillet ; 26 décembre 1586.

Copie du testament de Marie Pastier (1) demandant trois messes hautes et solennelles avec vigiles aux jours de son enterrement, de son service et au bout de l'an, en tout neuf, et pour ce faire laisse à l'église du Mage une fois payés et aux Boestes d'icelle église pour être participante aux prières et oraisons 12 s. 6 d. et 12 d. pour en faire la prière, laisse aussi 12 s. 6 d. pour fondation de messe à toujoursmais le jour de l'Assomption de N.-D.

---

(1) Nous croirions plutôt devoir lire « Costier ».

11.

Le Mage ; 10 avril 1587.

Copie du testament de Tiennette Durand, demandant douze messes hautes à diacre et sous-diacre, avec vigiles et commendaces, dont quatre à l'enterrement, quatre au service, quatre au bout de l'an ; et, pour ce, laisse 4 s. et 12 d., puis fonde une messe à diacre et sous-diacre avec vigile, le dimanche précédent la veille de la Toussaint, et pour ce laisse à toujoursmais 12 s. t. à prendre le jour de la Toussaint sur toutes ses maisons et héritages présents et futurs au lieu de la Basse-Ferotte. Au lieu et mestairie de la Garde, après midy.

12.

Le Mage ; 10 mai 1594.

Testament de Martin Boutelou, devant Estienne Costier. *(Sans intérêt.)*

13.

Le Mage ; 2 juin 1596.

Testament de Jeanne Foucault, femme d'André Guibert, laissant 2 s. t. pour être recommandée au bon et dévot peuple des églises du « *Maige* », Longny, Moutiers, Bizou, avoir trois messes à diacre et sous-diacre le jour de son enterrement, trois à son service, trois au bout de l'an, puis laisse à toujoursmais 30 s t. de rente pour être recommandée les dimanches et fêtes, enfin 20 s. t. une fois payés à la Boeste des Trépassés, pour être participante aux messes et prières qui se font dans l'église du Mage, le tout assiz sur un arpent de terre, sur le chemin du Mage à Boissymaugis.

Parchemin.

Note : *C'est à présent les héritiers du s*r *Brunet qui en sont chargés.* 1712.

14.

Le Mage ; 22 may et 28 juin 1600.

Testament et codicille de Jean Tousche, du Boullay, par lequel il donne 12 s. de rente ; savoir : 8 s. pour une messe annuelle à diacre et sous-diacre, 1 s. pour le recommander le dimanche précédent, 3 s. à la Boête des Trépassés, ladite rente hypothéquée sur deux boisseaux de terre labourable, à la Guérottière. — Devant Bougrain, tabellion à Regmalart, Jehan Le Vaillant, procureur fiscal.

15.

Le Mage ; 17 aoust 1600.

Testament de Matry ou Mathurin Foucault, demandant une messe haute à diacre et sous-diacre, la semaine de devant Noël ; et, pour ce, laissant 10 s. à l'église, affermés sur deux boisseaux de terre proche la Boulaye, nommée la Courtehaye.

Original accompagné d'une copie succincte.

16.

Le Mage ; 7 novembre 1604.

Testament de Macé Bougrain, tabellion, dem^t à Feillet, donnant à toujoursmais 16 minots annuels de blé-méteil, mesure de Regmallard, puis 50 s. t. ann , à charge pour le curé et ses successeurs de chanter chaque dimanche un « *Libera* » et « *De Profundis* » et l'oraison, tant pour le testateur que pour sa défunte femme et ses amis trépassés.

Original en parchemin suivi de la copie sur papier.

17.

Le Mage ; 29 novembre 1613.

Testament de Perrine Féron, de l'Auberdière, demandant une messe à diacre et sous-diacre annuelle dans la semaine avant ou après la Toussaint, à partir de son décès ; et, pour ce, donne une pièce de terre appelée le champ du Trésor, sur le chemin du Mage au moulin Foussard, et prend certaines dispositions pour son inhumation, entr'autres : six messes, trois hautes, trois basses, puis à huitaine : douze messes (six hautes, six basses) avec vigiles et commendaces, un pain bénit d'un demi-boisseau de blé, quatre boisseaux de blé pour les pauvres qui assisteront au jour de huitaine, etc. — Par devant Macé Bougrain.

18.

Le Mage ; 13 novembre 1624.

Testament de Jehan Le Large, manœuvre, d^t aux Cointinières, léguant au curé 20 s. de rente, à charge de deux messes annuelles à diacre et sous-diacre le jour saint-Jacques 1ᵉʳ mai, et l'autre le jour saint ..... en juillet, avec prières sur la fosse, puis 7 s. 6 d. à la Boëte des Trépassez, le tout assiz sur une pièce de terre aux Cointinières.

Parchemin.

19.

Le Mage ; 21 février 1626.

Testament de Damianne Haye, femme d'Anthoine Bourgoin, du village de la Hélière, demandant deux messes annuelles, au moyen d'une rente de 30 s., hypothéquée sur un arp. de terre à la Hélière, nommée la Pointe-à-Friche ; demande des prières aux quatre fêtes solennelles.

Parchemin.

20.

Le Mage ; 3 novembre 1629.

Testament de Pierre Goddé, laboureur au Valhardouin, demandant à être enterré dans le cimetière à la place où sont enterrés ses ancêtres, assisté de la Charité de Longny dans laquelle il a servi, demande un service de 4 messes, à l'octave et au bout de l'an, dont 2 hautes et 2 basses, un pain bénit à chacun, une livre et demie de cire, veut un service de bout de l'an pour Johanne, sa femme, naguère décédée, le tout avec vigiles et commendaces ; pour lesquels il laisse à l'église du Mage, une fois payés : 2 s. ; à Longny : 12 d., et à Mouthiers : 12 d.

Il fonde à toujoursmais deux messes annuelles à diacre et sous-diacre, pour le repos et remède des âmes de lui et de laditte défunte sa femme, à commencer à Noël après son décès, et pour ce laisse un logis qu'il a au village du Noyer, sur le grand chemin du Mage à Boissy, et un jardin contenant 4 pièces et demie ; il établit Nicolas Villette son légataire. — Reçu par Mᵗʳᵉ Pecnard.

21.

Le Mage ; 28 octobre 1641.

Testament de Jean Tousche, du Val-Hardouin, laissant aux curés du Mage 15 s. de rente héritalle annuelle, à prendre sur trois boisseaux de terre labourable, au lieu de la Morandière, en Boissy-Maugis, à la charge de deux messes basses annuelles.

22.

Le Mage ; 10 décembre 1642.

Testament de Michelle Nyon, veuve de Jean Goddé, des Hayes ; veut être ensevelie près de Jean Goddé, son mari ; 4 messes à l'inhumation, 4 au service, 4 au bout de l'an, donne 20 s. pour réparation de la fosse ; une messe chaque semaine pendant un an après son décès ; la confrairie de la Charité de Longny assistera à sa sépulture, à laquelle il y aura tel luminaire qui à sa qualité appartient, entend que toutes ses dettes soient payées, donne à sa servante 40 l. pour ses services depuis 10 ou 12 ans, et 5 tournois à toujoursmais à la Confrairie de Sainte-Anne du Mage, assiz sur un lot de terre proche le village des Hayes, sur le ruisseau qui sépare Longny du Mage.

*Original suivi de la copie, reçu par Et. Pecnard,
enregistré par Laigneau à Feillet.*

23.

Le Mage ; 26 octobre 1646.

Testament de Margueritte Boullay, femme de Jean Migraine ; inhumation dans l'église avec 3 messes hautes, vigile, commendace, service de huitaine et du bout de l'an, 1/2 livre de cire à chaque office, pain bénit d'un quart de blé ; donne 5 s. à l'église du Mage, moitié au curé pour faire la prière le dimanche après son décès et l'autre moitié au Trésor, donne audit Trésor à toujoursmais : 20 s. t. ann. pour acquitter une messe haute annuelle avec *Libera* ; le tout hypothéqué sur ses biens meubles et immeubles, spécialement sur un boisseau de terre labourable et taillis. — Devant Louis Hureau.

24.

Le Mage ; 29 mars 1648.

Testament de Marie Marolles, femme de Jean Herbelin, à Bizouyeau, paroisse de Longny, demande à être inhumée dans l'église du Mage, à l'endroit où sont ses parents et amis ; 3 messes hautes avec vigile et commendaces, une livre de cire service de huitaine et du bout de l'an, pain bénit aux deux services ; donne 4 s. aux églises du Mage et de Longny pour être associée aux prières « des gens de bien » ; donne à toujoursmais aux curés

du Mage la jouissance et usufruit de la Noé de la Fontaine, joignant le s^r des Croix à l'Ardillière, à charge de deux messes hautes à diacre et sous-diacre chaque année, aux jours de Toussaint et de Noël, et prières aux quatre fêtes solennelles et aux dimanches précédents lesdites messes. Elle donne à Macé Affichard la jouissance de tous ses biens meubles et immeubles « au
« détriment de son mari qui depuis trois ans l'a chassée de son
« logis de Boissymaugis, tandis qu'elle n'a eu qu'à se louer dudit
« Affichard et de deffunt son père, dans la maison duquel elle
« demeure. » Elle lui laisse héréditalement deux boisseaux de terre à l'Ardillère.

25.

Le Mage ; 3 mai 1659.

Testament de Balthazar de l'Isle, manœuvre à la Brenillère (Le Mage), par lequel il donne au Trésor 3 l. de rente ann. et perpétuelle, sis sur un clos à chanvre à la Brenillère, joignant Jacques de Suhard, éc^r, s^r de Glatigny, à charge de deux messes annuelles, l'une à la Pentecôte, l'autre à la Toussaint, et de le recommander aux quatre fêtes solennelles de Pasques, la Pentecôte, la Toussaint et Noël. — Passé devant Gilles Daumouche, en présence de Louis Le Bouvier, prêtre, demeurant au Mage.

26.

Le Mage ; 22 novembre 1659.

Testament de Noël Bernard, p^tre, curé du Mage. Son corps sera inhumé dans le chœur de l'église et enseveli selon l'ordonnance ; il sera porté par les confrères de la Charité de Longny qui assisteront au service divin ; on dira trois messes hautes et trois basses à l'inhumation, il y aura 13 torches de chacune 12 livres de cire, lesquelles seront tenues par 13 pauvres, auxquels il sera donné, tant à l'inhumation qu'au trentain, chacun 2 s. ; les torches serviront également au trentain et il y aura autant de messes qu'à l'inhumation ; le pain bénit sera d'un demi boisseau de bled et 6 boisseaux de bled seront distribués aux pauvres qui assisteront au trentain. Pour être participant aux prières, le testateur donne et baille aux curés du Mage dix s. ; à ceux de Longny, Bizou, Mouthiers, La Lande et Moulicent : chacun 5 s.

« Ouctre, a donné à la chapelle de Nostre-Dame de Pittiyé, à
« Longny, la somme de 20 s. une fois payés. »

Demande une messe basse au Mage chaque semaine pendant

un an à son intention et à celle de ses amis trépassés et aussi une messe pendant 30 jours à son intention. Laisse à toujoursmais à ses successeurs un plaçage de logis et cour lui appartenant et par lui acquis de Jean Aubin et sa femme, lesdits biens joignant la maison du testateur, à la charge de dire ou faire dire à toujoursmais et annuellement deux messes hautes à son intention ; veut que toutes ses dettes soient payées ; donne à Guillaume Guérin, fils de Jehan G., son serviteur, pour les services qu'il lui a rendus, un habit en serge ou fil, composé de haut de chausses, pourpoint, bas de chausses et une mante, puis 4 boiss. de bled pour lui aider à apprendre mestier ; donne à Louis Hureau, fils du tabellion, un habit comme celui dudit Guérin, avec la somme de 30 l. t , une fois payés, pour les bons services qu'il lui a rendus et ceux qu'il lui rendra durant sa vie. Donne au Trésor du Mage la quantité de dix aunes de serge pour être employés à des ornements pour servir dans ladite église, à la charge d'un « *Libera* », jour de Noël, issue de vêpres, *De Profundis* et oraisons sur la fosse dudit testateur. — Passé devant Louis Hureau, tabellion, Jehan Febvrier, procureur fiscal.

Original parchemin.

27.

Le Mage ; 18 septembre 1664.

Testament de Louis des Croix, écr, sr du lieu, décédé le 2 septembre 1666, et de Margueritte du Grenier, sa femme, décédée le 3 janvier 1667, à l'Ardillère, par. du Mage.

Leur corps sera inhumé dans l'église devant l'autel de la sainte Vierge ; à l'inhumation, à huitaine et au bout de l'an, les héritiers devront inviter 12 prêtres à chaque service et demanderont les luminaires et ornements convenables ; le trésorier de l'église distribuera à 13 pauvres des plus indigents chacun deux aulnes de serge grise, le jour de l'enterrement, et, en plus, à tous les pauvres qui se trouveront à tous les offices susdits les livres de pain de cinq boisseaux de bled-méteil qui seront distribuées par le trésorier dans le cimetière. Le sr des Croix et sa femme donnent au Trésor 150 l. tournois de rente annuelle et perpétuelle, 75 à prendre sur la moitié des acquets faits par le sr des Croix et 75 sur la propriété de la dlle du Grenier, en quelque endroit qu'elle se trouve, le tout payable par les héritiers. La rente est grevée de deux messes basses avec « *Libera* » et « *De Profundis* » à dire sur la fosse, de deux messes hautes, une la veille de l'Epiphanie, l'autre le 20 juillet, fête de sainte Margueritte, et une autre messe haute le jour de saint Louis et encore trois services de chacun trois messes hautes à perpétuité, à l'anniversaire de leur décès, le Trésor devant payer les luminaires et tous les frais. — Pardevant Gilles Daumouche, tabellion à Regmalart, Jehan Février, s^r de la Vigne, procureur fiscal.

Parchemin suivi de sa copie.

28.

Le Mage ; 18 février 1665.

Testament de Margueritte Le Hérier, femme de François Villette, avocat au baillage de Feuillet, veuve en premières noces de Robert Laigneau, dem^t à la Guérottière ; son corps sera porté par les confrairies de Moutiers, il y aura six messes à son inhumation, ainsi qu'au trentain et au bout de l'an ; elle laisse 3 l. tournois de rente à toujoursmais, à charge de faire célébrer 4 messes annuelles avec les prières aux 4 grandes fêtes de l'année ; libre aux héritiers de se racheter par 60 l. tournois ; la rente est hypothéquée sur la pièce des Frisches du Boulay, route de Bizou au Mage. — Pardevant Daumouche.

Parchemin.

29.

Le Mage ; 3 janvier 1667.

Codicille de Marie du Grenier, épouse de Louis des Croix, daté du jour de sa mort.

Elle entend que le testament du 18 septembre 1666 soit observé, mais il a été omis de faire faire la prière pour l'âme de son mari et la sienne, toutes les fêtes et dimanches au Mage ; en outre qu'il se fasse autant de services qu'il se pourra faire et que l'on trouve autant de prêtres que l'on pourra le jour de son inhumation et au bout du trentain. Elle donne à Françoise Renault, sa domestique, outre les 30 l. annuelles portées au testament : son lit avec six petits draps ; à Jacques du Grenier, éc^r, s^r du lieu : tous et chacun de ses biens meubles et immeubles « acquest et conquest », à la charge de donner 500 l. à Margueritte-Nicole, fille de Mr du Hamel, et aussi 500 l. à la fille de Mr du Noyer ; puis, à charge de faire faire trois voyages à son intention à Saint-Mathurin en l'Archaudy et d'y faire dire trois messes. Elle donne à Mlle Manuel 4 grands draps de lit, à Margueritte de Launay, sa filleule, fille de Me Pierre de Launay, m^e-chirurgien, une jeune vache qui est à Bizou, le tout sans déroger au précédent testament ; elle a reconnu n'avoir point compté avec Pierre de Launay, son chirurgien, depuis deux ans et veut qu'il soit payé de son dû, ainsi que ceux à qui elle devrait. Elle donne encore 20 l. à la d^lle du Hamel, en déduction de ce qui lui est dû. René Jusseaume, curé du Mage, est chargé de l'exécution des testaments. — Passé devant Gilles Daumouche, tabellion, présence de Pierre de Launay.

Original suivi de sa copie.

30.

Le Mage ; 10 janvier 1671.

Testament de Marie Johannet, femme Goddé, dem^t à la Fourlière, demandant une messe basse et *Libera* chaque semaine, pendant trois mois à partir de son décès, puis donne 15 l. une fois payées à la charge par le trésorier de faire célébrer une messe basse annuelle à l'anniversaire de son décès.

31.

Le Mage ; 9 janvier 1673.

Testament de Simon Creste, devant Guinchard, tabellion à Regmallard, donnant 6 l. 14 s. 9 d. de rente à « *la noble confrairie du Rosaire* », à prendre sur les Pasquier de la Fourlière, à charge par l'administrateur de cette confrairie de faire chanter, en l'église du Mage, pour lui, sa femme, ses parents et amis trépassés, 5 messes hautes à diacre et sous-diacre avec « *Libera* » le lendemain des jours de Chandeleur, N.-D. de mars, N.-D. de mi-aoust, le 9 septembre, le 9 décembre, et ces jours faire sonner les cloches, fournir les ornements et luminaires. Présents : M^tre Estienne Hurisson, pr^bre, et Pierre Brunet, pr^bre.

Parchemin.

32.

Le Mage ; 10 février 1690.

Testament de Jean Regnard, de Vaugiroust, demandant deux messes hautes avec vigiles à son enterrement, à l'octave et au bout de l'an ; il lègue aux curés et à ses successeurs : 1/2 arpent de terre en nature de bois taillis, clos et fossés à l'entour, au Vaugiroust, joignant les terres de Freulemont et au bois appartenant à la Charité de Moutiers, à charge d'une messe basse annuelle le jour de saint Jean et de la prière aux 4 fêtes solennelles. — Reçu par François Landais, vicaire du Mage.

33.

Longny ; 16 février 1695 et 9 mars 1696.

Testament de Marie Gouju, dem¹ à Longny, reçu par Henri Le Roy, prieur, curé dudit Longny, délivré au prieuré devant Louis et Gilles Leroux, marchands, et Mᵉ Patrice, vicaire du lieu. La testatrice veut être enterrée dans le cimetière de N.-D. de Pitié, veut 3 messes hautes à l'inhumation, 8 au bout de l'an, luminaire et cercueil, une messe basse hebdomadaire pendant un an, donne 40 s. ann. et perpétuels à la Fabrique de Longny, à prendre sur sa maison, consistant en une boutique, chambre, grenier, jardin ; à charge d'une messe le mardi de Quasimodo annuellement ; item à la Confrérie du saint Sacrement de l'église de Longny : 10 écus qui seront constitués en rente à charge d'une messe le jeudi après la petite Fête-Dieu ; item à la Charité de Longny 40 l., faisant partie d'une plus grande somme qui lui est due par Marie Gouju et Victor Membré, ses neveu et nièce, à charge d'une messe haute le 18 août et 80 l. dues par les mêmes, qui les verseront aux confrairies des Trépassés et du Rosaire du Mage, par moitié ; à charge, pour les trépassés, d'une messe haute le 8 novembre, et pour le Rosaire, d'une messe haute le 8 octobre... Suivent diverses dispositions ; elle établit sa légataire Louise Geslain, devant les susdits témoins, et Alexandre Pousset, « maistre d'eschole ».

Parchemin.

En note : Cette rente ne subsiste plus, au moyen du remboursement qu'en a fait Mʳ Clément, d'après le compte du sʳ Lunois du Perche, du 20 juillet 1727.

34.

Le Mage ; 17 may 1712.

Testament de Mʳᵉ Pierre Brunet, prêtre habitué, aux Cointinières ; il veut être enterré auprès la croix du cimetière ; demande 3 grands messes à l'inhumation, à huitaine et au bout de l'an, et ces trois jours seront donnés 3 boisseaux de bled aux pauvres, veut 2 messes basses par semaine pendant un an ; puis fonde 3 messes annuelles les jours de saint Pierre, saint Louis et saint Nicolas avec « *De Profundis* » et, pour ce, laisse à toujoursmais 5 l. annuelles de rente au Trésor, hypothéquées sur tous ses biens et en particulier sur la Cointinière.

c. *Echanges et Mutations.*

1.

Le Mage ; 26 février 1561.

Echange entre Jean Heurtebise et sa femme et Toussaint Renaudière « à propos de 12 d. que la maison autrefois appar-
« tenant à Renaudière, à présent le presbytère dans le bourg du
« Mage, fait au Trésor du Mage. »

2.

Le Mage ; 13 décembre 1594.

Partage des biens de Jean et Gilles Douveau entre David Bellejambe, s^r de la Mare, auquel il revient 4 arpents 1/2 16 perches de terre sur le chemin de la Cucuyère à la Villedieu et un arp. 4 p. de pré au même endroit, et Goislard, praticien, qui a la moitié de la pièce du Pont-Riboust et un arp. 1/2 12 p. en la pièce de la Fosse. Le dit Bellejambe remettra annuellement 50 s. 6 d. de rente, 2 poules, un boisseau d'avoine et 4 s. t. de rente au s^{gr} ou dame de Feillet, dont la moitié aura été remise par Goislard audit Bellejambe, et tous deux seront tenus d'acquitter par moitié les charges du testament Douveau. — Devant Bonnier.

Parchemin suivi d'une copie sur papier.

3.

Le Mage ; 1er mars 1631.

Acte par lequel François Pecnard, curé du Mage, transporte à honnête homme Toussaint Drouin ses droits sur une terre sise à la Levrauderie, provenant de la donation Courpotin, à charge par ledit Drouin de payer aux curés et à ses successeurs une rente annuelle de 10 s. t.

Fait au logis dudit curé devant Loys Hureau, tabellion à Regmallard.

Parchemin.

4.

Regmalart; 13 janvier 1655.

Echange de Louis Des Croix, éc^r, s^r du lieu, et de Margueritte du Grenier, son épouse, avec Claude Pousset, curé du Mage. Le s^r des Croix baille au s^r curé trois arp. de terre ou environ qui aboutissent aux héritages de la cure du Mage, et en revanche le s^r curé décharge le s^r des Croix d'une rente annuelle de 20 s. qu'il devait à la cure d'après le test^t de Fr. Chevalier.

Devant Louis Hureau, tabellion à Regmallard, Jehan Febvrier, s^r de la Vigne, procureur fiscal.

Parchemin

5.

Regmallart; 17 juillet 1656.

Echange du s^r des Croix avec Charles Huet, s^r de Grandmaison, trésorier de l'église du Mage, par lequel le s^r des Croix baille au Trésor un lot de terre et herbage contenant environ 3 boisseaux sur un petit chemin allant à la Guérottière, et permute avec Charles Huet au nom du Trésor pour un lot de terre aussi de 3 boiss. joignant aux héritages des Croix.

Devant Louis Hureau, tabellion.

Parchemin.

6.

Le Mage; 17 décembre 1657.

Acte d'acquiest du lieu du Buisson par ..... Bouley et Claudine Sagot, sa femme, avec charge de la rente de 6 l. au Trésor.

Parchemin.

7.

Le Mage; 16 avril 1714.

Retrocession faite par la veuve Beuve à Rodolphe de Godefroy, s^r de la Petite-Noë, officier de la Maison du Roy, dem^t à Luctière, p^{sse} de Moulicent, des héritages Pasquier, acquis par son mari à charge de la rente de 6 l. 14 s. 9 d. envers le Rosaire.

Devant Chevallier.

8.

Le Mage ; 20 juillet 1714.

Autorisation de M⁺ᵉ Huet, curé du Mage, et de Pierre Lunois, à Mʳᵉ de Grandmaison, trésorier, de délivrer à Mʳ des Vaugoins et à la dˡˡᵉ son épouse 150 l., devant donner 7 l. 10 s. de rente au Trésor, provenant de l'affranchissement fait par Mʳ de la Petite-Noë du legs de Simon Creste, pour la somme de 139 l., le 31 may 1714.

9.

Feillet ; 10 avril 1724.

Partage des biens de Pierre Adam, décédé, entre ses trois filles, Marie-Charlotte, Nicole et Renée, autorisées par leurs maris, la première par Léonard Desvaux, mᵈ à Bizou, la 2ᵉ par Jacques Canuel, mᵈ à Lhosme, la 3ᵉ par Nicolas Charpentier, mᵈ à Longny.

Devant Pierre Lunois, notaire pour le Mage et Bizou, demeurant à Feillet.

Parchemin.

10.

Regmalart ; 1ᵉʳ avril 1742.

Echange par Nicolas Charpentier, mᵈ, et Renée Adam, sa femme, du bourg de Longny, avec le Trésor du Mage d'une maison et divers lots de terre sis au Mage et environs, pour la somme de 139 l. 13 s. 6 d. qui ont été comptées et nombrées en livres de 6 l. par Guérin, trésorier, avec charge de rendre les droits et devoirs seigneuriaux dont lesdits biens sont chargés ; cette somme provient de l'argent reçu par Pierre Lunois de 240 l. de Mᵉ Alexandre-Julien Clément, chʳ, consʳ au Parlᵗ de Paris, sgʳ de Feillet, qui s'est déchargé de la rente de 8 l. hypothéquée sur le pré de Beaumont, dépendant du domaine de Feillet et due au curé du Mage, laquelle somme les trésoriers devront payer à l'avenir.

Devant François Revel.

Parchemin.

11.

Regmalard ; 29 juin 1755.

Contrat de paiement d'une somme de 60 l. par Pierre Desvaux, Marie-Charlotte Adam, veuve Léonard Desvaux, dem^t au Mage, Pierre Canuel, de Lhosme, et Gilles Adam, trésorier, à Louis Drouin, boulanger à Moutiers, Jacques Drouin, thuilier à Longny, et Nicolas Drouin, cardeur à Orléans, p^{sse} N.-D. de la Recouvrance, annexe de Saint-Laurent des Dorgeries, devant Cardon, notaire en la châtellenie de Regmalard.

Accompagnées de deux assignations de Fossard, huissier, aux susdits pour le paiement de 60 l.

12.

Moulins-la-Marche ; 23 juin 1757.

Remboursement par Alexandre Mercier, curé du Mage, et Nicolas Godet, trésorier, dem^t à la Vildieu, à Jacques Pignard, de Bonmoulins, et Gabriel Drugeau, de Fay, héritiers de Christophe Grenier, de la somme de 450 l. de capital et de 61 l. 17 s. 3 d. d'arrérages qui lui sont dus par la Fabrique du Mage et amortissement de la rente annuelle de 22 l. 10 s., par devant Duchesne, notaire à Moulins. Parmi les témoins, Louis de Champdebois, de Saint-Marc de Coulonges.

Parchemin.

13.

Le Mage ; 6 juin 1773.

Echange entre la Fabrique et Henri Antoine, comte d'Andlau, premier des quatre Chevaliers héréditaires de l'empire Romain, maistre de camp du rég^t Royal-Lorrainne cavalerie, seigneur de Verderonne, Breneilles et autres lieux, et Geneviève-Adélaïde Helvétius, son épouse, et à cause d'elle sg^r des vicomté et châtellenie de Regmalard, Feillet, Vaujours et dépendances.

La Fabrique cède 73 perches de bois et bréhaudages à la petite et ancienne mesure sur le chemin de Feillet à Neuilly et en contre-échange le sg^r de Feillet cède 38 perches de pré dans les prés de l'Auberdière, joignant l'ancienne rivière du moulin de Fossard et la rivière du moulin du Mage, plus deux boiss. de terre labourable ou environ à prendre, l'une dans la pièce de la Billette, sur le chemin de Bizou, l'autre dans la pièce des Boisseaux, chargé d'une rente foncière conjointement avec les voisins envers le Chapitre de Toussaint de Mortagne.

[Signé :] Comte d'Andlau, Helvétius d'Andlau, Gabriel-Sébastien François, curé du Mage, et plusieurs autres.

d. Ratifications des Testaments et Donations.

1.

Le Mage ; 16 janvier 1545.

Ratification de Regnaude Rougereau, femme de Jean Pasquier, de 20 s. de rente à la « boiste des Trépasséz ».
Original parchemin 46ᶜ s. 11.
C'est la rente de Jean Pasquier assise aux Petits-Brulés.

2.

Le Mage ; 27 mai 1611.

Ratification devant Claude Huet, Jehan Le Vaillant, procʳ fiscal, par Pierre Prun, époux de Jehanne Cousin, fille de Maure Cousin, de la donation de 12 d. faite par ledit Cousin et de 5 s. t.

Mʳ Clément a acquis de la veuve Jehan Bonnevie les héritages affectés à ladite rente qui sont sis au lieu de la Basse-Ferrette.
Suit la copie sur papier parchemin.

3.

Le Mage ; 13 novembre 1611.

Ratification des rentes portées au testament de Jean Pasquier par Bastien Guillemin, Matry Durand et autres.
Classé comme « papier non signé et inutile ».

4.

Regmalart ; 1ᵉʳ avril 1612.

Ratification de la donation de Tiennette Durand par Matry Piau et Bonnevie.
Devant Laigneau, tabellion à Regmalart.
Parchemin.

[*En note :*] La rente a été remboursée au Trésor par Mr Clément moyennant 18 l., ainsi qu'il paraît par le compte passé devant Revel, notaire, et rendu à la Fabrique le 10 décembre 1741.

5.

Regmalart ; 28 mai 1612.

Ratification du test^t de Philippe Congnart, par André Ozanne, drapier au Volizé, au nom de sa fille Denyze Ozanne et de sa femme en secondes noces Michelle Congnart, pour lors défunte.
Devant Laigneau, tabellion, Jean Le Vaillant, proc^r fiscal.
Parchemin.

6.

Moutiers ; 19 avril 1618.

Ratification et acceptation de la charge du testament de Matry Foucault par Balthazar Cordon, m^d au village de la Ballière, p^sse de Mouthiers.

7.

Regmalart ; 12 décembre 1640.

Acte par lequel Estienne Pecnard, curé, tient Jean Aubin quitte des arrérages de la rente de 10 s. du test^t de Maria Gouhier et le dit Aubin, détenteur de la terre hypothéquée près la Chapelle de Saint-Thomas, se reconnaît obligé de verser 10 s. annuels au curé du Mage.
Parchemin.

8.

Feillet ; 25 octobre 1649.

Ratification de la donation de Jehan Bachelier et aveu de Zacharie Donette, m^d au Mage, de la détention par lui du 1/2 arp. de terre donné par ledit Bachelier et grevé de 30 s. de rentes vis-à-vis les curés du Mage qu'il s'oblige à payer chaque année avec garantie d'hypothèques sur ses biens meubles et immeubles présents et à venir.
Devant Loys Hureau, tabellion juré à Feillet.
Parchemin.

9.

Le Mage ; 12 mai 1686 et 5 janvier 1690.

Ratification par Jean Pasquier du village de Villenas en la Lande, de la rente de 6 l. léguée au Rosaire par Simon Crête, devant Pierre Hérault, notaire en la p^{sse} du Mage.

10.

10 juin 1691.

Ratification par Zacharie Creste de la rente de 10 s. sur la terre de Saint-Thomas, léguée par Maria Gouhier.

11.

21 septembre 1702.

Ratification de la rente de 10 s. de Maria Gouhier, près la Chapelle de Saint-Thomas, par Marescot, prêtre, et Manreau, de Longny.

12.

Regmalart ; 9 septembre 1704.

Ratification du s^r de Lombotz et la d^{lle} du Grenier, sa femme, de la rente de 150 l. au Trésor, dev^t Nicolas Chevalier, tabellion à Regmalart.

Parchemin.

13.

Le Mage ; 20 may 1713.

Aveu par la veuve Emery Huet, viv^t sg^r de la Boulaye, dem^t à la Faudière, de la dette de 63 l. 6 s. d'anciens arrérages, de la somme de 40 l. annuelles fondées pour l'entretien de la lampe dont était chargé son mari par l'acte de donation de son oncle et cession de la rente de 3 l. constituée sur Courpotin pour l'acquit de ces arrérages. Témoins : Michel Huet, curé du Mage, Charles Huet, s^r de Grandmaison, officier du Roy, trésorier en charge, Paul de Brossard, éc^r, Pierre Lunois, s^r du Perche, François Manreau, officier au grenier à sel de Regmalard, Louis de Fontenay, éc^r, s^r de Saint-Hilaire, etc., tous habitant la paroisse du Mage.

Devant Chevalier, notaire à Regmalard.

PIÈCES JUSTIFICATIVES.

14.

Saint-Mard-de-Réno ; 5 février 1727.

Ratification d'une rente de 30 s. dont 20 au Trésor et 10 au curé, assise sur la terre de Ménil-Pot, par Robert-Alexandre Jacquet, écr, sr de Malétable, et dame Marie-Jeanne de Godefroy, son épouse, fille et héritière de Pierre-Abel de Godefroy, lieutt de cavalerie au régiment de Bourbon, demt au Pontgirard, en Monceaux.

Devant Charasson, notaire royal, garde-notte héréditaire de la châtellenie de Mortagne, demt à Saint-Mard-de-Réno.

Parchemin.

15.

Saint-Julien-sur-Sarthe ; 23 août 1734.

Reconnaissance d'une rente de 3 l. hypothéquée sur la Hélière envers le Trésor, par René Gouaux et dlle Jeanne Després, son épouse, demt au Mêle-sur-Sarthe et ayant acquis cette terre de Gaston Huet, sr de Grandmaison, et de Michel de Suhard, sr de Grandmont, héritier, par Charlotte Huet sa femme, de feu Etienne Huet, officier de la Dauphine et propriétaire de la Hélière.

Devant François Mullard, notaire royal à Saint-Julien-sur-Sarthe.

16.

Regmalart ; 21 avril 1741.

Ratification par Pierre Chassegué, de la Prunnerie, tant en son nom qu'au nom de François Lunois et de Louise Chassegué, son beau-frère et sa sœur, et de Jeanne Chassegué, son autre sœur, veuve de Louis Camus, de la faisance au Trésor du Mage de 11 s. de rentes héritales, 5 envers la Fabrique, 5 à la Boëte des trépassés et 12 d. aux curé et vicaire.

Parchemin.

17.

Le Mage ; 21 avril 1741.

Ratification de la rente de 3 l. par Jean Courpotin, manœuvre à l'Auberdière, sur une chenevière de 23 perches.

Parchemin.

18.

Regmalart ; 22 avril 1741.

Ratification par Jeanne Brunet, veuve de Pierre Lejeune, Michel Lejeune et Jacques Lejeune, ses fils, laboureurs au Haut-Voré, p^{sse} du Mage, et Pierre Joannet, Jeanne Brunet, nièce de M^{tre} Pierre Brunet, vivant prêtre habitué au Mage, Joannet représentant Madeleine Brunet, lesdites d^{lles} héritières de Pierre Brunet, d'une rente de 5 l. au Trésor du Mage, hypothéquées aux Cointinières, p^{sses} du Mage, Bizou et Regmalart, provenant de la succession Brunet, et des rentes de 20 s. au curé et 7 s. 6 d. au trésorier affectées par le test^t Le Large.

Devant Revel, notaire à Regmalart.

Parchemin.

19.

Regmalart ; 29 octobre 1741.

Ratification du legs de Philippe Congnart par Pierre Château, journalier au village de la Noë, p^{sse} du Pas-Saint-Lhomer, qui, comme héritier de Charles Château, son père, et de Renée Sanglebœuf, sa mère, se reconnaît astreint à payer la rente de 2 s. t. annuels au Trésor du Mage.

Devant Revel, à Regmalart.

Parchemin.

20.

Longny ; 12 décembre 1745.

Titre nouvel et reconnaissance par les héritiers Huet de la fondation d'Estienne Huet et de Claude, avec toutes ses charges, devant de Renusson, notaire à Longny, Michel-Pierre Lunois, cons^r du Roy, grenetier au Grenier à sel de Regmalart, demeurant au château de Feillet, étant trésorier.

Parchemin.

21.

Le Mage ; 11 février 1759.

Ratification, par dev^t Jacques Cardon, notaire en la chastellenie de Mortagne pour la p^{sse} du Mage, par François Guérin, m^d à l'Ardillière, de la rente de 150 l. hypothéquée sur le bien qu'il a acheté de Marie-Anne du Grenier, veuve de François Le Lasseur du Lombotz, et civilement séparée en secondes noces quant aux biens de Louis-François de Fouchais, sʳ de la Faucherie, par contrat passé devant Sortais, notaire de la chatellenie de Brou pour les branches de Moulhard et Luigny. L'achat consiste en maisons manables, granges, étables, cours, jardins, terres labourables, prés, herbages. Désormais il paiera au Trésor 75 l. le 3 septembre et 75 l. le 15 janvier, chaque année.

Parchemin.

22.

Regmalard; 4 septembre 1772.

Ratification de la rente de Marie Johannet par Pierre Pierre, bordager aux Haies-Quartier, et François Verdier, à la Faudière.

Devant Revel, notaire à Regmalard.

Parchemin.

23.

Regmalard; 4 septembre 1772.

Ratification de la rente de Pierre Halgrin (5 l. 10 s. à la cure, 1 l. 2 s. 6 d. au Trésor) par Michel-Jean de Suhard, écʳ, et Margueritte-Madeleine-Françoise-Michelle de Barville, son épouse, demᵗ à Feillet, étant aux droits de Mʳᵉ Bon-Jean-Nicolas de la Houssaie, chʳ, sgʳ de Monteau, Dame-Marie et autres lieux, et autres cohéritiers de Mʳᵉ Charles de Godefroy, vivᵗ chʳ de l'ordre militaire de Saint-Louis.

Devant Revel, à Regmalard.

Parchemin.

24.

Regmalard; 5 septembre 1772.

Ratification de la rente Le Hérier par André et Etienne Foucault, l'un de Maison-Maugis, l'autre de Saint-Jean-des-Murgers, héritiers de François Foucault et de Françoise Quentin, leur père et mère.

Parchemin.

25.

Regmalard; 10 septembre 1772.

Ratification de la rente de 3 l. de Balthazar de l'Isle, par dame Margueritte Rocher, veuve de sʳ François Bresdin, maîtresse de la Poste extraordinaire de Regmalard, usufruitière de la Brenillère.

Parchemin.

26.

Moutiers ; 14 septembre 1772.

Aveu par Jean-François Sortais, de l'Ardillière, de 4 l. de rentes sur le pré des « Lendes », aux droits de la Fabrique du Mage, lesquelles il commencera à payer le 23 aoust 1773 et payera tant que la Fabrique restera propriétaire.

Devant Revel, notaire à Moutiers.

Parchemin.

27.

Regmalart ; 30 décembre 1774.

Ratification de 50 s. au Trésor par Pierre Joannet, pour sa moitié de 5 l. du legs de Mre Pierre Brunet dans son test^t reçu par Nicolas Chevalier, notaire à Regmalard, le 19 mai 1712, l'autre moitié étant versée par Jacques et Michel Lejeune, avec lui cohéritiers et solidaires de la rente. Se reconnaît tenu aux charges du test^t Lelarge ; accepté par m^{tre} Gabriel-Sébastien Lefrançois, curé, ainsi que par Emery Joannet, trésorier.

Devant Regnard, notaire, garde-notte royal à Mortagne, résident à Regmalart, pour le Mage, la Magdeleine-Bouvet, Bizou et Moutiers.

Parchemin.

28.

Longny ; 14 mars 1775.

Titre nouvel pour le Trésor du Mage par lequel François Soyer, époux de Louise Gençay, Nicolas Richard, foulon à Bretoncelles, Hémery Joannet, m^d à Longny, reconnaissent être détenteurs de 90 perches de terre au Buisson et d'un clos à chanvre de deux boiss. et devoir à cause de cela 6 s. de rente annuelle au Trésor, qu'ils paieront désormais, sans préjudice des arrérages, et de 6 l. 19 s. 9 d. de frais faits par Pierre Rivard.

Par devant Toussaint Goislard, notaire de la baronnie de Longny et notaire royal du baillage de Chartres.

Parchemin.

§ 2. ADMINISTRATION

a. *Assemblées d'habitants relatives à l'administration.*

1.

Le Mage ; 12 avril 1682.

Assemblée des habitants, issue de la messe paroissiale, où sont présents : René Jusseaume, curé, lequel a dit la messe, Georges Guérin, notaire à Regmalard, Jacques Aubert, vicaire du Mage, Pierre Brunet, prêtre habitué, Nicolas Bellejambe, s^r de Maufrais, trésorier-principal, François Léan, René Guérin, François Sangle-bœuf, tous trésoriers, Me Jean Guérin, procr.-fiscal de la sg^{rie} de Feillet, s^r de la Vallée, Claude Guérin, s^r des Marais, Pierre Héraud, s^r de Marigny, René Guérin, s^r de Mesrainbert, Louis Guérin, s^r de la Brière, Pierre Lunois, etc , et autres, « lesquels « congrégés et assemblés à la requeste de Charles et de Claude « Huet, acceptent la donation d'Estienne Huet et les charges y « annexées, comme trouvant la chose avantageuse pour eux. »

Cette pièce ne fait qu'un avec l'acte de constitution de rente du 29 novembre 1681.

Parchemin.

2.

Regmalart ; 27 septembre 1705.

Assemblée des habitants, pardev^t Chevalier, not^e à Regmalart, à l'issue de la messe paroissiale, au sujet des contestations et du règlement à faire sur les arrérages de la rente de Louis des Croix et de Marie du Grenier ; se conformant à la décision de l'archidiacre de Dreux et de l'évêque de Chartres, l'assemblée arrête les arrérages non encore payés à 550 l., payables par annuités par le s^r du Lomboz, à commencer en mai prochain.

3.

Le Mage ; 11 octobre 1722.

Assemblée des habitants, issue de la messe, au son de la cloche, Jean Rollet, curé, Pierre Lunois, s^r du Perche, trésorier, autorisant ledit trésorier à constituer sur le s^r et la dame de Heurtaumont une rente de 75 l. annuelles par un prêt de 1,500 l.

provenant de l'amortissement des 40 l. de la rente Huet et de quelques autres « d'autant, conclut l'assemblée, que l'argent est « à un haut prix et que l'on ne trouve pas fréquemment des « occasions. »

4.

Le Mage ; 6 novembre 1710.

Assemblée d'habitants concernant les réparations faites au presbytère, commencées par Me Gilles Simon et achevées par son successeur Louis-Jean Chenu, estimées à son par Berrier, charpentier à Regmalard, à 304 l. tombant à la charge des habitants et ainsi acquittées : 200 l. par Pierre Langlois, consr du Roy, trésorier en charge, 30 l. par Mr Clément, sr de Feillet, 4 l. par Ambroise Clément, son fils aîné, consr au Roy ; le sr curé fait volontairement remise de 30 l. Restent 40 l. qui seront acquittées par annuités de 10 l. en 4 ans.

5.

Le Mage ; 8 octobre 1741.

Assemblée d'habitants à l'effet de nommer l'un d'entre eux pour poursuivre les débiteurs du Trésor et leur demander les arrérages. Le curé Jean Chenu est nommé et accepte.

Cette pièce est accompagnée de trois exploits de René Passe, premier huissier-audiencier en l'élection de Mortagne, dem.t pss Saint-Jean à Mortagne, réclamant à Charles Chappé, mr-menuisier, époux de Madeleine Huet de la Boullaye, dem.t psse Notre-Dame à Mortagne, 29 années d'une rente de 2 l. annuelles, et annonçant la vente à Longny, place des Halles, des meubles de François Huet, sr de la Boullaye.

6.

Le Mage ; 27 juin 1755.

Assemblée de paroisse, le dimanche 29 juin 1755, où comparaissent, entre la procession et la messe paroissiale, au banc des gagers : Charles-Alexandre Mercier, prêtre, curé de la paroisse, Gilles Adam, trésorier, François Guérin, procr et syndic, René Lunois, sr du Coudray, Pierre Rival, François Couillin, etc., se faisant forts des absents ; remise est faite entre les mains du sr curé d'une somme de 730 l. 10 s., confiée par les habitants audit François Guérin pour les réfections et réparations qui tombaient à la charge de feu Mᵉ Chenu, curé du lieu, comme gros décimateur, de laquelle somme ledit Guérin devait vider ses mains en celles des ouvriers qui devaient faire l'ouvrage, conformément au devis, lesquelles réparations n'ayant point été faites. et ledit Guérin, voulant se libérer, remet la somme audit curé Mercier, à charge de les faire faire lui-même.

Signé de tous les membres susdits et quelques autres.
Devant Revel, notaire à Regmalard.

7.

Le Mage; 19 novembre 1758.

Election de deux trésoriers en place de feu Nicolas Godet et de Michel Lejeune, dont la gestion est finie. Elus : Germain Aubert, pour 1759, et Etienne Lebouc, absent, pour 1760. Délibération prise à l'issue de la procession, au son de la cloche.

8.

Le Mage; 31 décembre 1769.

Assemblée des notables, issue de la grand'messe, au son de la cloche, devant François Revel, notᵉ à Regmalard, pour concéder et fieffer sept bancs placés dans l'église, ce qui a été traité ainsi qu'il suit :

Charles-Alexandre Mercier, curé, prend pour toute sa vie, pour lui et sa famille, le banc au-dessous de celui du Trésor, moyennant 20 l. pour ledit banc, 10 l. pour droit d'entrée et 1 l. de rente annuelle.

François Guérin, pour sa femme, lui et leurs enfants, toute leur vie, celui au-dessous du banc du sʳ curé, du côté de l'Evangile, aux mêmes conditions.

Jean de Suhard, sa femme et leurs enfants, leur vie durant, deux bancs pour y aller avec ceux qu'ils jugeront à propos, du côté de l'Epître; il les fera mettre à ses frais aux places qu'ils occupent actuellement et en plus paye 20 l. d'entrée et chaque banc 20 s. annuels.

Jean-François Sortais, sa femme et ses enfants, au-dessous de Mʳ de Suhard, leur vie durant et mêmes conditions.

Claude Lortie, sa femme et ses enfants, au-dessous de Sortais, même temps, mêmes conditions.

Charles Foucault, sa femme et ses enfants, comme ci-dessus.

Joan de Suhard a perçu séance tenante les 10 l. d'entrée de chacun des concessionnés.

Parchemin.

9.

Le Mage; 5 novembre 1775.

Assemblée des habitants, devant Jean Regnard, not° à Regmalard, et élection de Louis-François Guérin comme proc^r dans l'affaire suivante :

Les administrateurs de l'Hôtel-Dieu de Longny ont commencé à faire clore un terrain de 58 arp., connu sous le nom de Bois-de-l'Aumône, sis p^{sse} du Mage, entre les bois de la sg^{rie} de Longny et ceux de Feillet. Ce terrain, autrefois en bois et buissons, aujourd'hui en frisches et briaudages, a toujours été commun aux deux p^{sses}, dont les pauvres allaient s'approvisionner, abattant du bois, des landes et y faisant paître leurs bestiaux ; or, la mesure prise par l'Hôtel-Dieu semble annoncer un accaparement auquel s'opposent les habitants du Mage, à moins qu'on ne les laisse également participer à la clôture, afin de faire ainsi reconnaître leur droit et continuer leur jouissance.

Louis Guérin est chargé de protester par toutes voies de droit et de justice, si besoin en est, et de s'opposer au nom des habitants à cet accaparement.

---

b. Pièces de Comptabilité.

1.

Le Mage; 18 octobre 1621.

Quittance de Me Pecnard, vic^e, à David Bellejambe pour 15 l. versées au Trésor, comprenant trois années d'arrérages de la rente des Douveaux et autre quittance de 100 s. pour 1620.

2.

Le Mage; 1703.

Production de trois quittances signées « PECNARD » à David Bellejambe, de la rente de 5 l.

3.

Paris ; 30 juin 1724.

Titre de rente d'un capital de 915 l. provenant du rembours^t fait à la Fabrique par le s^r de la Gohière, à Mortagne, placé sur l'Etat, faisant partie de 8,000,000 l. de rentes au denier 50 créées par Edit du mois d'août 1720 et donnant 18 l. 6 s. de rente annuelle.
[Signé :] PARIS DE MONTMARTEL.
Parchemin.

4.

Alençon ; 16 avril 1736.

Décharge des droits d'amortiss^t imposés sur la donation de Charlotte de Bellejambe, épouse de Louis de Fontenay, éc^r, s^r de Saint-Hilaire, à laquelle donation renoncent le Trésor et les habitants, décharge faite par Louis-François Lallemant, ch^r, c^{te} de Levignon, sg^r de Retz, Macqueline et Ormoy, cons^r du roy en ses Cons., m^e des Requêtes ord^{res} de son hôtel, Int^t de Justice, Police et Finances de la Généralité d'Alençon.

5.

Le Mage ; 1740 et 1741.

Deux quittances pour Nicolas Charpentier d'une rente de 5 l. qu'il fait à la Confrérie du Saint-Sacrement.
Signé : JEAN HUET et JEAN BRUNEAU.

6.

Le Mage.

Liasse de reçus et de quittances diverses, de 1740 et 1780.
Et quittances pour 1824.

7.

Regmalard ; 17 février 1768.

Acte d'amortiss^t d'une rente de 15 l. au capital de 300 l. qui est versé entre les mains du trésorier Michel de Suhard, éc^r, devant

François Revel, notᵉ à Regmalard, laquelle rente était due par Claude Lortie et Pierre Desvaux.

---

c. *Comptes-rendus par les Trésoriers.*

1.

Le Mage; 1602-1603.

Compte incomplet non signé de 1602-1603 de 20 feuillets; les sept premiers contenant les recettes de chaque dimanche de la Toussaint 1602 à juin 1603, et somme toute les quêtes « 13 l. 12 s. », le reste est le détail du rendant compte pour ses recettes et ses dépenses.

2.

Le Mage; 10 mai 1663.

Compte de Gilles Daumouche, notᵉ en la châtⁱᵉ de Regmalard, trésʳ de 1661 à 1663.

En 1661, la quête des garçons a donné 5 l., celle des filles, 7 l. En 1662, il n'y a point eu de quêtes.

1º *Chapitre des recettes* : Les quêtes et les dons qui sont presque tous en cire de 3, 4, 5 et 6 l. pour faire les cierges, entr'autres le cierge de saint Sébastien, ce chapitre a donné 61 l. 17 s.

2º Chap. des rentes a donné 88 l. 18 s.

3º Chap. des ouvertures de fosses dans l'église, de 20 s. pour les adultes, de 10 s. pour les enfants, a donné 28 l. 10 s.

4º Chap. des bancs, de 20 s. chaque, a donné 8 l.

Total : 183 l. 5 s.

5º *Chap. des dépenses* :

Payé pour la façon du tableau de « la Passion de N.-S. », 10 l.

Id. pour un homme qui est allé quérir ledit tableau à Mortagne, 10 s.

Id. au sʳ de Malnou, « vicquaire », pour messes à l'intention de Gilles Bourdier, 9 l.

Id. à l'intention de Perrine Normand, 5 l.

Etc., etc.

Id. pour la visite de l'archidiacre, 1 l. 15 s.

Total général : 70 l. 9 s.

3.

Le Mage ; 12 juillet 1680.

Compte de Louis Loche, trés[r], dev[t] Jusseaume, curé, et les habitants, de 513 l. 16 s. de recette et 493 l. 7 s. 6 d. de dépenses, redevable de 20 l. de reliquat.

4.

Le Mage ; 16 octobre 1717.

Compte incomplet de Mre Michel Huet, de 1709 à 1710, terme de Toussaint, dev[t] M. de Mattancourt, archidiacre de Dreux. M° Michel Huet avait pris volontairement la charge de trés[r], Pierre Bourlier n'ayant pas voulu s'en charger, à cause des contestations qui ont eu lieu à son élection.

5.

Le Mage ; 20 juillet 1727.

Compte de Nicolas Aubert, trés[r] depuis 1717 à 1725, rendu devant m[tre] Simon, curé, Pierre Lunois, s[r] du Perche, ancien trésorier, et les habitants. Complet.

Recettes pendant huit ans. Les rentes de biens, les bancs, reliquats, fosses dans l'église, ont donné un total de 4,049 l. 4 s. 6 d.

Dépenses. Elles montent à 4,515 l. 11 s.

Cahier de 18 p. in-8° offrant des détails intéressants et terminé par le compte-rendu de la séance publique du dimanche 20 juillet 1727 et par le visa de Charles de Braille, docteur en Sorbonne, chanoine de Chartres, en cours de visite au nom de l'évêque de Chartres, le 24 avril 1729.

6.

Le Mage ; 1er novembre 1729.

Note du Trés[r] indiquant que Madame de la Faucherie, avec les 550 l. qu'elle devait, a 3,600 l. dues pour 24 années d'arrérages depuis la transaction de 1705, en tout 4,150 l. Les acquits du trés[r] annoncent une recette de 3,763 l., d'où reste en compte 387 l.

7.

Le Mage; 6 octobre 1730.

Compte de Nicolas Laigneau, défunt, présenté par Charles Foucault, au nom de ses héritiers, pour 1728 et 1729. *Recettes*, 1,055 l. 0 s. 4 d. *Dépenses*, 691 l. 10 s. 6 d.

8.

Le Mage; 11 mars 1742.

Compte de Pierre Godet pour 1738. Complet. *Recettes*, 248 l. 3 s. *Dépenses*, 248 l. 18 s. Compte-rendu à l'issue de la messe au son de la cloche dev[t] le curé Chenu et tous les habitants.

9.

Le Mage; 20 juillet 1755.

Compte complet de François Couillin, pour 1748-49, terme de la Toussaint.

Ch. Ier. *Recettes*, rentes et fermages, 438 l. 6 s. 4 d.
— II. Reliquat de compte de François Drouet, trésorier, 72 l. 15 s. 8 d.
— III. Redevances des bancs, 3 l.

Il n'y a eu dans l'année ni legs, ni fondations, ni amortiss[ts], ni inhumation dans l'église. Les quêteuses ont donné 6f.

Total : 520 l. 25.

Chapitre des *Dépenses*.
Charges des fondations, 146 l.
A Jean Blanche, pour l'horloge, 12 l.
A Claude Guérin, sacristie, 24 l.
A la Vve Pinguet, blanchissage et racomodage, 12 l. 50 s.
A Rousseville, pour fourniture d'église, 47 l. 12 s. 9 d.
3 l. pour la maison du Trésor, 12 l. pour le cadran, 2 l. 10 s. pour peindre l'image de saint Sébastien, etc.

Total : 347 l. 12 s.

10.

Le Mage; 10 septembre 1758.

Compte de Joseph Godard, marchand à Feillet, 1753-54. *Recettes*, 581 l. 10 s. *Dépenses*, 321 l. 1 s. 8 d. Complet.
Dans les dépenses 12 l. 10 s. pour *vitres mises à l'école*.

11.

Le Mage; 16 novembre 1766.

Fragment du compte de Etienne Lebouc, portant un total de recettes de 411 l. 3 s. 4 d. et de dépenses de 264 l. 1 s. 9 d.

Dans le détail se trouvent une dizaine de bancs à 10 s., dont *celui du maître d'école* et des sœurs de M. le curé, 138 l. d'honoraires payés au vicaire, René Hubert, et 53 l. de cire, de bougie, huile, encens, etc.

12.

Le Mage; 4 may 1767.

Compte de Jacques Lejeune pour 1761-62. Complet. *Recettes* des rentes et fermages: 406 l. *Dépenses*: 265 l.

A *Florent Blaise, maître d'école*, 15 l. (blanchissage).

A Claude Guérin, 36 l. (sacristie et horloge).

13.

Le Mage; 1768-69-70-71.

Fragment d'un compte portant 2,834 l. 5 s. 10 d. de recettes, sur lesquels 1,313 l. de reliquats et 340 l. reçue en deux paiements de feu M⁶ Helvétius, s⁶ʳ de la p⁶⁶, pour sa part de contribution aux réparations de l'église, suivant la note extraite des comptes de M⁶ Caquet, son homme d'affaire, pour l'année 1767; et 156 l. payées par le dit s⁶ʳ pour frais de la fonte de la cloche.

Et 150 l. 11 s. 6 d. provenant de la quête faite dans la p⁶⁶ par les s⁶ˢ de Suhard et Luneau, vic⁶, pour les réparations de l'église, en vertu de la commission verbal des habitants, réunis *à la tablette*, le 1ᵉʳ décembre 1769.

On a payé 586 l. à la dame de Suard pour charges des fondations versées aux vicaires Luneau et Lebailly, pendant les quatre ans que son mari a été en charge, 5 l. 7 s. de rentes seigneuriales. 144 l. à la Vᵛᵉ Rousseville, 166 l. pour l'amortiss⁶ des petits autels et des stalles à *Julien Hervieu, sculpteur*, et Louis Ménager, menuisier; 100 l. au sʳ Michel, fondeur de cloches, 60 l. pour la fonte de la grosse, le surplus pour fourniture de fontaines de métal servant à contenir l'huile qui graisse les tourillons, pour bois, charbon, main-d'œuvre; 50 l. à Lacroix, de Mortagne, pour réparation du clocher, 9 l. pour vitres à la maison du Trésor;

189 l. à Claude Guérin, sacristain, pour 4 années de gages,
15 l. à Florent Blaise, pour blanchissage, etc., etc.

14.

Le Mage ; 6 octobre 1771

Compte de Pierre Bourlier pour 1765. Imcomplet.
Recettes : 772 l. 6 s. 8 d. *Dépenses* : 649 l. 15 s. 6 d.
Payé 206 l. au s^r Luneau, ancien vicaire, qui est aux droits du curé, selon l'accord fait entre eux.
Id.   72 l. à Claude Guérin pour la sacristie et l'horloge.
Id.   30 l. à Florent Blaise, maître d'école, pour blanchissage du linge pendant deux ans.
Id.   30 l. à Mlle Crête, couturière à Longny, pour raccomodage.
Id.   141 l. à Rousseville, pour cire, chandelles, huile, etc.
Id.   28 l. 8 s. 6 d. au régisseur du Moulin Renaud pour les poids de l'horloge.

15.

Le Mage ; 20 avril 1777.

Compte de Louis Guérin, meunier au moulin de la Forge, pour sa gestion de 1775-76. Complet. *Recettes* : 759 l. 12 s. 8 d. dont 20 l. de bancs. *Dépenses* : 919 l. 12 s. 9 d. Me Gabriel-Sébastien-François, curé, fait remise de la différence au trés^{rr} et en décharge le Trésor, ainsi que de la nourriture des ouvriers qui ont travaillé à l'église, c'est-à-dire à la peinture et dorure des autels et lambris dont la dépense est de 108 l. et 144 l. pour achat de deux chappes violettes, et 24 l. pour l'étole blanche et violette achetées chez Jourdan, à Chartres.

§ 3. CONTENTIEUX

*a. Contentieux relatif à la Comptabilité
et à la dixme de la cure.*

I.

5 octobre 1412.

Déclaration en justice d'immeubles sis à l'Auberdière en le Mage, sur lesquel les gagers de cette paroisse réclament trois sous de rente héréditaire.

C'est la desclairacion des héritaiges que monstrent et desclarent par manière de veue les gaigers de l'église de St-Germain-du-Maige à Jehanne, jadis femme feu Jehan Flemenche ; c'est assavoir : un hébergement qu'elle a, assis à l'Auberdière, si comme il se poursuit et pourporte en hébergement, court et terre, contenant troys boesseaux de terre semence ou environ, joignant d'un costé à la terre Jehan le Hault qu'il tient de Monsieur de Feillet, et d'autre costé et d'un bout aussi, Item un jardin assis au dit lieu de l'Auberdière, contenant une mine de terre semence ou environ joignant des deux costez et d'un bout à la terre du dit Hault et d'autre bout au chemin tendant de St-Thomas à l'Auberdière : Item une pièce de terre, contenant six boesseaux semence ou environ, joignant d'un costé à la terre Colin-Durant, et d'autre costé à la terre du dict Hault, d'un bout aux prés du dit Hault, d'autre bout au chemin tendant de l'Auberdière à Moustiers ; Item une pièce de pré, contenant demi-arpent ou environ, joignant des deux costez et d'un bout aux héritaiges du dit Hault, d'autre costé à la rivière tendant du petit moulin au moulin neuf ; lesquelx héritaiges sont assis à l'Auberdière et environ icellui lieu, en la paroisse du dit lieu du Maige, et sur lesquelx les dits gaigers contendent et demandent troys soulz de rente hérital (moitié de 6 soulz de rente hérital) et les arréraiges d'iceulx troys soulz de rente de 9 années escheues paravant ce procès encommencé.

Baillée en Court, le 5e jour d'octobre 1412.

[Signé :] BANIER [avec paraphe].

Archives paroissiales du Mage. Original en Parchemin.

2.

Feillet; 14 septembre 1590.

Sentence de Thibault Bonnier, lieut' g^{al} au baillage de Feillet, condamnant Rosine Courpotin, veuve de Guillaume Courpotin, à payer au curé du Mage la rente fondée par son mari avec 4 années d'arrérages.

Parchemin.

3.

Feillet; 1er aout 1608.

Sentence de Jean Daragon, lieut' du baillage de Feillet, qui condamne Pierre Vrau, Guillaume Provost et Maria Vrau, sa femme, Regnault Baufils et Renée Vrau, sa femme, Julien Baufils et Noëlle Vrau, sa femme, et autres enfants et héritiers des défunts Robin Vrau et Gouhier sa femme, à continuer de verser au curé du Mage la somme de 10 l., hypothéquée sur une pièce de terre auprès la Chapelle de Saint-Thomas et affectée par Maria Gouhier, femme de Robin Vrau, en son test' de 1560 à dire deux messes anniversaires avec les prières ordinaires.

Parchemin avec copie sur papier

4.

Feillet; 13 mars 1609.

Sentence de Jehan Gareau, lic. en droit, s^r du Bois-des-Touches, bailli de Feillet, à la requeste de Jean Giroust, gager et proviseur de la boeste des Trépassez, contre David Bellejambe et Goislard les condamnant à payer 9 l. tournois pour trois années d'arrérages de la rente des Douveaux.

Parchemin.

5.

Feillet; 20 juin 1625.

Sentence de Pierre Daragon, bailli de Feillet, condamnant François du Crochet, éc^r, s^r de la Hantonnière, et François Loiseleux, s^r des Augerez, proc^r fiscal de la seig^{ie} de Moutiers, à payer solidair' au Trésor du Mage comme détenteurs de la terre de Mesnil-Pot, la somme de 20 s. t. avec les arrérages.

6.

Pièces produites par les habitants du Mage dans le procès au sujet des Pailles.

I. — Poislé; 4 décembre 1643.

Copie d'un règlement fait par M⁺ du Boulay, Int' de la Généralité d'Alençon, assisté du lieut' civil et crim' et du s' bailli d'Alençon sur la contestation pendante entre le curé de Poislé, les fermiers de la dixme et les habitants de la p*** à l'occasion du prix des pailles provenant de la dixme. Le règlement, donné en l'assise et mercuriale du 24 septembre lors dernier, sera observé de point en point par toute l'étendue des p*** du ressort et juridiction le 100 de feure de bled distribué aux habitants, non à d'autres, à raison de 100 s. le cent et 60 s. le feure d'avoine; défense aux dits curés, et auxtres tenants dixmes, de les divertir, vendre ou distribuer hors leur p*** à peine de 1500 l. d'amende.

II.

Emploi du règlement fait par ledit s'-lieut' g*¹ d'Alençon aux assises et mercuriales le 24 septembre 1643, énoncé dans celui ci-dessus.

III. — Favières; 4 décembre 1643.

Règlement, semblable au précédent et émanant de M⁺ l'Intendant d'Alençon, pour la paroisse de Favières.

IV. — N.-D.-d'Apres et St-Pierre-d'Irey; 26 août 1666.

Requête des habitants à l'int' d'Alençon qui ordonne que le dit règlement sera exécuté dans les p*** de N.-D.-d'Apres et S'-Pierre d'Irey.

V. — Tourouvre; 15 mars 1667.

Sentence en forme de règlement du lieut' g*¹ du baillage du Perche, qui fixe le prix de la paille pour la p*** de Tourouvre à 6 l. pour 100 de grosses pailles et 3 l. le cent de menue et condamne le curé à fournir celle venant de la dixme aux habitants aux susdits prix.

VI. — Le Mage; 10 novembre 1667

Sentence qui ordonne que le précédent règlement sera commun à la p*** du Mage et aux autres du ressort.

VII. — St-Mard-de-Reno ; 8 décembre 1702.

Transaction passée entre le curé et les habitants de St-Mard, par laquelle le prix de la paille provenant de la dixme sera donné aux habitants par le curé à raison de 6 l. le cent de grosse et de 4 l. le cent de menue.

VIII. — Les Mesnus ; 3 mars 1703.

Sentence du baillage du Perche à Mortagne rendue entre les habitants de la paroisse des Menus, le curé et le prieur commendataire de Moutiers, gros décimateurs de ladite paroisse, par laquelle ces derniers sont condamnés à fournir aux habitants les pailles provenant de la dixme, à raison de 6 l. la grosse et 3 l. la petite chaque cent.

IX. — Les Mesnus ; 20 novembre 1705.

Transaction passée devant not^e entre le sieur curé, les gros décimateurs et les habitants de la dite p^{sse} de « *Menu* » sur les procès qui étaient entre eux, l'un à l'occasion de l'appel interjetté par le curé et gros décimateurs, de la sentence du 3 mars 1703, sur lequel appel la cour par son arrêt de février 1705, avait ordonné que les parties feraient respectivement preuve de l'usage immémorial de la province, et comme la possession dans laquelle les habitants étaient, n'était pas douteuse et que leur droit était certain, le curé s'oblige pour lui et ses successeurs à leur fournir les pailles provenant de la dime de la paroisse à raison de 6 l. le cent.

X. — Les Mesnus ; 10 Février 1706.

Emploi de l'Arrêt de la Cour, énoncé en ladite transaction, par lequel la cour a préjugé que, si l'usage de cette fixation était certain, les curés et gros décimateurs ne pouvaient s'empêcher de s'y conformer.

XI

Emploi du fait certain qu'il est d'usage dans la province du Perche que les curés et gros décimateurs donnent aux habitants de leurs p^{sses} les pailles provenantes de la dixme, à raison de 6 l. le cent de grosse et 3 l. le cent de menue et que les habitants sont en possession de ce droit de temps immémorial, fait prouvé par le règlement fait sous le bon plaisir de la Cour, sentence et transaction qu'on a produit.

XII. — Buré ; 11 Février 1719.

Sentence rendue au baillage de Mortagne, entre les habitants et fermier de dixmes de la paroisse de Buré par laquelle ce fermier est condamné à livrer aux habitants la grosse paille à 6 l. le cent, la menue à 3 l.

XIII. — Courgeoust ; 1er Avril 1719.

Sentence rendue au baillage de Mortagne entre les habitants et le fermier des dixmes de la paroisse de Courgeoust, condamnant le fermier à suivre de point en point la sentence du 11 février 1719, relative à Buré.

XIV. — Bazoches ; 13 Janvier 1720.

Sentence du baillage rendue entre les habitants de Bazoches et le fermier des dixmes, prescrivant à ce dernier de se conformer à la sentence du 11 février 1719.

XV. — Boissy-Maugis ; 20 Janvier 1720.

Sentence rendue par le bailli du Perche entre les habitants et le fermier des dixmes lui enjoignant de livrer aux habitants la paille des dixmes à 6 l. et à 3 l. grosse et menue ; elle ordonne l'exécution des autres sentences rendues pour les p^{sses} voisines et les déclare communes avec ledit fermier.

XVI. — Boissy-Maugis ; 20 Février 1720.

Semblable sentence rendue en faveur des habitants contre le curé et les fermiers du gros décimateur qui fixe sur le même pied le prix des pailles pour ladite p^{sse}.

XVII

Emploi du fait certain que cet usage n'a été établi dans la province du Perche que par l'impossibilité de pouvoir faire autrement par rapport à la misère de la province et que le peu de terres qui sont en culture étant « *meigres et sterilles* », la froideur naturelle ne peut en être échauffée que par l'abondance des fumiers que les pailles seules produisent. Il y a donc nécessité de la part des curés et décimateurs de la donner aux habitants, de qui ils l'ont reçue, moyennant un prix raisonnable afin de leur procurer la liberté de faire valoir leurs terres et payer par là une dixme plus considérable au curé et décimateurs. Ainsi l'intérêt public et l'intérêt particulier se trouvent dans cette fixation.

---

b. Contentieux relatif aux rentes dues à la Fabrique et à la Cure du Mage.

1.

Feillet ; 29 Avril 1645.

Exploit de Jehan Lizet, sergent de Feillet, contre Zacharie Donette, l'assignant dev^t le bailli de Feillet, pour se voir condamner à payer 30 s. de rente échus aux jours de St-Jean et de Noël et ce pour 12 ans d'arrérages de chacun 30 s.

2.

Feillet ; 8 Mai 1645.

Sentence de Louis Gravelle, s^r de la Moi..., bailli de Feillet, condamnant Zacharie Donette, sur la requête de Noël Besnard, curé, à acquitter 30 s. annuels de rente pendant les 12 années écoulées.

Parchemin.

3.

[Feillet] ; 15 mai 1645.

Sentence de Louis Gravelle, s^r de la Moisière, bailli de Feillet, condamnant Jacques Houlle à payer à Etienne Renard, curé, la somme de 14 s. annuels pour 16 années d'arrérages de la rente Perrinne Féron.

Parchemin.

4.

Feillet, 11 octobre 1664.

Sentence de Georges Bourgoin, s^r de la Ro...indière, lieut^t du baillage de Feillet, condamnant Gilles Barmouche, ci-devant trés^r du Mage, à payer à René Jusseaume, ...et trés^r de l'église, 100 l. d'arrérages sur ses comptes de trés^r.

Parchemin.

5.

Le Mage; 18 Juillet 1678.

Supplique de René Jusseaume, curé du Mage, au bailli de Feillet, demandant autorisation de poursuites contre les détenteurs du bien de Perrine Féron qui lui doivent 7 années d'arrérages de 14 s.

Appuyée de l'exploit notifiant les poursuites à Cosme Foucault et à Renée Creste, sa femme.

6.

Feillet; 16 Février 1681.

Sentence de Jean Chastel, bailli de Feillet, s^r de la Grouchière, à la requête du trés^r Jean Adam, contre Nicolas Laigneau, le condamnant à payer 19 années d'arrérages de la rente de 3 l. du test^t de Margueritte Le Hérier.

Parchemin

7.

Longny, 10 Février 1691.

Sentence de Jacques Le Roy, s^r de Loisonnière, bailli, juge civil et criminel de la baronnie de Longny, juge nommé en cette partie à cause de la mort du bailli de Feillet, condamnant, sur la requête de Pierre Brunet, prêtre, trés^r de la fabrique du Mage, Robert de Blanchoin, éc^r, s^r de la Hélière, comme tuteur des enfants mineurs de Jacques du Grenier, éc^r, s^r du lieu et de Françoise de Grongnaux, son épouse, à payer les arrérages depuis le jour du décès des testateurs et à continuer de payer annuellement la somme de 150 l. laissée au Trésor par le s^r des Croix et Margueritte du Grenier; le condamne aussi à 17 l. de frais, à 36 l. pour les émoluments du bailli et aux frais de la sentence.

Parchemin.

8.

Le Mage ; 9 Août 1698.

Assignation par Nicolas Laigneau, sergent royal du baillage de Châteauneuf-en-Thimerais, résidant au Mage, à Claude Johannet de la Pannetière (Le Mage), héritier de Marie Johannet, à comparaître devant le bailli de Feillet ou son lieut dans les 3 jours pour s'entendre condamner à payer 9 années d'arrérages de 15 livres chacune, selon le test de Marie Johannet, à la requête de Claude Huet, s de la Boullaye, trés, et de Pierre Brunet, prêtre.

C'est seulement la rente annuelle du capital de 15 l. qui est réclamée, c'est-à-dire 15 s. annuels à 5 %.

9.

Le Mage ; 12 Mai 1702.

Supplique de René Jusseaume, curé du Mage, au bailli de Feillet, s'appuyant sur la déclaration de Pierre Adam pour réclamer aux héritiers Beljambe et Guérin tous les arrérages perdus par la destruction du titre de 5 l. de rente à la cure.

10.

Le Mage ; 22 Août 1702.

Exploit de Charles Guy, sergent royal, contre les Guérins, pour le curé du Mage Jusseaume, les contraignant de comparaître dev le bailli de Feillet.

11.

Le Mage ; *sans date* (1703) ?

Adresse de Pierre Adam et de Jacqueline Guérin, sa femme, Louis et Claude les Guérin au bailli de Feillet, disant que c'est à mal propos et sans raison que Louis Guérin est compris dans l'assignation, attendu qu'il n'est nullement héritier et ne possède aucun des biens des Douveaux.

12.

Le Mage ; 23 Juillet 1703.

Réplique du curé Jusseaume à l'adresse de Pierre Adam et consorts dev le bailli de Feillet, disant que Louis Guérin n'a pas raison de dire qu'il est mal assigné, puisqu'il est un de ceux qui a détourné et brûlé les pièces justificatives et s'est rendu ainsi susceptible du préjudice éprouvé par le curé du Mage, etc.

13.

Le Mage ; 1713 (?)

Inventaire et production de pièces au bailli du Perche par Charles Huet, s' de Grandmaison, trés', et les marguilliers tendant à prouver que Toussaint Chauvin, m° chirurgien, et Jeanne Guérin, sa femme, sont héritiers de Pierre Guérin, leur oncle, qui était chargé d'une rente de 3 l. envers le Trésor, provenant d'un don de Perrine Baudoin, femme de Siméon Creste (1659), de 60 l. de capital ou de 3 l. annuelles sur ses terres des Grandes Loges à acquitter par ses héritiers.

14.

Le Mage ; 3 avril 1715.

Assignation des parties Jençay par Guy, sergent royal.

May 1915.

Preuves contre Jençay et Joannet.

15.

Feillet ; 24 juillet 1715.

Sentence de Pierre Le Large, s' des Vaugoins, bailli de Feillet, condamnant par défaut Victor Maimbray et sa f°, Mary Gouju, à payer aux confrairies du Mage la somme de 80 l. à eux laissée par leur tante, Marie Gouju, v'° Authon.

Parchemin.

Accompagné de l'exploit de Guy, sergent royal à Châteauneuf-en-Thimerais, dem¹ au Mage, à la requête du s' de Grandmaison, Charles Huet, off' de S. A. R. M™° la D°° d'Orléans et trés' du Mage.

16.

Feillet ; 24 juillet 1715.

Appointement par Pierre Le Large, s' des Vaugoins, de la procédure entre le curé et le trésorier du Mage demandeurs, et Eloy Jençay, sa femme, et Emery Joannet, défendeurs.

17.

Feillet ; 11 janvier 1718.

Inventaire et production de pièces tendant à prouver que Eloy Jençay et consorts sont détenteurs du lieu du Buisson et en cette qualité redevables au Trésor de 29 années de 6 s. de rentes.

18.

Le Mage ; 23 mars 1718.

Réplique des défendeurs Jençay et Joannet invoquant la prescription.

19.

Feillet ; 13 juillet 1718.

Sentence de Pierre Le Large, s^r des Vaugoins, bailli de Feillet, contre Eloy Jençay et Louise Boulay, sa femme, et Emery Joannet, détenteurs du Buisson, les condamnant à payer 17 années d'arrérages de la rente de 6 l. annuelles dont est grevée cette terre de par le legs de Macé du Tartre et Toussaint Courpotin.

Parchemin.

20.

Feillet ; 19 novembre 1719.

Assignation par René Guillemin, sergent de Feillet, à Nicolas Laigneau, sergent royal, dem^t à la Grande-Guérottière, pour comparaître dev^t le bailli de Feillet sous trois jours.

21.

Feillet ; 10 Janvier 1720.

Sentence de Pierre Le Large, s^r des Vaugoins, bailli de Feillet, à la requête de Pierre Lunois, s^r du Perche, trésorier, contre Nicolas Laigneau, le condamnant à payer 20 années d'arrérages de 3 l. annuelles, dont il est chargé par le t^t de Marg^{te} Le Hérier, v^{ve} en 1res noces de Robert Laigneau, père du deffendeur.

PIÈCES JUSTIFICATIVES.

22.

Feillet ; 10 Février 1726.

Exploit de Guillemin, sergent au baillage de Feillet et y résidant, qui met arrêt sur tous les deniers dus à la dame du Grenier par son fermier de l'Ardillière, ce à la requête de Pierre Lunois, trésorier.

23.

Feillet ; 27 Février 1726.

Sentence de Pierre Le Large, s^r des Vaugoins, cons^r de feu S. A. Mg^r le Duc de Vendôme, bailli de la seigneurie et haute justice de Feillet, lequel, à la requête de Pierre Lunois, s^r du Perche, trésorier, défend à François Drouoit, fermier de l'Ardillière dont il fait rente de 350 l. annuelles de se dessaisir de sa rente vis-à-vis la dame du Grenier, sous peine de payer deux fois, avant qu'il n'en ait été autrement ordonné.

Pierre Lunois est dans plusieurs actes appelé « Sieur du Perche » *ou* « Sieur Le Perche. »

24.

Feillet ; 13 Mars 1726.

Sentence de Pierre Le Large, s^r des Vauxgoins, bailli, seul juge ordinaire, civil, criminel et de police de la seigneurie et Haute justice de Feillet, cons^r de feu S. A. Mg^r le Duc de Vendôme, à la requête de Me Gilles Simon, curé, et de Nicolas Aubert, condamnant Charles Huet, s^r de la Boullaye, tuteur des enfants de feu Emery Huet, qui était héritier de Claude Huet, s^r de la Faudière, et de Estienne Huet, s^r de la Boullaye, à payer 29 années d'arrérages d'une rente de 20 l. fondée à perpétuité pour le Trésor du Mage par les dits Huet et rendant obligatoire et exsécutoire pour l'avenir l'acquit de cette rente annuelle.

Parchemin.

25.

Feillet ; 17 Janvier 1727.

Exploit de René Guillemin, sergent immatriculé au baillage de Feillet, assignant par l'organe de Pierre Godet, fermier à Mesnil-

Pot, M⁰ Jacquet, sʳ de Malétable, et son épouse, propriétaires de cette terre, à comparaître dans les trois jours devant le bailli de Feillet pour s'entendre condamner à payer 29 années d'arrérages à raison de 30 s. annuels au Trésor et au curé.

26.

Feillet ; 27 Juillet 1727.

Sentence de Jacques Le Roy, sʳ du Maupas, bailli de Feillet, à la requête de Mᵉ Gilles Simon, curé, et de Nicolas Aubert, trésorier, condamnant Louis Billiet, laboureur au Volizai, à payer au Trésor la somme de 30 l. d'arrérages pour la rente de 5 l. comme détenteur des biens autrefois appartenant à René Guérin.

Parchemin.

Accompagnée de l'exploit de René Guillemin, sergent du baillage de Feillet.

27.

Le Mage ; 17 Janvier 1727.

Assignation par René Guillemin, sergent de Feillet, à la requête de Mᵉ Gilles Simon, curé et trésorier, à Noël Chassevent, aux Haies-Quartier, pour 29 années d'arrérages de la rente annuelle de 15 l. de capital données au Trésor par Marie Johannet.

28.

Le Mage ; 18 Janvier 1727.

Assignation par René Guillemin à dˡˡᵉ Anne de Gastel, propriétaire de la Brenillère, à comparaître devant le bailli de Feillet, à la requête de Mᵉ Simon, curé et trésorier.

29.

Feillet ; 23 Juillet 1727.

Sentence de Jacques Le Roy, sʳ du Maupas, condamnant Anne de Gastel à payer 29 années d'arrérages de la rente de 3 l. fondée par Balthazar de l'Isle, dont elle tient la terre.

Parchemin.

30.

Feillet ; 23 Juillet 1727.

Sentence de Jacques Le Roy, s^r du Maupas, bailli de Feillet, condamnant Noël Chassevent, Bouvet et Marie Johannet, sa femme, à payer au Trésor 7 années d'arrérages qui font 5 l. 5 s. qu'ils avouent devoir sur 29, réclamées par le trésorier. Cette sentence servira de titre nouveau et de ratification de la rente annuelle de 15 s. dus au Trésor par les héritiers de Marie Johannet.

Parchemin.

31.

Feillet ; 23 Juillet 1727.

Sentence contre Pierre Arnoulin.

Jacques Le Roy, s^r du Maupas, bailli de la h^{te} just. et seig^{rie} de Feillet et son seul juge ordinaire civil et criminel, condamne sur la réquisition de Gilles Simon, curé, et de Nicolas Aubert, trésorier, Pierre Arnoulin, lab^r, et Elisabeth Laigneau, sa femme, propr^{res}, et détenteurs du lieu de la Grande Guérottière, à payer au Trésor 29 années d'arrérages de 4 l. chacune pour la rente du Pré-des-Landes, fondée par Martin Tousche et Estienne Pecnard.

Parchemin, accompagné de deux exploits de René Guillemin, huissier du baillage de Feillet, du 17 janvier 1727 et du 20 mars 1728. Payé 20 s. pour le dernier exploit.

32.

Mortagne ; 11 Août et 21 Août 1728.

Assignation faite par Caillot, sergent royal, commissaire employé aux recouvrements des deniers du Roy en l'Election de Mortagne, l'une au trésorier Nicolas Aubert, l'autre au curé Gilles Simon, leur intimant de solder 100 s. de droits d'amortissement pour la grange du Buisson, léguée par Michel Huet, ancien curé du Mage, et estimée 30 l.

33.

Le Mage ; 17 Novembre 1728.

Saisie par René Guillemin du mobilier de Charles Huet, s^r de la Boulaye, au Mage, à la requête de Gilles Simon, curé, et de Nicolas Aubert, trésorier, le dit Huet refusant de payer 20 années d'arrérages de 20 l. par an, ce à quoi il a été condamné par sentence du bailli de Feillet du 13 mars 1726.

Deux coffres de bois de chêne fermant à clef, une huche de même, 10 l. de vaisselle d'étain, une poêle de fer battu, une passoire de cuisine, un lit, une couverture de laine, deux draps, un oreiller contenant 30 l. de plumes d'oie, sont tout le mobilier qui a été trouvé au domicile de Charles Huet.

34.

Le Mage et Paris ; 1727-28-29.

Dossier du procès élevé entre M⁰ Gilles Simon, curé du Mage, et les habitants de ladite paroisse au sujet de la vente des pailles de la dixme.

Liasses d'une quarantaine de pièces de requêtes, contredits, sentences, répliques, etc., des procureurs des deux parties ; M⁰ Drapier, pour le curé, et M⁰ Basly pour les habitants ; le tout plaidé devᵗ le Parlᵗ de Paris.

Nous racontons au long dans le corps du travail l'historique de ce procès qui dut passionner les habitants du Mage, tous intéressés à son heureuse issue.

35.

Feillet ; 20 Mai 1733.

Sentence de Jacques Le Roy bailli de Feillet, condamnant Mʳᵉ Gille, Simon, curé du Mage, à la requête de Toussaint Des Advis, sʳ de la Martinière, mᵉ perruquier à Longny, à réparer le fossé et la clôture de la noe du dit des Advis, à le rétablir tel qu'il était avant qu'il ne soit recomblé et rompu et à payer 20 l. de dommage pour avoir fait un chemin en icelle noë et en plus les dépens, Gilles Simon prenant en cette affaire fait et cause pour François Drouet, laboureur à l'Ardillière.

36.

Feillet ; 10 Avril 1742.

Assignation par Philippe Brière, sergent royal, à Jacques Mirbeau, mᵈ, et Marie Françoise, sa fᵉ, pour comparaître devant le bailly de Feillet et se voir condamner à payer la rente inscrite au profit du curé du Mage, sur un arp. de terre auprès la chapelle St-Thomas, pˢˢᵉ du Mage, par Jean Mareau, père de la dite Françoise.

Suivi d'une seconde assignation pour le même sujet et aux mêmes personnes du 12 septembre 1742.

37.

Feillet ; 19 Avril 1742.

Exploit de Philippe Brière, sergent royal, assignant Eloi Jençay à comparaître devant le bailli de Feillet, pour se voir condamner à payer 17 années d'arrérages de la rente de 6 s.

38.

Feillet ; 16 Mai 1742.

Sentence de Hugues François, de l'Estang, condamnant Eloy Jençay et sa femme à payer au trésor 17 années d'arrérages de 6 s.

Parchemin

39.

Le Mage ; 1745.

Supplique de François Guérin, trésorier, au bailli de Longny, lui demandant justice de la négligence et du refus des héritiers Huet, Estienne et François, m^{ds} à Longny, rues de la Chaussée et de la Mâté, pour payer la rente ann. de 20 l. depuis qu'il a géré les affaires de l'Eglise du Mage.

Accompagné de 8 pièces, exploits d'huissiers, répliques des héritiers au s^r Guérin, audiences présidées par de Renusson, proc^r du bailli de Longny ; la sentence, qui dut être en faveur du Trésor, manque.

40.

Deux assignations non signées adressées à Me Cocherel, proc^r d'Etienne et de François Huet, au nom de Me de Renusson, proc^r de la bar^{ie} de Longny, et de François Guérin, dem^r, déclarant au ci-devant déf^r que le lendemain mardi on poursuivra l'audience de l'affaire Huet.

41.

Tourouvre ; 20 Mars 1767.

Assignation par Jean Gaullard, serg^t royal de la H^{te}-justice de Tourouvre et de la Chât^{nie} de la Motte d'Yversay, à Nicolas Huet et Jacqueline Massard, sa f^e, pour payer au Trésor 50 l. d'une rente annuelle due et échue, constituée par acte du 14 7bre 1755 ; jusqu'au complet paiement, l'huissier saisit un cheval et 3 pipes vides.

42.

Mortagne ; 18 Juin 1773.

Sentence de André-Louis-Charles de Puisaye, Ch^r m^is de Puisaye, v^te h^t chât^n de la Ferrière au Val Germond, sg^r de Théval et ancien cp^ne de cavalerie au rég^t de Berry, ch^r de l'ordre royal et militaire de St-Louis, gouv^r des ville et château de Mortagne, cons^r du roi en ses cons, Gr^d-bailli de la province du Perche, à la requête de m^re Michel-Jean de Suhard, éc^r, trésorier en charge, et de Jean-François Sortais (Claude Delangle av^t), condamnant Nicolas Huet fils, m^d à Tourouvre, et Jacqueline Massard, sa f^e (René Dehail av^t), ainsi que Pierre-Phœlix Vaugeois, fils de feu Gabriel Vaugeois, d^t au château de la Pelleterie, en Bivilliers (Plancher de la Noë av^t), à restituer à la partie Delangle la somme de 100 l. reçue par le dit Huet et les dites parties, déduction faite des payements faits par la partie Dehail et des arrérages justifiés par quittances.

En note : M. François Vaugeois a payé à Pierre Rivard, trésorier en charge, la somme de 633 l. 9 s. 6 d. sur laquelle somme ledit Rivard avait déboursé 59 l. 6 s. 6 d. pour les frais de sentence, reste donc 574 l. 3 s. lesquelles me sont restées entre les mains.

François, curé du Mage.

43.

Longny ; 20 Octobre 1774.

Assignation par Joseph Fossard, huissier, au s^r René-François Soyer, bourgeois, à cause de sa femme, fille unique d'Eloy Jonçay, lui intimant de paraître dans les trois jours devant le bailli de Longny pour se voir condamner à payer tous les arrérages du lieu du Buisson entre les mains du trésorier Pierre Rivard ; Plancher de la Noë, av^t, occupera pour le trésorier, maître Colinet pour le s^r Soyer.

44.

Feillet ; 30 décembre 1774.

Assignation par François Guérinot, serg^t de Regmalart et de Feillet, à la requête des curés et trés^rs du Mage, de Michel Lejeune, dem¹ à la Beuvrière, à comparaître dev¹ le v¹ᵉ, bailly de Regmalard et de Feillet, pour s'entendre condamner à payer en argent et quittance valables, solidairement avec les sus dits Lejeune et Joannet et hypothécairement pour le tout, 29 années de la dite rente foncière de 5 l. et pareille quantité de celle de 17 s. due aux Trépassés, sans la participation de Joannet qui n'y est point obligé, le tout aux mains du Trésorier sans préjudice de l'année courante et passer titre nouvel de ladite rente.

45.

Longny ; 7 Novembre 1774, 20 Décembre 1774 et 28 Janvier 1775.

Trois pièces de procédure dont la première contient les griefs du sieur Soyer contre Rivard trésorier : « Que Pierre Rivard jus« tifie de sa qualité, qu'il présente les actes sur lesquels il fonde « sa demande, qu'il montre le titre primitif de cette prétendue « rente. »

46.

Mortagne ; 28 Janvier 1775.

Opposition faite à Mortagne au bureau des hypothèques, dev¹ Camusat de la Frémonière, conservateur, par Joseph Fossard, huissier à cheval du Châtelet de Paris, dem¹ à Longny, contre ratification de toute vente faite par Jean Huet, s¹ de la Boulaye, m⁴ à Longny, d'aucun de ses biens meubles ou immeubles, jusqu'à ce qu'il soit payé à Emery Joannet, trésʳ au Mage, les sommes principales, arrérages, intérêts, frais et mis d'exécution, dépens et loyaux cousts par le sieur Huet.

§ 4. DÉCLARATIONS ET AVEUX

rendus par les Curés du Mage aux Seigneurs de Feillet
pour ce qu'ils tenaient d'eux.

1.

Le Mage : 10 Juin 1543.

*Aveu de la maison et terres de la Cure du Mage tenues en fief
de la seigneurie de Feillet.*

De vous haut et puissant seigneur Mre Gilles Auvé, s^r de la Ventrouze, Cherensay, Marolle, La Fresnaye et de Feillet, je M^{tre} Jean Le Large, p^{re}, curé de l'église de St-Germain du Mage, dem^t au dit lieu du Mage, tient et advoue à tenir de vous, Monseigneur, à cause de vostre terre et sgr^{ie} dud. Feillet, à foy, hommage, rachapt, cheval de service et tous autres droicts et debvoirs de fiefs selon la coustume du pays, les héritages et choses qui ensuivent :

1° Une maison, estable, cour, jardin et estrise, le tout contenant demy arp. de terre ou environ, assiz au lieu presbytéral du Mage, joignant d'une part à.... Guiard, d'autre part au chemin tendant du Mage au pont Riboust et d'autre part tendant du Mage à Vaulizé;

2° Item une pièce de terre à seigle, assise au-dessus dud. presbytère du Mage, contenant 2 arp. et demi de terre ou environ, joignant d'un côté à l'estrise dud. presbytère, d'autre côté et d'un bout aux terres de la Cucuière, à vous mondit sg^r appartenant, et d'autre bout au chemin tendant du Mage à Vaulizé;

3° Item une autre pièce de terre appelée le champ de la Croix, contenant 1 arp. de terre ou environ, joignant d'un costé au chemin tendant du Mage à Feillet, d'autre costé au chemin tendant du Mage au pont Riboust et d'autre part aux terres de vostre métairie de la Cucuière ;

4° Item, une pièce de terre assise au-dessus des prez du presbitaire du Mage, contenant 3 arp. de terre, compris le jardin, joignant d'un costé au ruisseau ou rivière descendant du moulin du Mage au guay Riboust, d'autre part ..... à la fontaine du Mage et d'autre bout aux terres de vostre métairie de la Cucuière;

5° *Contesté à cause de la fontaine*. Item une pièce de terre ou pré qui est cloz, scis près l'Eglise et cimetière du Mage, et est comprise la fontaine scise aud. lieu et héritage, le tout contenant 3 arpents en préz ou environ, joignant d'un costé au ruisseau descendant l'estang du Mage au guay Riboust, d'autre costé au préz des Simons et à moi curé susd. d'un bout au chemin tendant du Mage à Bizou et d'autre part au pré au roy et vivié, chemin entre deux.

6° Item le d. ruisseau descendant dud. moulin au guay Riboust autant de ce qu'il y en a au droit de moy. Et est tout ce que je, dit curé du Mage, tiens et advoue à tenir de vous, mon d. sg^r, aux debvoirs dessus dits, à cause de vos dites terres et sg^{ries} de Feillet et m'y restrains par ce présent lequel j'ay fait signer pour moy et à ma requeste du sing manuel du sieur Bonnier, tabellion juré et establi en la chastellenie de Regmallard et pour plus grande approbation fais sceller des sceaux de la dite chastellenie et ce fust faict le 10e jour de juin, l'an 1543, présents: François Huberson et Jacque Foucault tesmoings. Ainsi signé: Bonnier avec paraphe.

Du 8e jour de juillet, l'an 1669, à Feillet, avant midy, collation faicte de la présente copie à son original en parchemin (1) à la prière et requeste de Me René Jusseaume, p^{bre}, curé du Mage et icelle copie rendue conforme par nous Gilles Daumouche, tabellion en la chastellenie de Regmalard; témoins: Simon Creste, m^d au bourg du Mage, et Marin Lunois, du village de Bouhoudoux, p^{sse} du Mage.

2.

Le Mage; 2 avril 1616.

Déclaration des terres de la Fabrique du Mage tenues à 2 deniers de cens envers la seigneurie de Feillet.

De vous haute et puissante dame Louise de Faudoas, dame de la Frette, la Ventrouze, Chéransay, Ouarty, Lonzac et Feillet, veufve de deffunct h^t et puis^t sg^r m^{re} Claude Gruel, ch^r des Ordres du Roy, cons^r en ses Conseils d'Etat (2), sg^r des d. lieux de la Frette, la Ventrouze, Chéransay et Feillet, je, Chandeleur Aubert, au nom et comme trésorier et proviseur de l'église parochialle de Monsieur St-Germain du Maige, tiens et advoue tenir à cause des terres et haute justice de Feillet, à debvoirs de cens, avec tel

(1) L'original ci-dessus mentionné n'existe plus, la présente copie est sur papier.
(2) Et capitaine de cinquante hommes d'armes de ses ordonnances.

profflct qui apartient le cas y échéant par la coutume de ce pays et comté du Grand-Perche, audedans de laquelle est la ditte terre et sg^{rie}, même la terre cy après désignée et confrontée.

C'est à savoir: Ung loteau de terre contenant 1 arp. ou environ, joign^t d'un côté et d'un bout par le haut, aux terres de la métairie de la Cucuière à vous appartenant, d'autre côté tendant du chemin dudit Feillet à Longny et d'autre bout par une pièce de terre dépendant de la mestayrie de la Garde et dépendant de vostre domaine dud. Feillet, lequel lotheau de terre a été laissé antiennement et donné par les sg^{rs} prédécesseurs dudit Feillet à ladite église du Maige, pour y faire bâtir, construire et édifier une léproserie afin d'y ..... les mallades sy tant estoit qu'il arrivast que auchun de la d. p^{sse} en fust atteint, sans auchune charge touttefois, fors de 2 d. de cens seullement pour le droict de sa propriété, lesquels 2 d. ...... et en cette qualité seullement, je prometz payer à l'advenir et continuer par chascun an, jour et feste sainct Remy.....

En foy de quoy, je, Chandeleur Aubert, saisi audit nom de trésorier et proviseur de ladite église, signe la présente déclaration et, pour plus grande aprobation, fait signer à Me Claude Huet, tabellion juré royal en la chastellenie de Mortagne et fait sceller de l'un des sceaux d'icelle le 2e jour d'avril 1616 avant midy, au lieu et bourg de Feillet en la maison de Jehan Huet, proc^r fiscal de Feillet.....

Cette déclaration de la Maladrerie est accompagnée du sceau aux trois fleurs de lys, cire entre deux papiers.

3.

Le Mage ; 26 juillet 1669.

Aveu de la cure du Mage, tenue en fief de la Seigneurie de Feillet.

De vous h^t et puis^t sg^r m^{ro} René de Gruel, ch^r sg^r comte de Lonzac, Feillet et autres lieux, je, René Jusseaume, curé du Mage, dem^t au presbytère dudit lieu, advoue tenir de vostre sg^{rie}.....

1° Une vieille maison, composée de deux chambres servant jadis de presbytaire, avec un jardin, le tout conten^t environ demy arpent de terre, ladite maison étant en ruine ;

2° Une pièce de terre à seigle contenant 2 arpents et demy ou environ ;

3° Une autre pièce de terre à seigle appelée la Champ de la Croix;

4° Une pièce de terre aussi à seigle contenant 3 arpents et demi environ au dessus du presbytaire.

[*Suivent les mêmes terres qu'en 1543, en plus :*]

Une pièce de terre à seigle nommée la Fontaine-Livray, autrement la Folie, contenant 26 boisseaux ou environ, y compris le pré, à croistre environ une chartée de foin, joignant d'un côté le chemin tendant du Mage au Pont-Riboust, d'autre côté aux héritiers feu Jacques Suhard, escr, sr de Glatigny, d'un bout à Claude Huet, sr de la Boullaie, d'autre bout à la d^{lle} de St-Paul.

Le curé reconnaît que René de Gruel a tous droits de h^{te} justice, moyenne et basse, à laquelle il se soumet, et s'engage à convertir son blé en farine aux moulins banaux du sg^r.

Parchemin

4.

Le Mage ; 25 juillet 1692.

Déclaration du temporel de la Cure du Mage.

Déclaration des domaines et biens que baille au Roy mondit sire, suivant l'arrest du Conseil d'Estat du 18 mars dernier, m^{re} René Jusseaume. pbre, curé du Mage, diocèse de Chatrres:

Le presbytère de lad. p^{sse}, dans laquelle demeure led. s^r curé, consistant en une maison manable, grange, estable, cour, clos et jardin contenant environ 1 arp. chargé par chacun an de 15 d. tant cens que rentes ;

Item 8 à 9 arp. de terre s'entretenant ensemble, partie labourable, partie en pré, herbage et aulnaie, joign^t d'un côté au presbytère, d'un bout au chemin tendant du Mage à Bizou, d'autre bout aux terres de la Cucuière relevant de la sg^{rie} de Feillet, chargés de 6 d , tant cens que rente ;

Item, une autre pièce de terre, partie labourable, partie en herbage et briaudage, conten^t environ 3 arpents joig^t d'un côté le chemin du Mage au Pont Riboust, autre bout au s^r de St-Paul (1), d'autre au s^r de la Boullaie, chargés de 2 s. 6 d. tant cens que rente, lesquels héritages sont l'ancien domaine de laditte cure et ont été donnés aux curez en l'an 1499, à la charge de faire dire tous les dimanches et fêtes de l'année une messe et tous lesquels héritages peuvent valoir par chacun an un revenu d'environ 40 l. que le curé fait faire à moitié.

Item, la dixme de la paroisse à raison de la treizième gerbe tant de blé, orge, avoine, que pois et la même dixme qui consiste en aigneaux, veaux, cochons, laine et filasse; toutes lesquelles dixmes tant grosses que menues ledit s^r curé fait valoir par ses mains, et qui peuvent valoir, y compris environ 40 l. pour les

---

(1) François Guérin, éc^r, s^r de St-Paul, était marié à Charlotte de Bellejambe *(d'argent à 4 bandes de gueules)*.

fondations et obits, la somme de 750 l. Et est obligé de payer : à son vicaire par chacun an la somme de 250 l. ; pour les dixmes ordinaires et extraordinaires, 80 l. ; pour les réparations de l'église et de son presbytère, environ 30 l. ; qui sont tous les biens et revenus que le d. s' curé a déclaré posséder et le d. curé a affirmé devant nous, Pierre Tibault, notaire en la chastellenie de Regınalard, ce 25 juillet 1692 ; témoins : m^ire Jean Landois, p^bre, et François Léan, m^d.

Le 20 octobre 1692 la présente déclaration a été enregistrée au greffe des enregistrements des domaines des gens de main-morte de Chartres, présentée par Mr de Germainville.

5.

Le Mage ; 6 février 1709.

Déclaration du fief de la cure du Mage tenu en fief de la seigneurie de Feillet.

La déclaration des logis et héritages qui composent le fief en hommage de la cure du Mage, relevant de la sg^rie et h^te justice de Feillet, à foi, hommage, rachapt, cheval de service et autres droits et devoirs de fiefs, suivant la coutume du Grand-Perche, au dedans de laquelle ledit fief de la cure du Mage est situé, que moy, Michel Huet, à présent curé de ladite p^sse du Mage, présente à vous, très h^te et très-puis^te dame, madame Renée-Antoinette de Gruel, veuve de très-h^t et très-puis^t sg^r, m^re Anthoine d'Aydie, vivant ch^r, sg^r vicomte de Ribéracq, marquis de Montagriet et autres lieux, dame de la d. p^sse du Mage, Feillet et autres lieux.

(Mêmes immeubles qu'en 1669.)

[*Du 8 février 1708 existe une déclaration analogue à celle-ci et qui n'en est probablement que l'expédition.*]

6.

Le Mage ; 6 novembre 1726.

Aveu des biens de la cure du Mage à la seigneurie de Feillet.

De vous, Mre Alexandre-Julien-Clément, ch^r, s^r de Feillet, Blavette, Barville et autres lieux, cons^r du Roy en sa Cour de Parlement de Paris.

J'ay, Gilles Simon, p^tre, curé de Saint-Germain du Mage... . etc.

[*Mêmes biens et immeubles que dans les aveux précédents ; le champ de la Croix est appelé le champ de la Courvoix.*]

B. Collection de M. Aumont du Moutier.

Aveux, ventes et contrats intéressant le bourg de Feillet.

1.

Feillet ; 17 avril 1610.

Aveu par Geneviève Baudoin, v^ve de honorable homme Me Thibault Bonnier, lieut^t g^al du baillage et seig^ie de Feillet à H^te et P^te Dame Louise de Faudois, dame de la Frette, la Ventrouze, Cherencay, Warty, Lonzac, Feillet, v^ve de H^t et P^t seigneur Claude Gruel, ch^r des ordres du Roy, cons^r en ses conseils d'Etat et privés, cap^ne de 50 hommes d'armes de ses Ordonnances, s^r de la Frette, etc..., de 12 d. t. de cens et 7 s. t. de rente pour une pièce de terre sise à Feillet, avec reconnaissance de justice haute, moyenne et basse, obligation de faire moudre ses blés aux moulins banniers de la dite seigneurie. Passé à Feillet, dans la maison de Me Jean Huet, s^r de la Garenne ; témoins Etienne Pecnard, prêtre, et Jean Rathier.

2.

Feillet ; 11 février 1636.

Aveu à P^t S^er M^ire Pierre de Gruel, ch^r s^er de la Frette, la Ventrouse, Cherancay, Feillet, etc., par Guillaume Lejeune, maréchal, de 5 perches de terre au bourg de Feillet, sur lesquels il y a une maison composée de deux chambres et une petite boutique pour raison desquelles il s'oblige à payer à l'avenir pour chacun an à toujoursmais à la recette de Feillet, deux chappons et deux poulets de rente seigneuriale, les poulets à la Saint-Jean, les chappons à la Saint-Rémy, et il reconnult au s^er droit de moyenne, haute et basse justice à laquelle il se soumet.

3.

Feillet ; 1 mars 1636.

Sentence de Louis Gravelle, s^r de la Moisière, bailli de Feillet, condamnant Pierre Sanglebœuf et Denyse Ozanne, sa femme, petite-fille de Philippe Congnart, à payer 2 s. au Trésor du Mage au jour de Saint-Philippe et de Saint-Jacques.

Parchemin.

4.

Feillet ; 19 avril 1631.

Sentence de Louis Gravelle, s^r de la Moisière, bailli de Feillet, pour l'accord de la dixme de la pièce Hesdin Foucault à Mre Noël Bernard, curé du Mage (dix douzaines de gerbes de blé) contre Nicolas Villette.

Parchemin.

5.

Regmalart ; 7 avril 1669.

Vente par Pierre Le Roux, de Mouthiers, et Michel Lheureux à cause de Margueritte Le Roux, sa femme, à Denys Godard, m^d boulanger à Feillet, de la 4e part de la succession de feu Charles Godard, fils du dit Godard et de défunte Salomé Le Roux, sa mère, épouse en 2e noces de Denys Godard, pour 25 l. t. ; devant Gilles Daumouche, notaire tabellion à Regmalart.

6.

Longny ; 18 novembre 1675.

Vente par honnête homme Georges Guérin, sacristain au Mage, à honnête homme Denys Godard, marchand à Feillet, d'un lot de terre de 27 perches au Bouhoudoux, pour 75 livres en principal et 60 s. t. de vin ; devant Mambray, tabellion juré à Longny.

7.

Longny ; 14 février 1676.

Vente par Barbe Gohon, du bourg de Moutiers, à honnête homme Denys Godard, m^d à Feillet, d'un petit lot de pré de 30 perches, sis à la Bintière et au Bouhoudou en Moutiers pour la somme de 100 l. en principal et 50 s. de vin ; devant Beuzelin, à Longny.

8.

Regmalard ; 13 mai 1720.

Vente par Michel Maréchal, dem^t au bourg du Mage, à Pierre Lunois, s^r du Perche, dem^t au château de Feillet, d'un petit corps de logis servant de chambre à feu, sis au bord de Feillet, et de la moitié d'un clos à filasse pour 105 l. Devant Nicolas Chevallier, notaire en la châtellenie de Regmalard.

9.

Longny ; 30 mars 1734

Partage entre les frères Charles, Claude et Joseph Godard, de la succession immobilière de Jean Godard et de Françoise Faudin leurs père et mère, estimée à 1,500 l. Devant François, de Renusson notaire à Longny.

10.

Feillet ; 7 janvier 1735

Vente par Charles Godard à Joseph Godard de trois quartiers de terre labourable pour 99 l. 15 s.; devant Guinchard, à Longny.

11.

Regmalard ; 26 octobre 1738.

Vente par Charles Godard à Joseph Godard, son frère, dem^t à Neuilly, de 37 perches de pré pour 152 l.; devant Revel, notaire à Regmalart.

12.

Regmalard ; 31 Juillet 1740.

Vente par Pierre Jouvin et Françoise Goislard, sa femme, dem^t à la Haute-Ferette, à m^{tre} Michel-Pierre Lunois, cons^r du Roy, grenetier du grainier à sel de Regmalard, dem^t au château de Feillet, d'un terrain à faire filasse où il n'y a plus que de vieux vestiges, pour 120 l. et 6 l. de pot de vin et d'épingles pour ladite venderesse; devant Revel, à Regmalart.

13.

Longny ; 24 Octobre 1741.

Vente par Charles Godard, m^d à Feillet, à Joseph Godard, aussi m^d à Feillet, de 60 perches de terre labourable; devant Guinchard, à Longny.

14.

Regmalard ; 15 novembre 1748.

Vente par Etienne Philippe, journalier du village de Paincyr (?) en Moutiers, à Germain Pierre. journalier à Feillet, des biens provenant de la succession de feue sa mère, Françoise Migraine, veuve de Georges Philippe son père, consistant moitié d'une maison à cheminée, grenier dessus, cave dessous, moitié de jardin, joignant par un bout la veuve du s^r de Grandmont et d'un autre le sg^r de Feillet et d'autre la rue, pour 30 l., avec charge des droits seigneuriaux ; présence de René Hubert, vicaire, de Pierre Lunois, s^r du Coudray, greffier de la haute justice de Feillet ; par Rével, notaire royal à Regmalart.

15.

Feillet ; 3 Février 1750.

Assignation par Jean Gaulard, sergent immatriculé en la haute justice de Feillet, demeurant à Longny, à Marie Brière, veuve de Claude Godard, possédant la maison Lejeune de payer à la recette de Feillet 29 années d'arrérages de deux chappons et un poulet, attendu la diminution d'un poulet qui a été faite à cause d'un petit bâtiment servant de grange, à présent possédé par le s^r de Grandmont ; ce à la requête de m^{re} Claude Helvétius, éc^r, cons^r, m^e d'hôtel ordinaire de la Reine, ch^r sg^r de la châtellenie de Regmalard et des h^{tes} justices et sg^{rie} de Feillet, Blandé, Voré, Brigemont, Valley, les Touches, la Mansonnière, Lumigny et autres lieux, dem^t ordinairement en son Hôtel, à Paris, rue Ste-Anne, p^{sse} St-Roch ; agissant par le ministère de Jean Corbay, son proc^r fiscal dem^t au château de Voré.

16.

Feillet ; 3 Février 1749.

Assignation par Jean Gaulard à Joseph Godard, qui détient le champ Tuffay, à comparaître devant le bailly de Feillet dans les trois jours pour se voir condamner à payer 29 années d'arrérages de la rente de 12 d. t. et du cens de 7 l. t. reconnus dans l'aveu de 1616, ce à la requête de Mre Helvétius.

17.

Moutiers ; 13 octobre 1762.

Paiement par Germain Pierre à Gillet Philippe, dit la Vertu, garçon grenadier au rég^t de Normandie en garnison à Rouen, fils d'Etienne Philippe, défunt, de 6 l. tiers à lui appartenant de ce qui était dû à son père par l'achat de Germain Pierre du 15 novembre 1748 (4 l. en capital. 2 l. d'intérêt). Devant Charpentier Lejeune, à Moutiers.

18.

Moutiers ; 26 septembre 1763.

Reçu par Jeanne Philippe de 6 l. 9 s. aux mêmes raisons que ci-dessus.

19.

Feillet ; 1764.

Reçu par Charles Philippe de la veuve Pautonnier de la somme de 6 l. 10 s. pour sa part de maison que son père lui a vendue.

20.

Moutiers ; 7 octobre 1770.

Vente par Nicolas Bonjean de la Houssaye, sg^r de Monteau, ancien lieut^t au Corps de carabiniers, et dame Catherine Geneviève de Seuronne,(?) son épouse, demeurant en leur terre de Monteau, p^{sse} de Dame-Marie, province de Normandie, élection de Conches, généralité d'Alençon, tant en leur nom qu'au nom de m^{tre} Paul de Seuronne, gendarme, leur frère, âgé de 23 ans 1/2.

A Michel-Jean de Suhard, éc', s' de Grandmont, demeurant à Feillet, d'une terre en bruyère, aulnaie et marais, située près la Forsannerie, en Moutiers, pour la somme de 200 l. avec les droits seigneuriaux envers l'évêque de Blois.

Passé et lu dans le chemin de Moutiers à Longny, près la Cour aux Tiaux, en présence de Rodolphe d'Escorches, éc', s' de la Hélière, par Charpentier, notaire à Moutiers.

21.

Moutiers; 1er juillet 1771.

Vente par Mathurin Foucault, cordonnier à Moutiers, et Jeanne Hérault, sa femme, à Joseph Godard, demeurant à Feillet, d'un arpent 1/2 d'herbage (l'herbage des Marais) pour 40 l. Devant Charpentier, notaire à Moutiers.

22.

Longny, 10 mars 1772.

Vente par m'e Alexandre-Michel Lunois, avocat en Parlement, demeurant à Nogent-le-Rotrou, par sse St-Laurent, et par Marguerite-Perrine Lunois, sa sœur, enfants et héritiers de Michel-Pierre Lunois, vivant, receveur des Gabelles à Nogent-le-Rotrou, à d''e Renée Lunois, leur tante, demeurant à Feillet, d'un boisseau de terre labourable à chanvre, « sur lequel étaient anciennement « plusieurs masures de bâtiments » tenant sur le devant la rue qui va à la chaussée de l'étang, de l'autre les prés du domaine de Feillet, pour 120 l; devant Goislard, notaire à Longny.

23.

Bellême; 14 avril 1774.

Vente par Louis Pautonnier, marchand, et Marguerite Coutry, sa femme, demeurant à la Chaussée de Condé, de la maison de la veuve Pautonnier, mère de Louis, pour 80 l., à m're Robert Jacquet, éc', s' de Malétuble, receveur du grenier à sel de Bellême, y demeurant paroisse St-Pierre; devant Bordier, notaire.

24.

Longny ; 11 janvier 1775.

Vente par Joseph Godard, bordager à Neuilly, à Anne-Perrine Lunois, veuve de François Rousseville, marchande à Longny, de plusieurs corps de logis, cours, jardin à Feillet, 12 arpents de terre labourable, trois lots de terre en pré, un lot en herbage, situé dans les marais de la Forcennerie, à Moutiers, pour 150 l. de rente viagère payable de trois mois en trois mois jusqu'à son décès avec 1.000 l. comptant pour pot de vin. Par devant Goislard, notaire à Longny.

25.

Regmalard ; 28 janvier 1782.

Vente par m^re Jacquet, s^r de Malétable, de la maison Pautonnier à Louis-Michel-René Maréchal, journalier à Feillet, pour 120 l. devant Regnard, notaire à Regmalard.

26.

Longny ; 25 février 1782.

Vente par Pierre-Robert Jacquet, éc^r, s^r de Malétable, demeurant à Bellême, par^sse St-Pierre, et par Nicole-Elisabeth Loustanneau, son épouse, à dame Anne-Perinne Lunois, veuve Rousseville, d'un corps de bâtiment servant de maison, écurie, cours, sis à Feillet, et cinq boisseaux de terre, puis une maison manable, sur la butte, pour 862 l. ; par devant Goislard, notaire à Longny.

27.

Longny ; 6 décembre 1785.

Vente par Michel-Louis-François de Suhard, ch^ller, demeurant au bourg de Longny, au s^r Pierre Lunois, bourgeois, demeurant ordinairement en la ville de Chartres, p^sse St-Michel, d'une grange sise au bourg de Feillet, pour 150 l. ; devant Toussaint Goislard, notaire à Longny.

28.

Longny ; 27 juillet 1786.

Vente par Michel-Louis-François de Suhard, ch^{lier}, s^r de Montégu, demeurant au bourg de Longny, et par Charlotte-Gabrielle Goislard, son épouse mineure, au s^r Pierre Lunois, bourgeois de la ville de Chartres, y demeurant :

D'une maison composée de plusieurs chambres, tant basses que hautes, dont une boisée et non compris une glace sur la cheminée de la chambre basse, cave dessous, grenier dessus, remises, écuries, cours et jardins, le tout en un tenant situé au bourg de Feillet, tenant par devant le grand chemin de Longny, par derrière le seigneur de Feillet, d'un bout le chemin de Feillet au Portail, d'autre bout le dit seigneur par un étang.

Plus un lot de terre en labour contenant un arpent sur le chemin de Feillet au Portail.

Plus un lot de terre en pâture, situé près le village de la Forcennerie.

Pour la somme de 3.696 l. et les droits seigneuriaux et 10 l. de rente annuelle à la Fabrique du Mage, affectée sur le lot en pâture; devant Goislard, à Longny.

Lunois fait un billet de 3.696 l. payable en novembre 1786; on a payé 25 l. à l'Évêque de Blois, à cause du prieuré de Moutiers pour les lots et ventes du présent.

29.

Regmalard ; 21 mars 1700.

Vente par la veuve Pierre Maréchal à Charles Foucault, laboureur à la Garde, de la maison Pautonnier, achetée par feu son mari, ce pour 98 l., présence de Guillaume-Jacques Fortier, prêtre desservant l'église du Mage, devant Dupont, notaire.

30.

Regmalard ; 5 avril 1700.

Transport du susdit immeuble par Charles Foucault à Louis-René-Michel Maréchal pour 97 l. Devant Dupont.

§ 5. ACTES RELATIFS

à des biens ayant appartenu à la Cure ou à la Confrérie,
ou mentionnant leurs droits.

1.

Le Mage ; 12 octobre 1648.

Vente par Denys Godard le jeune, Jean Godard, m^d au Mage, Jean Bascle, maçon à Longny, au nom de Geneviève Godard, sa femme à H^{te} et Puiss^{te} Dame Antoinette d'Albret, veuve de H^t et Puis^t sg^r René de Gruel, vivant ch^r, sg^r de Lonzac, Feillet et autres lieux, d'un lot de terre, tant en pré que herbage, contenant 1 arp. ou env., sur le chemin de Feillet au Mage, à la charge de payer chacun an la somme de 100 s. durant sa vie à dame Jeanne Lefebure, religieuse à Ste Claire de Mortagne et, après son décès, la somme de 4 l. tournois à toujourmais aux curés du Mage ; la vente se monte pour le reste à 200 l. t.

Parchemin.

2.

Moutiers ; 17 mars 1647.

Vente par Pierre Souazé, du Bois-au-Large, à honorable Claude Chabin, s^r de la Borde, m^d à Mer-sur-Loire, de 6 l. 14. s. 9 d. de rente rachetable à 107 l. hypothéquées sur 2 arp. de bois taillis clos de haies appelé la Prunelière, sur le grand chemin de Paris, vendu 145 l. t. Devant Romet, notaire à Moutiers, et Pierre Halgrin, s^r de la Fleurière, bailli de Moutiers.

Parchemin.

3.

Moutiers ; 24 août 1657.

Vente, devant Romet, à Moutiers, par honorable Claude Chabin, à honorable Guillaume Crête, m^d à Feillet, de 6 l. 14 s. 9 d. de rente hypothéquée, rachetable à 107 l. à prendre annuellement jour de Noël sur Jean Pasquier, à la Fourlière.

Parchemin.

4.

Le Mage ; 14 février 1667.

Adjudication des immeubles de l'Ardillière, dépendant de la succession Des Croix, à la requête de M° René Jusseaume, curé du Mage et gager de l'église, exécuteur testamentaire dud. des Croix et de Marguerite du Grenier, son épouse, par Jean Châstre, s' de la Gréotière, licentié, av¹ au Parl¹, bailli de Feillet.

Détail des pièces :

La Bessemolle,	16 boiss.
Les Boulayes,	1 arp. 1/2.
La Moulière,	17 boiss.
La Mare,	4 arp.
Le Champ de Fontaine,	à acquiest.
Les Clos,	4 boiss.
La Brière,	9 arp.
Les Landes,	15 arp.
Le Champ des Chardons,	2 arp.
La Grande-Pièce,	7 arp.
Les Champs Longs,	9 arp.
Le Champ du Noyer,	2 arp.
Les Hayes (herbage),	3 arp.
Le Petit-Champ,	3 boiss.
Un clos de	1/2 arp.
La Cour des Landes (pré),	1 arp 1/2.
Les Petits Prés,	2 arp.
L'Herbage aux Bœufs,	2 arp.
Le petit pré en dessous du jardin,	1 quartier.
Terre non nommée,	5 arp. 3/4.

En tout 64 arp. 1/2 et 40 boiss., dont 30 arp. 1/2 et 39 boiss. d'acquiest, le reste propre.

Suivent : les maisons manables où sont décédés lesdits défunts s' Des Croix et Margueritte du Grenier, fournil, grange, étable, pressoir, colombier, cour, jardin, maison manable pour fermier, deux chambres basses, grenier dessus, grange, étable, cour, jardin.

L'adjudicataire remettra l'argent entre les mains du s' Jusseaume, qui le distribuera à qui de droit, moitié à S¹-Jean, moitié à Noël. M° Jusseaume a fait intimer Jacques du Grenier, s' du lieu, légataire de Marg'° du Grenier, veuve des Croix, Gallois du Val, écr, s' de Montulé, et Jacqueline de la Garenne, sa femme,

Jacques... et Marie de la Garonne, sa femme, Vincent Chédieu (?) et consorts, se disant parents de la dite défunte. En présence desquels Jean Goddé a mis 100 l. t. sur les enchères des biens ci-dessus, sauf les biens d'acquiest. L'adjudication est remise à huitaine. Ce jour Jacques du Grenier et Jean de Boyère, écr, sr de la Vallée, héritiers, demandent distraction de la moitié des biens d'acquiest faits pendant la communauté et cette moitié est adjugée à Azille pour 80 l. t.

Parchemin (cahier in-4° de 58 feuillets, dont 51 écrits et 7 blancs).

5.

Longny ; 1er may 1703.

Contract de vente par Louis Hayes, maréchal à Moutiers, comme tuteur des enfants, issus de lui et de Marie Dougère, Geneviève Dougère, femme de Germain Gadois, matteleur de la grosse forge de Randonnay, Catherine Huet, tant pour elle que pour sa sœur mineure, Marie, de deux loteaux de terre en clos et chénevière, sis à Bizouiau, pour la somme de 60 l. à Pierre Grosset, procr au baillage de Longny ; 40 l. ont été payées audit Hayes, les autres 20 l. seront payées aux sœurs Huet, quand elles auront l'âge d'émancipation. Devant Guinchard, principal tabellion à Longny.

6.

Le Mage ; 10 décembre 1708.

Contrat de vente du bien de Jean Pasquier à Hugues Beuves, à la charge de faire rente de 6 l. 14 s. 9 d. au Rosaire ; la dite rente sise à la Fourlière.
Devant Chevallier.

7.

Moulins-la-Marche ; 26 juin 1718.

Vente, devant les arpenteurs-notaires-priseurs-royaux Renay Dumayne et Charles Boullaye, héréditaires du siège de Moulins, par Gisles Grenier, md à Mahéru, au nom des enfants mineurs de son frère Christophe, et Alexandre Manier, md à Courdevesque, de toutes les maisons, prés, herbages, brihaudages et terres labourables, sis au Mage et à Longny, qui leur sont échus par le trépas de feue demoiselle Charlotte de Bellejambe, femme de Louis de

Fontenay, sr de St-Hilaire (1), à Pierre Adam, pour la somme de 900 l. et les charges dont sont tenus lesdits héritages vis à vis la fabrique du Mage; 450 l. seront versées à Manier, de Courdovesque, dans 2 ans sans intérêt; les autres 450 l. sont constituées sur Pierre Adam en rente au denier 20 faisant 22 l. 10 s. Signé : BOULLAY.

Mêmes dispositions sur *parchemin* signé : DUMAYNE.

8.

Regmalard ; 11 avril 1742.

Contrat de location par François Guérin à Jean Blanche, devant Revel, notaire, des biens acquis de Nicolas Charpentier et sa femme, au profit du Trésor, sis au Mage et environs, avec maison à cheminée, petite chambre, grenier et jardin, pour 24 l. annuelles.

Parchemin.

9.

Regmalard ; 22 janvier 1746.

Contrat de location devant Revel, notaire à Regmalard, par Pierre Lunois, consr du roy, grainetier du grenier à sel de Regmalard, demeurt à Feillet, à Jean Blanche, charron, d'une maison à cheminée, grenier dessus jardin derrière, et d'une pièce de 1 arp., la Maladerie, dépendant du trésor, pour 22 l. annuelles.

10.

Le Mage ; 11 Juillet 1756.

Adjudication, par Michel Cottereau, trésorier, demt à la Petite Guèrottière, par devt Cardon, notaire pour le Mage, résidant à Boissy-Maugis, et devt les principaux habitants, issue de la première messe, à Jean Blanche, charron et Françoise Lormier, sa femme, d'un grenier situé au-dessus de la maison du maître d'école, de la moitié de la cave et de deux petites étables derrière, le tout au Mage, le reste des bâtiments, maison manable avec petite chambre froide au-dessus et grenier sur la chambre, l'autre moitié de la cave et le jardin sont retenus pour le logement du

---

(1) En secondes noces, puisque nous savons qu'en 1688 elle était épouse de François Guérin, sr de St-Paul.

maître d'école et pour tenir les dittes écoles; Jean Blanche a en plus toutes les terres labourables, brières et briaudages appartenant au Trésor, par bail précédent passé devant Revel, à Regmalard (11 juin 1753); il a pour 30 l. de loyer et fermage annuel et devra loger gratuitement la vache du maître d'école.

Parchemin.

11.

Le Mage ; 24 mars 1772.

Adjudication par Pierre Joannet, trésorier, à François Lorieux, bordager, d'une maison et de 6 arp. de terre, sis au bourg et dépendant de la Fabrique, pour un loyer annuel de 70 l.

Parchemin.

§ 6. INVENTAIRES ANCIENS

a. *Archives de la Fabrique et de la Cure.*

1.

Le Mage : 15 août 1591.

Inventaire des titres et papiers de la Fabrique de l'Eglise de Monsieur St-Germain du Mage, par Etienne Pecnard, pr^{tre}, vicaire de la dite église, devant Jehan Bonnier, notaire en la chastellenie de Regmalard.

Contient l'énumération de 1 à 10 de différentes pièces de comptes de trésoriers, de testaments, de ratifications, entr'autres le testament disparu de Jean Huet, prêtre, curé de la Chapelle-Montligeon.

2.

Le Mage ; 11 février 1668.

Inventaire faisant suite à celui de Estienne Pecnard, du 15 aoust 1591, rédigé par René Jusseaume, indiquant de la page 11 à la page 15.

1° 31 comptes de la négociation et gestion du Trésor dont *2 liasses.*

2° 38 pièces tant en parchemin qu'en papier, *une liasse.*

3° 13 pièces, toutes papier, concernant la rente de 17 s. 4 d. au curé du Mage, et 13 s. 4 d. au Trésor sur certaine maison et héritage situés au bourg de Feillet, qui appartient aujourd'hui au s^r de la Bertinière, de Moutiers, et aux Morins.

L'inventaire se termine ainsi :

« Le 31e jour d'aoust 1668, devant nous, curé soussigné, est
« comparu à la tablette Mre Louis-René-Henri de Gruel, sg^r de
« Feuillet, sous-diacre, eslu du consentement des habitants par
« Louis de la Rue, docteur en Sorbonne et archidiacre de Dreux,

« au cours de sa visite pour principal trésorier en cette église,
« lequel s'est volontairement chargé des titres et enseignements
« de ladite église conformément à la présente inventaire. »

Signé : DE GRUEL, HUET, JUSSEAUME.

Suit : Adjudication du 27 décembre 1671 à René de Gruel, du champ de la Maladrerie pour 6 l. annuelles, Georges Guérin ayant mis 3 l., Louis Guérin 4 l.

Suit : 1674. Adjudication du même à René Guérin, fils de Georges, pour 6 l. 15 s.

Le dossier se termine par diverses notes que nous signalons ailleurs.

3.

Le Mage; *sans date.*

Inventaire des testaments et donations jusqu'en 1729.

4.

Le Mage; 1742.

Inventaire incomplet des rentes du Trésor.

---

b. *Archives de la terre et seigneurie de Feillet.*

Inventaire des titres, contrats d'acquêts et échanges concernant la propriété du domaine direct et utile du château, douves et fossés, bois taillis, étangs, haute, moyenne et basse justice, grurie, sergenterie, greffe, droits de chasse, de pêche, bois de garennes, tant en réserve qu'en usance, droits de coutumes, péages de travers, droits de marcq et mesures, moulins bannaux à bled, moulin à fouler draps, bannalité de four au bourg de Regmalard, terres, prés, fermes et métairies qui comprennent le domaine non fieffé de la Haute-justice, terre et seigneurie de Feillet.

Auquel présent inventaire sera aussi compris les titres qui concernent les fiefs dont Mr Helvétius est propriétaire et qui relèvent des seigneurs particuliers, nommé « Inventaire de charges. »

Lequel présent Inventaire a été fait à la requête de Mre Claude Helvétius, chevalier, seigneur, châtelain de Regmalard et desdites

Haute-justice, terre, seigneurie dudit Feillet et autres y joint en la présente année 1759.

Suit la table..... (7 pages).

Carton 1ᵉʳ. Liasse 1ʳᵒ (ou Cote A. 1.)

Domaine, château, manoir, forteresse, douves, fossés et haute futaye et dépendance de la seigneurie de Feillet.

Par les aveux des seigneurs de Feillet aux seigneurs châtelains de Regmalart, les 24 Février 1388, 26 Avril 1480, 15 Xᵇʳᵉ 1586, 22 Février 1602, 9 9ᵇʳᵉ 1611, 23 Juin et 17 Août 1615, 22 9ᵇʳᵉ 1623, 27 Juillet 1645, 28 Xᵇʳᵉ 1658, 17 7ᵇʳᵉ 1663, 12 Août et 1ᵉʳ 7ᵇʳᵉ 1674, 6 Mai 1709, 21 7ᵇʳᵉ 1713, 2 et 5 octobre audit an, 5 novembre 1717, et sur l'indication des fiefs relevant de Feillet et rachetpés dudit seigneur châtelain de Regmalard par le dit sgʳ de Feillet; 1° Le château, manoir et forteresse de Feillet, clos à douves et fossés, joignant de toutes parts aux terres ci-après déclarées, avec le jardin étant derrière ledit château, contenant 5 arp. ou environ, lequel château existe en son entier avec l'augmentation des deux pavillons qui ont été faits par feu Mʳᵉ Alexandre-Julien Clément, sgʳ dudit Feillet.

14 Juillet 1638.

Copie collationée d'une lettre de partage fait entre Pierre de Gruel, sgʳ de la Frette, et René de Gruel sgʳ de Lonzac, par lesquelles lesdits sgʳˢ ratifient certains partages d'héritage à eux échus de la succession de Claude Gruel, leur père, et de dame Louise de Faudoas, leur mère, et de collaterale de leurs frère et sœurs, par laquelle le domaine de Feillet demeure à Pierre de Gruel.

Devant Richer et son confrère, notaires au Châtelet de Paris.

14 Juillet 1712.

Contrat de vente faite par les Directeurs de l'Hopital-Général de Paris, légataire universel de dame Renée-Antoinette de Gruel, de la sgⁱᵉ de Feillet, consistant en un pavillon servant de château, bastiments, offices, cours, avant-cours, jardin derrière le château, dans lequel sont plusieurs caneaux, petit bois de futaye au-dessus du jardin, clos au-dessus dudit bois..... Vente au profit de Mⁱʳᵉ Etienne-Vincent Le Mée, consʳ au Parlᵗ de Paris, homologuée en Cour de Parlᵗ, à Paris, le 22 Juillet 1712.

19 Juin 1717.

Vente, par M¹ʳᵉ Etienne-Vincent Lemée à M¹ʳᵉ Alexandre Julien Clément, de la sgʳⁱᵉ de Feillet. Devant Mélin et Veillard, notaires au Châtelet de Paris, insinué à Mortagne, le 30 Xᵇʳᵉ 1717.

8 Juillet 1717.

Contrat de délégation fait par les Directeurs de l'Hopital-Général de Paris, pour payer aux créanciers privilégiés de Renée-Antoinette de Gruel les dettes qui leur sont dues.

21 Mars 1720.

Compte rendu du payement fait par Alexandre-Julien Clément de l'acquisition de la terre de Feillet, tant en principal qu'intérêt, receptes et dépenses, audit sʳ Le Mée et aux sieurs directeurs de l'Hopital-Général, et compte de la décharge à lui donnée par lesdits sieurs administrateurs.

28 avril 1753.

Copie sur papier blanc du contrat de vente de la sgʳⁱᵉ de Feillet, faite par Mʳᵉ Julien Clément à Mʳᵉ Claude Helvétius. Devant Dutartre et Brochant, notaires au Châtelet de Paris, insinué à Regmalard par Vaslin, 4 juin 1753; registré et scellé à Mortagne, le 4 et 12 août.

11 Prairial an XIII.

Echange de 8 lots de terre de chacun 1 arp. environ, entre Michel-Louis-François de Suhard et Mʳ d'Andlau et Geneviève-Adélaïde Helvétius, son épouse.

CARTON 1ᵉʳ. LIASSE 2 (ou COTE A. 2.)

Droit de Haute-justice.

Par les aveux susdits, les sgʳˢ de Feillet ont toujours racheté le droit de justice, haute, moyenne et basse dans toute l'étendue de la sgʳⁱᵉ de Feillet.

Carton 2. Liasse 1. (Cote B. 1.)

Droit de Grurie et de vérification des poids et mesures.

20 août 1710.

Quittance des finances expédiée au Contrôle général, par le trésorier des revenus casuels, de la somme de 570 l. 4 s. 7 d. pour la réunion à la ditte Haute-justice et sgrie de Feillet, des offices de Juge, Gruerie, Procureur et Greffier avec faculté de commettre aux fonctions d'iceux, ou de vendre et desservir les dits offices à telles personnes, clauses et conditions qu'il jugera bon être pour connaître en première instance à l'exclusion de tous juges royaux.

14 août 1734.

Ordonnance sur requeste, rendue au siège de la Maîtrise Particulière des Eaux et Forêts de Mortagne, au profit d'Alexandre-Julien Clément, de bienner et faire curer les ruisseaux servant à faire moudre le moulin de la Forge, en la psse du Mage et de les tenir en bon état.

20 avril 1725.

Arrêt de la Cour des Monnaies, à Paris, obtenu par Mre Ambroise-Julien Clément, sgr de Feillet, contenant le talonnage d'une pile de 32 l. ou 64 marcs pour servir audit sgr de Feillet à vérifier les poids des lieux dépendants de laditte sgrie.

Carton n° 2. Liasse 2. (Cote B. 2).

Droit de chasse.

Par lesdits aveux ce droit a été racheté de tous temps, droit de garennes à conils, lièvres et perdrix, droit de chasse à cor et à cris à toutes sortes de bêtes ; 3 l. pour rachapt en chaque mutation

Carton 2. Liasse 3. (Cote B. 3).

Droit de pêche.

Idem : droit de garenne à eau et pêche en toutes rivières et ruisseaux joignant la sgrie et les fiefs en mouvant et dépendant. Joint quelques pièces qui servent à établir ce droit quand il a été contesté.

Carton 2. Liasse 4. (Cote B. 4).

Droits de Péages et travers.

Par les aveux susdits ont toujours été rachetés les droits de péages, de coutumes de lèvages.

Nota. Ces droits ont été supprimés par Arrêt du Conseil dans toute la province du Perche et ne sont employés au présent que dans le cas où ils pourraient être rétablis.

Carton 2. Liasse 5. (Cote B. 5).

Greffe de la Seigneurie.

Par les susdits aveux, rachapt des droits de Justice haute, moyenne et basse sur toute l'étendue de la seigneurie et réunion faite à icelle; le greffe faisant partie de la justice.

Carton 2. Liasse 6 (Cote B. 6).

Sergenterie.

Par aveux susdits, du droit de justice dépend le droit de sergenterie dont jouit le sgr.

Carton 3. Liasse 1re. (Cote C. 1).

Chapelle du seigneur en l'église du Mage.

21 novembre 1584.

Copie informe sur papier blanc, non signée, du testament de Hèlene Auvé, dame de Feillet, par lequel il est spécifié qu'elle veut et entend que tous les jours on célèbre la messe dans la chapelle du château de Feillet, et pour ce faire laisse la somme de six-vingt livres, par chacun an, à la charge que celui qui dira la messe dans la dite chapelle tiendra les écolles au lieu de Feillet, dans une maison de deux fermes qu'elle fera édifier au dit lieu.

10 novembre 1646.

Permission donnée, par Jacques Lescot, évêque de Chartres, au sieur Blondeau, prêtre, prieur de Longny, de bénir la chapelle nouvellement bâtie à côté du chœur de l'église du Mage, et de transférer en la cave de la dite chapelle les corps de feu M. de Lonzac et de MM. ses enfants.

1er et 8 juin 1647.

Bénédiction de la chapelle de l'église du Mage par led. Me François Blondeau, accompagné de l'acte d'exhumation du sgr cte de Lonzac et inhumation dans lad. chapelle. Signé : BLONDEAU.

CARTON 3. LIASSE 2. (COTE C. 2).

Chapelle du château.

17 septembre 1699.

Permission de l'évêque de Chartres à dame Antoinette de Gruel, vve de Mre Antoine d'Aidie, chr, cte de Riberac, de faire bénir par le sr Jusseaume, curé du Mage, la nouvelle chapelle bastye proche et joignant le château dud. Feillet. Signé : PAUL, év. de Chartres.

24 décembre 1699.

Bénédiction, sous le titre et protection de St-Antoine, de lad. chapelle. Signé : JUSSEAUME, et autres prêtres et témoins.

20 mars 1729.

Réduction, faite par l'évêque de Chartres, au profit de Mre Alexandre-Julien Clément, de l'annuel de messes qui devaient se dire dans lad. chapelle, à 160 messes par an.

28 octobre 1738.

Permission, par l'évêque de Chartres à Mre Julien Clément, de faire bénir la chapelle qu'il vient de faire édifier audit château de Feillet, sous l'invocation de St-Joseph.

20 novembre 1738.

Bénédiction de la chapelle par Jean Riollet, prêtre, lic. en droit de l'Université de Paris, assisté des prêtres y dénommés.

Carton 3. Liasse 3. (Cote C. 3).

Moulin banal de la Forge, en le Mage.

Par les aveux susdits, le moulin banal de la Forge, attaché à la chaussée de l'étang dudit lieu, subsiste avec maison manable, chambre haute, cabinet, cave, laiterie, four, grenier, cours, jardins, prés, etc.

10 mars 1700.

Continuation du bail fait par Renée-Antoinette de Gruel, dudit moulin à Pierre Brière et Louise Tomblaine, sa femme, pour 6 ans.

18 octobre 1701.

Bail dud. moulin par Pierre Lunois, agent des affaires de Antoinette de Gruel, à Noël Bougis et Marie Rousseau, sa femme, pour 800 l. 1/2 ; 12 chappons et 6 poulets. Devant Pierre Hérauld, à Regmalard.

19 mai 1705.

Autre bail dud. moulin par Pierre Lunois, à Pierre Brière et Françoise Tomblaine, sa femme, pour 6 ans, aux mêmes prix et conditions. Devant Guinchard, tabellion à Longny.

Carton n° 3. Liasse 4. (Cote C. 4).

Le moulin banal de Mesleray, en Boissy-Maugis.

12 octobre 1592.

Vente, par Raoul Boutteray à Florent Goullet, des grosses forges de Boissy, où est actuellement le moulin de Mesleray, avec l'étang, plus le moulin Chevreuil et droit de rivière depuis l'étang jusqu'au moulin avec 5 l. de rente à prendre sur les vassaux du fief de Melleray. Devant Longuereau, notaire à Chartres.

20 mars 1618.

Vente par Robert Geslain et Françoise Fey, sa femme, à Jacques Brisard, éc^r, s^r de la Moussetière, et Anne du Portail, son épouse, de la terre du Mesnil en Boissy, et d'un moulin à bled dans le bourg, au lieu de la Forge, autrement Melleray, avec tous droits de cours d'eau. Devant Longuereau, à Chartres.

20 décembre 1669.

Copie collationnée du contrat de vente du moulin à bled de Melleray ou Chevreuil fait par Antoine d'Escorches, fondé de procuration de Jacques Brisard et de Françoise Michelet, son épouse, à M^{tre} René de Gruel, sg^r de Feillet. Devant Beuzelin, notaire à Longny.

10 octobre 1685.

Cession faite par les sieurs doyens et chapitre de l'église collégiale de Toussaint de Mortagne à dame Françoise Michelet, v^{ve} de Jacques Brizard, éc^r, s^r de la Moussetière, des fiefs et sg^{ries} du Mesnil, moulin Chevreuil, Petit-Mesnil, Melleray, fief Bourgoin et autres. Devant Michel Leroux et Denys Bouilly, notaire royaux à Mortagne.

5 août 1699.

Rétrocession faite par Pierre d'Escorches, éc^r, s^r du Mesnil-Ste-Croix, et Anne de Samay, son épouse, tant en leur nom que comme fondés de pouvoir de François de Samay, éc^r, s^r de la Goutte, et de Françoise La Vie, son épouse, à dame Renée-Antoinette de Gruel, des terres ci-dessus.

Le dit Moulin de Meleray, chargé de 103 l. de rente envers les chanoines de Toussaint.

CARTON 3. LIASSE 5. (COTE C. 5).

Banalité des moulins à bled et autres grains de la seigneurie de Feillet.

17 juillet 1635.

Accord, entre le sg^r de Feillet et celui de la Moussetière, à l'occasion des banalités du moulin de Melleray, de ceux de Bluteau et de Reil, portant qu'à l'égard du s^r de Feillet il sera libre aux vassaux d'aller où bon leur semblera moudre leurs grains et qu'à l'égard dudit sg⁏ de la Moussetière, il aura droit d'attirer à son moulin les sujets du moulin Chevreuil et que s'il peut prouver dans un an par titre valable que le moulin de Reil n'est pas banal de la sg⁏ⁱᵉ de Feillet, les meuniers de Reil ne pourront chasser que sur les sujets dudit Reil et non sur ceux de Foillet.

3 mars 1000.

Copie d'un arrêt du Parl⁏ de Paris, rendu en faveur de René de Gruel, sg⁏ de Feillet, déclarant les moulins de la Forge, de l'Etang et du Reil banaux de Feillet et accordant à la famille de Brisard la banalité du moulin Chevreuil et de Melleray qui relèvent des chanoines de Mortagne.

CARTON 4. LIASSE 1ʳᵉ. (COTE D. 1).

28 octobre 1752.

Vente par Mʳᵉ Ambroise-Julien Clément, sg⁏ de Feillet, à Nicolas Chalumeau, foulon, du moulin de Bluteau, pour 186 l. de rente foncière, hypothéquée sur tous ses biens, sis à Bazoches, près Mortagne, sous condition de 3 sols de rente et 14 deniers de cents.

CARTON 4. LIASSE 2. (COTE D. 2)

Bois taillis de l'ancien domaine de Feillet
du côté de l'étang des Personnes.

Tous ces bois sont de l'ancien domaine non fieffé.
Tous les titres de cette liasse sont des contrats d'échanges et d'acquisitions, faits par Alexandre-Julien Clément et Claude Helvétius et ses enfants de 1752 à 1813.

Bois taillis de l'ancien domaine de Feillet en Boissy-Maugis
Regmalard et Le Mage, du côté de Saint-Laurent.

La plus grande partie de ces bois sont de l'ancien domaine non fieffé.

4 mars 1751.

Echange entre Julien Clément et Jean-Baptiste-Gaston Huet, sʳ de Grandmaison, et Charlotte Huet, vᵛᵉ de Michel de Suhard, écr, sr de Grandmont : — Le sgr de Feillet cède la métairie des Chaintres, à la réserve de l'étang, contre 23 arp. de bois taillis, joignant les bois de la Thuilerie de Feillet, les terres de Montégu et le chemin de Montégu à Regmalard. Devant Brochand, notaire au Châtelet de Paris.

13 octobre 1752.

Vente, par Charlotte Huet, vve de Suhard, à Mre Julien Clément, de 5 arp. de terre en bois taillis, nommés les Minières en Regmalard, joignant la vente des Cointinières.

Suivent divers contrats d'acquets ou d'échange parmi lesquels nous remarquons celui de remboursement, par Mtre Helvétius, aux enfants de Charlotte Huet, de la somme de 300 l. et intérêt pour l'achat des Minières, fait par Mre Clément.

CARTON 4. LIASSE 4. (COTE D. 4).

Bois du Débat.

5 mars 1721.

Transaction entre Julien Clément, Marie d'Aligre, dame de la Lande, vve de Mre Godefroy, cte d'Estrades, maréchal de France, et Fabien-Albert du Quesnel, marquis de Goupigny, sr de Neuilly, à l'occasion des difficultés prêtes à naître entre eux au sujet du bois du Débat de 18 arp., sis à la queue de l'étang des Personnes : — Il est convenu que l'on vendra le bois dont le prix sera partagé à part égale entre les contestants et, après la coupe du bois, le fond divisé en trois lots égaux. Julien Clément achète la part du fond du sr de Coupigny pour 400 l.

10 août 1756.

Procès-verbal de la division du bois du Débat entre le sgr de Feillet et le président d'Aligre, sr de la Lande.

CARTON 4. LIASSE 5. (COTE D. 5).

Four à ban de la rue Saint-Germain, à Regmalard.

Par les aveux susdits, les sgrs de Feillet ont toujours racheté les droits de banalité de ce four.

Droit de four pour un vasseur taxé à la somme de 3 l. ; ce droit ne s'étend que sur les sujets de Vaujours.

CARTON 4. LIASSE 6. (COTE D. 6).

Prés du domaine de Feillet.

Description des prés dépendant du domaine, suivi d'un contrat de bail de Claude Helvétius à Pierre Bourelier, d'un lot de terre au pré de l'Abyme (1755) et d'une vente faite par Jean Huet, s' de la Pommeraye, à René de Gruel, d'un pré de 112 perches (8 avril 1648).

Métairie de l'herbage Beard, au Mage.
Pré de l'étang de l'ancien moulin du Mage.

6 mai 1641.

Contrat de vente par Etienne Pecnard, prêtre, à René de Gruel, du moulin du Mage pour 1.100 l. Les quittances qui suivent indiquent que le paiement complet ne fut terminé qu'en 1646, 10 juillet; suivi de deux sentences arbitrales du juge de Regmalard, 1689 et 1690, réglant certaines difficultés de jouissance dud. moulin, entre le s' de Feillet et les voisins. Ledit moulin n'existait plus en 1759 et l'étang était en pré.

Etangs et Pêcherie.

Par leurs aveux les sg" ont toujours racheté leur droit sur l'étang des Personnes, de 120 arp. d'eau, l'étang de S¹-Laurent de 70 arp ; l'étang du petit Brefin, 8 arp. ; moitié de l'étang du grand Brefin, 22 arp. ; le Bardeau, 12 arp. ; la Rougette, 2 arp ; l'Etang neuf, 8 arp. ; la Forge, 50 arp. ; l'étang du château, 5 arp. ; du Haut-Voré, 1 arp. ; les nappes d'eau qui sont jusqu'au coin des écuries de Feillet ; les Chaintres ; une partie sont à peuple, les autres à poisson, que M' Helvétius fait valoir par ses mains.

Total : 298 arp. d'eau sur le Mage.

Terres et Fermes.

Terre et ferme du *Portail*, ancienne basse-cour du Château, aujourd'hui réunie à la Cucuyère (1759).

Ferme de la *Garde*, de 55 arp., et en plus les augmentations qu'y a faites M¹ʳᵉ Helvétius.

Ferme de la *Cucuyère*, d'environ 44 arp., et en plus les prés du château, louée 600 l., autrefois 850 l.

Ferme du *Haut-Voré*, vendue le 9 mars 1564 par François de la Noue, chr, sr de Bretoncelles, Gentilhomme de la Chambre du Roi, à Marie de Thénat, épouse de Gilles de Voré, écr, sgr du lieu.

Ferme de la *Thuilerie*.

Ferme de la *Fourlière*, vendue, le 35 mai 1720, par Rodolphe de Godefroy, sieur de la Petite-Noë, ancien serdot du Roy, à Julien Clément, de 63 arp environ.

Ferme de la *Pichardière*, en Bizou, vendue à Mtre Julien Clément, par Loup Lavesnier; revendue, le 7 octobre 1750, par ledit sgr, à Pierre Joannet, laboureur, pour 100 l. de rente foncière et rachetable à 2.000 l.; rachetée, le 14 mai 1753, par Mtre Claude Helvétius.

Bordage de la *Bouillaudière*, en Boissy-Maugis.

Bordage des *Landes*, proche la Garde, vendu, le 7 octobre 1750, par les héritiers de Madeleine Bouthier, vve en 1res noces de Pierre Hérault, sr de Marigny, à Julien Clément, acquittée par Mre Helvétius.

Quelques autres terres égrenées, acquisitions faites par Mre Helvétius.

Acquisition au *Vaugiroux*, en 1736 et 1756.

Ferme de la *Renardière*, en Boissy, acquise par Mr Helvétius, le 2 février 1754, de François de l'Etang, sr de la Houssaie, et Catherine Le Boulleur, son épouse, pour 7.800 l. et 200 l. de pot de vin.

Ferme de *St-Laurent-de-Crasne*, en Boissy-Maugis, baillée par Charles de Roussard, abbé commendataire de l'abbaye de Tyron, et les Religieux, prieur et couvent dudit monastère, à Guillaume Moreau, laboureur, sa femme et ses frères et sœurs, tous de Bizou, le 17 janvier 1568, de 69 arp., cédée par transaction, le 16 avril 1761, à Mre Julien Clément, par lesdits religieux, et à Mtre Claude Helvétius qui était aux droits de Julien Clément, moyennant une rente de 150 l. annuelles; transaction ratifiée par Jean-Antoine de Malherbe, abbé commendataire de Thyron, le 25 janvier 1760.

La Chapelle de St-Laurent de Crasne fut détournée de son usage religieux par permission de l'abbé André, grand vicaire de Chartres, du 13 novembre 1769, pour la livrer à tel usage que l'on voudrait.

Il serait long et superflu de raconter ici les graves difficultés qui surgirent entre Helvétius et les religieux de Thyron; ces pièces sont analysées en détail dans l'Inventaire de Feillet.

Seigneurie de Bizou et du Bois (1).

30 décembre 1749.

Vente, par Henri-Louis Chevesaille, sgʳ des Perrines, et Catherine-Françoise de Commargon, son épouse, à Julien Clément, de la sgʳⁱᵉ du Bois et de Bizou, consistant en 9 pièces, avec droit de haute, moyenne et basse justice sur tous les hommes et sujets, tenants propriétaires, détempteurs desdits fiefs, et le droit de moulin banal, le tout relevant de la sgʳⁱᵉ et haute justice de Neuilly-sur-Eure.

In-folio, relié en cuir, de 0ᵐ,36 sur 0ᵐ,25, contenant 92 feuillets manuscrits, dont nous ne donnons ici que l'analyse, appartenant à M. le comte d'Andlau, propriétaire de Voré.

F. Pièces diverses.

1.

Mai 1128.

Mention de dons faits à Tiron par Guillaume de Feillet au moment de son départ pour la croisade.

Lettre de Gervais de Châteauneuf en Thimerais.
Geoffroy de Longny, Geoffroy de Beaumont, Hérard de Villiers, Guillaume de Folliet, Wernion de Busot [Beaussart?] étant tous croisés pour le voyage de Terre-Sainte, dans le monastère de Tyron, par les mains de Bernard, abbé du dit lieu, octroient plusieurs indemnités et privilèges sur leurs terres et seigneuries, en présence de Gacho de Villepierreuse, Robert de Montfort, Nivellus de Mellay, Guillaume de Illes, Payen de Mastray, Conrad de la Mothe, Alain de Malestroit, Eude des Puits et Yves, son frère, Guy de Vaupillon, Robert de Châteaudun, Pierre de Marcore, Robert le Gros, Wavin de Fresey, Boson de Rosières Loffrodus du Dun, Gaston de Vichères, Hugues de Beauvoir et

---

(1) Nous mentionnons ici cet acte, quoique ne concernant ni le Mage ni Feillet, parce qu'il est contenu dans l'inventaire de cette sgʳⁱᵉ.

plusieurs autres. Fait à Tyro, proche le grand autel, le 4º des ides de may 1128 *Folio 145.*

B. N. ms. 286 des 500 de Colbert ; p. 127 et suiv.
Communiqué par M. le Vᵗᵉ de Romanet.

Cette pièce augmente le doute que nous avons émis à la page 40. Comment admettre que Guillaume de Feillet, parti en 1096 à la Croisade et revenu vers 1100, ait reçu la croix des mains de St Bernard qui, de l'aveu de tous les historiens, ne parait au Perche qu'en 1109 et meurt en 1116.

2.

Feillet ; novembre 1282.

Lettres de Huet, seigneur de la Ferté-Bernart, écʳ, datées de novembre 1282, par lesquelles il amortit, en faveur des religieux de St-Jehan, les dixmes à eux vendues par Mⁱʳᵉ Jehan de Ponteuz, chʳ, sises en la pˢˢᵉ du Meige, à partir avec le prieur de Moutiers au Perche, tenus en fief du fief de Folliet, et nuement et sans moyen de Gervaise de la Rousière, écʳ, lequel les tient de Guillaume de la Rousière, vassal du d. Huet et les décharge de toute la sgʳⁱᵉ et juridiction et toz services, c'est à sçavoir chevaux de service, reliés, rachax et totes autres coutumes ou redevances.

B. N. ms. fr. 24.125 (G. Lainé III, fol. 157.
Communiqué par M. le Vᵗᵉ de Romanet.

3.

Roontchamp-sous-Montfort ; août 1320.

Traité de mariage entre Bouchart, comte de Vendôme, et Alice de Bretagne.

Phelipes, etc. — Scavoir faisons à tous présens et à venir que, comme nos amez et féaux Yolent, duchesse de Bretaigne, comtese de Montfort, Jehan de Bretagne, fil, damoiselles Jehanne, Béatrix et Aelis, filles feu Arthur, duc de Bretaigne, et de la dite duchesse, Bouchart, comte de Vendosme, Jehan de Vendosme, son frère, Bouchart de Vendosme, seigneur de Bonneval, et Thibault de Danisy, seigneur de Boolon, pour le mariage traicté et à parfaire entre le dit conte de Vendosme et la dite damoiselle Aelis, ont faites et accordées les convenances qui s'ensuivent : c'est assavoir que la dite duchesse baillera et assignera à sa dite fille damoiselle Aelis pour le dit mariage avec le dit conte de Vendosme, deux mille livres de rente, selon le pooir et autorité que elle en a par les lettres de l'héritance du dit duc Artur et de la dite duchesse par la manière et par les conditions contenues en icelles lettres, et sera prisée et assize la dite rente à Montfaucon en Anjou et au Maine et, se ce ne souffisait à parfaire celle rente, elle serait parfaite à Montigny et à Nonviler et ès-lieux voisins plus près, hors de la Châtellenie de Nougent ; et, se il plaisait mieux à ladite duchesse, à Fouillet et à Romalard et ès plus prochains lieux, hors de la châtellenie de Nougent et, se les d. lieux ne souffiraient à faire la dite assiette, elle serait parfaite en autres lieux convenables, au plus près desdits lieux, hors de la châtellenie de Nougent. Et sera faite lad. assiette par Gieffroy Le Roy, baillif de Montfort, et Ph. Poignant, esleus et nommés de par lad. duchesse, par Jean de Aubemalle, ch^r, et Guillaume des Haies, éc^r, esleux et nommez de par led. conte.

Ce fut fait à Roontchamp sous Montfort, l'an de grâce 1320, ou mois d'Aoust.

Publié par Dom Morice (Preuve de l'histoire de Bretagne, I, col. 1293) qui avait puisé cet acte dans les archives de la « Chambre des Comptes de Paris ».

Analysé dans le ms. de la B. N coll. Duchesne, vol. 54, p. 778.
Communication de M. le v^{te} de Romanet.

4.

26 mai 1336.

Accord au sujet de la succession de Guillaume de Feillet entre Jehan de Prulay et Guillaume Giffart, ses gendres.

Contrat, passé par devant Robert Le Court, clerc, garde des sceaux de la châtellenie de Mortagne au Perche et tabellion juré, nostre sire le comte, le dimanche, feste de la Trinité d'esté et emprès la St-Urban, 1336, contenant comme debats, dissention ou discorde, fussent meuz entre Jehan de Prulay, éc^r, et Jehanne sa femme, d'une part, et Guillaume Giffart et Jehanne, sa femme, d'autre, pour la cause du partage ou division des héritages qui jadis furent feu Guillaume de Foyllet, père des dites femmes en la terre du Perche, desquels héritages le dit Jehan de Prulay disait et affirmait lotaige avoir esté fait entre luy à cause de sa d. femme et Jehanne, femme à présent du dit Guillaume o l'autorité de sa mère son tuteur, et au dit de Prulay appartint la métairie de Valgerne avec ses appartenances, la Linandière, la rivière de Rémalart, les rentes et les cens de la dite ville, la moitié des vavasseurs et des choses qui en dépendent, la porte de Briey, le four de la ville de Rémalard ; et au lot de la dite Jeanne, femme du dit Guillaume, était la métairie de la Luerière, les metairies que tenaient Macé Le... et Gervaise Chailloue avec toutes leurs appartenances, les cens de St-Jehan de la Forêt, la porte des Bois et la moitié des vassaux, et pour assopir et terminer les dits débats nomment arbitres : Pierre, sire de la Lande, et Symon de Maugastel, écuiers, lesquels porront prendre avec eux nobles hommes Jehan de Vendosme, sire de la Ferté, et noble sr Jehan de Vendosme, sire de Foyllet, chevalliers, ou chacun d'eux, à peine de 1.000 l. tournois ; et est parlé que la femme du dit de Prulay doit avoir advantage comme aisnée, selon la coustume du pays où les choses sont situées, et mention est faite les héritages de la dite succession estre situés tant au Perche que pays du Maine et de Normandie.

B. N ms. fr. 24.126 (G. Lainé III) p. 214.

Communiqué par M. le vte de Romanet ainsi que les deux suivantes.

5.

Feillet ; 17 juin 1354.

Lettres du mardi 17 juin 1354, par lesquelles Jean, cte de Vendosme, baille à Mme Alix de Bretagne ctesse de Vendosme, sa mère, la châtellenie de Montoire, etc... pour et au lieu de *l'hébergement de Fueillet qui était dans le propre héritage de la d. dame*, autrefois baillé par le feu comte Bouchard, son père, à Mre Jehan de Vendosme, son frère.

Bib. nat. ; coll. Duschene, 54, p. 778.

6.

20 octobre 1458.

Partage de la succession de J. de Vendôme, seigneur de Feillet.

Auvé. — Nobles et puissans François de Mombron, vte d'Aunay sgr de Mortagne et de Segré, mary de Jehanne de Vendosme ; Mre Simon d'Auvé, chr, sgr de la Sougé et du Plesseys-Bourel ; Jn de Champagné, écr, sgr de Motte-Ferchaut ; Jehan du Boays, écr, sgr du Boays, mary de Perrine de Champagné et Jehan de la Faucille, écr, sgr du dit lieu, partagent la succession de feu Jehan de Vendosme, fils et principal héritier de feu Mre Jehan de Vendosme, chr, sgr du Poillet [ce doit être Foillet pour Feillet], la Ventroude [lisez : la Ventrouse], Charencé et Bessan, et de dame

Marie d'Orenge, sa femme ; la moitié et le quart de la terre de la Ventrouze et toute la terre du Poillet furent le lot du d. de Montbron [sic], et le reste fut partagé également entre les autres, excepté la terre de Charencé, dans laquelle les d. Mombron et du Boays n'eurent aucune portion, par acte du 29 oct. 1458. (*Arch. du chât. du Fresne près Baugé.*)

Trésor généalogique de Dom Villevielle, publ. par H. Panier, t. III, 2ᵉ partie, p. 80.

7.

Lavardin ; 13 et 14 mars 1478.

A tous ceux qui ces présentes lettres verront, Martin Creste, clerc, garde des sceaux de la châtellenie de Mortagne et tabellion du lieu, salut. Savoir faisons, qu'en la présence de Jean Crestot, clerc, tabellion à ce juré et par nous en icelle châtellenie présenté et étably, noble et puissant seigneur Monseigneur Jean Auvet, sgr de Fongy, de Brousin, du Plessis-Bevernel, du Gennetey, de Feuillet, se transporta au château de Lavardin, le conseil tenant de mes Seigneurs les enfants de Vendôme, auquel conseil étaient noble et puissante dlle Janne de Bourbon, fille aisnée de feu Mʳ le comte de Vendôme, aiant le bail et garde de Mgr François de Bourbon, aisné fils de Mgr de Vendôme, lequel en personne y était présent et assistant ; et avec eux étoient : Jean, bastard de Vendôme, sieur de Bonneval, Louis, bastard de Vendôme, Louis Fillay, escr, Mᵉ d'hôtel, Mᵉ Jean Besnard, lic. ès-loix, bailly du Vendomois, Mᵉ Jean Faguet, chevessier de Vendôme Mᵉ Jacques L'Hermier, bailly de Regmalard, Mᵉ Jean Lhuilier, procʳ dudit lieu de Regmalard pour mesd. sʳˢ et dlle de Vendôme, Louis Dulussault, capⁿᵉ dud. lieu de Regmalart, Colas Psalmon, argentier de lad. maison de Vendôme, et Antoine Goussole, escʳ, avec plusieurs procʳˢ, receveurs et officiers des terres et sgrⁱᵉˢ de Vendôme ; en la présence desquels ledit sgʳ de Broussin fit proposer par la bouche d'honorable homme et sage Mᵉ Laurent Demonevault, lic. ès-loix, son conseiller, en adressant ses paroles aux personnes de mesdits seigneurs et dlle de Vendôme, que entre ses autres terres et sgrⁱᵉˢ lui appartenait la terre et sgrⁱᵉ de Feuillet, laquelle il avait, ou ses prédécesseurs, eue en partage de la maison de Vendôme ; à cause de cela il disoit avoir droit de toutte justice, hautte, moienne et basse et que de cette terre et sgrⁱᵉ de Feuillet dépendait, entre autres choses, le moulin apelé le moulin de Haudebou, en l'assiette et place duquel avait été faitte et édifiée une forge à fer, tournante à eau, semblablement avait été édifiée une autre forge au lieu des Aunais, tenue dudit escr et assise en son fief de Feuillet ; mais, puis naguères, s'étoit transporté ès-dittes forges ledit Louis de Lusseau, accompagné de plusieurs ses alliés et satellites, embâtonnés de bâtons et armes invincibles, et, comme étant force publique, à heure indue et de nuit et grandement délinquant, au préjudice des droits et sgr^ies dud. sgr de Feuillet, avoient rompu et démoly les dittes forges, nonobstant que messgrs de Vendôme, à cause de leur sgrie de Remalard, ni autrement, n'i eussent aucun droit, ni que voir ou connoître, parce que les dittes forges n'étaient assises en chose qui fussent nuement tenues de ladite sgrie de Remalard, mais étoit le tout tenu et assis au fief de Feuillet et sur la rivière ou rivières appartenantes ou tenues dud. sgr de Feuillet et disoit plus que, puis naguerre, les officiers de mesdits sgrs de Vendôme en leurs terres de Remalard avoient baillé à ferme lesd. rivières et droit de pêcher en icelles, c'est à sçavoir les rivières d'Huigne et de Comeauche, combien que faire ne le dussent parce que icelles rivières n'étaient des ..... (*quatre mots déchirés*) ..... mais dépendantes de la sgrie de Feuillet, toutefois ils avoient mis en procèz audit lieu de Remallard plusieurs des hommes et sujets de la sgrie de Feuillet, qui par l'ordonnance dudit sr de Feuillet, avoient pêché ès-dittes rivières, et sur ce que le dit sgr de Feuillet, ou son procr, s'étoient transportés audit lieu de Remallard pour prendre les décharges et garanties d'iceux, qui pour lad. cause avoient été ajournés, toutefois ce voyant, lesd. officiers, et afin qu'ils pussent toujours entreprendre sur lad. terre de Feuillet et appliquer à eux lesdittes rivières, avant que tenir la juridiction dud. Remallard, auroient tiré à part ceux qui avaient pêché et en avoient composé à telle somme de deniers qu'ils avoient pu tirer d'eux au ...., dud. sr de Feuillet, en lui empêchant par ce moïen la voye de la justice, quelle chose il disoit être à son préjudice pour le temps à venir et pouvoit porter conséquence pourtant que ce pourroit être mis en ligne de compte et aussi voudroit-on dire contre vérité au temps à venir que les dittes rivières seroient des appartenances de la terre de Remallard, et plus disoit le dit sgr de Feuillet, parlant par la bouche de son consr, *que par son partage qu'il avait eu de la Maison de Vendôme*, entre autres choses lui avoit été baillé un four à ban assis en la ville de Remallard, nommé le four de la Vallée avec le droit de bannie d'iceluy, en quoy étoient sujets une grande partie de la ville de Remallard, mêmement une rue qui est entre le pont de Remallard ..... et que ce nonobstant le dit Louis de Lusseau avoit fait abatre et démolir les maisons et masures de ladite rue, extirper les fondements d'icelles et y avoit fait grands fossez et tellement que ledit four serait demeuré inutile pour ledit sr de Feuillet et en procédant de mal en pis par led. capne de Lussault, il avait chassé et pris plusieurs bestes rouges et noires ès bois et garennes de Feuillet, avoit fait faire plusieurs hays, coupé ou fait couper grands pieux et quantité de bois tant à metrain qu'aultrement, il avoit fait faire des hayes toutes de gros bois jonctif et pour ce que la première haye ne lui sembloit pas assez haute, fit faire encore une autre haye de gros bois jonctif plus haute que l'autre et à cette cause avoit fait dommage èsdits bois de plus de la valeur de cent l. t. mêmement que ledit bois était mort à l'occasion du bestail qui avoit mangé le rejet du bois et qu'il vaudroit mieux à Mr de Feuillet avoir perdu la ditte somme de cent l. t. ; et outre plus disoit iceluy sr de Feuillet que, nonobstant le droit de justice qu'il a au dit lieu de Feuillet tel qu'il est cy-dessus déclaré, plusieurs de ses sujets avoient été convenus et évoqués en lad. justice de Remallard, à l'instance de plusieurs personnes dont la connaissance avait été refusée par lui ou son procr laquelle lui avait été refusée par le baillif et vicomte de Remallard et tellement qu'il avoit ..... aud. sr de Feillet d'en appeler et son appel il auroit bien et dûment relevé en Cour de Parlement et, nonobstant ce, et en attendant contre le dit apel, ne s'étoient lassés d'inquiéter led. sgr de Feillet, en retenant le cours et connoissance de ses hommes et sujets que comme en le démollissement desdittes forges à fer, mazures et édifices sujets au dit four à ban, et aussi disoit led. sgr de Feillet que, puis naguère, Jean Faguet, son homme et sujet, étant aud. lieu de Remallard, le sergent dudit lieu pour messieurs de Vendôme, le força mener en prison un nommé Robin Geslain, à l'occasion de ce que iceluy Geslain avoit fait plusieurs excès comme l'on disoit, à quoi ledit Geslain comme disoit tenant un couteau en la main dont il est vraisemblable qu'il en voulait frapper led. sergent, pourquoy iceluy sergent cria à l'aide en faisant commandement audit Faguet, qui présent étoit, qu'il y mit la main, quelle chose voyant ledit Faguet et qu'il étoit sujet à justice, s'avança d'aider audit sergent de Remallard et tellement qu'à son aide led. Geslain fut mis en prison ; mais néammoins à ce qu'il eut justement besogné en obéissant à justice comme nécessité étoit d'obéir, toutefois ledit capne de Lussaut qui ne quéroit que moyen et copie pour toujours donner peine à mond. sr de Feillet et à ses hommes et sujets conseilla aud. Geslain qu'il se fît partie contre led Faguet, qu'il le pourrait bien faire et que le d. Faguet ne pouvoit mettre la main en luy et tellement qu'à l'occasion led. Robin Geslain........ ..... contre led. Faguet, par laquelle constitution ledit Faguet fut envoyé prisonnier au château de Remallard, auquel fut détenu près d'un jour entier dont il appela et ne put être délivré sans renoncer à son appel, combien que led. Geslain fût à plaine délivrance et que par plusieurs fois iceluy Faguet eut offert bailler plège et caution suffisante à quoy il fut contraint par led. cap^no de Lussault et par la renonciation fut reçu en procez qui pend encore, dont led sg^r de Feillet requit la connoissance qui lui fut refusée, au moyen de laquelle et non content de ce, lesd. officiers de Remallard, qui ne se pouvaient tenir de montrer toujours la félonie de quoy ils vouloient user contre led. sr de Feillet sur les droits de sa ditte sgr^ie et terre, mêmement contre sa personne, l'avoient fait convenir dernier passé aux assises de Remallard à comparoir en personne et contre luy proposé qu'il étoit convenu à l'occasion de ce qu'il vouloit dire qu'il avoit constitué prisonnière une femme venant des parties d'Argentan, à raison d'avoir occis et mis à mort un sien enfant et que néanmoins il l'avait délivrée au sergent d'Argentan ou d'Alençon, sans en faire savoir à la justice de Remallard, quelle chose voyant le dit sergent dudit Feillet qui étoit exempt de la juridiction de Remallard, par apel interjetté par luy ou proc^r pour luy, aussi que lesd. officiers n'avoient quelqu'information sur luy, même que lad. femme n'avoit par luy été constituée prisonnière, mais avait été prise par un sergent royal du ballif d'Alençon qui l'avait suivie depuis Argentan jusqu'au lieu de Feillet et *illic* l'avait appréhendée à quoy le dit sg^r de Feillet n'avait pas donné empêchement attendu que ce procédoit de la justice du Roy et aussi, quand laditte femme eût été prise, ils consentoient, la connoissance luy en appartenoit, et en eut fait la punition et correction par la justice comme haut-justicier audit lieu de Feillet sans y apeler la justice de Remallard et partant luy avoit été fait tord et grief tant parce que le dit sg^r de Feillet n'avoit commis cas par quoy il dut être ajourné à comparoire en personne, qu'il n'y avoit information prise contre luy, que aussi parce qu'il n'y avoit rien de son fait, sinon seulement laissant que ledit sergent du roy usât de son office et mêmement que considérée *la qualité de la personne, partie en directe ligne de la maison de Vendôme, ne devoit être emprisonné, ni contre luy baillé sans grande cause ajournement personnel* qui équivale emprisonnement et sur ce disoit le sg^r de Feillet qu'il avait longuement enduré et attendu à soy en venir plaindre et que force luy étoit en poursuivre la réparation en la justice du Roy en cas toutefois qu'elle ne luy seroit faite ou fait faire par mondit s^r et d^lle de Vendôme, en requérant qu'ils luy voulissent faire réparation des dittes entreprises et après faire cesser dorénavant icelles entreprises et faire tellement qu'il n'eût cause de s'en plaindre ailleurs.

Auxquelles plaintes préposées par le sgʳ de Feillet, fut-ce jour répondu par le d. conseil par la bouche de Mᵉ Jean Besnard, baillif de Vendômois, que *mesd. sgʳˢ et dˡˡᵉ avoient bien connaissance que le d. sgʳ de Feillet était leur parent et cousin, pour tel l'avouaient en disant que la maison de Vendôme en valloit mieux, disant qu'ils ne vouloient pas denier, mais avoient bonne connoissance que la terre de Feillet avoit été baillée en partage par feu le comte de Vendôme aux prédécesseurs dudit sgʳ de Feillet* et que led. sgʳ de Feillet produisit par devant led. conseil les enseignements par lesquels il pouvoit montrer de la haute justice, aussi que les rivières d'Huigne et de Commauche lui appartinsent ou fussent tenues de luy et que *l'on feroit à ce que le d. sgʳ de Feillet n'auroit cause de se plaindre et qu'il luy seroit donné provisions touchant lesd. plaintes.*

Et, le lendemain matin, 14ᵉ jour de mars 1478 à heure de 8 heures, s'étoit transporté ledit sgʳ de Feillet aud. château de Lavardin et, en la présence dudit juré, tabellion, ledit conseil tenant, montra audit conseil plusieurs aveux, lettres, titres, papiers contenant enseignements de la d. terre de Feillet et, entr'autres, produisit la copie ancienne d'un aveu..... baillé au feu comte de Vendosme, sgʳ de Feillet, par lequel il apparoissoit que led. sgʳ de Feillet avoit droit de hᵗᵉ-justice............; Item certains aveux, par lesquels il apparoissoit que Pierre de la Lande avoit avoué tenir dudit Vendôme, sgʳ de Feillet, la terre de la Lande, avec hᵗᵉ justice, moyenne et basse et connoissance de tous les cas criminaux en présent meffaicts; Item autres aveux par lesquels apparoissoit que le sgʳ de Marron (?) tenoit et avoûoit tenir dud. sgʳ de Feillet la métairie des Gués avec hᵗᵉ justice, moyᵉ et basse; Item autres plusieurs aveux, par lesquels apparoissoit plusieurs vassaux dud. sgʳ de Feillet avouer et tenir justice hᵗᵉ, moyᵉ et basse et plusieurs tenir et avoir garennes èsd. rivières et leurs moulins assis sur icelles, être tenus dud. sgʳ de Feillet. Item plusieurs papiers, registres, comptes et aultres renseignements, par lesquels était montré que toujours le juge de Feillet était nommé et appelé *baillif de Feillet*, tous lesquels aveux, papiers, titres et enseignements furent baillés aud. conseil et laissés en leurs mains, lesquels ils gardèrent l'espace de trois heures et plus et, après, envoyèrent quérir led. sgʳ de Feillet qui entra dans la chambre dudit conseil auquel fut dit par la bouche dudit Mᵉ Jean Besnard et dud. Louis, bastard de Vendôme, que l'on consentoit qu'il jouisse de hᵗᵉ justice moyᵉ et basse, en lad. terre de Feillet et que son baillif pût connaître de tous cas criminels en présent meffaits, aussi consentoient qu'ils...... en la ditte..... rivière en laquelle il étendrait son domaine de luy, en requèrant que du surplus il se voulusse déporter ; à quoy le d. sgr de Feillet répondit que il ne laisserait rien aller de ses droits et qu'il s'étoit mis en son devoir d'être venu devers MMrs et dlle de Vendôme, mais puisqu'on ne luy vouloit faire aultre raison il poursuivroit son cas en la justice du Roy en la Cour du Partt et ailleurs où il verroit bon être, offrant des questions dessus d. s'en raporter pour toute preuve avec ce qu'il avoit produit à l'original de l'aveu dont il leur avoit montré la copie et autre partage fait et passé entre feu Mr le comte de Vendosme et son frère, auquel fut baillée lad. terre de Feillet, lesquels partages et aveu étoient devers eux, et avoient autrefois accordé les montrer et exhiber pour, selon iceux, faire raison aud. sgr de Feillet, soutenant en peine de cent écus que le d. aveu était conforme à la copie dessus ditte, contenant led. partage, droit de toute hte justice, moye et basse apartenir à la d. sgrie de Feillet sans aucune réservation ; mais les gens dudit conseil ne voulurent aucune chose en montrer dont et desquelles choses led. sgr de Feillet requiert instrument aud. tabellion qui luy octroya pour luy servir ; présents à ce honorables hommes et sages.

. . . . .scellé et contrôlé à Mortagne. . . . .

Archives de la Fabrique de Longny. Copie sur papier, 6 feuillets de 23 c. sur 19 c. en très mauvais état séparés par le milieu ; manque la moitié du dernier feuillet.

8.

Maison-Maugis ; 18 novembre 1482.

Aveu à noble Ht et Pt sgr Mre Jean Auvé, sgr de Brossin, Gonetay et Feillet, rendu par Gervaise Février pour 9 septiers de terre ou environ tenus à foy et hommage.

(Chartrier de Maison-Maugis.)

9.

1540.

Déclaration, par Jehan Auvé, de la seigneurie de Vaujours relevant de celle de Feillet et de la Sauvagerie relevant de Bellavillers.

Jehan Auvé, éc^r, l'un des 100 gentilshommes du Roy, sg^r de Vaujours, et d^{lle} Marguerite de la Palu, sa femme, pour raison de la terre et sg^{rie} dud. *Vaujours*, avec plusieurs vassaux y appartenant entre lesquels sont : la veuve et hoirs feu Odart de Voré, pour son fief de Voré ; Robert du Grenier, pour le fief de Bois-Cordes ; Jehan de St-Cler, sg^r du Verger, pour le fief de la Vigne ; la v^{ve} Jacques des Hayes, comme garde d'Estienne son fils, pour le fief de Houdebouch ; la veuve et hoirs feu Jehan de Barville, pour le fief de la Motte en la p^{sse} de Bellou ; 42 livres de cens, droit de justice h^{te}, m^{ne} et b^{sse} sur les sujets de la d. sg^{rie} de Vaujours, tenue en fief du sg^r de la Ventrouze à cause de la sg^{rie} de Feillet.

Plus ledit, à cause de sa femme, pour la terre et domaine de la Sauvagerie, tenue en fief de la sg^{rie} de Bellavilliers.

Bib. Nat^{le}, m^s de G. Lainé, V. p. 304. Communiqué par M. le Vte de Romanet.

10.

Regmalart ; 25 juin et 25 août 1635.

Don mutuel des époux Louis des Croix, éc^r. et Marguerite du Grenier, s'entredonnant au survivant tous leurs biens meubles et immeubles ; « ce faict pour la bonne amitié conjugale qu'ils se « portent l'un à autre et qu'ils n'ont aucun enfant de leur « mariage. » *Au lieu de Lozier, domicile des époux en Regmalard, par devant Antonin Philippe, tabellion.*

11.

20 juin 1633.

Déclaration du Tartre Bouttier, fief relevant de Vaubezard.

Déclaration des maisons et héritages dépendant du fief et métairie du Tartre Bouttier, en la p^{sse} du Mage, rendue par Philippe, Jean et François les Renards, tenue de la sg^{rie} de Vaubezard.

15 arpents 1/2 de terre, tant labourables que en brihaudages,

brières et pays gast (1) dans lesquelles sont assis les maisons manables, granges, estables, cours communes et jardins dud. lieu et métairie, joignant les terres du Mesnil-Pot et le chemin tendant du Mage à Bizou.
Chartrier de Maison-Maugis. Inventaire Rahier.

12.

4 décembre 1656.

Le Tartre-Bouttier.

Lieu et métairie du Tartre-Bouttier, sis en la p^{sse} du Mage, tenue au devoir de 4 l. t. de rente seigneuriale envers le sg^r de Maisonmaugis, à cause de sa seigneurie de. ...

1556.

Mestarie de Montagu, p^{sse} du Mage, juridiction de Feillet,
Chartrier de Maisonmaugis.

13.

22 août 1679.

Mariage de Etienne Huet, s^r de la Hellière, fils de déf^t Charles Huet, s^r des Grands-Maisons (*de Grandmaison*), chef de fourrière de Mme la Duchesse d'Orléans, et de Jeanne Binet, de la p^{sse} du Mage, avec Françoise Eveillard, fille de Jacques Eveillard, av^t au Parl^t, et de Françoise Olivier.

Présents : Charles Huet, s^r des Grands-Maisons, François Petitgars, s^r de Réveillon, François Lambert, m^e apothicaire, parents de l'épouse.
Reg. de la paroisse Notre-Dame de Nogent-le-Rotrou.

14.

10 octobre 1685.

Bail à rente par le Chapitre de Toussaint à Mme Brisard de plusieurs fiefs relevant de Feillet.

Baillée à rente perpétuelle par le Chapitre de Toussaint de Mortagne à d^{lle} Françoise Michellet, v^{ve} Jacques Brissard, éc^r,

---

(1) Autrement dit gasté (en français moderne, gâté), dévasté, en friche.

s^r do la Mouchetière, des fiefs et sg^{ries} du Mesnil, Moulin-Chevrel, P^t-Mesnil, Mesleray et fief Bourgoin, moyenne et basse justice, vassaux et arrière-vassaux (*alias la Bourguinère*), fief de Maisoncelle, la Grande-Chesnonière, la p^{tite}-Chenonière, Trouaze, les Gr^{ds} et P^{ts}-Arcis, la Borde, la Fosse, le moulin de Bizou, la Chevallerie, la Trope-Chapelière, la Gr^{do} et la P^{ts}-Foucaudière, les Vallées, (*alias la Gelinière*), Voupinau, Valbignon, la Tremblaye (avec 6 vass. qui en dépendent), métairie de Bizou, maisons de devant l'Eglise, la Bourdonnière, les Pastiz-Launez et l'Aitre-Drouard, le tout par^{se} de Maisons-Maugis, Bizou, le Mage, etc.., à charge d'en porter la foy et h^{ge} au sg^r de Feillet, suivant l'abonnement qui en a été fait par Bouchard de Vendôme, sg^r de Feillet, le Dim. apr. la St-Martin d'hiver 1371.

Arch. de l'Orne. Terrier de Toussaint de Mortagne. Tome I.

15.

Entre 1647 et 1694.

Déclaration des logis et héritages du lieu et fief de Gaigné, p^{sse} de Boissy-Maugis, que René Brunet, fils aîné de Félice Gastrie, femme de René Brunet, l'aîné, tient et avoue tenir de H^t et Puiss^t s^r Mre René de Gruel, ch^r, sg^r Cte de Lonzac, Feillet, la Frette, etc..., à cause de sa sg^{rie} de Feillet, à foy, hommage, etc.

Chartrier de Maison-Maugis. Sans date fixe, la fin manquant.

16.

25 juillet 1690.

Déclaration du temporel de la chapelle St-Thomas, en la paroisse du Mage.

Déclaration que fournist et rend à la Chambre des Comtes à Rouen, pour satisfaire à la sommation faite, requeste de M^r le proc^r g^{al} de la d. Ch^e des Comtes, par l'exploit de Saulnier, huissier en la d. Ch^e, dem^t à Rouen, du 16e juin dernier, frère André Phillippes, prestre, religieux de l'ordre de Font-Evrault, prieur curé de Belhomer et titulaire de la chappelle de St-Thomas, assise en la p^{sse} du Mage, proche Moutiers, du revenu temporel appartenant à la d. chap^{elle} de St-Thomas.

C'est asçavoir : une petite pièce de terre assise en la d. p^{sse} du Mage, conten^t environ 1 arp. sur laquelle lad. chappelle est bastie et édifiée, estant d'ancienne fondation du^t prieuré de Belhomer, dépend^t de l'abbaïe roialle de Font-Evrault, avec un petit droit de disme, assis en la p""" de Regmalart, ce consistant sur 24 ou 25 arp. de terre, assis en plusieurs petites pièces, toutes lesquelles choses cy-dessus peuvent valoir par chascun an de revenu annuel la somme de 24 l. suivant les baux à ferme qui en ont été faits et le dernier qui a été fait à François Rousseau, m^d de la p"" de Moutiers, en datte du 18 juillet 1689, pour la mesme somme de 24 l. t., la d. chappelle chargée de 2 messes par chacun an et de l'office le jour de la feste St-Thomas, apostre.

Déclarant, en outre, le d. titulaire n'y avoir aucun autre revenu temporel appartenant à icelle chappelle de St-Thomas, la d. présente déclaration par moy titulaire susdit et soubzsigné fournie au greffe de la d. Chambre des Comtes le 25e jour de juillet, l'an 1690.

[Signé] : PHILIPPE.

Arch. Nat. P. 937. Cote 83. Communiqué par M. Henri Tournoüer, avec les deux pièces suivantes.

17.

19 septembre 1690.

Requête du Frère Philippe à la Chambre des Comptes pour obtenir main-levée du temporel de la Chapelle St-Thomas.

A Messeigneurs des Comptes,

Supplie humblement Frère André Philippes, pbrestre, rellygieux de l'ordre de Fontevrault, prieur, curé de la p"" de Belhomer et titulaire de la chapelle de St-Thomas, assye en la p"" du Mage, près Moustiers, vicomté de Mortagne.

Qu'il vous playe veoir la déclaration du temporel de la d. chapelle de St-Thomas, que le suppliant baille et présente à la Chambre, pour satisfaire à l'exploit de Commandement à luy faict par Me Jean Le Saulnier, huissier à l'instance de M^r le proc^r g^{al} du Roy, le 16 juin dernier, et luy accorder plainne, entière et dernière main-levée du dit temporel en circonstances et dépendances pour jouir suivant et conformément à la d. déclaration, et vous ferez justice.

[Signé :] LE CHANDELIER.

Le proc^r g^{al}, veu la présente requeste et déclaration y attachée, n'empêche main-levée estre acordée au supliant du temporel de la d. Chapelle de St-Thomas. Fait ce 19e septembre 1690.

[Signé :] (*illisible*).

Arch. Nat. P. 937. Cote, 85

18.

23 septembre 1690.

Mainlevée du temporel de la Chapelle St-Thomas accordée au Frère Philippe par la Chambre des Comptes.

Les gens des Comptes du Roy, nostre Sire, en Normandie, au bailly du Perche ou son lieutenant en la vicomté de Mortagne, et au proc^r de S. M., controlleur et rec^r ordinaire du Domaine au dit lieu, leurs substitud ou commis, salut. Sur la requeste à nous présentée par Frère André Philippes, prestre, religieux de l'ordre de Fontevrault, prieur curé de la p^{sse} de Belhosmer et titulaire de la Chapelle de St-Thomas, assye en la p^{sse} du Mage, prez Moustiers, vicomté de Mortagne, tendant à ce qu'il nous plut veoir la déclaration du temporel de la dite Chapelle de St-Thomas qu'il présentoit par devant nous pour satisfaire à l'exploit de Commandement à luy faict par Me Jean Le Saulnier, huissier, à l'instance du proc^{r g}^{al} du Roy en la Chambre des Comptes, le xvi juin dernier, et luy accorder plainne, entière et dernière main levée du dit temporel circonstances et dépendances, pour en jouir suivant et conformément à la dite déclaration ; veu la dicte requeste, ensemble la déclaration du temporel de la dite Chapelle de St-Thomas, baillée par le dit Philippes et de luy signée, en datte du 25 juillet dernier ; coppie d'un bail à ferme du droit de dime sur la p^{sse} de Rymallart, appart^t à la d. Chapelle faict par le d. Philippe à François Rousseau, pour trois ans au prix de 24 l. par chacun an, datté du 18 juillet 1689 ; nostre arrest, intervenu sur la requeste du d. Philippes le 19e de ce mois, de communication de tout au proc^r g^{al} du Roy ; conclusion du d. proc^r g^{al}, sur ce ouy le rapport du s^r Gohot, cons^r auditeur et tout considéré, nous avons accordé acte au d. Philippe de la présentation par luy faicte de la d. déclaration du temporel de la d. Chapelle de St-Thomas et lui en avons donné et donnons plainne, entière et dernière main levée en circonstances et dépendances pour en jouir suivant et conformément à la dite déclaration, le tout sauf le droit du Roy et l'autruy. Sy vous mandons et à chacun de vous enjoignons, sy comme à luy appartiendra, que fassiez et laissiez jouir plainement et paisiblement le d. Philippe du d. temporel ses appartenances et dépendances, sans luy donner, ny souffrir luy estre mis aucun empeschement ; ains, s'il luy estoit donné, mettez le ou faicte mettre incontinent et sans délay à plaine et entière dellivrance, en faisant et payant à vous dit receveur les autres droits et devoirs, sy aucuns sont pour ce deubs à Sa d.

Majesté, sy faict et payez n'ont esté. Donné à Rouen, le 23ᵉ jour de Septembre 1690.

[Signé] : DE CHALONS.

Arch. Nat. P. 937. Cote 84.

19.

Le Mage ; 11 septembre 1694.

Reconnaissance de la rente des Douveaux.

Pierre Adam, sʳ des Jardins, est au lit malade, il ne veut point partir de ce monde sans mettre ordre à sa conscience ; il fait cet aveu,

« Ai cognoissance qu'après la mort de Nicolas Guérin, Louis,
« Claude et Nicolas, ses fils, et moi susdit, nous estant tous
« assemblés pour voir dans les papiers du deffunct mon beau-
« père, plusieurs papiers concernant Jean et Gilles les Douveaux
« furent jetés dans le feu sur quoy je demandai pourquoi on
« bruslait ces papiers, à quoy ledit Nicollas fils, depuis décédé,
« me dit que ces papiers regardaient une rente que les Douveaux
« avaient donné à l'église au sʳ curé du Mage, la d. rente à ce
« qu'ils disaient était de *cent sols* et sur ce que je disais qu'il ne
« les fallait pas brusler il me répondit en riant que j'étais bien
« étonné, qu'on en entendrait jamais parler et que la pièce fonda-
« mentale avait été bruslée chez le sʳ Maufrais et comme il m'a
« paru que la d. rente était hypothéquée sur la pièce nommée
« aux Douveaux et située au Grand-Volizay, ne voulant retenir
« ni estre chargé du bien de l'Église, je quitte et abandonne au
« sʳ curé du Mage, ma part et portion que j'ai audit champ et pré
« y joignant sans rien retenir. »

Jacqueline Guérin, son épouse, consent aux dispositions de son mari et ont signé tous deux au Grand-Volizay.

Arch. de la Fabrique du Mage.

20.

Longny ; 3 octobre 1698.

*Expédition d'un accord de l'archidiacre de Dreux
pour la rente des Croix-Grenier.*

« L'an 1698, le 8 octobre, nous Phéliber Château, docteur de
« la maison et société de Sorbonne, chanoine de l'église de
« Chartres, archidiacre de Dreux, à tous ceux qui ces présentes

« lettres verront, salut. Estant en torné au cours de nostre visite
« en la ville de Longny, assisté de M° Claude Maignan, curé de
« Moulicent, que nous avons pour notre promotteur (?), et de
« M° Jean Patrice, vicaire dud. Longny que nous avons pris pour
« notre secrettaire et greffier, ont comparu devant nous en nostre
« hostel, Anthoine Le Lasseur, éc^r, s^r du Longbot (Lonboz), et
« Louis Guérin, l'aisné, s^r de la Brière, gagé du présent en charge
« de l'Œuvre et Fabrique de la p^{sse} du Mage...

Exposé que Robert Blanchoin, s^r de la Hélière, comme tuteur
de Marie-Anne du Grenier, fille mineure de Jacques, légataire du
s^r Des Croix, et de Françoise Grongnaux, épouse du s^r de Lombotz
n'ayant pas versé au Trésor les 150 l. annuelles, a été condamné
par sentence rendue à Feillet, 10 février 1691, ayant interjetté
appel à Regmalart a aussi été condamné le 15 janvier 1692 à rembourser la rente et ses arrérages, que le s^r Brunet, ancien curé et
trésorier, en a appelé au bailli du Perche à Mortagne, la cause
étant pendante et indécise à ce tribunal, le dit s^r du Lombotz, et
le d. Guérin gager ayant remontré qu'ils étaient prêts d'entrer
dans une grande involution de procès qui pouraient avoir des suites
fâcheuses et ruinages, pourquoi nous ont supplié de vouloir bien
terminer à l'amiable leurs différents, le d. s^r de Lombotz pour
nourrir la paix nous offrant de ratifier et faire ratifier à son épouse
la rente de 150 l. et le d. Guérin s'offrant à faire telle remise
que nous jugerons à propos sur la somme de 1.600 l. de vieils
arrérages pour éviter les suites fâcheuses et événements du
procès.

« Ordonnons que led. Anthoine Le Lasseur, éc^r, s^r de Lombot,
« passera un tiltre nouvel de reconnaissance de la rente de 150 l.
« annuelles et de la continuer à toujoursmais lorsque d^{lle} Anne
« du Grenier, son épouse, aura atteint sa majorité ; et en faveur
« et considération nous avons remis au dit s^r du Lomboz la
« somme de 600 l. à déduire sur la somme de 1.600 l. qu'il doibt
« à la Fabrique sans préjudice de 100 l. qu'il doibt de Noël der-
« nier et partant ledit s^r du Lomboz demeure redevable à la
« Fabrique de 1.000 l. de vieils arrérages qu'il paiera en dix
« termes égaux 100 l. par an, premier paiement à Noël prochain
« jusqu'au dernier.

Fait du consentement et en présence de M° René Jusseaume,
cure du Mage, Pierre Magdelaine, vicaire, Pierre Brunet, pr^{tre}
habitué, Charles Huet, s^r de Grandmaison, officier de feue Mme la
Duchesse Douairière d'Orléans, de Claude Huet, s^r de la Boulaye
et autres habitants.

Arch. de la Fabrique du Mage.

21.

Le Mage; 1706.

Mémoire des messes hautes et basses, vigiles et commendaces, acquittées par M° Michel Huet pour l'année 1706.

Le tout se monte à 55 l. 5 s., les grand-messes à 15 s., les basses à 10 s., les vigiles et commendaces à 5 s. suivant l'usage ou diocèse de Chartres observé dans les campagnes.

22.

Le Mage; 22 novembre 1708.

Inhumation du cœur de Renée-Antoinette de Gruel de la Frette, dame de Feillet.

Le jeudi, 22° jour de novembre 1708, a été par moi prêtre, curé de cette église soussigné, mis et posé le cœur de T. H. et T. P. dame Renée-Antoinette de Gruel, dame de la Frette, de Feuillet et autres lieux, veufve de T. H. et T. P. s^{gr}, m^{tre} Antoine d'Aydye, ch^{er}, v^{te} de Riberacq et autres lieux, dans la cave et sur le tombeau de son dit époux, conformément à sa dernière volonté stipulée dans son testament. En présence de M^{tre} Pierre Massot, prestre, curé de Boissy-Maugis, Guillaume Devin, curé de Bizou, Jean Guérin, curé de Moutiers, Michel Philippe, chapelain de la Charité de Moutiers, Gilles Le Riche, vicaire de cette église, Pierre Lunois, hôme d'affaires de ladite dame qui ont signé.

(*Reg parois. du Mage.*)

23.

1711.

La Challouyère, Coudorière, Maisoncelles.

Mr de Fontenay-Vezot, sg^r de Maisons-Maugis, etc., aîné des fiefs de la Challouyère, Coudorière, Maisoncelles, et arrière-fiefs en dépendants, situés p^{sse} de Boissy-Maugis relevant de la H^{te} Justice de Feillet, par la mort de Mme de la Jaille, qui était la dernière aînée.

(*Chartrier de Maison-Maugis.*)

24.

Le Mage ; 20 juillet 1712.

Inventaire et production de pièces tendant aux mêmes fins que celui de 1713 contre Toussaint Chauvin et sa femme, par Pierre Le Roux, s^r de Marigny, au bailli de Regmalard. *(Voir p. 94.)*

25.

Le Mage ; 25 novembre 1721.

Inhumation du cœur d'H.-C. Gaudin, épouse de J.-A. Clément, s^r de Feillet.

Le 25e novembre 1721, entre cinq et six heures du soir, a été inhumé par nous, Pierre Massot, prêtre, curé de Boissy-Maugis, faisant les fonctions dans cette paroisse en l'absence de M^r le Curé et à cause de la maladie de M^r le Vicaire d'icelle, dans la Cave de la chapelle du Seigneur de cette paroisse, le cœur de H^{te} et P^{te} Dame Henriette-Catherine Gaudin, dame de cette paroisse, épouse de Mre Julien-Alexandre Clément, ch^{er}, sg^r de Feillet et autres lieux, cons^{er} du Roi en sa Cour de Parlement, décédée le 19 octobre, présente année, dont le corps a été inhumé à Paris dans l'église de St-Paul, sa paroisse, le 20 dud. mois d'octobre ; lequel cœur nous a été apporté ced. jour, à lad. heure, par Mre Gaspard Brunet, pr^{tre}, docteur de Sorbonne, à ce député, par led. sieur Curé de St-Paul ; en présence de Charles Huet, s^r de Grandmaison, officier de feu son Altesse Royale Mme la Duchesse d'Orléans, dem^t en cette paroisse, et de J.-B.-Gaston Huet, s^r de Grandmaison, officier de Mme la Dauphine, demeurant par^{sse} de Moutiers.

Registres paroissiaux du Mage.

26.

Feillet ; 17 février 1727.

25e et 26e feuillet d'un dossier disparu, lesquels contiennent l'interrogatoire, fait par Pierre Le Large, bailli de Feillet, juge de la baronnie de Longny, vicomte de Regmalard, de d^{lle} Elisabeth Després, fille majeure (40 ans) de feu Emmanuel Després, m^e des grosses forges de Longny et de la Frette, demeurant avec sa mère à Longny, à la requête de Pierre Le Mesnager, fondeur de la fonderie de Longny, au sujet du pesage et enlèvement de fonte de la fonderie de la Frotte, que le sgr d'Orsigny avait fait saisir pour des prétentions qu'il avait sur ladite dlle répondante, lad. dame sa mère et lesd. ses frères et sœurs.

27.

Paris ; 28 juillet 1729.

Sentence du Parlement obtenue par les Habitants du Mage et leur Syndic, contre Mr Gilles Simon, curé de la paroisse, au sujet des pailles de la grange dixmeresse.

(Imprimé, 12 p. petit in-quarto. *Arch. de l'Orne.* H. 2.095. Fonds du prieuré de Ste-Gauburge-au-Perche indiqué par erreur Ste-Gauburge-sur-Rille.)

Louis, par la grâce de Dieu, roi de France et de Navarre, au 1er des huissiers de notre Cour de Parlt ou autre huissier ou sergent sur ce requis. Savoir faisons qu'entre Mr Gilles Simon, Prêtre, Curé de St-Germain-du-Mage, appellant tant comme de juge incompétent qu'autrement, des sentences rendues au Baillage de Mortagne au Perche les 10 déc. 1667 et 1er mars 1727 et de tout ce qui a suivi, d'une part ;

Et les syndic, manans et habitans de la dite psse de St-Germain-du-Mage, demandeurs en requête par eux présentée à la Cour le 17 janv. 1728, d'une part ; et led. Simon defr, d'autre ; et entre led. sr Simon demr en requête par lui présentée à la Cour le 22 mars 1728, d'une part, et lesd. syndic, man. et hab. du Mage, defrs, d'autre ; et entre lesd. syndic, man. et hab. de la psse de St-Germain-du-Mage, demrs en autre requête par eux présentée à la Cour le 4 juin 1728 d'une part, et led. Simon deffr d'autre ; et entre led. sr Simon, demandeur en deux requêtes présentées à la Cour les 10 avril et 6 juillet 1728, d'une part ; et lesdits syndic, man. et habit. de la psse du Mage deffrs, d'autre ; et entre lesdits syndic, man. et habit. de la psse de St-Germain-du-Mage, demrs en requête du 26 janvier 1729, d'une part ; et le dit Me Gilles Simon, prêtre, Curé de ladite psse du Mage, deffr, d'autre ; et entre Me René Le Fleuriel, curé de Marchainville ; Adrien Le Pesans, curé de la Lande ; Jacques Le Choisne, curé de Brotz ; Pierre Burin, curé de N.-D. d'Auteuil, et Jean Le Chapelain, curé de la Ventrouze, demrs en requête d'intervention du 7 juillet 1728, d'une part ; et ledit Me Gilles Simon, Prêtre, Curé de la psse du Mage, deffr d'autre ; et entre lesdits syndic et habit. de la psse de

St-Germain-du-Mage, dem^rs en requête du 4 may 1729, d'une part, ledit Simon, Curé du Mage, et lesdits Le Fleuriel, curé de Marchainville ; Le Pesans, curé de la Lande ; Le Choisne, curé de Brotz ; Burin, curé de N.-D. d'Auteuil, et Le Chapelain, curé de la Ventrouze, deff^rs, d'autre part ;

Vu par la Cour la sentence du baillage du Perche, à Mortagne, du 10 9bre 1667, dont est appel, contradictoirement rendue entre Pierre Migraine, André Lemaire et sa femme, Louis Gouju, François Noture, Louis Madelaine et sa femme, Louis Bougrain, Noël Villette et consorts, d'une part ; et Jean Creste, cessionnaire de René Jusseaume, prêtre, curé du Mage, d'autre, sur les conclusions du substitut du Procureur général du Roy audit Baillage, par laquelle aurait été dit qu'il avait été mal fait et jugé tant par le bailli de la Seigneurie de Feillet, que celui de Remallart ; emandant, évoquant le principe et y faisant droit, après que lesdits Migraine et autres présens, interrogez par serment, auroient dénié avoir arrêté aucun prix en l'année lors dernière, pour les pailles qu'ils eurent dudit curé du Mage, ni avec ledit Creste ; lesdits Migraine et autres auroient été condamnez de payer audit Creste les pailles qu'ils eurent l'année lors dernière, de la dixme de ladite paroisse du Mage, sur le pied de cent sols pour cent de grosse et menue paille qui étoit le même prix que ledit Creste les auroit achetées dudit curé ; ordonne qu'à l'avenir le règlement, fait audit baillage du Perche à Mortagne, pour la p^sse de Tourouvre, sera commun pour les habitants de ladite p^sse du Mage et autres du ressort dudit baillage ; lesdits Migraine et autres, condamnés aux dépens de la cause principale, réduit à quinze livres, le surplus compensé avec ceux de l'instance d'appel.

Autre sentence dudit Baillage du Perche, à Mortagne, du 1er mars 1727 dont est appel, obtenue par lesdits Syndic et Habit. de la p^sse du Mage, par défaut contre ledit Gilles Simon, prêtre, curé *gros Décimateur* de ladite p^sse du Mage, aussi sur les conclusions du substitut du Procureur général du Roy audit baillage, par laquelle lecture faite du règlement, donné pour le prix de la vente et distribution des feurres et pailles par le sieur Favière, intendant d'Alençon, commissaire du Conseil, à l'effet dudit règlement par lui fait pour le ressort du Baillage de Verneuil le 4 décembre 1643, ensemble des sentences rendues audit baillage du Perche, à Mortagne, au sujet des pailles, les 10 décembre 1667, 3 mars 1703, 11 février 1719, 13 et 20 janvier 1720, et d'une sentence rendue au Baillage du Siège de Bellesme le 29 février suivant : faisant droit sur la demande des Habit. de la dite p^sse du Mage, auroit été ordonné que ladite sentence du 10 décembre 1667 et autres intervenues pour le fait des pailles contre les gros Décimateurs et leurs fermiers, seroient exécutées ; en conséquence ledit Simon, Curé du Mage, gros Décimateur, et ses fermiers, condamnés de délivrer à l'avenir la paille ausdits Habitants du Mage, *à raison de 6 livres le cent de grosses et de 3 livres la menüe.* Lui auroit fait défenses et à ses fermiers de vendre ses dites pailles à des étrangers jusqu'à ce que les Habit. de la dite p^{sse} fussent remplis de celles qui leur seroient nécessaires, à laquelle fin auroit été dit que lesdits Habitans seroient tenus de faire leur soumission par leur Syndic, d'enlever au même prix lesdites pailles le 1er novembre de chaque année, et ledit curé ou ses fermiers tenus de faire commencer les bataisons des grains dans le 1er décembre suivant au plûtard comme étant le tems ordinaire et sans discontinuation, à peine contre ledit curé de saisie de son temporel, et contre ses fermiers de soixante livres d'amende : auroit été fait défense auxdits habitants suivant qu'ils s'y étoient soumis, d'acheter aucunes pailles ailleurs que chez ledit curé ou ses fermiers, tant que celles de la grange dixmeresse seroient suffisantes et de divertir ailleurs lesdites pailles, non plus que celles dans ladite paroisse sur leurs propres fonds ; Au surplus auroit été donné congé au dit Simon des autres demandes contre lui formées par lesdits Habitans. Et faisant droit sur les conclusions particulières dudit substitut du Procureur général du Roy, auroit été par forme de provision ladite sentence, et toutes celles qui avoient précédé, déclarées communes avec les gros décimateurs du ressort ou leurs fermiers, leur auroit fait défense d'y contrevenir sous les mêmes peines que dessus ; ordonné que ladite sentence seroit lüe, publiée et affichée à la diligence dudit substitut du Procureur général du Roy dans l'étendue du ressort dudit Baillage, et exséeutée nonobstant oppositions et appellations quelconques sans préjudice d'icelles ; attendu qu'elle était fondée sur toutes les précédentes sentences, et qu'il s'agissoit du bien public ; dépens compensés entre les parties, fors les frais du défaut, et le tiers du cout, émolument, sceau, controlle, droits réservés et signification de ladite sentence, ausquels ledit Simon était en outre condamné, les deux autres tiers demeurans à la charge desdits habitans . . . .

Suit l'analyse des Requêtes et demandes des Habitants et du Curé du Mage ; nous croyons les avoir suffisamment développées dans l'historique du Procès (p. 101 à 112), pour ne pas avoir à reproduire ici cette énumération de pièces qui sert de considérants à la sentence elle-même, c'est pourquoi nous nous reportons à l'énoncé du jugement.

Notre dite Cour, faisant droit sur le tout, sans s'arrêter aux demandes dudit Simon, curé de la paroisse de St-Germain-du-Mage, portées par ses requêtes des 22 mars, 10 avril et 6 juillet 1728 dont il est débouté, a mis et met l'appellation et ce dont a été appelé au néant, en ce que par la sentence du 1er mars 1727, il a été ordonné que les habitants de la paroisse du Mage seroient tenus de faire leur soumission par leur Syndic, d'enlever les pailles que le curé de ladite paroisse leur fourniroit le premier novembre de chaque année ; et que le curé et ses fermiers seroient tenus de faire commencer les bataisons de grains provenans de la dixme, le premier décembre de chaque année au plus tard, et de le faire sans discontinuation à peine contre le Curé de saisie de son Temporel, et de soixante livres d'amende contre ses fermiers ; et en ce que faisant droit sur les conclusions du substitut du Procureur général du Roy au Baillage de Mortagne, ladite sentence et celles précédemment rendues aud. siège, ont été déclarées communes avec les gros Décimateurs du ressort dud. Baillage et leurs fermiers ; défenses à eux faites d'y contrevenir ; et ordonné que ladite sentence seroit lue, publiée et affichée à la diligence du substitut du Procureur général du Roy. Emendant, quant à ce, ayant égard à la demande des habitans du Mage, portée par leur Requête du 26 janvier dernier ; ordonne que ledit Simon, curé de ladite paroisse du Mage, sera tenu de faire auxdits habitans la livraison des pailles provenantes de la dixme de chacune année depuis le 1er décembre jusqu'au 1er février ensuivant, et à cet effet de commencer ou faire commencer les bataisons de ses grains audit jour 1er décembre au plus tard, et de délivrer auxdits habitans les bottes desdites pailles telles qu'il les aura reçues pour le payement des dixmes, sans pouvoir les diminuer, si mieux n'aime ledit Simon recevoir desdits habitans les deniers qu'ils lui fourniront pendant le mois de décembre et janvier, dont il sera tenu de leur fournir sa reconnaissance, portant promesse de leur délivrer la quantité de pailles dont il aura été payé ; fait défense audit Simon et à ses fermiers de vendre à d'autres personnes qu'ausdits habitans, et de laisser transporter ailleurs aucunes des pailles provenantes des dixmes de ladite paroisse du Mage, avant d'avoir délivré ausdits habitans les pailles qu'ils auront payées avant le premier février ; et ne pourront, lesdits habitans, suivant leur soumission portée par leur Requête du 26 janvier 1729, acheter en aucun temps des pailles ailleurs que celles provenant des dixmes, tant que celles de la grange dixmeresse seront suffisantes, ni revendre à qui que ce soit les pailles par eux achetées de leur curé ou des fermiers, ni même aucunes de celles qu'ils auront recueillies sur leurs propres fonds ; toutes lesquelles pailles lesdits habitans seront tenus de consommer sur le territoire de la paroisse du Mage.

Et faisant droit sur les conclusions du Procureur général du Roi, fait défense aux officiers du Baillage de Mortagne de faire aucuns règlemens, soit provisoires ou définitifs, sauf aux officiers dudit Baillage, et aux parties qui peuvent être intéressées à la police qui doit être observée en la province du Perche, pour raison de la vente et usage des pailles provenantes des dixmes qui se perçoivent en ladite province, à envoyer ou remettre leurs mémoires et pièces entre les mains du Procureur général du Roi pour y être pourvu sur ses conclusions, ainsi que la Cour verra être à faire par raison.

Les dites sentences du Baillage de Mortagne au résidu sortissant effet.

Donne acte ausdits habitants du désistement desdits Burin, curé d'Auteuil, et Le Choisne, curé de Brotz, par acte des 22 décembre 1728 et 4 janvier 1729, de leur intervention ; en conséquence sur l'intervention desdits Burin et Le Choisne, et sur celle desdits Le Fleuriel, curé de Marchainville, Le Pesans, curé de La Lande, et Le Chapelain, curé de la Ventrouze, met les parties hors de Cour. Condamne ledit Simon en tous les dépens des causes d'appel et demandes faits à son égard, lesdits Le Fleuriel, Le Pezans et Le Chapelain en ceux de leur intervention envers lesdits habitans du Mage, ceux faits à l'égard desdits Burin et Le Choisne compensés.

Si mandons mettre le présent arrêt à exécution, de ce faire donnons pouvoir.

Donné en notre Cour de Parlement, le vingt-huitième juillet l'an de grâce mil sept cent vingt-neuf et de notre Règne le quatorzième.

Par la Chambre,

Signé : YSABEAU.

Le neuf août mil sept cent vingt-neuf, signifié à Mes. Drapier, Procureur du sieur Simon, et Le Fèvre, Procureur des curés intervenans.

BASSERY.

L'an mil sept cent vingt-neuf le quatorzième jour d'aoust, à la Requeste des syndic et habitans de la paroisse de St-Germain-du-Mage ; j'ai, Jean Durant, sergent royal immatriculé au Baillage du Perche à Mortagne, résidant au lieu du Bas-Chêne, paroisse de St-Victor-de-Resno, soussigné, signifié et donné copie à Mre Gilles Simon, prêtre, curé de ladite paroisse de St-Germain-

du-Mage, en son domicile, parlant à son valet qui n'a voulu dire son nom de ce interpellé, chargé de lui faire savoir ;

Mre René Le Fleuriel, curé de Marchainville, en son domicile audit Marchainville, parlant à son valet, qui n'a voulu dire son nom de ce interpellé, chargé de lui faire savoir ;

Mre René Le Pesans, curé de la Lande, en son domicile audit lieu, parlant à son valet qui n'a voulu dire son nom de ce interpellé, chargé de lui faire sçavoir ;

Mre Jacques Choisne, curé de Brotz, en son domicile audit lieu, parlant à son valet qui n'a voulu dire son nom de ce interpellé, chargé de lui faire sçavoir ;

Mre Jean Le Chapellain, curé de la Ventrouze, en son domicile audit lieu, parlant à son valet qui n'a voulu dire son nom, de ce interpellé, chargé de lui faire sçavoir ;

Mre Pierre Burin, curé d'Auteuil, en son domicile audit lieu, parlant à son valet qui n'a voulu dire son nom, de ce interpellé, chargé de lui faire sçavoir ;

De l'arrest de Nosseigneurs de Parlement, intervenu entre les parties le vingt-huit juillet dernier, à ce qu'ils n'en ignorent et j'ai, a chacun desdits sieurs Simon, Le Fleuriel, Le Pesans, Le Choisne, Burin et Le Chapellain, parlant comme dessus, laissé copie dudit arrest et du présent et en leur domicile où je me suis exprès transporté lesdits jours et an susdits. Par moi susdit et soussigné.

Durand.

Contrôlé à Longny, le vingt-quatre aoust mil sept cent vingt-neuf.

Signé : N. Tousche.

28.

Chartres ; 8 décembre 1740.

Lettre d'un s^r Guillard à Mr Chenu, curé du Mage, au sujet des fondations

Je n'ai trouvé, M^r, ni réduction de fondation, ny visites faites en votre église en 1728. Comme vous craignés que dans cette prétendüe réduction, on a peut-être omis quelques anciennes fondations, il y a un remède à cela : Le voici, il faut présenter une requeste tant en votre nom, qu'en celuy des gagers et principaux habitans à Mgr notre Evêque, y joindre un état de toutes les fondations tant anciennes que nouvelles, lequel comprendra, en peu de mots, le revenu attribué à chaque fondation, c'est à-dire la charge en deux ou trois colonnes, marquer celles dont les fonds ont péri ou diminué pour éteindre ou réduire la charge d'une manière proportionnée au revenu, de façon que la Fabrique ait de quoy s'indemniser pour les luminaires, linges et ornements, conclure par la requête à une fixation ou réduction desdits honoraires suivant le règlement de Mgr l'Evêque de l'année 1728, à moins que les fondateurs ne les ayent fixés eux-mêmes. En cas de perte totale des fonds, la fondation tombe ; mais en récompense on fonde deux ou trois services solemnels par an pour tous les bienfaiteurs de l'église non compris dans le décret de réduction. Ceci a été demandé par MM. nos Curés et Habitans de St-André, St-Aignan, St-Michel et St-Saturnin, ce qui a un peu diminué leurs honoraires, mais ils ont été charmés de savoir à quoy s'en tenir.

J'entre dans tout ce détail, pensant bien vous faire plaisir en entrant dans vos vües. Quand votre requeste et votre état auront été présentés, Mgr donnera une ordonnance sur les conclusions de son promoteur, portant que ladite requête et led. état seront publiés au prône par trois dimanches consécutifs, de laquelle publication vous donnerès un certificat signé de vous, des gagers et principaux habitans, et sur le tout renvoyé ici Sa Grandeur donne son décret sur lequel vous faites un nouveau mortuologue. Cecy a été pratiqué dans plusieurs autres paroisses de campagne. Il n'est pas possible que l'on ait fait une pareille réduction au cours d'une visite, cela demande bien un autre travail ; cependant cela peut venir à sa perfection dans un mois de temps quand vous avés fait votre état, car c'est l'essentiel. Monsieur Vintaud vous embrasse de tout son cœur et j'ay l'honneur d'être avec un respectueux et parfait dévouement,

Votre très-humble et très obéissant serviteur,
GUILLARD.

A Chartres, le 8 décembre 1740.

29.

Le Mage ; 17 avril 1747.

Inhumation du cœur d'A.-J.-Clément, seigneur de Fœillet.

L'an 1747, le 17 avril, par nous, prêtre curé du Mage soussigné, a été inhumé dans la cave de la chapelle du seigneur de cette paroisse le cœur de H. et P. ser mtre Alexandre-Julien-Clément, cher, conser du Roy en la Cour de Parlement, sgr de Fœillet et auxtres lieux, décédé le 25 janvier présente année, dont le corps a été inhumé à Paris dans le cimetière St-André-des-Arcs, le 27 dud. mois de janvier, lequel cœur nous a été apporté led. jour entre dix heures et onze heures du matin par M^tre Jean Riollet, prêtre, licentié en droit, à ce député par led. sieur curé de St-André-des-Arcs, en présence de m^tre Ambroise-Julien Clément, ch^er, cons^er du Roi en la Cour du Parlement, sg^r de Feillet, Boissy-Maugis, Bizou et auxtres lieux, m^tre Augustin-Jean-Charles Clément, p^tre chanoine de l'église cathédrale d'Auxerre, m^tre Jean-Chrysostome-Antoine Clément, de Barville, avocat au Parl^ent, tous trois enfants dud. deffunt et auxtres témoins tant ecclésiastiques que laïques qui ont signé avec nous les présentes.

Signé : CHENU.

Registres paroissiaux du Mage.

30.

Feillet ; 7 août 1750.

Répartition faite au marc la livre du rachat de la somme de 137 l. 10 s. payé par d^lle Françoise de Belleau, épouse d'Antoine Souveray, aînée et f^e de foy du fief et h^se de la Vilette, sis p^sse de Boissi-Maugis pour desservir le dit fief et le mettre à couvert envers m^re Ambroise-Julien Clément, ch^r, cons^r du roy en sa cour de parl^t. sg^r de la Hautepestre et de *Feillet*, lequel fief était ouvert par le décès de Claude de Blanchoin, éc^r, s^r du Haut Désiré, dernier aîné.

Chartrier de Maison-Maugis.

31.

12 avril 1760.

Déclaration du moulin de Bluteau tenu à cens et rente de Feillet.

Déclaration rendue à la sgr^ie de Feillet par Nicolas Chalumeau, foulon, demeurant au moulin de Blutteau, p^sse de Boissy-Maugis, dud. lieu et prise du moulin de Blutteau, consistant en maison manable, écurie, grange, moulin à fouler draps, jardin, terres, prés, etc., le tout contenant 2 arp. 54 perches et traversé par la Commeauche, plus une autre petite pièce de pré contenant 24 perches, chargée de payer à la recette de la sgr^ie de Feillet 14 d. de cens et 3 s. de rente sgr^le.

Chartrier de Maison-Maugis.

32.

18 août 1760.

Aveu du fief des Vallées en Boissy-Maugis, relevant du Mesnil-Chevreuil

Aveu du fief des Vallées (*alias* la Gelinière), en Boissy-Maugis, rendu par Louis Foucault, charron, trésorier en charge du trésor et fabrique de la d^{te} p^{sse}, à Mre Claude Helvétius, ch^r, etc., à cause de sa H^{te} Justice et Sgr^{ie} du Mesnil-Chevreuil réunie et consolidée à sa H^{te} J^{uce} de Feillet.

Ce fief comprend : Un hébergement, composé d'une maison manable avec four et cheminée, deux petites étables et une grange, avec 6 arp 1/2 de terre tout autour tant labourables à seigle, que brières et pâturages, le tout revenant à 9 arpents et s'entretenant, joignant d'un côté et bout au chemin tendant de la Bouillaudière à St-Laurent, d'autre côté au chemin de Monceaux à Regmalart, d'autre bout aux terres de la Bouillaudière et de la Robichonnière.

Arch. de l'Orne ; série E, dossier Helvétius.

33.

Mortagne ; 28 juin 1813.

Lettre de la sous-préfecture de Mortagne au maire du Mage, l'avisant que le Conseil de Préfecture déboute la Fabrique de N.-D. de Mortagne de ses prétentions à se faire remettre les titres et rentes de la Collégiale de Toussaint, qui étaient en la possession de la Fabrique du Mage, laquelle les avait refusés à celle de Mortagne.

34.

Bizou-le Mage ; 1776-1822.

Journal particulier de Me Renoult, curé du Mage, décédé le 25 octobre 1822, suivi de la comptabilité des pauvres du Mage commençant ainsi :

« L'an 1776, le 5 juin, j'ay pris possession du bénéfice de Bizou
« et suivant les arrangements pris avec Me Arnoult, curé, il lui
« est dû 5 mois et 5 jours pour la jouissance de tous les fruits du
« bénéfice. Pour les meubles qu'il m'a cédés et vendus, je lui

« suis redevable de 504 l. 19 s. dont je lui ai fait mon billet
« payable à volonté. »

Ce journal, cahier in-8° carré de 34 p., relié sur carton-parchemin, est le détail des dépenses et recettes de M° Renoult, il n'offre d'autre intérêt que celui du prix des denrées et celui de nous faire pénétrer dans l'intérieur presbytéral du Mage et de Bizou. Nous y remarquons que jusqu'en 1820 M. de Suhard faisait à M. François, alors curé d'Alençon, une rente de 30 l. que celui-ci laissait aux pauvres du Mage. La dernière moitié du manuscrit est consacrée au compte de secours des indigents.

35.

Cahier de plaintes, doléances et remontrances des habitants de la paroisse du Mage en 1789.

Lesquels ont dit que les impôts de toute espèce dont ils sont accablés sont absolument ruineux, qu'ils les réduisent pour la plupart à la plus grande misère, au point qu'il en est beaucoup d'entr'eux qui ne peuvent pas se procurer le moyen de manger une malheureuse soupe maigre trois ou quatre fois par semaine; qu'outre la taille et ses accessoires, la corvée et les dîmes qui sont très haut dans cette paroisse, l'impôt de la gabelle est celui qui est le plus à charge, tant par la chèreté de cette denrée que par les contraintes et autres frais qui en sont la suite.

Que celui du tabac ne l'est pas moins pour ceux à qui l'usage en est devenu nécessaire, que tous ces impôts, avec les autres, dont nous ne connaissons pas la multitude, dont nous connaissons à peine les noms et dont nous ignorons les règlements, mettent des entraves au peu de commerce qu'ils peuvent faire, gênent singulièrement leur liberté et les exposent souvent sans le savoir à faire des fraudes que leur conscience ne peut pas leur reprocher, mais que l'avidité et la dureté des commis leur font payer bien cher.

Qu'ils ont d'autant moins de moyens de se garantir de leurs poursuites, que ces espèces de sangsues sont juges et parties dans leur propre cause, et que lesdits habitants, accusés séparément, n'ont pas la force de lutter contre des compagnies de financiers qui écrasent le royaume par parties.

Que la liberté et la propriété la plus sacrée desdits habitants ne sont pas en sûreté contre l'odieuse inquisition des traitants; qu'ils les voient souvent par troupes armés de fusils, sans être accompagnés d'aucun officier connu, forcer l'entrée de leur demeure isolée, jeter l'effroi dans le cœur d'une pauvre femme qui en est ordinairement la seule gardienne et, à l'aide de quelques papiers qu'elle ne sait pas lire, fouiller partout, bouleverser tout son ménage, faire tomber ses petits enfants de peur et de mal, ravir quelquefois des sommes et enlever furtivement ce qu'ils peuvent trouver à leur convenance, déposer eux-mêmes de la contrebande et faire ensuite sur cette inique trouvaille des procès qu'on se trouve encore trop heureux d'accommoder pour l'argent qu'ils demandent ; qu'il est odieux d'être arrêté et fouillé et quelquefois saisi en route aux portes des villes et à différents autres passages, sous prétexte d'infraction à des droits qu'on ne connait pas, ou faute de s'être muni de quelques permissions dont on n'a pas l'idée et qu'on ne donne jamais gratis.

De ne pouvoir pas rendre ses grosses et menues denrées dans les marchés sans payer quelque droit en espèce ou en argent, de payer continuellement l'impôt représentatif de la corvée, pour des routes qu'on commence et qu'on ne finit point, telle que celle qui passe dans cette paroisse (1), dont ils perdent le terrain sans pouvoir profiter de celui de l'ancien chemin, parce que la nouvelle est impraticable depuis plus de dix ans qu'elle est tracée ;

Se plaignent en outre, lesdits habitants, de la trop grande quantité de lapins et autre gibier nuisible qui dévastent leurs récoltes, de l'abus des procès-verbaux des gardes-chasse, qui sont crus sur leur rapport, de la rigueur de leurs amendes et des châtiments pour fait de chasse, et du despotisme des seigneurs qui font enlever par la maréchaussée ceux qu'ils regardent comme braconniers, les font mettre en prison, passer dans les îles, ou autrement s'en défont, sans garder aucune formalité et sans laisser au malheureux le droit si naturel d'être entendu et de se défendre. Toutefois, sur cet article, nous rendons à notre seigneur actuel toute la justice qui est due à son équité. Ces sortes d'enlèvements ne sont point faits de son temps et il a dédommagé plusieurs particuliers de cette paroisse qui avaient souffert de son gibier (2) ;

(1) C'est la route de Longny passant au Mage et alors en 1780 s'arrêtant à Moutiers ; on en désirait l'achèvement jusqu'au moulin de la Bonnechère où passait la route royale de Paris à Brest. Commencée depuis quinze ans, cette route avait encore trois kilomètres inachevés pour gagner la route royale et semblait alors abandonnée par suite du projet de la Commission de Mortagne de travailler à l'adoucissement de la pente à l'entrée de la ville de Mortagne. M. Le Roy, député du département de Mortagne, ayant présenté un mémoire pour l'achèvement de cette route, ce mémoire fut renvoyé le 8 Février 1789 à la Commission intermédiaire provinciale.

(2) Nous avons vu qu'en 1729, lors du procès pour les pailles, les gens

De la sujétion ou banalité qui est un continuel sujet de plaintes et contestations entre le seigneur et ses vassaux, et une occasion pour les meuniers de voler impunément le public;

Du privilège ou plutôt l'abus accordé à la noblesse de faire valoir par eux-mêmes une quantité énorme de terre labourable, prés, bois et étangs et dans la même ou dans différentes paroisses, ou de l'affermer par des baux, sous signatures privées, le tout sans payer leur juste contingent de taille et de corvée, parce qu'on ne peut fournir la preuve de ces baux;

Se plaignent enfin lesdits habitants des abus sans nombre qui se commettent dans l'administration de la justice et notamment des longueurs de la procédure des formes qui emportent souvent le fond des degrés de juridiction trop multipliés des taxations arbitraires, trop fortes, faites par les juges ou autres officiers, pour leur transport, leur assistance et autres actes qui les regardent et dont les malheureux plaideurs ne sauraient se tirer qu'en payant et en pleurant;

Des droits exorbitants de contrôles, des injustices des contrôleurs qui font payer pour des sommes ou des valeurs qui n'existent pas réellement, ou qui tirent plusieurs droits pour un même acte sous prétexte qu'il renferme des clauses qui obèrent les droits, quoique dans le fait les contractants n'en aient pas l'idée;

Ensuite, et en conséquence de ce que Sa Majesté veut bien accorder à son peuple la permission de lui faire des représentations et de lui suggérer des moyens de soulagement pour son bonheur, les dits habitants osent lui dire avec confiance que leurs vœux les plus empressés sont :

1° Qu'il n'y ait dans tout le royaume ou au moins dans leur province, qu'un seul impôt; que cet impôt frappe également toutes les propriétés, sauf à accorder quelques autres privilèges au clergé et à la noblesse; que la perception s'en fasse le plus simplement et la remise le plus directement possible; qu'à cet effet il ne puisse y avoir qu'un rôle par chaque paroisse, qui sera confié à un des principaux habitants ou autre personne chargée d'en faire la recette moyennant quelques deniers pour livre, comme il se pratique pour la taille et les dixmes;

2° Que pour faciliter l'exécution de cette justice distributive,

---

du Mage rendaient hommage à la bonté et à la justice de leur seigneur Julien Clément. En 1780, même hommage est rendu au Cte d'Andlau et à son beau-père Helvétius, dont les actes de générosité envers les braconniers sont connus. Nous constatons une fois de plus que la haine de la Révolution pour la noblesse n'a point eu nos paisibles campagnards pour auteurs.

la province du Perche soit abandonnée et mise en pays d'Etat sans être réunie à d'autre ; nos mœurs, nos coutumes et notre territoire, étant différents de ceux des provinces voisines, seraient un obstacle à proportion parfaite ;

3° Que le commerce, même celui du sel, du tabac et autres denrées, soit absolument libre de tout entrave, excepté aux frontières du royaume, lorsqu'il s'agit de traiter avec l'étranger ; qu'à cet effet le Roi veuille bien supprimer toutes les compagnies de traitants, fermiers-généraux, employés et commis de quelque nature et sous quelque dénomination qu'ils existent ; qu'autant qu'ils peuvent s'en apercevoir, ce moyen seul peut augmenter les revenus du souverain, et, en même temps, diminuer de beaucoup le fardeau du peuple.

Si cette suppression paraît répugner au cœur paternel de Sa Majesté, parce qu'il se trouverait un trop grand nombre d'individus sans emploi, et par conséquent sans pain, elle peut se rassurer et se tranquilliser par les réflexions suivantes :

1° Que tous ceux qui sont dans les premiers emplois, s'y sont assez enrichis pour vivre d'une manière plus aisée qu'ils n'avaient eu lieu d'espérer en suivant la fortune et l'état de leur aïeul ;

2° Que tous les petits subalternes pourraient être employés utilement dans les recettes des paroisses dans le commerce du sel, à la culture du tabac autorisée en France, dans le service militaire, ou enfin rendus à l'agriculture ou au milieu de leur père ;

3° Qu'aucun citoyen, et en aucun endroit dans l'intérieur du royaume, ne puisse être arrêté ni fouillé, excepté pour cas de crime de police, et qu'il soit franc comme son nom ;

4° Que toutes les banalités, sujétions et servitudes odieuses, soient supprimées et anéanties ;

5° Que la justice soit rendue gratis à tous les sujets du Roi, ou au moins que les frais n'excèdent jamais le fond ; en conséquence les juges royaux ou autres officiers nécessaires, rentés aux dépens du fisc, ceux de moyenne, haute et basse justice aux dépens des seigneurs ; les avocats aux dépens des parties qui, ne pouvant se défendre elles-mêmes, choisiront librement leur défenseur ; que le temps pour juger les causes et les degrés de juridiction, qu'elles peuvent exiger soit fixé par quelque loi ; que les causes entre les seigneurs et leurs vassaux ne soient jamais portées à la justice ; que les délits entre voisins soient jugés par la municipalité de la paroisse ou d'une paroisse voisine sur le rapport des experts nommés à cet effet dans chaque paroisse ;

6° Que les charges d'huissier-priseur soient supprimées, comme étant absolument nuisibles aux intérêts des sujets de Sa Majesté ;

7° Que les honoraires de tous les actes de propriété et tous les droits de ceux de conservation soient fixés par un tarif modéré, uniforme, connu ;

8° Que, par une loi générale, il soit permis aux débiteurs de rentes envers les cures, fabriques et hôpitaux, même de rentes foncières envers les seigneurs de les rembourser au denier courant, sauf à l'égard des cures, fabriques et hôpitaux à les constituer, et à l'égard des seigneurs à conserver pour raison de rentes foncières ou de telle autre manière qu'elle soit un cens modique ;

9° Que les receveurs et administrateurs des deniers publics soient tenus d'en rendre tous les ans un fidèle compte à l'assemblée des députés de ladite province et d'en justifier l'emploi.

René Dordoigne.	Jean Guérin.
Louis Lunois.	Pierre Gouanet (ou Jouannet).
Montégu, syndic.	Jean Regard (ou Rivard).
J. Gouhier.	Maillard.
François Foucault.	Louis Brunet.
Michel Lejeune.	Jacques Radiguet.
Gabriel Paris.	L. Rivard.
Charles Foucault.	Charpentier.

Ce cahier est un des plus documentés de la Province du Perche ; nous ne serions aucunement surpris que sa rédaction soit l'œuvre de M' François, curé du Mage et député. En tous cas, il est à peu près certain que celui de Bizou, paroisse limitrophe, aussi documenté, sinon davantage, et identique sinon pour la forme au moins pour le fonds, est l'œuvre du même rédacteur.

CONCLUSION

A tous ceux qui ont au cœur l'amour du passé, mais plus spécialement aux descendants des vieux ancêtres du Mage et de Feillet, nous dédions les pages qui précèdent ; pour tous elles auront fait revivre des figures et des souvenirs oubliés. Peut-être quelques-uns nous auront-ils fait le reproche de nous être tracé un programme trop long et trop détaillé ; mais comment dire moins sur deux paroisses qui nous ont laissé tant et de si intéressants documents ? N'était-il pas difficile de passer sous silence tant de faits sans doute obscurs pour la plupart, mais précieux pour l'histoire locale, tant de noms dont le rôle, assez effacé sans doute, n'en est pas moins important dans la sphère où il s'est exercé. Et si dans l'histoire économique et sociale, nous avons tenu à entrer dans les moindres détails, dans les plus petites appréciations, c'est que nous avons voulu, une fois pour toutes, présenter un tableau que nous ne reproduirons que par une légère esquisse dans les Mémoires qui suivront ; on comprend en effet que dans un rayon aussi restreint, il se rencontre de bien faibles différences dans les mœurs et les usages d'une population, que sa vie commerciale, industrielle, agricole surtout, doit singulièrement se ressembler. Il nous fallait aussi donner *in-extenso* nos « Pièces justificatives » si abondantes, elles étaient la base de notre travail, et puis par elles nous entrons plus profondément dans la vie publique de nos aïeux ; en les lisant il nous semble les voir agir et nous parler encore.

En écrivant ces annales, nous avons cherché, comme a dit le maître, Léon Gautier, à montrer l'action de Dieu sur ce petit coin de terre du Mage. Si nous y avons réussi, ce sera notre meilleure récompense.

Abbé H. GODET.

Le Pas-Saint-Lhomer, 23 août 1902.

ERRATA ET ADDENDA

P. 15. — La Florentière ; *lisez :* Florentinière.

P. 28. — Nous ne connaissons que deux syndics du Mage ; *lisez :* quatre.

    1632. Claude Beljambe.
    1728. Charles Huet, s^r de Grandmaison.
    1755. François Guérin.
    1789. Montégu.

P. 32. — Circonscription postale. En 1738 on écrivait par Verneuil.

P. 43. — Métairie de la Luctière ; *lisez* plutôt : Lucrière.

P. 44. — Artus II de Bretagne eut de son second mariage avec Yolande de Dreux trois filles, et non deux comme nous l'avons écrit, Jeanne, Alice et Béatrice.

P. 47. — Pierre Lelarge ; *lisez :* Johan Lelarge, curé du Mage.

P. 48. — 23 juillet 1538 ; *lisez :* 1558.

P. 50. — Art. XXI. Pierre de Gruel, mort en 1656, ne pouvait être gouverneur de Chartres en 1661, date qui doit être attribuée à son fils Jean-Baptiste, comme lui gouverneur de Chartres et décédé en 1686. Il ne fut que présomptivement sg^r de Feillet. L'accord de 1638 fait avec son frère René lui laisse bien le domaine de Feillet (*Pièces Justif.*, p. 276) ; mais cet accord fut fait alors que René, qui venait de se marier, n'avait pas d'enfants, et fut nécessairement annulé par la naissance des cinq fils et filles issus du mariage. C'est pourquoi Pierre demeura toujours à la Frette et René à Feillet, qui lui était revenu en partage de Claude, son père, et de son frère Alexandre.

— Françoise de Faudoas ; *lisez :* Louise de Faudoas.

P. 51. — René de Gruel fut présenté au baptême non par sa grand'mère, mais sa tante, Marguerite de Guénégaud, épouse de César-Phébus d'Albret.

P. 52. — Espluchat ; *lisez :* Elpluche.

P. 57. — Ce fut Antoinette-Pauline Le Peletier de Rosambo qui ép., le 30 avril 1829, Antoine-Théodore Viel de Lunas, m^{is} d'Espeuilles, né en 1803, cons^r général de la Nièvre, sénateur, mort en 1871.

P. 57. — Ajouter à l'art. du général m^{is} d'Espeuilles qu'il fut aussi commandant du 13e corps d'armée (Clermont-Ferrand), membre du Conseil supérieur de la guerre, grand officier de la Légion d'honneur et conseiller général de la Nièvre.

La famille de Viel-Lunas, ou plus exactement Viel de Lunas, est issue de Jean Viel, banquier à Montpellier en 1684, cons^r du Roi, maire de Clairant, sg^r de Lunas en 1688 et anobli en 1702 par la possession d'une charge de conseiller-secrétaire du Roi. Marie-Antoine-Adrien Viel de Lunas, vicomte d'Espeuilles, neveu du général, a hérité des titres de marquis de Caulaincourt et de duc de Vicence par substitution et volonté dernière de son aïeul maternel, approuvée par décret de 1897. (Voir le *Bulletin héraldique de France,* août 1898, col. 473 à 478.)

P. 57. — Note 1. Parrain d'une des cloches du Perche ; *lisez :* du Mage.

P. 58. — Nous indiquons à la p. 192 que le château de Feillet, depuis la mort de M^r d'Andlau, a toujours appartenu complètement à M^r le Comte et Mme la Comtesse Terray.

P. 60. — Michel-Louis-François de Suhard avait épousé Charlotte-Gabrielle Goislard, fille du notaire de Longny.

P. 60. — Note 2. Marquis d'Olbron ; *lisez :* d'Oleron.

P. 63. — C'est aujourd'hui le fils de Denys Paul ; *lisez :* le frère de Denys Paul, Mr Marcel Aumont du Moutier, décédé en juin 1898.

P. 64. — François Guérin, ec^{er} ; *ajoutez :* s^r de St-Paul.

P. 67. — Cette page, concernant la famille Huet, doit être sensiblement modifiée, mais il nous est impossible d'établir une filiation suivie entre les différents individus dont nous avons retrouvé les noms.

Jean Huet laissa deux fils, Charles et Emery, qui tous deux prirent la qualification de *s^r de Grandmaison.*

Charles, décédé avant 1670, laissa deux fils et une fille : 1° *Etienne,* s^r de la Hélière, marié à Nogent-le-Rotrou en 1679, à Françoise Eveillard, fille de Jacques, avocat au Parlement, et de Françoise Olivier ; 2° *Charles,* s^r de Grandmaison, lequel eut Gaston, s^r de Grandmaison, et Charlotte, mariée à Michel de Suhard ; 3° *Judith,* qui en 1670 épouse Rodolphe de Godefroy.

Emery, s^r de Grandmaison, décédé avant 1671, marié à Perrine Normand, différent de Emery Huet, d^t au Mage, vivant en 1674 et donateur d'une rente de 3 l., eut pour fils Claude, s^r de la Faudière, et Etienne, s^r de la Boulaye, d'où il arrive que les procureurs délégués pour la fondation Etienne Huet sont Claude, son frère, et Charles, s^r de Grandmaison, son cousin, et non ses neveux comme nous le supposions.

Estienne Huet, s^r de la Heslière, officier de madame la Dauphine, portait : ***D'azur à trois épis de blé d'or deux et un ;*** et

Charles de Grandmaison : *D'azur à un chevron d'argent, accompagné de trois croissants d'argent.*

P. 68. — La note de cette page est inexacte ; au moment du procès des pailles, le syndic du Mage n'était pas Charles Huet, sr de la Boullaye, mais Charles Huet, sr de Grandmaison.

P. 69. — 1742. Hugues-François de l'Etang; *ajoutez :* sr de Montfroger et depuis substitut de Mr le Procureur général au grenier à sel de Regmalard et du 22 septembre 1758, procureur du Roy près l'Hôtel de Ville de Mortagne.

P. 71. — François Renault, domestique ; *lisez :* Françoise.

P 77. — Art. René Jusseaume. Ce curé portait : *De gueules à une croix d'argent.*

P. 83. — Art. Gadeau. En 1825 nous trouvons un Sébastien Gadeau, chapelain de la chapelle St-Louis, à Dreux ; il y meurt en 1831, à 68 ans. Serait-ce le nôtre ou plutôt ne le reconnaîtrions-nous pas préférablement dans cet autre Gadeau, curé constitutionnel de Senonches et précédemment vicaire et curé intrus de Bretoncelles, natif de Regmalard où il mourut avant la fin de la Révolution.

P. 83. — Art. Joseph Marchand. Né à Bretoncelles, dont, en 1791, il devint curé intrus ainsi que de Marolles ; de Frétigny en 1800 ; de Vaupillon en 1803, de Manou en 1814, de St-Denys d'Authon en 1821, décédé à 75 ans en 1843.

P. 86. — Au nombre des vicaires, insérer, vers 1726, Denys-René-Binoist Dumesnil, curé de Condé-s.-Huisne en 1729, vicaire de Moutiers en 1730, curé de Manou en 1737 où il mourut en 1742. (Voir *Documents sur le Perche, Chronique et Correspondance,* n° 22.)

P. 88. — Laisse à successeurs ; *lisez :* à ses successeurs.

P. 89. — Ligne 3. Le Pouillé de 1738 indique 1.000 livres comme revenu de la cure du Mage qui était à la présentation de l'Evêque de Chartres.

P. 93. — L. 39. Par presciption ; *lisez :* par prescription.

P. 94. — L. 18. (Production de pièces contre Toussaint Chauvin et sa femme, par Pierre Le Roux, sr de Marigny, au bailli de Regmalard.)

P 94. — L 19. Ne méritaient ; *lisez :* ne méritait.

P. 96. — Note 1. Jean et Gilles Daiveau ; *lisez :* Douveau.

P. 99 et 100. — Ajouter à la liste des trésoriers :

    1642. Maillard, Etienne.
    1691. Adam, Jean.
    1698. Huet, Claude, sr de la Boullaye.
    1738. Godet, Pierre.
    1745. Guérin, François.
    1774. Rivard, Pierre.

P. 120. — Au lieu de Jean Foucault ; *lire* : Jeanne.

P. 122. — Lesquels deux deniers ; *ajoutez* : ledit trésorier.

P. 147. — L'église du Mage a pour patron St-Germain de Paris.

P. 151. — Note. Marie Auvray de Granville ; *ajoutez* : née le 16 mars 1720, † 17 avril 1787, nièce de la marquise Bufevand de Percey.

P. 156. — Nous expliquons à la page 194 que Elisabeth-Anne Boulard n'était pas supérieure de l'Hôtel-Dieu, mais dernière abbesse de Port-Royal.

P. 164. — Valles ; *lisez* : Vallis.

P. 164. — Note 2. Nous y indiquons un sgr de Feillet du nom de Hugues, vivant en 1233 (*Hugo de Foillose*), qui, soit dit en passant, peut fort bien être un sgr de Feuilleuse, cne de Dampierre, cton de Senonches, E.-et-Loir. Nous avons retrouvé, au hasard de nos recherches, le nom de *Hugo de Folieto* à la Bibliothèque d'Alençon, dans un manuscrit du xviiie siècle provenant de St-Evroult. Ce manuscrit portant le no 150 et le titre de *Sermones Varii*, contient, du *Fol. 32 à 45*, un sermon latin de *Hugonis de Folieto*, lequel commence ainsi : « *De duodecim abusionibus claustri. Duodecim sunt abusiones claustri quibus tota religionis summa corrumpitur id est* .... *negligens, disciplinæ inobediens, juvenis ocios (otiosus), senex obstinatus, monachus curialis, monachus causidicus, habitu pretiosus, cibis exquisitus, rumor in claustro, lis in capitulo, dissolutio in choro, irreverentia juxta altare.* » Ce Bénédictin est-il l'époux de Hodierne, devenu religieux de St-Evroult, ou un fils des sires de Feillet à nous inconnu ?

P. 192. — Art. Eglise. Une nouvelle horloge avec cadran extérieur, don de Mr le Comte Terray, remplace depuis 1901 celle du xviiie siècle, et donne au clocher un renouveau d'harmonie et de gaieté.

P. 215. — Codicille de Marie du Grenier ; *lisez* : Margueritte.

P. 229. — Même remarque ; *lire* : Margueritte *au lieu de* Marie.

P. 244. — Art. 3. Au lieu de Etienne Renard ; *lire* : Pecnard.

P. 251. — Art. 31. Au lieu de Martin Tousche ; *lire* : Martine.

P. 259. — Art. 4. Diocèse de Chatrres ; *lisez* : Chartres.

P. 259. — Note 1. François Guérin était marié à Charlotte de Bellejambe ; *ajoutez* : en premières noces.

P. 263. — Art. 9. François, de Renusson ; *lire* : François de Renusson, *sans virgule*.

Lorsqu'à la page 40 nous indiquions Guillaume Ier comme seigneur de Manou, nous ne soupçonnions pas alors qu'il était le chef de cette importante maison qui, comme l'écrivait en 1767 le généalogiste royal Beaujon, « réunit ce qui constitue la bonne « noblesse indépendamment des charges de la couronne, c'est- « à-dire une ancienneté remontant à plus de six cents ans, des « qualités de chevaliers données à ses premiers sujets, des « alliances illustres et des services militaires, et connue depuis « Guillaume, sgr de Feillet et de Menou, vivant en 1121. » Nous sommes d'autant plus heureux de constater cette noble et ancienne origine qu'aujourd'hui encore la famille de Menou tient un des meilleurs rangs parmi la noblesse française, et rejette ainsi le plus brillant éclat sur les seigneurs de Feillet dont ils sont les descendants.

Mais ce n'est pas tout, la maison de Feillet était apparentée de fort près avec celle de la Ferté-Vidame. Un frère de Guillaume Ier était seigneur de la Ferté ; nous le voyons dans une charte de l'année 1130, par laquelle Hugues d'Etampes, archevêque de Tours, confirme les dons que Guillaume de la Ferté, frère de Guillaume de Feillet, avait fait à l'abbaye de St-Père de Chartres avant son départ pour la Croisade. Parmi les témoins figurent Guillaume de Feillet, Ernauld Fortin, Godefroi de Lamblore, Guatho de Rémalard, Milon de Mauropas (*Malerepast*), tous seigneurs des environs. C'est dire toute la prépondérance qu'avait alors la maison de Feillet par elle-même et par ses alliances.

Jean de Feillet et de Menou est indiqué par Moreri comme père de Guillaume Ier en 1055. Lainé (*manuscrit autographe*) nous dit que Guillaume et Jean fondèrent le prieuré de Boëssé (Boissy-Maugis), sur le territoire de Feillet, alors fort étendu ; ce fait, que nous ignorions, nous explique les difficultés qui s'élevèrent au XIIIe siècle entre les moines de Marmoutier et les sires de Feillet.

Guillaume Ier eut deux fils : *Ernaud*, mentionné en 1152 dans le Cartulaire de St-Jean en Vallée et 1159 dans celui de l'Evêché de Chartres, il fut probablement père de Vivien dont nous parlons p. 40, et par lui se continua la branche aînée de Feillet qu'il eut en partage ; *Jean*, le second fils, eut Manou dans sa part et devint la souche de la branche cadette de Menou.

Nous n'avons pu nous rendre compte de quelle manière les seigneurs de Vendôme avaient succédé à ceux de Feillet ; nous savons seulement que dès 1323 cette propriété était entre leurs mains, comme nous le voyons par l'acte d'échange passé entre Simon de Menou et Colin de Cincourmes. Ce dernier passe à Simon un hébergement, « le *Châtel de Milly* », dont il a hérité de Jean de Cincourmes, qui le tenait en fief de Ht homme, noble et Pt seigneur le Cte de Vendôme, sgr de Feillet, et de Guillaume de La Lande, &c' au fief de noble homme Nicolas Giffart (1), en partie et en partie de celui de Regnault Le Fournier.

Le fond de cette note est tiré des « Preuves de la maison de Menou ». *Paris, Didot, 1853.*

E. 223 *(Liasse).* — *Cassette 101.* — *7 pièces parchemin ; 6 sceaux.*

1230-1394. — Titres des sires de Nogent-le-Rotrou, de Beaumont et de Vendome. — Acte du chapitre de St-Jean de Nogent-le-Rotrou, relatant qu'il a renoncé en faveur de Jacquemet, sg' de Châteaugontier et de Nogent-le-Rotrou, au droit d'acquérir des domaines dans l'étendue des bourgs du Theil, de Ferrières, de Longvilliers, de Montigny et de Nogent, et rapportant les termes de l'accord passé entre les mêmes parties pour la procédure à suivre envers les hommes du Chapitre en cas de crime de saisie et de duel judiciaire.

Contrat relatif aux moulins à blé et à foulon du Theil que les religieux de Tyron ont cédé au dit seigneur de Nogent-le-Rotrou en échange d'une rente de 17 livres sur la prévoté de Nogent.

Ho. . . . .

Lettres de l'accord conclu par Marg^te de Beaumont, *épouse de Jean Gaudin, veuve en 1res noces de Bouchard de Vendôme,* avec son fils Jean de Vendôme qui, pour tous droits de contrat de mariage et de douaire, lui céda la châtellenie de Martigné-Ferchaud à titre héréditaire, et reçut d'elle en retour les terres de Segré et de Meslay.

Lettres de Pierre de Vendôme ratifiant l'acte de son frère.

Transport de la châtellenie de Martigné-Ferchaud consenti en avancement d'hoirie par Marguerite de Beaumont à son fils Robert Gaudin.

[Fin de la liasse : cette dernière pièce est donc de 1394.]
(Inventaire sommaire des Arch. de la Loire-Inférieure. III, p. 96.)

E. 154 *(Liasse).* — *Cassette 60.* — *16 pièces parchemin ; 7 sceaux.*

1385. — Mandement du duc, à son receveur d'Hennebont, de laisser Charles de Rohan jouir de la terre de la Roche-Moisan qu'il a acquise du sire de Feuillet, attendu que le vicomte de Rohan a pris à sa charge les droits de lods et ventes.

(Id., p. 60.)

(1) Nous avons vu qu'une des deux filles du dernier seigneur connu de Feillet avait épousé Guillaume Giffart vers 1335.

Le Mage (Mesnil-Pot) ; 21 octobre 1585.

Deux aveux faits par Jehan Rahier, s' de Maison-Maugis, tant pour lui que pour ses enfants, héritiers de défunte d^lle Faguet, à d^lle Hélène Auvé, veuve de défunt Jehan de Trousseauville, éc^r, sg^r de Chesnebrun, des héritages qu'il tient au lieu et métairie de Ménipot, p^sse du Mage.

Chartrier de Maison-Maugis. Inventaire Rahier.

Le Mage (Mesnil-Pot) ; 1er avril 1591.

Acquiest fait par d^lle Félice Rahier, dame de Maison-Maugis, veuve de feu noble Olivier de Commargon, éc^r, sg^r d'Armenonville la Grande et Courtioust, gentilhomme ordinaire de la Reine et enseigne de 50 hommes d'armes, d'une partie du fief de Mesnil-Pot, p^sse du Maige, relevant de la seigneurie de Feillet, à foy et hommage.

Même source.

TABLE

DES

CHAPITRES ET PARAGRAPHES

PREMIÈRE PARTIE

	pages.
Chap. Ier. — Origine probable et Etymologie du Mage et de Feillet.............................	11
Chap. II. — Description physique.	
§ 1. — *Aspect général et limites*................	14
§ 2. — *Les eaux*............................	16
§ 3. — *Le sol*..............................	18

DEUXIÈME PARTIE

Chap. Ier. — Histoire générale...................... 21
   § 1. — *Circonscriptions.*
      A. Religieuse. — B. Féodale. — D. Législative ou provinciale. — E. Communale et financière. — F. Représentative. — G. Militaire. — H. Forestière. — I. Académique. — J. Postale....................... 21 à 32
   § 2. — *Evènements divers.*
      A. Troubles géologiques et atmosphériques de 1783. — B. Révolution de 1789. — c. Guerre de 1870.............................. 32 à 35
Chap. II. — Histoire démographique ou les Habitants...... 36
   § 1. — *Mouvement de la population.*
   § 2. — *Emigration et immigration*................ 36
   § 3. — *Les seigneurs et leurs familles*.............. 40
      A. Premiers sires de Feillet. — B. Maison de Montoire-Vendôme. — c. Maison de France, branche de Dreux. — D. Famille Auvé. — E. De Trousseauville. — F. Gruel de la Frette. — G. Hôpital général de Paris. — H. Etienne-Vincent Le Mée. — I. Clément. — J. Helvétius. — K. D'Andlau. — L. Le Pelletier de Rosambo. — M. De Viel Lunas d'Espeuilles. — N. D'Andlau (bis). — o. Terray................................ 40 à 58

§ 4. — *Les Gentilshommes.*
  A. Familles de Suhard de Grandmond. — B. Du Grenier. — C. Des Croix. — D. De la Garenne. — E. De Beausse. — F. Aumont du Moutier. — G. Familles diverses..... .... 58 à 64

§ 5. — *Le Tiers-État.*
  A. Familles Lunois et du Coudral; Huet, sr de Grandmaison, de la Faudière et de la Boullaie. Familles notables diverses. — B. Officiers judiciaires et ministériels. — C. Marchands, industriels, gens d'état............ 64 à 71

§ 6. — *Habitation. Vêtement. Nourriture*........... 71 à 76

CHAP. III. — Histoire religieuse.
§ 1. — *Clergé* .... 76 à 87
§ 2. — *Temporel et Revenu de la Cure et de la Fabrique.* 87 à 101
§ 3. — *Procès de 1728-1729 entre le curé Gilles Simon et les habitants*.................... 101 à 113
§ 4. — *Esprit religieux*.... ......·.............. 113 à 115

CHAP. IV. — Histoire sociale.
§ 1. — *Mœurs, Epargne, Alcoolisme*.................. 116 à 120
§ 2. — *Fondations et associations. Boîte des Trépassés, Confréries* .... 120 à 122
§ 3. — *Bienfaisance*......................... 122 à 124
§ 4. — *Écoles*. .... 124 à 127

CHAP. V. — Histoire économique.
§ 1. — *Division de la propriété. Prix de la terre*........ 128 à 134
§ 2. — *Agriculture. Exploitation. Fermages. Baux. Salaire. Culture. Assolement. Défrichement. Animaux domestiques. Prix des denrées. Débouchés.* 134 à 142
§ 3. — *Sylviculture* 142
§ 4. — *Commerce*................... 143
§ 5. — *Industrie*.......... 145
§ 6. — *Bâtiments. Eglise. Presbytère. Château de Feillet. Chapelle. Baillage. Villages. Fermes. Maisons d'habitation* .... 147 à 168
§ 7. — *Moyens d'accès*............... 168

CHAP. VI. — Situation actuelle.
§ 1. — *Zoologie. Ornithologie. Botanique*............ 170
§ 2. — *Histoire générale*................... 171
§ 3. — *Histoire démographique*............... 173
  Habitation, vêtement, nourriture.
§ 4. — *Esprit religieux. Mœurs. Epargne. Alcoolisme*.. 183
  Bienfaisance, instruction.
§ 5. — *Histoire économique*..................... 185 à 200
  Division de la propriété, Prix de la terre, Culture, Exploitation, Fermage, Salaire, Denrées, Sylviculture, Commerce, Industrie, Bâtiments, Tombeaux, Croix, Ponts, Voirie.

PIÈCES JUSTIFICATIVES

A. Archives de la Fabrique et de la Cure du Mage.   pages.
   § 1. — Titres de propriété.
       a) *Donations et constitutions de rente entre vifs en faveur de la Fabrique*.... 201
       b) *Testaments contenant des dispositions en faveur de la Fabrique et de la Cure*....... 206
       c) *Echanges et Mutations* 218
       d) *Ratification des Testaments et Donations*.. 222
   § 2. — Administration.
       a) *Assemblées d'habitants relatives à l'administration*.. 229
       b) *Pièces de comptabilité* 232
       c) *Comptes des Trésoriers*................. 234
   § 3. — Contentieux.
       a) *Contentieux relatif à la Comptabilité et à la Dixme de la Cure*...... 239
       b) *Contentieux relatif aux rentes dues à la Fabrique et à la Cure du Mage*........... 244
   § 4. — Déclarations et Aveux des Curés du Mage aux Seigneurs de Feillet...................... 256
B. Collection de M. Aumont du Moutier.
   § 5. — Aveux, ventes et contrats intéressant le bourg de de Feillet. 261
   § 5 *bis*. — Actes relatifs à des biens ayant appartenu à la Cure ou à la Confrérie ou mentionnant leurs droits. 269
   § 6. — Inventaires anciens.
       a) *Archives de la Fabrique et de la Cure*.... 274
       b) *Archives de la terre et seigneurie de Feillet.* 275
C. Pièces diverses,............................... 287

TABLE ONOMASTIQUE

des personnes et des lieux avec leur identification.

A

Aalis, v. Feillet.
Abyme (l') pré de, au Mage, 285.
Achard de la Vente (famille), 63, n. 1 ; — Alexandre, s^r du Pas de la Vente, 63, n. 1 ; — Victor, maire du Mage, 28, 62, 148.
Adam, journalier à la Douvellerie, 175.
Adam, Gilles, trés^r de Fabrique au Mage, 100, 221, 230 ; — Jean, trés^r de Fabrique au Mage ; 245, 323 ; — Marie-Charlotte, ép. Desvaux, 39, 220, 221 ; — Nicole, ép. Canuel, 220 ; — Pierre, s^r des Jardins, 39, 68, 220, 246, 272, 302 ; — Renée, ép. Charpentier, 205, 220.
Advis (des), v. Des Advis.
Affichard, Macé, 213.
Agnès, v. Vendôme.
Aguesseau (d'), av^t g^al à Paris, 103.
Aistre aux Collas (l'), au Mage, 14, 100, 208.
Aitre-Drouard, à Boissy-Maugis, 299.
Alain de Malestroit, 287.
Alard, v. Châteaugontier.
Albert, c^te d'Angély, 49.
Albret (d'), Antoinette, fille d'Henri II d'Albret, ép. R. de Gruel, 51 ; — César-Phébus, m^al de France, 51, 321 ; — Henri II, sg^r, baron de Miocent et Pons, 51 ; — Jeanne, mère de Henri IV, 47.
Albret, ch. l. de c^ton, dép^t des Landes, 51.
Alençon, ch. l. dép^t Orne, 233, 294 ; — Généralité, 29, 34 ; — Duché, 53 ; — Inspection, 31 ; — Bibliothèque, 324.
Alexis, curé de Malétable, 80.
Alice, v. Bretagne, St-Victor.
Aligre (d'), famille, 18 ; marquise d'A., 31 ; présid^t d'A. (1756), 284 ; — Catherine-Etienne-Claude, v^ve d'H Rouillé, m^is de Boissy, 186 ; — Etienne, pair de France, comm^andr de la Lég. d'Hon^r, 186.
Allemandière (l') et la Lemandière, au Mage, 14, 159, 165, 180.
Amiot, Amadis, 96 ; — Marie, 96.
Andlau (d'), famille, 18, 56, 57 ; — Antoinette, c^tesse Terray, châtelaine de Feillet, 58, 173 ; — Henri-Antoine, sg^r de Voré et Feillet, 56, 221, 317 ; — Henriette, m^ise de Rosambo ; 56, 57, 96 ; — Jean-Camille-Arnold, c^te d'A, 58, 131, 287 ; — Jean-Richard-Eléonor, c^te d'A., 57, 58, 131, 148, 154, 322 ; — Marie-Geneviève-Camille, chanoinesse, 58, 131 ; — Simone, c^tesse Albert de Mun, 58.
André, gr^d vicaire à Chartres, 131, n. 1, 286.
Angély (St-Jean-d'), ch. l. arrond^t Charente-Inférieure, 49.
Angennes (d'), Jacques, év. de Bayeux, prieur commandataire de Moutiers, 51.
Angleterre (Béatrice d'A.), ép. de Jean II de Bretagne, 44 ; — Henri III, r. d'A., 12 ; — Henri VI, id., 200.
Angosse (m^is d'), député d'Armagnac en 1789, 81.
Anjoubault, journalier au H^t-Chêne, 175.
Aspres (N^tre-Dame-d'), c^ne, c^ton de Moulins-la-Marche, Orne, 241.
Arcis (Grands et Petits), à Boissy-Maugis, 299.
Ardillère (l'), l'Ardelière, l'Ardrillère, la Ridelière, au Mage, 14, 39, 60, 61, 132, 138, 159, 173, 177, 186, 214.
Argentan, ch.-l. arrond^t, Orne, 294.
Armancourt (d'), Gabrielle, ép. de Jean-Adrien Helvétius, 54.
Armenonville-la-G^rde, c^ne, c^on de Maintenon, E.-et-L., 165, 327.
Arnauld (mère Angélique), abbesse de Port-Royal, 106.
Arnoulin, Pierre, à l'Ardillère, 39, 158, 251.

Arnoult, curé de Bizou, 80, 314.
Arrou, cne, cton de Cloyes, E.-et-Loir, 112.
Artois (cte d'), 53, n. 2.
Artus, v. Bretagne.
Aubemalle, Jean, chevalier, 289.
Auberdière (l'), fief bursal au Mage, 14, 38, 94, 159, 160, 173, 178, 180, 204, 210, 225, 239.
Aubert, Chandeleur, trésier de Fab. au Mage, 50, 67, 99, 122, 257; — Eugène, curé du Mage, 80, 157, 185, 174, 192; — Germain, trésier de Fabr. au Mage, 100, 231; — Jacques, vicre du Mage, 86, 229; — Nicolas, trésier de Fabr. au Mage, 94, 100, 235, 249, 250, 257.
Aubin, Jean, 214, 223.
Augerez (les), à *Moutiers*, 240
Aumont du Moutier, famille, 108; armes, 192; dlle Aumont du Moutier, 158; — Denys Paul, 63, 322; — Denys-René, cher de St Louis, 63; — Louis, écr, 62, 63; — Marcel, 63, 131, 157, 158, 178, 192, 199, 261, 322.
Aumosne (bois de l'), au *Mage*, 123, 132, 232.
Aunais (les), forge sur *Feillet*, 291.
Aunay, chteau, cne Luché - Pringé (Sarthe), 56, et *Vendée*, 290; branche d'A., 56, n. 1.
Autcuil et Autheuil, cne, cton de Tourouvre, Orne, 80, 104, 306, 307, 310, 311.
Authon, ch.-l. cton E.-et-Loir, 82, St Denys d'A., 323.
Autriche (Anne d'), 51.
Auvé, François, fils de Jean, 47; — Françoise, ép. de Antoine de la Vove, 47; — Gervais, alias Nicolas, sgr de Genestay et Feillet, 46; — Gilles, sgr de Feillet, 30, 47, 76, 256; — Hélène, fille de Gilles, ép. de Jehan de Trousseauville, 48, 96, 113, 125, 154, 165, 270, 327; — Jean, sgr de Feillet, gentilhomme du Roi, 47, 291, 292, 293, 294, 295, 296, 297; — Margueritte, fille de Gilles, ép. de Claude de Gruel, 48, 61; — Simon, sgr de Feillet, 46, 47, sr de la Sougé et du Plessis-Bourel, 290.
Auvray de Grandville, André-Pierre, sgr de Grandville, 151; — Marie, ép. de Ambroise-Julien-Clément, 66, 151, 324; — Armes, 151.
Auxerre, ch.-l. dépt Yonne, 80.
Aveline, Françoise, ép. de Georges Pecnard, 77, 202.
Aydie (d'), Antoine, sgr de Ribérac et Feillet, mis de Montagriet, 52, 78, 260, 280, 304.

Azille (sr), au Mage, 271.

B

Babiot, Guillaume, 24.
Bachelier, Angélique, journalière au Mage, 175; — Jean, 38, 207, 223; — Pierre, trésier de Fabr. au Mage, 201.
Baillère (la), à Moutiers, 223.
Bailleul, A. L. L., député du Perche en 1789, 82.
Banage, jurisconsulte, 108.
Bannier, tabellion, 239.
Bansard des Bois, député de Mortagne, 172.
Bar des Boulais, hist. Perch., 45, 46, 47.
Bardeau (étang du), au *Mage*, 17, 130, 285; Vente du B, 191.
Barré (abbé), hist. Perch., 41, n. 5.
Barrier (vve), à Châteauneuf, E.-et-Loir, 98.
Burville, cne, cton de Pervenchères, Orne 53, 151.
Barville (de), Jehan, 297; — Michelle, ép. de Jean-Michel de Suhard, 59, 93, 227, 237.
Bascle, Jean, maçon à Longny, 269.
Basly, Michel, procr à la Cour, 101, 102, 103, 252
Bassery, greffier, 310.
Baudonné, tabellion à Rémalard, 205.
Beaufils, Julien, 38, 240; — Regnault, 38, 240.
Beaugé, ch.-l. arrondt, Maine-et-Loire, 291.
Beaujon, généalogiste, 325.
Bazoches-s.-Hoesne, ch.-l. de cton arrondt de Mortagne, Orne, 243, 283.
Béatrice, v. Angleterre, Bretagne, Châteaugontier, Feillet, Perche
Beaudoin, vicaire à Neuilly-s.-Eure, 80; — Geneviève, vve Thibault-Bonnier, 201; — Perrine, vve Simon Creste, 96, 160. 224, 247.
Beaumont, forge à Longny, 143; fief, 287; pré, 220; Geoffroy de B., 287.
Beaumont (de), Margueritte, ép. de Bouchard VII, 45; 2º de Jean Gaudin, 326; — Marie, ép de Guillaume Chamaillard, 45.
Beaussart, sgrie, aujourd'hui Boussard à Senonches, E.-et-Loir, 46, 287.
Beausse (de), famille, 62, 192, 198; armes, 192; — Antoine-Ulric, 62, 63; — Auguste-Zoé, ép. de Louis Aumont du Moutier, 62; — Elisabeth, dame de Bures, 62, 96; — Gaston, 62; — J.-B.-Michel, maire du Mage, 28, 62, 198; — Jean-Baptiste II, écr, 62, 63, 198; — Louis-Charles, 62; — Mathilde, 62;

— Sidonie, ép. de Mr Achard de la Vente, 62, 96, 122, 199 ; — Suzanne, 62.
Beauvarlet de Bomicourt, Catherine-Françoise, ép. de Guy-François-Henri, cte de la Porte de Ryantz, 186.
Beauvoir (Hugues de), 287.
Beccassière (la), au Mage, 14, 159, 162.
Belhomert, cne cton de la Loupe, E.-et-Loir, 166, 299, 300.
Belin (cte de), v. Faudoas.
Beljambe et Bellejambe (de), famille, 203 ; — Charlotte, ép. de Louis de Fontenay, 63, 79, 233, 259, 271 ; — Claude, sr de la Mare, syndic du Mage, 63, 202, 321 ; — David, sr de la Mare, 63, 77, 218, 232,, 240 ; — Nicolas, sr de Maufrais, trésler de Fabr. au Mage, 63, 99, 203, 229, 302.
Bellanger, Théodore, 148.
Bellavillers, Bellavilliers, cne cton de de Pervenchères, Orne. 297.
Belleau, Françoise, ép. de Antoine Souveray, 313.
Bellême, ch.-l. cton arrondt de Mortagne, Orne, 107 ; baillage, 111, 307 ; district, 27, 82, not. 1 ; forêt, 145.
Belleville Lajamme, châtelain de Malétable, 192.
Bellou-s.-Huisne, cne cton de Rémalard, 297.
Bernard, sr de la Ferté, 42.
Bernard de Thyron (st), 40, 287.
Bernard, Noël, curé du Mage, 71, 77, 88, 90, 144, 202, 213, 262.
Bernier, curé de la Rouge, 80.
Berrier, cons. munic. au Mage, cult., 172, 173, 179, 186.
Berrier, charpentier à Rémalard, 230.
Berry (régiment de), 254.
Bertinière (sr de la), à Moutiers, 274.
Besniard, vicaire de Monceaux, 80.
Bessan, fief de Jehan de Vendôme, 290.
Bessemolle (la), pièce de terre à l'Ardillère, 270.
Bethune (de), François, cte d'Orval, 52.
Beuve (vve), 219.
Beuve (Hugues), 39, 271.
Beuvrière (la), au Mage, 14, 24, 59, 70, 161, 176, 255.
Beuzelin, notaire à Longny, 204, 262, 282.
Beuzeval, Constant, instituteur au Mage, 126.
Bigot, Jacques, 96.
Billet, Louis, à Volizé, 39, 250.
Billette (la), pièce de terre au Mage, 221.

Binet, Jeanne, ép. de Etienne Huet, sr de la Hélière, 208.
Binoist-Dumesnil, Denys-René, vic. du Mage, 323.
Bintière (la), à Moutiers, 262.
Bivilliers, cne cton de Tourouvre, Orne, 254.
Bizou, cne cton de Longny, 14, 24, 53, 131, 228 ; sgrie, 80 ; St-Germain-de-B., 206, 208, 209, 213 ; moulin, 287, 299 ; métairie de B., 299.
Bizouyeau, à Longny, 212, 270.
Blaise, Florent, mtre d'école au Mage, 71, 125, 146, 237, 238.
Blanche, v. Bretagne.
Blanche, Jean, charron au Mage, 70, 71, 125, 146, 143, 236, 272.
Blanchette, ép. de Germain Febvrier, 38, 164, 165, 206.
Blanchoin (de), Claude, écr, sr du Haut-Désiré, 313 ; — Robert, sr de la Hélière, 61, 64, 93, 245, 303.
Blandé, à Rémalard, fief d'Helvétius, 54, 264 ; bois de B., 81.
Blavette, à Barville, fief de la famille Clément, 53, 151.
Blavette (de), Ludovic, 151 ; — Michelle, 151.
Blois (évêque de), 206, 208.
Blondeau, ptre prieur de Longny, 149, 280.
Blondel, avt, 112.
Bluteau, moulin à Boissy-Maugis, 131, 282, 283, 313.
Boays (de), Jehan, sr du Boays, 290, 291.
Bodin, cult au Mage, 173, 177, 185, 186.
Bois (le), sgrie relevt de Feillet, 287.
Bois au Large, à Moutiers, 269.
Bois de la Pierre, à Rémalard (Dolmen du), 12.
Boiscorde, fief à Rémalard, 59, 297.
Boisgirard, journalier au Mage, 180.
Boismorin (de), Marie, ép. de René II de Gruel, 51.
Boissy-Maugis, cne cton de Rémalard, Orne, 24, 25 ; prieuré, 41. 42, 53, 80, 272 ; St-Germain de, 206, 207, 313 ; prieuré de Boëssé, 325.
Boisvillette (de), archéologue, 12, 17.
Bonmoulins, cne cton de Moulins-la-Marche, Orne, 221.
Bonnard, journalier au Mage, 176 ; — Pierre, 176.
Bonnechère (la), moulin à la Madeleine-Bouvet, 316.
Bonnevie, Jehan (vve), 38, 222.
Bonnier, Jehan, notre à Rémalard, 77, 207, 208, 218, 257.
Bonnier, Thibault, bailli de Feillet, 69, 240.

Borde (la), fief à Bizou, 299.
Borde (de la), Joseph, banquier de Louis XV, 92.
Bordier, not⁰, 260.
Boson de Rosières, 287.
Botigne (de), Robert, 165, not. 1.
Bouchard, v. Vendôme et Feillet.
Bouchet, garde au Mage, 179.
Bouchet (du), Jean, m¹⁵ de Sourches et de Montsoreau, 49, not. 2.
Bougis, Noël, meunier au Mage, 136, 146, 166, 281.
Bougrain, Macé, tabellion à Feillet, 69 ; à Rémalard, 210.
Bougrain, Louis, 307.
Bouhoudoux (le) au Mage, 15, 65, 133, 166, 173, 179, 186, 188, 207, 257, 262.
Bouillandière (la) et *Bouillaudière*, à Boissy-Maugis, 131, 286 ; chemin de la B. à S¹-Laurent, 314.
Bouilly, Denis, 282.
Boulard de Ninvilliers (Elisabeth-Anne), dernière abbesse de Port-Royal, 156, 193, 194, 195, 198, 324.
Boulay (du), Int¹ de la G⁽ᵃˡⁱᵗᵉ⁾ d'Alençon, 241.
Boulay, Louise, ép. de Eloy Jençay, 248.
Boulaye (la), pièce de terre à l'Ardillère, 270.
Bouley, au Buisson, 219.
Boullay (le), au Mage, 15, 160, 177 ; *Petit-B.*, 38.
Boullay, Guillaume, curé de Moutiers, 205.
Boullay, Margueritte, ép. de Jehan Migraine, 30, 88, 212.
Boullaye (la) et *la Foulaye*, au Mage, 14, 68, 160, 173, 186.
Boullaye, Charles, nᵗʳᵉ priseur à Moulins, 271, 272.
Boulleur (le), Catherine, ép. de François de l'Etang, 131, 286.
Bourbon (de), François, 291 ; Jeanne, 291 ; — Jehan, cᵗᵉ de Vendôme, 46 ; — Loys, 47 ; — Régiment de B. 225.
Bourbonne-les-Bains, ch.-l cᵗᵒⁿ arrᵗ de Langres (Hᵗᵉ-Marne), 55, n. 1.
Bourdin, journalier au Mage, 175.
Bourdon, Charles, chapelain à Longny, 79.
Bourdonnière (la), fief à Bizou, 299.
Bourgoin, fief à Boissy-Maugis, 282, 299.
Bourgoin, Antoine, à la Hélière, 38, 211.
Bourgoin, Georges, sʳ de la Roulandière, bailli de Feillet, 69, 244.
Bourguinère (la), v. Bourgoin.
Bourlet, Angélique, ép. de Denys-René Aumont du Moutier, 69.

Bourlier, Pierre, trésorier de Fab. au Mage, 100, 238, 285.
Boutelou, Martin, 38, 77, 209.
Bouthier, Madeleine, vᵛᵉ de Pierre Héraud, 130, 286.
Boutteray, Raoul, 281.
Bouvet, 251.
Boyère, Jean, écʳ, sʳ de la Vallée, 271.
Braille (de), Charles, chanoine de Chartres, 235.
Bras de Fer (de), Daniel, 60, n. 1 ; — Jean-Josias-Nicolas, 60, n. 1 ; — Samuel, 60, n. 1, 166, 172.
Bréant, Marie, cult. au Mage, 177.
Brefin (Grᵈ et Pᵗ), étang au Mage, 15, 17, 130, 285 ; ligne de B., 101.
Brenillère (la) et *Bernillère*, au Mage, 14, 64, 70, 162, 179, 213, 228, 250.
Bretagne, Alice de B. et Aclis, fille de Artus II, dame de Feillet, 44, 45, 288, 290, 321 ; — Artus II de B., 44, 288, 321 ; — Béatrice, fille d'Arthus ou Arthur II de B., 288, 321 ; — Béatrice d'Angleterre, ép. de Jean II de B., 44 ; — Blanche, fille de Thibault de Champagne, ép. de Jean Iᵉʳ, duc de B., dit Jean le Roux, 44 ; — Jean II, duc de B., sgʳ de Rémalard et Feillet, 44 ; — Jeanne, fille d'Artus II, ép. de Robert de Flandre et de Cassel, 44, 288, 321.
Bretoncelles, Bertoncelles, cⁿᵉ, cᵗᵒⁿ de Rémalard, Orne, 17, 323 ; St-Pierre de B., 206, 228 ; Courrier de B., 32.
Brezolles. ch.-l. cᵗᵒⁿ E.-et-Loir, doyenné de B., 22.
Bresdin, notᵣᵉ à Longny, 172.
Brest (ligne de Paris à), 173 ; route de Paris à B., 316.
Breuil, jardinier au M., 174, 188.
Breuil, cult. au M., 178.
Breuil, Brigitte, cult. au M., 174.
Brevan (de), Franciscain, 79.
Brie (de), Renée, dame de Lonné, 2ᵉ ép. de François de Faudoas, 49, n. 2.
Brière (la), pièce de terre à l'Ardillère, 270.
Brière, mᵈ de biens à Bellême, 186.
Brière, Marie, ép. de Claude Godard, 136, 264.
Brière, Philippe, huissier à Feillet, 69, 252, 253.
Brière, Pierre, meunier au Mage, 130, 146, 166, 281.
Brigemont, fief d'Helvétius, 54, 264.
Brigth, Anne, ép. de Louis Aumont du Moutier, 63.
Brimont en Frétigny, cᵗᵒⁿ de Thyron, E.-et-Loir, 40.

Brissard et Brizard, Jacques, s^r de la Moussetière, 282, 283, 208 ; famille, 283.
Bricy (porte de), à Rémalard. 43, 289.
Brizard, cult. au Mage, 173, 174, 184, 185, 186.
Brochant, n^{tre} au Châtelet de Paris, 54, 277, 284.
Brochant du Breuil, Marguerite-Marie, ép. d'Athanase-Alex. Clément, 151 ; — Geneviève, 151.
Brossard (de), Paul, 64.
Brossin et Brousin, fief de Jean Auvé, 47, 201, 206.
Brotz, p^{sse} réunie à L'hôme-Chamondot, c^{ton} de Longny, Orne, 80, 104, 306, 307, 310, 311.
Bruneau, Jean, 121, 233.
Brunettière (la), à la Trinité-s.-Avre, 63, v. Trinité.
Brunet, charpentier au Mage, 175.
Brunet, aubergiste au Mage. 174.
Brunet, vicaire à Moutiers, 80.
Brunet, Gaspard, doct^r en Sorbonne, 305.
Brunet, Jacques, fils de Pierre, 226.
Brunet, Jeanne, v^{ve} de Pierre Lejeune, 39, 226.
Brunet, Jeanne, nièce de Pierre Brunet, vic. au Mage, 226.
Brunet, Louis-Jean, marguillier, 85 ; trésorier, 100, 319.
Brunet, Madeleine, 226.
Brunet, Michel, 226.
Brunet, Pierre, père des deux précédents et de Jacques, 226.
Brunet, Pierre, vicaire au Mage, tr^{sier} de Fab., 78, 88, 96, 99, 123, 161, 203, 216, 217, 226, 228, 229, 245, 246, 303.
Brunet, René, père et fils, 209.
Busevand de Percey (m^{ise} de), 324.
Buguet, propr^{tre} au Pont-Riboust, 176.
Buguet, cult. au Buisson, 180.
Buisson (le) et *le Bisson*, au Mage, 14, 105, 173, 180, 186, 201, 219, 228, 248, 254.
Buré, c^{ne}, c^{ton} de Bazoches, Orne. 243.
Bures, c^{no}, c^{ton} de Courtomer, Orne, 66.
Burin, Pierre, curé de N.-D.-d'Auteuil, 104, 306, 307, 310, 311.

C

Caen, ch.-l. dép^t Calvados, 199 ; Cour d'appel, 25 ; Académie, 31.
Caillot, serg^t royal à Mortagne, 251.
Calabre (la), province italienne, 32.
Cambe (la), p^{sse} réunie à Louvières, c^{ton} de Trun, Orne, 81.

Camus, rentière au V.-Moulin, 175.
Camus, propr^{tre} au Mage, 173, 177, 180.
Camus, Louis, 225.
Camusat de la Fremonnière, conservateur des hypothèques à Mortagne, 94, 255.
Cange (du), auteur du Dictionnaire de la Basse-Latinité, 13.
Canuel, Jacques, m^d à Lhôme-Chamondot, 220, 221.
Capitainerie (la), atelier de peinture au Mage, 65.
Caquet, régisseur d'Helvétius à Feillet, 140, 237.
Cardon, n^{tre} à Boissy-Maugis, 272.
Cardon, Jacques, n^{tre} à Rémalard, 221, 226.
Carpents sentirarum Johannes (Charpentier des Sentes), 63.
Caulaincourt (m^{is} de), 322 ; v^{te} d'Espeuille.
Ceton, c^{ne}, c^{ton} du Theil, Orne, 147.
Chabin, Claude, s^r de la Borde, m^d à Mer-s.-Loire, 269.
Chailloue, Gervaise, ép. de Macé Le..., 43, 290.
Chaintres (les), au Mage, 15, 168, 170, 186, 283, 285.
Chalais (prince de), 50.
Challouyère (la), fief à Boissy-Maugis, 304.
Chalons (de), à Rouen, 301.
Chalumeau, Nicolas, foulon au moulin de Bluteau. 283, 313.
Chamaillart, Guillaume, 45.
Champ des Chardons, Ch. de la Fontaine, Ch. du Noyer, Ch. Long à l'Ardillère, 270.
Champagne (Thibault de), 44.
Champagné, s^r de la Motte-Ferchaut, 290 ; — Perrinne, ép. de Jehan du Boays, 290.
Champseru, à Allainville, c^{ton} de Dreux, E.-et-Loir, 165, n. 1.
Champsorand, au Mage, 15, 80.
Chandebois (de), Louis, à St-Mard-de-Coulonges, 221.
Chapelain, Henri, instr au Mage, 126.
Chapelle-Montligeon, c^{ne}, c^{ton} de Mortagne, 274.
Chappé, Charles, m^{tre} menuisier à Mortagne, 68, 230.
Charasson, n^{tre} à St-Mard-de-Réno, 225.
Charencey, p^{sse} réunie à St-Maurice, c^{ton} de Tourouvre, Orne, 43, 44, 45, 47, 49, 50, 256, 257, 261, 290 ; St-Barthélemy-du-Vieux-Charencey, 41.
Charles IX, roi de France, 151, n. 1.

Charpentier, 819.
Charpentier, bûcheron au Pont-Ri-
boust, 170.
Charpentier, con[ller] d'arrond. à Lon-
gny, 172.
Charpentier, cult aux Noyers, 176.
Charpentier, Lejeune, n[tre] à Moutiers,
205, 266.
Charpentier, Nicolas, m[d] à Longny,
121, 205, 220, 233, 272.
Charpentier des Sentes (Jehan), 163,
164.
Charron, cult. à l'Herbage, 178.
Charron, Catherine, ép. de Louis
Quatremère, 38, 207.
Chartrage (prieuré de), à Mortagne,
20.
Chartrain, cult. à Marimbert, 176.
Chartrain, Catherine, ép. de Thomas
de l'Etang, 66.
Chartres, ch.-l. dépt E.-et-Loir, 19,
321 ; Centre druidique, 21 ; Siège
royal, 112 ; St-Michel de C., 66,
267 ; St-André, St-Agnan, St-Satur-
nin de Ch., 312, diocèse de Ch.,
324 ; abbaye de St-Père de Ch., 325,
et de St-Jean en Vallée.
Chassegay, Gabriel, 98.
Chassegué, Jeanne, 225.
Chassegué, Louise, ép. de François
Lunois, 225.
Chassegué, Pierre, 39, 225.
Chassevent, Noël, 39, 250, 251.
Château (étang du), à Feillet, 17,
130, 185.
Château, Charles, 226.
Château, Phéliber, archidiacre de
Dreux, 302.
Château, Pierre, au Pas-St-Lhomer,
226.
Châteaudun, ch.-l. arrond[t] E.-et-Loir ;
— Robert de Ch., 287.
Châteaugonthier, ch.-l. arrond[t] Ma-
yenne, 44 ; — Alard III, s[r] de Ch.,
44 ; — Emma ou Emmette, fille de
Jacques de Ch., 44 ; — Renault de
Ch., ép. de Béatrice, fille de Ro-
trou IV, 43, 44 ; Jacquemet, s[r] de
Ch., 326.
Châteauneuf-en-Thymerais, ch.-l. c[ton]
E.-et-Loir, 245, 247 ; — Gervais de
Ch., 41, 287.
Châtel, Jean, s[r] de la Grouchière,
bailli de Feillet, 69, 245.
Châtelet. v. Paris.
Châtellenie (la), à Contilly, v. ce mot,
59.
Chatou (s[grie] de), Seine-et-Oise, 27.
Châtre, Jean, s[r] de la Créotière, av[t],
bailli de Feillet, 66, 144, 270.
Chaucheprat, François, ch[ler] de S[t]-
Louis, off[ier] de la Légion d'Hon-
neur, maire du Mage, 28, 148, 180.
Chaussée, v. Condé et Longny.
Chauvin, cons[ler] m[al] au Mage, 172,
177.
Chauvin, Pierre, cons[ler] m[al], 148.
Chauvin, Rodolphe Guillaume, curé
asser. du Mage, 83.
Chauvin, Toussaint, chirurgien, 247,
305, 323.
Chédieu, Vincent, 271.
Chefdeville, Jean-Martin, curé de
Martainville, 62.
Cheisson, économiste, vii, viii, not. 2.
Chemilly, c[ne], c[ton] de Bellême, Orne,
60, not. 2
Chemin ferré (vente du), au Mage,
191.
Chêne (le), au Mage, ferme, 12 ; —
H[t]-Chêne, 15, 175 ; — Bas-Chêne
à St-Victor-de-Reno, 310.
Chênegallon, prieuré, c[ne] d'Eperrais,
c[ton] de Pervenchères, Orne, 59.
Chenu, Louis, curé du Mage, 80, 96,
230, 236, 311, 313.
Chesnebrun, c[ne], c[ton] de Verneuil,
Eure, 48, 327.
Chesnonnière (la), gr[de] et p[tite], à
Boissy-Maugis, 299.
Chevalier, valet d'Helvétius, 56.
Chevalier, boulanger au Mage, 174.
Chevalier, François, 219.
Chevallerie (la), à Boissy-Maugis, 299.
Chevallier, Macé, homme de foi, 38.
Chevallier, Nicolas, tabellion à Réma-
lard, 219, 224, 228, 229, 263.
Chevesailles, Henri-Louis, s[r] des
Perrines, 287.
Chevreuil, Chevreil, Chevrel, moulin
à Boissy-Maugis, 131, 281, 282,
283, 299.
Chevrottière (la), au Mage, 15, 159,
165.
Choiseau, vicaire du Mage, 79.
Choiseau, vic. et curé de Longny, 80.
Cincourmes (de), Colin ; — Jean, son
père, 325.
Cissey (de), s[r] et v[vo], 64.
Clairant ...., 322.
Clairets (les), abbaye de femmes à
Mâles, c[ton] du Theil, Orne, 41.
Clémensane, en Provence, 151.
Clément, Alexandre-Julien, cons[ler] au
Parl[t], sgr de Feillet, c[te] d'Etoges,
53, 66, 80, 113, 129, 130, 131, 134,
144, 150, 151, 153, 156, 166, 217,
220, 222, 223, 230, 260, 276, 277,
278, 280, 283, 284, 286, 305, 312,
313, 316 ; — Ambroise-Julien, sgr
de Feillet, 53, 66, 120, 130, 151,
313 ; — Athanase-Alexandre, sgr de

TABLE ONOMASTIQUE.

Boissy-Maugis et Blavette, 151 ; — Augustin-Jean-Charles, chanoine d'Auxerre, 53, 313 ; — Jean, grand bailly du Sonnois et du Perche, 151 ; — Jean-Chrysostome-Antoine, sgr de Barville et de Montgommery, 53, 151 ; — Armes, 150, 151 ; — Ligne Cl., 31, 100 ; — Famille, 37, 151.
Clément XI, pape, 196.
Clermont Ferrand, ch.-l. dépt Puy-de-Dôme, 322.
Clinchamp (sgr de), 47.
Clos (les), pièce de terre à l'Ardillère, 270.
Cocherel, procureur à Longny, 253.
Cohin, md de biens à Bellême, 186.
Cohu, Hélène-Euphrasie, ép. de Charles Picard, 190.
Cohu, Jacques René, curé du Mage, 85, 122, 148, 152, 190.
Cointinières (les), au Mage, 15, 70, 78, 160, 178, 210, 217 ; Vente des C., 284.
Coislin, 197, not. 1.
Colin, Durand, 239.
Colinet (mtre), avocat, 254.
Collet, cult. au M., 174.
Collet, proptre au Mage, 174.
Collet, Auguste, journalier à la Douvellerie, 176.
Collet, Désiré, journalier au Ht-Chêne, 175.
Collet, Frédéric, maire du Mage, 28, 148.
Collet, Martin, 96, n. 1.
Collin, journalier à Champsorand, 180.
Commargon (de), Catherine-Françoise, ép. de Henri Louis de Chevesailles, 287.
Commergon (de), Olivier, sr d'Armenonville-la-Gde, 165, 327.
Commeauche, rivière, affluent de l'Huisne, Orne, 292, 313.
Communeau, Alexandre, instit au Mage, 126.
Conches, ch.-l. cton Eure, galité d'Alençon, 265.
Condé-s.-Huisne, cne, cton de Rémalard, 17, 323 ; N.-Dame de C., 206 ; Chaussée de C., village, 260.
Condrau, cne, cton de Rémalard, 81 ; St-Denys de C., 206.
Congmart, Michelle, 223.
Conrard de la Mothe, 227.
Conte de Nonant (Le), mis de Bretoncelles, 151.
Contilly, cne, cton de Mamers, Sarthe, 59.
Corbay, Jean, procr fiscal à Voré, 264.

Corbionne, ruisseau, affluent de l'Huisne, 15, 17.
Corbon, psse réunie à Mauves, cton de Mortagne, 47.
Corbonnais (Calendes du), 29.
Cordier, J.-B., ermite de St-Thomas, au Mage, 81, 168.
Cordon, Balthazar, md à Moutiers, 223.
Coret, Eustache, ptre, bachelier en théologie, 66.
Cormier, Françoise, ép. de Jean Blanche, 71.
Corrèze (mobiles de la), 35.
Costier, Estienne, curé du Mage, 17, 209.
Costier, Marie, 38, 88.
Cottereau, Louis, trésler de Fab. au M., 100, 148.
Cottereau, Michel, trésler de Fab. au M., 100, 272.
Cottereau, Victoire, proptre au Mage, 173.
Cottin, Arsène, maire du Mage, 28, 172, 173, 177, 184, 185, 186.
Coulorière (la), fief à Boissy-Maugis, 304.
Coudrai (vente du), 191.
Coudray, Catherine, fille du garde de Feillet, 56.
Coudray, Jacques-François, garde à Feillet, 71.
Coudray, Jean, frère du précédent, 56.
Couillin, François, trésler de Fab. au M., 100, 230, 236.
Coupigny, fief de mtre du Quesnel, 284.
Couplerie (la), au Mage, 15, 173, 177, 186.
Cour des Landes (la), pièce de terre à l'Ardillère.
Cour aux Thiaux (la), à Moutiers, 266.
Courdevêque, psse réunie à Moulins, 271, 272.
Courgeoust, cne, cton de Bazoches, Orne, 243.
Courpotin, Guillaume, 38, 87, 120, 160, 218, 240.
Courpotin, Jean, manœuvre, 71, 204, 225.
Courpotin, journalier au Mage, 138, 224.
Courpotin, Pierre-Marin, instr, trésor. de Fabr., 100, 126, 127.
Courpotin, Rosine, ép. de Guillaume Courpotin, 240.
Courpotin, Toussaint, 201, 248.
Courtaurein, terre à St-Victor-de-Buthon, 42.

Courtehaye, terre au Mage, 160, 210.
Courtioust, p[sse] réunie à Colonard, c[ton] de Nocé, Orne, 104, 327.
Courville, prop[taire] au Vieux-Moulin, 175.
Cousin, Jehanne, ép. de Pierre Prun, 58, 222.
Cousin, Maur, 38, 120, 160, 207, 222.
Coutry, Margueritte, ép. de Louis Pautonnier, 266.
Couvé, Nicolas, prèsid[t] de Fabrique au Mage, 148.
Couvé, René, trésor. de Fabr. au M., 100.
Creste, Guillaume, m[d] au Mage, 70, 144, 260.
Creste, Jean, cessionnaire de m[tre] Jusseaume, curé du Mage, le même que Simon, 307.
Creste, Martin, garde des sceaux à Mortagne, 291.
Creste, Renée, ép. de Claude Foucault, 244.
Creste, Simon, m[d] au Mage et cessionnaire de m[tre] Jusseaume, 39, 105, 121, 137, 160, 224, 247.
Creste, Zacharie, 39, 224.
Crete (d[lle]), couturière à Longny, 238.
Creteil... (Seine-et-Oise), 151.
Crimée (campagne de), 57.
Crochet (du), François, s[r] de la Hantonnière, écr, 240 ; — François, sg[r] de Maison-Maugis, 61 ; — Margueritte, 51.
Croix (champ de la), au Mage, 256, 258 ; — de la Courvoie, 260.
Croix (des), Louis, s[r] de l'Ardillère, 60, 61, 71, 88, 93, 96, 159, 202, 214, 219, 220, 245, 270, 297, 303 ; — Anne, fille de Louis, 61 ; — Famille, 60, 92.
Croix-Marion (la), au Mage, 15, 199.
Cucuyère (la), au Mage, 15, 128, 130, 136, 138, 158, 170, 186, 188, 250, 259, 285 ; — Croix de la C., 199 ; — Chemin de la C. à la Ville-Dieu, 218.
Cuny (abbé), sup[r] du P[t] Séminaire de Nogent-le-Rotrou, 157.
Cure (la), ferme au Mage, ancienne ferme du presbytère, 173, 186.
Cusset, ch.-l. canton, arrond[t] de La Palisse, Allier, 180.

D

Dame-Marie, c[ne], c[ton] de Breteuil arr[t] d'Evreux, Eure, élection de Conches, Normandie, 227, 265.
Daragon, Jehan, l[t] g[al] au bailliage de Feillet, 69, 240, 281.
Daragon, Pierre, l[t] g[al] au bailliage de Feillet, 69, 240.

Daumouche, Gilles, tabellion à Feillet et trés[ler] de Fab. au M., 69, 99, 213, 214, 216, 234, 244, 257, 262.
Davignon, curé de la Lande-s.-Eure, 80.
Débats (bois des), au Mage, 134, 234.
Defesque, Antoine, curé de Moutiers, 80.
Dehail, curé d'Autheuil, 80.
Dehail, René, avocat, 254.
Delangle, Claude, av[t], 254.
Delestang, Louis, trés[ier] de Fab. au M., 100.
Demonevault, Laurent, con[ler] de Jean Auvé, sg[r] de Feillet, lic. ès-lois, 291.
Demouth, cons[ler] m[al] au Mage, 172, 173, 174, 180, 184.
Des Advis. Toussaint, s[r] de la Martinière, m[tre] perruquier à Longny, 242.
Després, Elisabeth, fille d'Emmanuel, 305.
Després, Emmanuel, m[tre] des forges de Longny et la Frette, 305.
Després, Jeanne, femme Gouaux, 225.
Desvaux, cult. à la Guerottière, 177.
Desvaux, cult. à la Helière, 179.
Desvaux, Léonard, m[d] à Bizou, 220.
Desvaux, Pierre, trés[ier] de Fab. au M., 100 (an 1838).
Desvaux, Pierre, 221, 234 (an 1755).
Devin, Guillaume, curé de Bizou, 304.
Diderot, philosophe, 55.
Donette, Zacharie, m[d] au Mage, 70, 144, 223, 244.
Dorceau, c[ne], c[ton] de Rémalard, Orne, 56 80.
Doret, inst[r] au Mage, 126.
Doret (d[lle]), inst[ce] au Mage, 126.
Dougère, Geneviève, f[e] Cadois, 271.
Dougère, Marie, ép. de Louis Hayes, 271.
Dourdoigne, René, agent n[al] au Mage, 28, 310.
Douveau, Gilles, lab[r] et m[d] au Mage, 38, 87, 96, 120, 208, 218, 302, 323.
Douveau, Jehan, 38, 96, 218, 302, 323.
Douveaux (les), à la Douvellerie, 203, 205.
Douvellerie et Douvellière (la), au Mage, 15, 38, 120, 162, 175 ; vente et ligne, 101.
Drapier, proc[r] à la Cour de Paris, 101, 102, 103, 252.
Dreux, ch.-l. arrond[t] E.-et-Loir ; — Centre druidique, 21, 22 ; — Archidiaconé, 22 ; — Pagus Dorcassimus, pays de Dreux, 22 ; — Branche de Dreux, 46 ; — Yolande

TABLE ONOMASTIQUE. 341

de D. et Yolent, ép. d'Artus III de Bretagne, c^{tesse} de Montfort, 44, 321; — Symon de Dreux, sg^r de Beaussart, bailli de Chartres, 46; — Gauvain I de Dreux, sg^r de Beaussart et de Senonches, vicomte et cap^{ne} de Dreux, 46; chapelle Saint-Louis, 323.
Dreux Le Féron, 50.
Drouin, Jacques, toilier à Longny, 221.
Drouin, Louis, boulanger à Moutiers, 221.
Drouin, Nicolas, cardeur à Orléans, 221.
Drouin, Toussaint, 218.
Drouot, François, fermier à l'Ardillère, 159, 240, 252.
Drugeau, Gabriel, à Fay, 221.
Dubois, marguillier au Mage, 85.
Dubois, cons^{ler} m^{al} à la Beuvrière, 172, 176.
Dubois, cult. à Marimbert, 176.
Duchesne, n^{tre} à Moulins-la-Marche, 221.
Dufresne, curé de Mesnil-Durand, député en 1789, 81.
Duguesclin, Bertrand, 45.
Dulussault et Delussault, cap^{ne} à Rémalard, 20, 292, 293.
Dumayne, René, n^{tre} priseur à Moulins-la-Marche, 271, 272
Dupré, bibliothécaire à Blois, 12.
Durand, garde à l'Etang des Personnes, 179.
Durand, journalier au Vieux-Moulin, 175.
Durand, cons^{ller} m^{al} au Mage, 172.
Durand, Françoise, domestique au Mage, 91, 117.
Durand, Matry, 38, 222.
Durand, Tiennette, 38, 88, 137, 160, 200, 222.
Durand, Jean, serg^t royal à St-Victor-de-Réno, 310, 311.
Dutartre, n^{re} au Châtelet de Paris, 57, 277.
Dutartre, Macé, 201, 248.
Duval, Louis, archiviste de l'Orne, 10.

E

Echamp (l') de la Butte (s^r de), 61.
Ecot, en Bourgogne, 151.
Eléonore, v. Montfort.
Elpluche, fief de Antoine d'Aydie, 52, 150, 321.
Ermitage (l') *St-Thomas*, au Mage, 15, 81, 132; — Chapelle S^t-Th., 170, 223, 224, 240, 299, 300, 301.
Escandillac, fief d'Antoine d'Aydie.
Escolan (l'), Nicolaîte, 197.

Escorches (d'), Antoine, 282; — Pierre, s^r du Mesnil-Ste-Croix, 282; Rodolphe, s^r de la Hélière, 161, 266.
Esnault, journalier au H^t Chêne, 175.
Espeuille (d'), famille, v. Viel-Lunas; — Ligne d'E., 100.
Etampes (d'), Mg^r év. de Chartres, 88.
Etampes (d'), Hugues, archevêque de Tours, 325.
Etang-Neuf (l'), au Mage, 17, 130, 285; — Vente et ligne, 191.
Etang (moulin de l'), à Boissy-Maugis, 283.
Etang (de l'), François, s^r de la Houssaie, 31, 186; — Hugues-François, bailli de Feillet, s^r de Montfroger, 69, 143, 145, 253, 323; — Thomas, cons^{ller} du Roi au grenier à sel de Mortagne, 66.
Etoges, en Champagne, fief d'Alexandre-Julien-Clément, 151.
Eure, rivière, 17.
Eveillard, Françoise, ép. de Etienne Huet, 208, 322; — Jacques, av^t à Nogent-le-Rotrou, 208, 322.
Evreux, ch.-l. dépt, Eure; — Diocèse d'E., 62.
Expilly (abbé), géographe, 30.

F

Fagon, sg^r de Voré, 55.
Fagon, Antoine, év. de Lombez et de Vannes, 55, not 1.
Fagon, Guy-Crescent, médecin de Louis XIV, 55, n. 1.
Faguet (d^{lle}), 327.
Faguet, Geneviève, 96.
Faguet, Jean, chevessier de Vendôme, 201, 203, 204.
Fanuel, Angélique, cult. au Mage, 174.
Fanuel, Margueritte, cult. au Mage, 175.
Faucherie (Mme de la), 230, v. Grenier (du).
Faucille (de la), Jehan, 290.
Faudet, prop^{re} à la Douvellerie, 176.
Faudet, rentier au H^t-Chêne, 175.
Faudet, Adélaïde, journalière, 174.
Faudière (la), au Mage, 15, 68, 92, 120, 162, 164, 170, 186, 204.
Faudin, Françoise, femme Godard, 253.
Faudoas (de), François de Sérillac, c^{te} de Belin, 49; — Jean de Sérillac, 49; — Louise, fille de François, ép. de Claude Gruel II, 40, 50, 67, 122, 257, 261, 270, 321; — Marie, ép. d'Albert, c^{te} d'Angély, 49; — De Varthy, famille, 49; —

Chef, 1er baron de Guyenne, 49, n. 1.
Favière, intendant d'Alençon, 307.
Favières, cne cton de Châteauneuf, E.-et L, 241.
Fay, cne cton de Moulins la-Marche, Orne, 241.
Fay, Françoise, 282.
Fay (du), Pierre, avocat, 48.
Febvrier, Germain, 87, 104, 105, 206.
Febvrier, Jehan, sr de la Vigne, ntre à Rémalard, 202, 203, 214, 215, 219.
Feillet, Feuillet, Fouillet, Foilet, Foillose, Folict, Folietum, Foilletum, psse réunie au Mage, 12, 15, 22, 43, 71, 178, 288, etc. ; — Baillage, 63 ; — Château, 153 ; — Croix, 191 ; — Chemin de F. à Neuilly, 221 ; — Étang, 104, 275 ; — Ferme du Portail, 186 ; — Bois de F., 17, 19 ; — Hte justice, 24 ; — Seigneurie, 23, 24 ; — Ruisseau, 16 ; — Vente, 101 ; — Ligne de la Souris à F., 191.
Guillaume Ier, sr de Feillet, 30, 40, 101, *Guillelmus de Folieto*, 41, 42 ; sr de Manou, 324 et 325 ; — Guillaume II, 24, 41, 104, 287, *Guillelmus Folieti*, 42, 280 ; — Guillaume de Foyllet, 43, *Guilelmus de Foilet miles*, 104 ; — Vivien, sr de F., 40, *Vivianus de Folieto*, 41, 325 ; Ernauld de Feillet, 325 ; — Hugues de F. ; *Hugo de Folieto*, 324 ; — Hugues de F., *Hugo de Foillose*, 104, not. 1 ; — Mr de Feillet (Pierre de Vendôme), 230 ; — Jehan de Vendôme, sr de Foyllet, 43, 200 ; — Voir Auvé, Gruel, Le Mée, Clément, Helvetius, Andlau, Espeuilles, Vendôme ; — Jeanne, ép. de Guillaume II de F. ; — Jeanne, fille de Guillaume de Foyllet, ép. de Jehan de Prulay, 43, 280 ; — Jeanne, sa sœur, ép. de Guillaume Giffart ; — Geoffroy, Raimbauld, Vivien, Matille et Mahaut, frères et sœurs de Guillaume II.
Fermée, maison et ruisseau au Mage, 15, 16.
Feron, Perrinne, 38, 123, 160, 210, 245.
Ferrière-au-Val-Germond, psse réunie à Fontaine-Simon, cton de la Loupe, E.-et-Loir, 40, 254.
Ferrette (Haute), au Mage, 15, 173, 177, 186, 263 ; — *(Basse)*, au Mage, 15, 137, 160, 177, 200, 222.
Ferté-Vidame, ch. l. de cton E.-et-L.; Guillaume de la F., 325.

Fétu, journalier, 175.
Février, François, lieutt au baillage de Rémalard, 30.
Février, Gervais, 96, et Gervaise, 296 *(même personnage)*.
Feuilleuse, ancienne paroisse réunie à Dampierre-sur-Blévy, canton de Senonches (E.-et-L), 324.
Fillay, Louis, écr, mtre d'hôtel de la maison de Vendôme, 291.
Flandre, Robert de Fl., sire de Cassel, 44, n. 2.
Flemenche, Jehan, 230.
Fleurière (la), fief bursal au Mage, 15, 159, 162, 173, 170, 180, 201.
Florentinière (la), tuilerie au Mage, 15, 178, 192, 321.
Folie (la), pièce de terre au Mage, 76, 206.
Fongy, fief de Jehan Auvé, 47, 291.
Fontaines, fief à Fontaines-les-Bassets, cton de Trun, Orne, 60.
Fontaine-Livray, au Mage, 87, 259. V. Folie.
Fontaine-Simon, cne cton de la Loupe, E.-et-Loir, 121.
Fonte (étang de la), au Mage, 17.
Fonte (la), haut fourneau à Tourouvre, 145.
Fontevrault (abbaye de), Maine-et-Loire, arrt et cton de Saumur, 166, 167, 299, 300 ; — Ordre de F., 301.
Fontenay (de), Jean-René, sr de la Châtellenie et de la Perrière, 59 ; — Louis-René, chier de St-Louis, 59 ; — Louis-René, sr de St-Hilaire, 64, 70, 224, 233, 272.
Fontenay-Vezot, sgr de Maison-Maugis, 304.
Forestier, instituteur au Mage, 126.
Forge (étang de la), au Mage, 16, 130 ; — Moulin, 15, 131, 136, 146, 164, 171, 179, 186, 281, 285.
Forge (la) ou Mesleray, moulin à bled à Boissy-Maugis, 282, 283.
Forsannerie ou Forsennerie, à Moutiers, 134, 137, 266, 267.
Fortier, Jacques, curé du Mage, 82, 268.
Fortin-Ernault, sr de la Chapelle-Fortin, 325.
Forts (les), branche de la famille Le Pelletier de Rosambo, 56 ; — Vente des Forts, 191.
Fossail au Mage, 15, 80.
Fossard, Joseph, huissier à Feillet et à Longny, 221, 254, 255.
Fosse (la), pièce de terre au Mage, 218.
Fosse (la), fief à Boissy-Maugis, 299.
Foucaudière (la), Gde et Pte, fief à Boissy-Maugis, 299.

TABLE ONOMASTIQUE. 343

Foucault, à Moutiers, 98.
Foucault, à la Faudière, 98.
Foucault, cultivat. à l'Allemandière, 180.
Foucault, ag' n^{al} au Mage, 83, 224, 227.
Foucault, André, à Maison-Maugis, 227.
Foucault, Casimir, trésier de Fab. au M., 99, 202.
Foucault, Charles, adj^t, lab^r à la Garde (1799), 28, 268, 319.
Foucault, Charles, trésier de Fab. au M., 39, 100.
Foucault, Charles, 114, 231, 236.
Foucault, Cosme, 244.
Foucault, Etienne, à St-Jean des Murgers, 227.
Foucault, François, trésier de Fab. au M., 100, 319.
Foucault, François, 227.
Foucault, Jacques, 256.
Foucault, Jeanne, ép. d'André Guibert, 38, 120, 209, 324.
Foucault, Louis, charron, trésier de Fab. à Boissy-Maugis, 314.
Foucault, Marie-Anne, 138.
Foucault, Matry ou Mathurin, 160, 210, 223.
Foucault, Mathurin, cordonnier à Moutiers, 134, 266.
Fouchais de la Faucherie (de), Louis-François, 64, 227.
Fourtière (la), au Mage, 15, 35, 39, 129, 130, 132, 162, 164, 186, 216, 271, 280 ; — Ligne, 191 ; — Vente, 191.
Foussard et Fossard, moulin, chemin du Mage au moulin Foussard, 161, 210, 221.
Fouttier, journalier, 177.
France (Robert de), fils de Louis Le Gros, 46.
François, Gabriel-Sébastien, curé du Mage, député du clergé en 1789, curé de N.-D. d'Alençon au retour de l'exil, 30, 81, 82, 88, 96, 124, 125, 222, 228, 238, 315, 319.
Fresne (le), au Mage, 38.
Fresne (château du), près Baugé, Maine-et-Loire, 201.
Fresnaye (la), fief des Auvé, 47, 250.
Fret (abbé), hist. percheron, 50.
Frétigny, Freteine, ct^e, c^{ton} de Thyron, E.-et-L., 41, 42.
Frette (la), à St-Victor-de-Réno, résidence des Gruel, 50, 149, 257, 261 ; — Château, 51 ; — Forge, 145, 305 ; — Fonderie, 306 ; — Ligne de la F. au Mage, 191.
Freulemont, à Moutiers, 216.

Friches du Boulay, terre au Mage, 215.
Froger (d^{lle}), instrice au Mage, 126.

G

Gaco de Villepierreuse, 287.
Gadeau, Sébastien, curé assermenté et 1er maire du Mage, 28, 82.
Gadois, Germain, marteleur à la forge de Randonnai, 271.
Gaigné, fief à Boissy-Maugis, 209.
Gaillon, forge à Randonnai, 145.
Galaisière (m^{is} de la), Int^t de Lorraine, 145.
Galard (m^{is} de), Louis-Raymond-Charles, 186.
Galloys du Val, s^r de Montulé, 61, 270.
Garde (la), ferme au Mage, 15, 129, 130, 137, 158, 179, 186, 188, 209, 258, 285.
Garenne (de la), famille, 61.
Garenne (de la), Jacqueline, ép. de Galloys du Val, 61, 270 ; — Jehan, s^r de la Brière, 61 ; — Margueritte, ép. de Jehan du Grenier, 61 ; — Marie, ép. de Jacques ....., 61, 271.
Garnier, Nicolas, manœuvre, 71, 205.
Garreau, Jehan, s^r du Bois des Touches, bailli de Feillet, 69, 240.
Gastel (de), Anne, 64, 102, 250 ; — Jacqueline, 64.
Gastine (la), au Pas St-Lhomer, 64, n. 1.
Gaston de Vichères, 217.
Gaubert, avocat, 103.
Gaudin, Ambroise, s^r de la Poterie, 151 ; — Henriette-Catherine, ép. de Alexandre-Julien Clément, 53, 66, 305 ; — Armes, 150.
Gaudin, Jean ; — Robert, son fils, 326.
Goulart, Jean, serg^t de la H^{te} Justice de Tourouvre, 70, 253, 204, 205.
Gauthier, Fortuné, charron au Vieux-Moulin, 175.
Gautier, Léon, archiviste paléographe, 320.
Gautier, charron au Mage, cons^{ller} m^{al}, 172, 174, 180.
Gauvain. V. Dreux.
Gelinières. V. Vallées.
Gencay, Louise, 228.
Geneteris sollicitiis (Genestière), au Mage, 164.
Genestay ou Geneley, fief des Auvé, 47, 201, 206.
Genlis (Mme de), 117, n. 1.
Geoffrin (dame), 55, n. 1.
Geoffroy, frère de Guillaume II de Feillet, 41.

Geoffroy, journalier au Mage, 174.
Geoffroy. V. Longny et Beaumont.
Germain, Pierre, journalier à Feillet (1748), 71.
Germainville (de), greffier des domaines à Chartres, 200.
Germond, Louis, intitut^r au Mage, 126, 127, 173, 184, 187.
Gersant (s^r de), 64.
Gervais, journalier au Mage, 174.
Geslain, Louise, à Longny, 217.
Geslain, Robert, 282.
Geslain, Robin, 293.
Giffart, Guillaume, gendre de Guillaume de Foyllet, 43, 289, 326 ; — Nicolas, idem.
Gigan, vicaire du Mage, 86, 148.
Gilbert, sup^r de Port-Royal des Champs, 197.
Gillet, Philippe, dit la Vertu, 205.
Girard, vicaire à Longny, 98.
Girard, François, prop^e au Pas-St-Lhomer, 55.
Giroult, Jean, gager, 90, proc^r de la Boîte des Trépassés, 240.
Godard, Charles, m^d à Feillet, 70, 133, 134, 202, 203, 204 ; — Claude, frère de Charles et de Joseph, 137, 203, 204 ; — Denys, boulanger à Feillet, 70, 133, 144, 202, 269 ; — Geneviève, ép. de Jean Bascle, 269 ; — Jean, m^d, 70, 133, 144, 263, 269 ; — Joseph, trésorier au Mage, d^t à Feillet, 70, 100, 134, 230, 203, 204, 205, 260, bordager à Neuilly, 67, 207 ; — Michel, 133, 134.
Godefroy (de), c^{te} d'Estrades, m^{al} de France, 284.
Godefroy (de), Charles, cher de St-Louis, 227 ; — Marie-Jeanne, ép. de Alexandre Jacquet, s^r de Malétable, 64, 105, 225 ; — Pierre-Abel, lieut^t de cavalerie au rég^t de Bourbon, 225 ; — Rodolphe, s^r de la Petite-Noë, 67, 129, 130, 210, 286 ; — Famille, 64.
Goddé, Jean, aux Hayes, 38, 121, 161, 211, 271.
Goddé, Pierre, lab. au Val-Hardouin, 88, 161, 211.
Godet, Nicolas, à la Villedieu, trésorier de Fab. au Mage, 100, 124, 221, 231.
Godet, Paul (m^{gr}), év. de Chartres, 113, 154, 197, 280.
Godet, Pierre, fermier à Mesnil-Pot, trésorier de Fab. au Mage, 30, 230, 240, 323.
Gohier, Émile, curé du Mage, 86, 192.

Gohon, Barbe, à Moutiers, 133, 262.
Gohot, cons^{ler} auditeur à Rouen, 301.
Goislard (famille), 203.
Goislard, praticien, 218.
Goislard, Charlotte-Gabrielle, ép. de Michel-Louis de Suhard, 60, 68, 157, 208, 322.
Goislard, Françoise, v^{ve} Jouvin, 243.
Goislard, Toussaint, not^e à Longny, 226, 228, 240, 267.
Gombault, curé du Mage, 79.
Gondrin (Anne de), ép. de Henri II d'Albret, 51.
Gonet, Louis, cons^{ler} m^{al} au Mage, 148.
Got, vicaire du Mage, 81.
Gouaux, René, au Mesle-s.-Sarthe, 161, 225.
Goudière (ruisseau de la), au Mage, 15, 16.
Gouhier, cult. à la Cointinière, 178.
Gouhier, J., 319.
Gouhier, Maria et Marion, 38, ép. de Robin Vrau, 234, 240.
Goujet, Pierre, chanoine de l'Hôpital à Paris, 66.
Gouju, Marie, v^{ve} Authon, 39, 247.
Gouju, Marie, ép. de Victor Membray, 90, 120, 121, 217, 247.
Goulet, Florent, 281.
Goullet, c^{ne} c^{ton} d'Écouché, Orne, 60.
Goupil, Ste-Marie, propr., 191.
Gourde, fief des Auvray, 151.
Goussole, Antoine, écr, 201.
Gouverneur, ancien maire de Nogent-le-Rotrou, hist. percheron, 49.
Graffigny (Mme de), 54.
Grandmaison (s^r de), syndic, 28. V. Huet.
Grande-Pièce (la), terre à l'Ardillère, 270.
Grandmond (de), famille. V. Suhard ; — Ordre de Gr., 59.
Gravelle, Louis, s^r de la Moisière, bailli de Feillet, 60, 77, n. 1, 244, 261, 262.
Grenet, 107, n. 1.
Grenet, cult. à la Douvellerie, 176.
Grenier de Valmorin (du), famille, 60.
Grenier (du), Charles, fils de François, 60 ; — Charles, s^r de Launay, 60 ; — François, s^r de Valmorin, 60, 160 ; — Françoise, 61 ; — Jacques, s^r de l'Ardillère, 61, 63, 215, 245, 270, 271, 303 ; — Jeanne-Françoise, 61 ; — Jehan, 61 ; — Marguerite, ép. de François du Grenier, 60 ; — Marguerite, ép. de Louis Des Croix, 60, 61, 88, 93, 90, 214, 215, 219, 220, 245,

TABLE ONOMASTIQUE. 345

270, 297, 324 ; — Marie-Anne, ép. 1º de François Le Lasseur du Lomboz 61, 93; 2º de François de Fouchais, sr de la Faucherie, 159, 224, 226, 235, 249, 303 ; — Robert, sr de Boiscorde, 297 ; — Tanneguy, sr de Boiscorde, 59.

Grenier (le), terre à Chemilly, 60, n. 2.

Grenier, Christophe, 221.
Grenier, Gilles, md à Mahéru, 271.
Groignaux (de), ép. 1º de Jacques du Grenier, 61, 245 ; 2º du sr de Lomboz, 303.

Grosset, Pierre, procr à Longny, 171.
Gruel (de), famille, 37, 49, 113 ; — Armes, 149.
Gruel (de), Abel, sgr de Feillet, 50, 52 ; — Alexandre, sgr de Feillet, 50, 321 ; — Claude, sgr de Feillet et la Frette, 61, 158, 257, 261, 276, 321 ; — Guillaume, 49 ; — Jacques, fils de René Ier, 51 ; Jean-Baptiste, gouverneur de Chartres, 321 ; — Louis-René-Henri, sgr de Feillet, s. diacre, abbé de la Frette, trésorier de Fab. au Mage, 51, 65, 122, 155, 274, 275 ; — Margueritte-Anne-Louise, ép. de Jehan de la Garenne, 61 ; — Marie, fille de René I, 61 ; — Pierre, mis de la Frette, 50, 51, 261, 276, 321 ; — René I, sgr de Feillet, cte de Lonzac, 50, 52, 148, 258, 260, 276, 280, 282, 283, 285, 290, 321 ; — René II, sgr de Feillet, 51, 52, 77, 150 ; — Renée-Antoinette, vicsse de Riberac, dame de Feillet, 51, 52, 53 64, 78, 90, 113, 154, 276, 277, 280, 281, 282, 304.

Guénégaud (de), Margueritte, ép. de Phébus d'Albret, 51, 321.
Guérin, maire (1803), 28.
Guérin, journalier à la Haie-Quartier, 178.
Guérin, journalier au Vieux-Moulin, 175.
Guérin (dlle), institutrice au Mage, 120.
Guérin (les), au Mage, 246.
Guérin, Claude, sacristain, 71, 138, 236, 237, 238 ; — Claude, sr des Marais, 64, 220, 246, 302 ; — François, syndic du Mage, 28, 230, 231, 232, 321 ; — François, md à l'Ardillère, 70, 93, 159, 220, 272 ; — François, sr de St-Paul, 64, 250, 322 ; — François, trésorier de Fabrique au Mage, 253, 323 ; — Georges, md au Mage, sacristain, 71, 133, 202, 275 ; —

Georges, ntre à Rémalard, 223 ; — Guillaume, fils de Jehan, 71, 144, 214 ; — Jacqueline, ép. de Pierre Adam, 39, 246, 302 ; — Jean, sr de la Vallée, procr fal à Feillet, 64, 69, 229 ; — Jean, curé de Moutiers, 304 ; — Jean, consller mal au Mage (1789), 319 ; — Jean, consller mal au Mage (1852), 148 ; — Jeanne, ép. de Toussaint Chauvin, 247 ; — Jehan, domestique, trésorier de la Boîte des Trépassés au Mage, 144, 202, 214 ; — Louis, maire du Mage, 28 ; — Louis, meunier à la Forge, trésorier de Fabr. au Mage, 70, 100, 123, 145, 238 ; — Louis, sr de la Brière, 64, 229, 246, 275, 302, 303 ; — Nicolas, 302 ; — Pierre, 247 ; — René, sr de Mesraimbert, trésorier de Fab. au Mage, 64, 70, 70, 122, 144, 162, 203, 220, 229, 250 ; — René, fils de Georges, md au Mage, 203, 275.

Guérin de Salles, Jehan, curé du Mage, 76, 87, 90, 152, 205.
Guerinot, François, sergt à Feillet et Rémalard, 70, 254.
Guerottière (Gde et Pte), au Mage, 15, 69, 159, 173, 177, 186, 201, 210, 215, 219, 272 ; — Croix de la G., 199.
Guillard, Louis (Msr), év. de Chartres, 121.
Guillard, plle à Chartres, 96, 311.
Guillaume, év. de Châlons, 41.
Guillaume de Illes, 287.
Guillemette. V. Vendôme.
Guillemin, Bastien, 38, 222.
Guillemin, René, huissier à Feillet, 68, 69, 71, 248, 249, 250, 251.
Guillin, Ernestine, rentière au Mage, 174.
Guinchard, tabellion à Rémalard, 216 ; — à Longny, 217, 263, 264, 281.
Guy, Charles, sergt royal à Feillet, 69, 246, 247.
Guy. V. Vaupilon.
Guyard, Margueritte, ép. de Jacques de Suhard, 59.
Guyenne. V. Faudoas.

H

Haie, Damianne, ép. de Antoine Bourgouin, 161, 271.
Haies (des), Guillaume, 289.
Hallais, Jean, curé de Malétable, 80.
Halley, astronome, 78, n. 1.
Hamel (du), Margueritte-Nicole, 215, 216.

3e Série, V   24

Hamel (M' du), 215.
Hantonnière (la), fief de François de Crochet, 240.
Harvise. V. Montmorency.
Haton de la Goupillère, ingénieur, 191.
Haudebou, moulin rel¹ de Feillet, 291.
Hautbout, Françoise, 56.
Haut-Désiré, à Bizou, fief de Claude de Blanchoin, 313.
Hautepestre (la), fief de Ambroise J. Clément, 313.
Haut-Voré. V. Voré.
Havard, ag¹-voyer à Longny, 35
Hayes (les), herbage au Mage, 270.
Hayes, cons¹ʳ m^{al} au Mage, 172, 173, 184, 185, 186.
Hayes (des), Estienne, fils de Jacques, 207; — Jacques, 297.
Hayes (Louis), maréchal à Moutiers, 271.
Hayes-Quartier, au Mage, 15, 30, 161, 178, 227, 250.
Helière (la) et Hellière, au Mage, 15, 61, 64, 93, 161, 170, 225, 245, 298, 303, 314.
Helvétius. Claude, sgʳ de Rémalard, Voré, Feillet, Blandé, Brigemont, Valley, les Touches, la Mansonnière, Lumigny, 17, 37, 54, 113, 129, 130, 131, 145, 148, 264, 265, 275, 277, 283, 285, 286, 314, 317; — Geneviève-Adélaïde, fille de Claude, ép. de Henri, c¹ᵉ d'Andlau, 56, 96, 221, 277; — Henriette, fille de Claude, 56; — Jean-Adrien, père de Claude, 54.
Hennebont, ch.-l. c^{ton}, arr. de Lorient, Morbihan, 326.
Henri III et VI. V. Angleterre.
Henri, cult. à Fossail, 180.
Héraud, Antoine, sʳ de Marigny, 68.
Héraud, Pierre, sʳ de Marigny, n^{tre} au Mage, 68, 130, 224, 229, 286; à Rémalard, 281.
Hérault, Jeanne, fᵉ de Mathurin Foucault, 266.
Herbage-Béard, métairie au Mage, 15, 130, 178, 191.
Herbage-aux-Bœufs, terre au Mage, 270.
Hérard. V. Villiers.
Héron, Inst¹ au Mage, 126.
Hervieu, Julien, sculpteur, 137, 148.
Hervieu, prieur, curé de Monceaux, 80.
Hesdin-Foucault, pièce de terre au Mage, 262.
Hesnard, curé de la Madeleine-Bouvet, 80.

Heurtaumont (de), sʳ et dame, 92.
Heurtebise, Jean, 217.
Hodierne, ép. de Hugues de Feillet, 105, n. 1, 321.
Hôtel-aux-Agneaux, au Mage, 15, 173, 177, 186.
Hôtel-Marchand, au Mage, 15.
Hôtel-Morice, au Mage, 15, 177.
Houdebouch (fief de), 297.
Houssaye (de la), Benjamin-Nicolas, sʳ de Monteau et Dame-Marie, 227, 205.
Houssayes (vente des), 191.
Huberson, François, 230
Hubert, René, vicaire du Mage, 80, 80, 237, 264.
Huet, sʳ de la Ferté-Bernard, 288.
Huet de Grandmaison, de la Boullaie, de la Faudière, famille, 37, 67, 92, 102, 226.
Huet, Catherine, 271.
Huet, Charles, sʳ de Grandmaison, aide-fourrier de la duchesse d'Orléans, trésorier de Fab. au M., 59, 92, 99, 204, 219, 220, 224, 229, 247, 298, 303, 321; — Charles II, sʳ de Grandmaison, syndic du Mage, officier de la duchesse d'Orléans, 67, 101, 102 105, 305, 322; — Charles, sʳ de la Boullaie, 68, 71, 249, 251, 323; — Charlotte, ép. de Michel de Suhard, 59, 67, 134, 161, 225, 283, 284, 322; — Claude, tabellion à Feillet, 67, 222, 258; — Claude, sʳ de la Faudière et de la Boullaie, trésorʳ de F. au M., 67, 68, 96, 203, 204, 220, 229, 246, 249, 303, 323; — Emery, sʳ de la Boullaie, 67, 203, 224; — Emery, frère de Charles de la Boullaie, 68, 249, 322; — Etienne, sʳ de la Boullaie, chirurgien à Nantes, 67, 92, 96, 112, 114, 203, 204, 220, 229, 249, 259; — Etienne, offier de la Dauphine, sʳ de la Hélière, 215, 208, 322; — Etienne, m^d à Longny, 253; — François, sʳ de la Boullaie, 230; — François, m^d à Longny, 253; — François, fils d'Emery, sʳ de Grandmaison, 203; — Gaston, sʳ de Grandmaison et de la Hélière, 67, 96, 161, 168, 225, 283, 322; — Jean, sʳ de la Garenne, procʳ fis^{al} à Feillet, 67, 117, 233, 298, 322; — Jean, sʳ de la Boullaie, m^d à Longny et à Chartres, 68, 94, 98, 255; — Jean, sʳ de la Pommeraye, 285; — Jean, p^{tre}, curé de la Chapelle-Montligeon, 274; — Jean-Bapt.-Gaston officier de la Dauphine, résid¹ à Moutiers,

305 ; — Judith, ép de Rodolphe de Godefroy, fille de Charles I, 67, 322 ; — Madeleine de la Boullaie, ép. de Charles Chappe, 68 ;— Marie, sœur de Catherine, 271 ; — Michel, curé du Mage, 78, 79, 96, 165, 220, 224, 235, 260, 304 ; — Nicolas, m^d à Tourouvre, 68, 230, 253, 254.
Hugo, Victor, poëte, VII.
Hugues et Hugo. V. Feillet et Beauvoir.
Huisne, Huigne, rivière, 17, 207.
Hureau, Louis, fils de Loys, 214 ; — Loys, tabellion à Feillet et à Rémalard, 69, 202, 203, 212, 218, 219, 223.

I

Igé, c^ne, c^ton de Bellême, Orne, 49.
Innocent III, pape, 164, n. 1.
Ircy (St-Pierre d'), p^sse, c^ton de Laigle, Orne, 211.
Isle (de l'), Baltazar, manœuvre, 70, 88, 96, 146, 162, 213, 250.
Italie (campagne d'), 57.

J

Jacquet, Robert-Alexandre, s^r de Malétable, receveur à Bellême, 64, 105, 225, 259, 262, 266.
Jaille (Mme de la), 304.
Jehanne, ép. de Jehan Flemenche, 239.
Jençay, alias Gençay, famille, 247.
Jençay, Eloi, 247, 248, 253.
Jérusalem, Hospitaliers de J. ou Confrérie de St Jehan de J., 162, 163, 206 ; — Religieux de J., 288.
Joannet, Emery, trés^ier de Fab. au Mage, 100, 228 ; m^d à Longny, 105, 255, 247, 248.
Joannet, Pierre, trés^ier de Fab. au Mage, lab^r, 100, 130, 226, 228, 286, 319.
Johannet, Claude, à la Pannetière, 162.
Johannet, Marie, f^e Goddé, 96, 162, 216, 227, 245, 246, 250.
Johannet, f^e Bouvet, 251.
Josset, Armandine, prop^re au Mage, 174.
Jouin, Louis, curé de Neuilly-s.-Eure, 70.
Jourdan, m^d d'ornements à Chartres, 238.
Jouvet, n^tre à Bretoncelles, 80.
Jouvin, cult. à la Ferrette, 177.
Jouvin, prop^re au Mage, 174.
Jouvin, Pierre, 263.
Jouvin, René, au Mage, 98.
Jouvin, Sébastien, prop^re à Marimbert, 176.

Jouy (de), Louis-François, jurisconsulte, 113.
Joyeuse (Loyse de), v^ve de Loys de Bourbon, 47.
Julien, cult. à la Cointinière, 178.
Jusseaume, René, curé du Mage, 61, 65, 77, 78, 87, 132. 156, 216, 229, 235, 244, 246, 257, 258, 259, 270, 274, 280, 303, 307, 323.

K

Kabylie (campagne de), 57.

L

Lacroix, couvreur à Mortagne, 237.
Laigneau, tabellion à Rémalard, 222, 223.
Laigneau, Elisabeth, ép. de Pierre Arnoulin, à l'Ardillère, 39, 159, 251.
Laigneau, Nicolas, serg^t roy^al à Feillet, trés^ier de Fab. au Mage, 69, 92, 220, 224, 248, 249.
Laigneau, Robert, tabellion à Feillet, 69 ; av^t à Feillet, 159, 218.
Lainé, Guillaume, prieur de Mondoville, 297, 325.
Laizé (ruisseau), au Mage, 163.
Lalizet, curé de Tourouvre, 80.
Lallemant (Louis-François), cher, c^te de Levignen, Int^t de Justice, Police et Finance de la Généralité d'Alençon, 55, not., 233.
Lambert, François, apothicaire à Nogent-le-R., 298.
Lamblin, margl^ier au Mage, 85, 98.
Lamblin, cult. à la Haie-Quartier, 178.
Lamblore, c^ne, c^ton de la Ferté-Vidame, E.-et-Loir ; — Godefroy de L., 325.
Lancelin, au Tertre-Bouthier, cult., 180.
Landais, vicaire du Mage, 86, 125.
Lande-s.-Eure (la), c^ne, c^ton de Longny, Orne, 15, 24, 25, 32, 80, 211, 213, 306. 307, 310, 311 ; — Guillaume de la L., 326.
Landes (les), bordage au Mage, 130, 158, 286 ; — *Petites-Landes*, 15, 38, 202 ; — Les L., pré à la Guéroitière, 201, 251 ; — Pièce de terre à l'Ardillère, 270.
Landois, François, vicaire du Mage, 86, 216.
Langan de Boisfevrier (de), Gabriel, 52.
Langlois, journalier au H^t-Chêne, 175.
La Rue, Louis, archidiacre de Dreux, docteur en Sorbonne, 51, 274.

Lasseur de Lomboz (le), Anthoine, s^r du « Lombot », 303 ; — François, 61, 63, 224, 229.
Launay, à Rémalard, 60.
Launay (de), Margueritte, fille de Pierre, 215 ; — Pierre, m^{tre} chirurgien, 215, 216.
Launay, journalier à St-Thomas, 179.
Lavardin, c^{ne}, c^{ton} de Montoire, Loir-et-Cher, 47, 281, 295.
Laverdy, m^{tre} av^t, 103.
Lavesnier, Loup, 130, 280.
Lavie, François, au Mage, 98.
La Vie, Françoise, ép. de François de Samay, 282.
Lavie, Frédéric, trés^{ier} de Fab. au M., 101.
Lean, François, trés^{ier} de Fab. au M., 99, 229.
Lebailly, vicaire du Mage, 81, 237.
Lebel, prof. de rhétorique au Séminaire de Nogent-le-R., 157.
Lebouc, Etienne, trés^{ier} de Fab. au M., 100, 231, 237.
Lebouc, Germain, à la Hillière, 39.
Le Bouvier, p^{tre}, résid^t au Mage, 86, 213.
Le Chandelier, greffier, 300.
Le Chapelain, curé de la Ventrouze, 104, 306, 307, 310, 311.
Le Choisne, Jacques, curé de Brotz, 104, 306, 307, 310, 311.
Leclerc, curé de la Cambe, député en 1789, 81.
Le Comte, Barthélemy, s^r des Landes, 50, not. 1, 158.
Lecomte, curé de Dorceau, 80.
Lecomte, régisseur à Voré, 170, 180.
Le Court, Robert, garde des sceaux à Mortagne, 43, 289.
Lecouturier, avoué à Argentan, 186.
Le Febure, Jeanne, religieuse Clarisse à Mortagne, 269.
Le Febure, Rigobert, proc^r à la Cour de Paris, 104.
Lefebvre, Zoé, ép. de Ch.-François Chaucheprat, 148.
Le Fèvre, proc^r, 310.
Lefèvre, architecte à Paris, 126.
Lefèvre (v^{ve} d'un professeur du Conservatoire de musique), 186.
Le Fleuriel, curé de Marchainville, 104, 107, 306, 307, 310.
Lefort, journalier à la Douvellerie, 175.
Lefort, cantonnier à Volizé, 176.
Le Fournier, Regnault, 326.
Legendre de Boiscompteux, Alexandre, off^{er}, 62 ; — Marie-Charles, ép. de J.-B.-Michel de Beausse, 62 ; — de Chavannes, Charles-Augustin, garde royal, 62.

Legout, journalier au H^t-Chêne, 175.
Legrand, journalier au Vieux-Moulin, 175.
Legrand, bûcheron à l'Hôtel-aux-Agneaux, 177.
Le Hault, Jean, 239.
Le Hérier, Margueritte, ép. 1° de Robert Laigneau, 2° de François Villette, 88, 96, 159, 215, 227, 245, 248.
Lejeune, Guillaume, maréchal à Feillet, 70, 137, 143, 261.
Lejeune, Jacques, trés^{ier} de Fab. au M., 100, 161, 226, 228, 237.
Lejeune, Michel, trés^{ier} de Fab. au M., 61, 97, 98, 100, 114, 226, 228, 231, 254, 255, 319.
Lejeune, Pierre, 226.
Lelarge, vicaire de Digny, 80.
Lelarge, cult. à Montégu, 178.
Lelarge, François, trés^{ier} de Fab. au M. (1857), 101.
Lelarge, François, domestique, 91, not. 1, 117, 138.
Lelarge, Jean, manœuvre aux Cointinières, 70, 96, 146, 161, 210.
Lelarge, Jehan, c du Mage, 30, 47, 152, 256, 321.
Lelarge, Pierre, s^r des Vauxgoins, cons^{ller} du duc de Vendôme, bailli de Feillet, 68, 69, 92, 220, 224, 248, 249 ; — Juge de la baronnie de Longny, vicomte de Rémalard, 305.
Lemaire, André, 307.
Le Mée, Etienne-Vincent, cons^{ller} au P^{ent} de Paris, sg^r de Feillet, 52, 120, 153, 276, 277.
Le Mesnager, Pierre, fondeur à Longny, 306.
Le Moyne (m^{tre}), 107.
Lens (de), Henriette-Catherine, ép. de Ambroise Gaudin, 151.
Le Pesant, Adrien, curé de la Lande, 80, 114, 306, 307, 310, 311.
Le Riche, Gilles, vic. au Mage, 304.
Le Richer, 86.
Leroux, Gilles, m^d à Longny, 217.
Leroux, Joseph, curé du Mage, 86, 149, 151, 173, 192, 193.
Leroux, Louis, m^d à Longny, 217.
Leroux, Margueritte, 261.
Leroux, Michel, notre à Mortagne, 282.
Leroux, Pierre, s^r de Marigny, 68, 94, 305, 323.
Leroux, Salomé, ép. de Denys Godard, 202.
Le Roy, député de Mortagne en 1789, 316, not. 1.
Le Roy, Gieffroy, baillif de Montfort, 289.

Le Roy, Henri, prieur curé de Longny, 78, 216.
Le Roy, Jacques, s⁺ du Maupas, bailli de Feillet, 69, 250, 251, 252.
Leroy, marguillier au Mage, 85.
Leroy, Margueritte, prop^tre au Noyer, 176.
Le Roy, Nicolas, s^r de Loisonnière, bailli de Longni, 245.
Leroy, Rosalie, cult. au Noyer, 176.
Le Saulnier, huissier à Rouen, 166, 299, 300, 301.
Lescot, Jacques, év. de Chartres, 149, 280.
Letacq (abbé), naturaliste, aumônier des P^tes S^rs des Pauvres à Alençon, secrétaire de la Société historique de l'Orne, 170, 171.
Letellier, Jeanne, ép. de Germain Leboue, 30.
Le Vaillant, Jehan, s^r des Landes, proc^r à Rémalard, 158, 202, 209, 210, 222, 223.
Levêque, journalier au H^t-Chêne, 175.
Levesque, prieur curé de Longny, 79.
Levrauderie (la), au Mage, 15, 160, 208, 218.
L'Hermier, Jacques, bailli de Rémalard, 201.
Lheureux, Michel, 262.
Lhôme-Chamondot, c^ne, c^ton de Longny, 80.
L'Huillier, Jean, proc^r à Rémalard, 201.
Ligniville (de), Anne-Catherine, ép. de Claude Helvétius, 54, 56, 134; — Famille, 54, not. 4.
Limoges; — Marie de L., ép. de Artus II.
Linandière (la), 43, 289.
Lizet, Jehan, huissier à Feillet, 69, 212, 224.
Lisieux (route de), à Chartres, 200.
Loche, Louis, trés^ier de Fab. au M., 94, 99, 235.
Loffrodus du Dun, 287.
Loge (la), au Mage, 15, 179; — Les G^des-*Loges*, 15, 160.
Loisé, p^sse de la ville de Mortagne, Orne; — Charité de L., 52.
Loiseleur, s^r des Augeretz, proc^r fiscal, tabellion à Moutiers, 201, 240.
Loisonnière..., 245.
Longny, ch.-l. de c^ton, Orne, 14, 16, 19; — Charité, 52, 78; — Conférence, 22; — Hôtel-Dieu, 123, 232; — Foires, 144; — Gendarmerie, 31; — Doyenné, 23; — Bureau de poste, 32, 37; — Eglise, 207, 208; — N.-D. de Pitié, 213; — Halles, 230; — Seigneurie, 232; — Baronie, 53; — Fabrique, archives, 296; — Rue de la Chaussée, de la Mâté, 253; — Ruisseau de L. au Mage, 101; — Forge, 305. V. Beaumont; — Route de L. au Mage, 316; — Geoffroy de L., 287; — Nicolas, sire de L., 45, not. 2.
Longuereau, n^tre à Chartres, 281, 282.
Longvilliers pour *Nonvilliers*, c^ne, c^ton de Thyron, E.-et-Loir, 326.
Lonné, château à Igé, 49.
Lonzac, 50, 51, 52, 251, 257, 258, 259; — Ligne de L. 101.
Lorieux, François, 39, 138, 273.
Lormeau, au Boulai, 177.
Lormier, Françoise, ép. de Jean Blanche, 272.
Lortie, Claude, 114, 231, 234.
Loubert (de), Antoinette, c^tesse de Francheu, 96; — De Martainville, Marie-Charlotte-Antoinette, ép. de Alexandre Legendre de Chavannes, 62; — Marie-Charlotte, ép. de J.-B. de Beausse, 62; — Robert, s^r de Martainville et Perçay, 62.
Louis le Gros, roi de France, 46, not. 4.
Louis XIII, r. de France, 134.
Louis XIV, r. de France, 134, 151.
Louis XV, 306.
Louis-Philippe, r. de France (règne de), 74.
Loupe (la), ch.-l. c^ton, E.-et-Loir (tramway de la L. à Mortagne), 200.
Loustanneau, Nicole-Elisabeth, ép. de Jacquet, s^r de Malétable, 207.
Louveau, cult. au H^t-Voré, 170.
Luctière, château à Moulicent, 64, 210.
Lucrière (la), métairie, 43, 200.
Luigny, c^ne, c^ton d'Authon, E.-et-Loir, 93, 227.
Lumigny, fief d'Helvétius, c^ne, c^ton de Rozai-en-Brie, arr^t de Coulommiers; Seine-et-Marne, 264.
Lunas, ch.-l. c^ton, arr. Lodève, Hérault, 322.
Luneau, vicaire au Mage, 80, 237, 238.
Lunois, s^r du Perche et du Coudrai; — Famille, 55, 146.
Lunois, Alexandre, 66; — Alexandre-Joseph, artiste peintre à Paris, 65; — Alexandre-Michel, avocat à Nogent-le-R., 66, 133, 266; — Anne-Perrinne, v^ve Rousseville, m^de à Longny, 66, 267; — François, 225; — Louis, 310; — Margue-

ritte-Perrinne, 66, 266 ; — Marin, 65, 257 ; — Michel-Pierre, cons^{ller} du Roy, receveur des Gabelles à Nogent-le-R., 66, 226, 263. 266, 267, 268 ; — Pierre, s^r du Perche, n^{tre} et proc^r fiscal à Feillet, trés^{ier} de Fab., homme d'affaires d'Antoinette de Gruel, 66, 92, 100, 101, 102, 105, 205, 217, 220, 224, 229, 230, 235, 248, 249, 263, 272, 281 ; — Pierre, bourgeois de Chartres, 60, 66, 157 ; — Renée, tante d'Alexandre Michel, 133, 266 ; — René-Pierre, s^r du Coudray, greffier à Feillet et à Longny, 66, 98, 230, 264.

Lussault (de et du), cap^{ne} à Rémalard, 47.

M

Macé Le......, fermier à Lucrière, 43, 200.

Mac-Mahon (m^{al} de), 57.

Madelaine, prop^{tre} à Volizé, cons^{ller} m^{al} au M. (1901), 172, 176, 184.

Madelaine, Albert, cult. à l'Ardillère, 177.

Madelaine, Charles, cons^{ller} m^{al} au M. (1852). 148.

Madelaine, Françoise, prop^{tre} au Boulai, 177.

Madelaine, Jérôme, maçon au H^t-Chêne, 175.

Madelaine, Louis, 307.

Madeleine, Louis, au Mage, 82.

Madeleine et Magdeleine-Bouvet, c^{ne}, c^{ton} de Rémalard, 35, 80, 118, 228.

Magdelaine, Pierre, vicaire du Mage, 303.

Mage (le), c^{ne}, c^{ton} de Longny ; — *Mag, Magium, Mègium* (le Mège), *Mèga, Maiagium, Manasgium*, 12, 13 et suivantes ; — Bourg du M., 183 ; — St-Germain du M., 200, 230, 306, 307 ; — Moulin du M., 10, 38, 131, 158, 202, 256, 285 (actuellement le Vieux-Moulin) ; — Chemin du M. au Moulin Fossard, 210 ; — Id. au Pont-Riboust, 150, 259 ; — Id. à Volizé, 150 ; — Id. à Bizou, 257, 259, 268 ; — Id. à Maison-Maugis, 160 ; — St Germain de Paris patron du M., 324.

Magni, ch.-l. c^{ton}, arr^t de Mantes, Seine-et-Oise ; — Cimetière de M., 197.

Mahaut ou Matille. V. Feillet.

Mahéru, c^{ne}, c^{ton} de Moulins-la-Marche, 271.

Maheu, menuisier au Mage, 174.

Maheu, Louise, journalière à la Douvellerie, 175.

Maignan, Claude, curé de Moulicent, 303.

Maillard, au M. (1789), 310.

Maillard, Etienne, trs^{ier} de Fab. au M. (1612), 202, 323.

Maine (Gouv^{ent} g^{al} du), 30, 43, 200 ; — Province, 280

Maisoncelles, à Boissy-Maugis, 200, 304.

Maison-Maugis, c^{ne}, c^{ton} de Rémalard ; — Moulin de M.-Maugis. *Mosagium Molendinum*, 41, 160, 246 ; — Sgr de M.-Maugis, 298.

Maladrerie, au Mage (champ de la), 122, 258, 272, 275.

Malétable, c^{ne}, c^{ton} de Longny, 80, 207.

Maleti Coqui Guillelmi (Guillaume Malet, servant de Nogent), 24.

Malherbe (de), Jean-Antoine, abbé de Tyron, 131, 286.

Malnou (s^r de), vicaire au Mage, 234.

Mambray, tabellion à Longny, 262.

Manier, Alexandre, m^d à Courdevèque, 271, 272.

Manou, c^{ne}, c^{ton} de la Loupe, E. et-Loir, 40, 323 ; — Guillaume de Feillet, s^r de Manou, 40, 325 ; — Jean, son fils, 325 ; — Simon de Menou, 325.

Manreau, à Longny, 224.

Manreau, François, offi^{er} au grenier à sel de Rémalard et Mortagne, 70, 224.

Mansonnière (la), à Bellou-s.-Huisne, fief d'Helvétius, 264.

Mantes-s. Seine (Seine-et-Oise), 63.

Manuel (d^{lle}), 215.

Maqueline, fief de Lallemant de Levignen, 233.

Marais, herbage à Feillet, 266.

Marchainville, c^{ne}, c^{ton} de Longny, 104, 138, 306, 307, 310, 311.

Marchand, éditeur à Blois, 12.

Marchand, garde à Feillet, 178.

Marchand, cult. au bourg, 174.

Marchand, Joseph, curé assermenté du Mage, 83 ; de Bretoncelles, 323.

Marcore (de), Pierre, 287.

Marcy, Jules, trés^{ier} de Fab. au M., cult. à la Loge, 101, 170.

Marcy, Victorien, à l'Ardillère, 172, 177.

Mare (la), pièce de terre à l'Ardillère, 270.

Mareau, Jean, 252.

Mareau, Marie-Françoise, f^o Mirbeau, 252.

Maréchal, cult., 173.

Maréchal, Louis-Michel-René, journalier à Feillet, 263, 267, 268.

Maréchal, Pierre (v°), 268.
Marennes, fief d'Henri II d'Albret, 51, ch.-l. arr¹, Charente-Inf
Marescot, prtre, 224.
Marguerie (de), Françoise, ép. de Tanneguy du Grenier, 50.
Marie. V. Limoges et Oranges.
Marmoutiers, cⁿᵉ de St-Radegonde, cᵗᵒⁿ de Tours, Indre et-Loire, 325 ;
— Cartulaire de M., 24, 41. 42.
Marolles, fief de Gilles Auvé, 47, 250 ;
— Probablement Marolles-les-Braux (Sarthe).
Marolles, Marie, ép. de Jean Heurtebise, 88, 212.
Marre-du-Louis (vente de la), au Mage, 101.
Marron (sgʳ de), 295.
Mars (Noël), bénédictin, 12.
Martainville, cⁿᵉ, cᵗᵒⁿ de Beuzeville, Eure, 62. V. Loubert.
Martigné-Ferchaud, cⁿᵉ cᵗᵒⁿ de Retiers, arr. de Vitré, Ille-et-Villaine.
Martin, journalier au Ht-Chêne, 175.
Mas-Latrie (cᵗᵉ de), archiviste paléographe, 45.
Massard, Jacqueline, ép. de Nicolas Huet, 253, 254.
Massot, Pierre, curé de Boissy-Maugis, 304, 305.
Mattancourt (de), archidiacre de Dreux, 235.
Magastel ou Montgastrau, château féodal à Ceton ; — Simon de M., écr, 43, 200.
Mauger, Emilie, cult. au Boulay, 177.
Maurepas (Milon de), 325.
Mauves, cⁿᵉ, cᵗᵒⁿ de Mortagne, 49.
Mazarin (cardinal), 51.
Meaucé, cⁿᵉ, cᵗᵒⁿ de la Loupe, E.-et-Loir, 64, n. 1.
Médoc (régiment de), 62.
Melin, nᵗʳᵉ à Paris, 53, 277.
Mellay (de), Nivelles, 287 ; cⁿᵉ de Viabon, E.-et-Loir.
Membré et Maimbray, Victor, 30, 217, 247.
Menager, Louis, menuisier, 237.
Mers-Loir, ch.-l. cᵗᵒⁿ, arrᵗ de Blois, Loir-et-Cher, 260.
Mercier, cult. au Mage, 174.
Mercier, curé de Boissy-Maugis, 80.
Mercier, vicaire gᵃˡ d'Auxerre, 80 ;
— Alexandre-Charles, ex-officier, 80 ; — Charles-Alexandre, curé du Mage, 80, 90, 221, 230, 231 ;
— Marie-Jeanne-Charlotte, 81.
Merry, cⁿᵉ, cᵗᵒⁿ de Trun, Orne, 60
Meslay, Maine-et-Loir, 326.
Mesle-s.-Sarthe, ch.-l. cᵗᵒⁿ, Orne, 161.

Mesleray, moulin à Boissy-Maugis, 131, 281, 282, 283, 299.
Mesnil (le), au Mage. 16, 178.
Mesnil (le), à Boissy Maugis, 282, 299.
Mesnil-Chevreuil (le), terre à Boissy, 45. V. Chevreuil, 45
Mesnil-Durand, cⁿᵉ, cᵗᵒⁿ de Livarot, Calvados, 81.
Mesnil-Pot (le), au Mage, fief relt de Feillet, 16, 38, 39, 48, 159, 165, 178, 188, 225, 240, 249, 298, 327.
Mesnil-Ste-Croix, pˢˢᵉ réunie à Survie, cᵗᵒⁿ d'Exmes, Orne.
Mesnus (les), cⁿᵉ, cᵗᵒⁿ de Longny, Orne, 107, 242.
Mesraimbert et Marimbert, au Mage, 15, 16, 159, 162, 176.
Metton, Pierre, à Laigle, 98.
Meunier, proptʳᵉ à la Couplerie, 177.
Mexique (expédition du), 57.
Michau de Montblin (Albertine), ép. d'Armand-Gustave d'Orglandes, 58.
Michel (St), ingénieur géographe, 82.
Michel, fondeur de cloches, 237.
Michelet et Michellet, Françoise, vᵛᵉ de Jacques Brissard, 298.
Mignon St-André des Arcs. V. Paris.
Migraine, Françoise, ép. de Georges Philippe, 264.
Migraine, Jean, au Mage, 39, 212.
Migraine, Pierre, 307.
Miles d'Illiers, év. de Chartres, 125.
Millet, journalier au Ht-Chêne, 175.
Millet, cult., aux Chaintres, 170.
Millet, Marie, journalière au M., 174.
Milly, ch.-l. de cᵗᵒⁿ, arr. d'Etampes, Seine et Oise, (château de), 325.
Minières (bois des), à Rémalard, 134, 284.
Miocent et Miossens, baronie d'Henri II d'Albret, 51.
Mirbeau, Jacques, mᵈ, 252.
Mirbeau, Lejeune, à Moutiers, 117.
Molière (la), au Mage, 16, 24, 159, 161.
Mombrond (de), François, vᵗᵉ d'Aunay, 200, 201.
Monceaux, cⁿᵉ, cᵗᵒⁿ de Longny, 51, 52, 225 ; — Perception de M., 29, 80 ; — Chemin de M. à Rémalard, 314.
Montagriet, fief d'Antoine d'Aydie, 52, 150, 260 ; ch.-l. cᵗᵒⁿ, arrᵗ Riberac, Dordogne.
Montaigu, résidence des Suhard, au Mage, 10, 37, 60, 132, 166, 173, 178, 186, 298 ; — Chemin de M. à Rémalard, 118, 283
Montaigu, Gabriel, maire du Mage, 28.

Mont-Arou (N.-D. de), église p[iale] de Moutiers, dédiée à la Ste Vierge et construite sur le versant sud du Mont-Arou, 206.
Monteau, p[sse] de Dame-Marie.
Montégu, syndic au Mage, 319, 321; — Eure, 227, 265.
Montfaucon, en Anjou, ch.-l. c[ton], arr[t] de Cholet, Maine-et-Loire, 289.
Montfort (de), Eléonore, ép. de Jean V de Montoire, fille de Philippe de M., 45; — Robert de M., 287.
Montgommery (comté de), c[ne], c[ton] de Lisieux, Calvados, 53, 151.
Monthulé, fief de Galloys du Val, 61, 290.
Monthulé, cons[ller] g[al] de Longny, 172.
Monthulé, cantonnier au Mage, 174.
Montigny (le Chartif), c[ne], c[ton] de Thyron, E.-et-Loir, 289, 326.
Montmartel (de), Paris, banquier du roi, 92.
Montmorency, ch.-l. c[ton], Seine-et-Oise; — Harvise de M., ép. de Jacques de Châteaugonthier; — Mathieu, connétable de M., 44.
Montoire, ch.-l. c[ton], Loir-et-Cher; — Châtellenie, 200; — Jean de Montoire, c[te] de Vendôme, 43; — Jean V de M., 45.
Montpellier, ch.-l. dép[t] Hérault, 322.
Montsoreau, comté rel[t] de Jean du Boucher, 49.
Montulé (moulin de), 105, n. 1.
Morand, Robert, vitrier à Longny, 146.
Morandière (la), à Boissy-Maugis, 211.
Moreau, Guillaume, à Bizou, 131, 286.
Moreri, historien, 325.
Morice (dom), bénédictin historien, 289.
Mortagne, ch.-l. arrond[t], Orne, 27; — Bailliage, 25, 300; — Election, 29, 34, 37; — Châtellenie, 43; — District, 82; — Siège royal, 107; — Ville et château, 254; — S.-Préfecture, 314; — S.-Inspection, 172; — N[tre]-D[me] de Mortagne, 68; — Ste-Claire, 260; — P[sse] St-Jean, 230; — Toussaint (chapitre de), 45; — Collégiale de T., 69, 222, 282, 298, 314; — Chanoines de T., 289; — Hypothèques de M., 94, 255.
Mortagne, en Vendée, 290; — *Mortagne-s.-Sèvre*, ch.-l. c[t] n, arr[t] la Roche-s.-Yon.

Mortfontaine, fief de la famille Auvray, 50.
Mortout, château à Mauves, 49.
Mothe (Conrard de la), 287.
Motte (la), fief de Jean de Barville, à Bellou-s.-Huisne, 297.
Motte-Rouge (la), haut-fourneau à Normandel, canton de Tourouvre, Orne, 145.
Motte-d'Yversay, châtellenie à Lhôme-Chamondot, c[ton] de Longny, 253.
Moucheron (de), à Longny, 172.
Mouchetière (la) et Moussetière, à Boissy-Maugis, 209.
Moulhard, c[ne], c[ton] de Brou, E.-et-Loir, 227.
Moulicent, c[ne], c[ton] de Longny, 52, 62, 80, 213.
Moulière (la), pièce de terre à l'Ardillère, 270.
Moulin-Renault, haut-fourneau disparu à la Madeleine-Bouvet, 143, 145, 148, 238.
Moulin (le Vieux), au Mage, 16, 175.
Moulins-la-Marche, ch.-l. c[ton], Orne, 221.
Moussard, journalier au Boulay, 177.
Moutiers, c[ne], c[ton] de Rémalard, 305; — Bois de M., 15; — Baronnie, 24; — Bureau de poste, 32; — Charité, 52; — Bourg, 60; — Prieuré, 105; — Fabrique, 213; — N.-D. de Mont-Arou à M., 206; — Prieur, 288; — Chemin de M. à Longny, 260.
Moutiers, épicier au Mage, 174.
Moutiers de Mainville, év. de Chartres, 89, 124.
Mouton, cult. à Volizé, 176.
Mullard, François, n[tre] à St-Juliens.-Sarthe, 225.
Mun (c[te] Albert de), orateur catholique, 58, 131.
Munich, en Bavière (ordre de Ste-Anne de), 58.

N

Naigeon, philosophe de l'école Voltairienne, 55, n. 1.
Nantes, ch.-l. dép[t] Loire-Inférieure; — Fosse de N., 67, 204; — St-Nicolas, p[sse], 17, 62, 203.
Napoléon Ier, 91; — Bonaparte, 126.
Narbonne, journalier à l'Hôtel-Maurice, 177.
Neuilly-s.-Eure, c[ne], c[ton] de Longny, 15, 284; — Sgrie, 24; — H[te]-Justice, 24, 25.
Neuville (de), m[gr], év. de Chartres, 89, 95.
Nièvre (dép[t] de la), 55, 321.
Nivellus de Mellay, 287.

Noailles (cardinal de), archev. de Paris, 195, 196, 197.
Noë (la), village au Pas-St-Lhomer, 226.
Noë (la), fontaine à l'Ardillère, 213.
Nogent-le-Rotrou, ch -l. arrond! E.-et-Loir, 24, 30, 37, 66, 266; — St-Jean de N., 326, et Ntre-Dme de N., 201; — Châtellenie de Nougent, 289
Nonvilliers, Nonviller, cne, cton de Thyron, 289.
Normand, Perrinne, fe de Emery Huet, 96, 203, 234, 324.
Normandie, province, 43, 290; — Régiment de N., 265.
Norture, bûcheron au Mage, 174.
Norture, François, au Mage, 98, 307.
Noue (de la), François, sgr de Bretoncelles, 130, 286.
Nourry, cult. au Mesnil, 178.
Noyer (le) et les Noyers, au Mage, 15, 161, 170, 186.
Noyer (Mr du), 215.
Nyon, Michelle, vve de Jean Goddé, 77, 121, 161, 212.

O

Oleron et Olbron (mis d'), 62, n. 2, 324.
Olivier, Françoise, ép. de François Eveillard, 208, 324.
Ollery d'Orainville (Mr), 145.
Ommoy, cne, cton de Trun, Orne, 60.
Oranges (Marie d' et d'Orenge), nièce de Duguesclin, ép. de Jehan de Vendôme, 45, 291.
Orglandes (cte Armand-Gustave d'), 58, 172; — Famille, 185.
Orieul, vicaire du Mage, 80, 86.
Origny-le-Butin, cne, cton de Bellême, 59.
Orléans (forêt d'), 17; — Duchesse d'O., 67; — N.-D. de la Recouvrance, 221; — St-Laurent des Dorgeries, 221.
Ormeau (de L'), Pierre, receveur des Aides à Mortagne, 66.
Ormoy (l'), fief de Lallemant de Levignen, 233.
Orvilliers. V. Tourteau.
Ozanne, André, drapier à Vollzé, 70, 144, 233.
Ozanne, Denyse, fe Sanglebœuf, 38, 223, 261.
Ozier (d'), à Rémalard, 60, 207.

P

Pacy-s.-Eure, ch.-l. cton, Eure; — St-Aubin de P., 62.
Paincyr(?), village à Moutiers, 264.

Paizot, cult. à la Pannetière, 178.
Palissy (Bernard de), 134.
Palu (de la), Margueritte, ép de Jehan Auvé, 207.
Panier H., 291.
Pannetière (la), 16, 39, 162, 178.
Paris; — Marché de P., 19, 142; — Parlment, 25, 53; — Hôpital Gal, 52, 129, 152, 156, 276, 277; Châtelet, 27, 155; — Rue Mignon St-André des Arcs et R. Ste-Anne, 112, 264; — Psse St-Roch, 264; — Sorbonne, 305; — Psse St-André des Arcs, 313; — Cimetière, 53, 313; — St-Paul (psse), 53, 395; — St-Sulpice (psse), 62; — Psse St-Gervais, 151.
Paris. V. Montmartel.
Paris, bûcheron à l'Auberdière, 178.
Paris, Gabriel, 319.
Pasquier, Jean, 38, 206, 222, 269, 271; — Héritage P., 210; — Les Pasquier à la Fourlière, 210.
Pasquier, Jean de Villenas, 224; — Thérèse, fe Renoult, 84, 96.
Passais, ch.-l. de cton, Orne, 63, n. 1.
Pas-St-Lhomer, cne, cton de Longny, 17, 55, 64, 80, 226, 320.
Passe, René, huissier-audiencier à Mortagne, 230.
Pastier ou Costier, Marie, 38, 208.
Pastiz-Launez (les) (peut-être Petit-Aunai, à Boissy-M.), 290.
Patrice, vicaire à Longny, 217, 303.
Patrice, Palémon, frère ermite à St-Thomas (Ermitage), 81, 167.
Pautonnier (veuve), 205, 266; — Louis, md à Condé, 266.
Payen, Joseph, fermier à Ste-Gauburge au Perche, 112.
Payen de Mastray, 287.
Pecnard, Etienne, vicaire au Mage, 50, 77, 96, 158, 159, 201, 218, 223, 232, 240, 251, 252, 261, 274, 285, 324; — Georges, père d'Etienne, 77, 202
Pelleterie (la), château à Bivilliers, 254.
Pelletier (veuve), 98.
Pelletier (le) de Rosambo, 56, 185; — Antoinette-Pauline, ép. de Antoine de Lunas, mis d'Espeuilles, 321; — Pierre, bailli de Touvoie, 56.
Pellonnière (la), château au Pin-la-Garenne, 60.
Perche (province), 30; — Comté du P., 23; — Etats du P., 29; — Baillage, 30; — Gouvt gal, 34; — Maîtrise des Eaux et Forêts, 31,

43 ; — Forêts, 145 ; — Béatrice, fille de Rotrou IV, cte du Perche, ép. de Renault de Châteaugonthier, 43 ; — Rotrou III, cte du P., 30 ; — Rotrou IV, cte de Nogent, 43, 59.
Persay et Percé, château sgrial à Moulicent, 62, 63.
Petit, ntre à Nantes, 205.
Petit, proptre au Mage, 173, 177, 185, 186.
Petit-Champ, pièce de terre à l'Ardillère, 270.
Petite-Noë (la), à Moulicent, 67.
Petites-Fontaines (vente des), 191.
Petites-Landes. V. Landes.
Petitgars, François, sr de Réveillon, 298.
Petits-Brûlés, terre au Mage, 222.
Petits-Prés, pièce de terre à l'Ardillère, 270.
Phelippes, 288.
Philippe, André, prieur-curé de Belhomert, 166, 167, 299, 300, 301.
Philippe, Antonin, tabellion à Rémalard, 297.
Philippe, Charles, 205.
Philippe, Etienne, journalier, 204, 205.
Philippe, Jeanne, 205.
Philippe, Michel, chapelain de la Charité de Moutiers, 304.
Philippe de Maussigny, ép. de Gauvain de Dreux, 46.
Philippe de Montfort. V. Montfort.
Philippe, à la Prunnerie, 177.
Piau, Matry, 222.
Picard, Charles, 198.
Pichardière (la), à Bizou ; — Ferme, 130, 186, 286 ; — Ruisseau, 16.
Pied, cult. au Menil-Pot, 178.
Piedefer, Margueritte, ép. de J. de Faudoas, 49.
Pierre, journalier à la Ferrette, 177.
Pierre et consorts, à Longny, 08.
Pierre, sr de la Lande, 43, 200, 205.
Pierre, Germain, à Feillet, 204, 205.
Pierre de Marcore, 287.
Pierre, Pierre, Bordager, 227.
Pierre de Vendôme. V. Vendôme.
Pignard, Jacques, à Bonmoulins, 221.
Pillaze, Marie, ép. de Florent Blaize, 125.
Pinguet (veuve), blanchisseuse, 236.
Pin-la-Garenne, cne, cton de Pervenchères, Orne, 60, 86.
Pitard, chroniqueur percheron, 40, 47.
Plancher de la Noë (Pierre-René), avocat, bailli de Feillet, 69, 254.
Plessis-Bevernel et *Bourel*, fief de Jean Auvé, 47, 290, 291.

Plessis, cercleur au Mage, 174.
Plumerand, tuilier, consller mal au Mage, 172, 178, 184.
Poignant, Ph., 289.
Poillet pour Foillet. V. Feillet.
Pointe à-Friche (petite), terre à la Hélière, 161, 211.
Poislé, cne, cton de Verneuil, Eure, 241.
Poivré (veuve), 126.
Poivré, au Vieux-Moulin, 175.
Pons, ch.-l. cton, arrt de Saintes, Charente-Inf., 51.
Pontchâteau, 197, n. 2.
Ponteuze (de), Jehan, 288.
Pontevès (de), Alexis, cte de St-Victor de Marseille, 112.
Pontgirard, ferme à Monceaux, 225.
Pont-Riboust, au Mage, 158, 169, 170, 199.
Pont-St-Esprit (ville et citadelle), ch.-l. cton, arrt d'Uzès, Gard, 50.
Porcher, cult. au Ht-Chêne, 175.
Portail (le), ferme à Feillet, 129, 130, 157, 285.
Portail (du), Anne, ép. de Jacques Brissard, 282.
Porto (de la), de Riantz, 172 ; — Guy-François-Henri, 186.
Portes (Adolphe-François-René, mis des), 186 ; — Catherine-Amélie, ép. de Louis-Charles, mis de Galard, 186.
Port-Royal-des-Champs (abbaye de), 103.
Poterie (la), cne, cton de Tourouvre, 80.
Potherie (de la), 197, n. 2.
Poubelle, préf. de police à Paris, VII, n. 1.
Pousset, Alexandre, mtre d'école à Longny, 125, 217.
Pousset, Claude, curé du Mage, 77, 202, 210.
Préaux, cne, cton de Nocé, 112.
Preuilly (maison de), 43.
Prévost (le) d'Irai, Chrétien-Siméon, inspecteur de l'Université Impériale, 62.
Prez, château féodal à Ceton, 147.
Proust, secrétaire de Mr Godet des Marais, 156.
Proust, cult. au Mage, 175.
Provost, sabotier au Mage, 174.
Provost, Guillaume, 38, 240.
Prulay (de), Jehan, 43, 289.
Prun, Pierre, 38, 222.
Prunelière (bois de la), à Moutiers, 269.
Prunnerie (la), au Mage, 16, 39, 226.

Psalmon, Colas, argentier de la maison de Vendôme, 291.
Puisaye (de), André-Louis-Charles, cher, mis, vte de la Ferrière au Val-Germond, 254.
Puisaye (J. C., cte de), député, 82.
Puits (Eudes et Yves des), 287.

Q

Quatremère, François, 158, 207.
Quentin, Françoise, ép. de François Foucault, 227.
Quesnel (du), Fabien-Albert, sr de Coupigny, 131, 284.
Queuves (de), Henri, servant de Nogent-le-R., 24.
Quieron, Jean, bourgeois de Dreux, 66 ; — Pierre-Charles, son fils, avocat à Rémalard. 66.

R

Racinet, charretier au Mage, 174.
Racouyère (la), au Mage, 159, 166.
Radiguet, Jacques, 319.
Raguenet, sabotier au Mage, 174.
Raimbault. V. Feillet.
Rainville, haut-fourneau à Longny, 143.
Randonnai, cne, cton de Tourouvre ; — Forge de R., 271.
Rathier, Jean, 261.
Rayer, Felice, dame de Maison-Maugis, 165, 327.
Rayer, Jean, sr de Maison-Maugis, 48, 165, 327.
Recouvrance (N.-D. de la). V. Orléans.
Regerende (ruisseau de), à Feillet ; — Regerenda, 163. V. Laizé.
Regnard, ntre à Rémalard, 228, 232, 297.
Regnard, Blaise, maire du Mage, 28.
Regnard, Jean, maire du Mage, 28.
Regnard, Jean, à Vaugiroust, 30, 161, 216.
Regnard, Jean-Charles, trésorier de Fabr. au M., 100, 148.
Regnault, Jean, maire du M.
Reischoffen (bataille de), 57.
Reil (moulin du), à Boissy-Maugis, 131, 282, 283.
Rely (de), Catherine, 63.
Rely (de), Marie-Françoise, ép. de Robert de Loubert, 62.
Rémalard et Reymalard; ch.-l. cton, Orne, 24, 180, 280, 201, 323 ; — St-Germain de R., 200, 228 ; — Chple, 25 ; — Sgrie, 44 ; — Rivière, 43 ; — Four banal, 43, 290 (le four de la Vallée) ; — Maréchaussée, 31 ; — Bois, 14; — Charité, 52 ; — Foire, 144 ; — Grenier à sel, 224; — Rue St-Germain, 13 ; — Porte de Briey, 43, 289 ; — Guatho de R , 325.
Renard, François-Jean-Philippe, 297.
Renardière (la), à Boissy-Maugis, 131, 286.
Renaudière, Toussaint, 38, 218.
Renault, Françoise, domestique chez les Des Croix, 71, 215, 323.
Réno (forêt de), au Perche, arrondt de Mortagne, 145.
Renoult, François, vicaire du Mage, curé de Bizou et du Mage, 62, 71, 74, 80, 81, 83, 84, 90, 96, 117, 124, 125, 152, 199, 314, 315.
Renoust, journalier au Ht-Chêne, 175.
Renusson (de), François, ntre, procr du baillage de Longny, 253, 263, 324.
Retz, fief de Lallemant de Levignen, 233.
Réveillon, psse réunie à la Ferté-Vidame, E.-et-Loir, 293.
Revel, François, ntre à Rémalard, 205, 220, 223, 226, 227, 231, 234, 263, 264, 272, 273.
Riberac, ch.-l. arrt, Dordogne, fief de Antoine d'Aydie, 52, 150, 260 ; — Ligne de R., 190.
Richard, chne de Tours, 41.
Richard, Nicolas, foulon à Bretoncelles, 165, 228.
Riche (le) de Chevigné, consller au Parlt, 14.
Richet, ntre à Paris. 276.
Riantz et Ryantz. V. Porte (de la) et Villeray.
Ridelière (la), 16, 159, 166. V. Ardelière.
Riollet, Jean, licencié de l'Université de Paris, curé de St-André-des-Arcs, 154, 281, 313.
Rival, Pierre, 39, 230.
Rivard, au Mage, 35.
Rivard, journalier à Volizé, 176.
Rivard, Désirée, journalière au Mage, 174.
Rivard et Regard (mal copié), Jean, au Mage, 319.
Rivard, Louis, trésier de Fab. au M., 85, 100, 319.
Rivard, Pierre, trésier de Fab. au M., 100, 228, 254, 255, 323.
Rivaud, François, domestique, 91, n. 1.
Rivière, Jean-François, consller mal et maire du Mage, 28, 172, 173, 180, 186.
Rivière, Pierre, consller mal au Mage, 148.

Robert. V. Châteaudun, Flandre, Montfort, Vendôme.
Robert Le Gros, 287.
Robichonnière (la), à Boissy-Maugis, 314.
Robin, curé de Longny, 157.
Roche-Moisan (la), ... 326.
Rochefoucault (c^te de la), arch. de Rouen, 62.
Rocher, cult. à la Ville-Dieu du Mage, 179.
Rocher, Marguerite, ép. de François Bresdin, 162, 227.
Roger, curé du Pas-St-Lhomer, 34, 80.
Roger, vicaire du Mage, 86.
Rohan (de), Charles, 326.
Rollet, Jean, curé du Mage, 79, 229.
Romanet (v^te Olivier de), archiviste paléographe, présid^t de la Soc. Hist. Percheronne, 24, 25, 29, 43, 44, 151, 288, 289, 290, 297.
Romet, n^tre à Moutiers, 269.
Romet, charron à la Beuvrière, 179.
Romet, Vincent, trés^ier de Fabr. au Mage, 100.
Roontchamp-s.-Montfort, 288, 289.
Rosambo. V. Pelletier (le), 56; — Ligne de R., 191.
Rossignol, cult. au Boulay, 177.
Rotrou. V. Perche.
Rouen, cap. de Normandie, 205; — Société des Amis des Sciences de R., 170; — Chambre des Comptes, 290.
Rouge (la), c^ne, c^ton du Theil, 81.
Rougère, Alexandre, chapelain des Religieuses de Longny, 78.
Rougereau, Regnaude, f^e de Jean Pasquier, 38, 222.
Rougette (étang de), au Mage, 17, 130, 285; — Ligne de R., 191; — Vente, 191; — Carrefour, 16.
Rouillé, Hilaire, m^is de Boissy, 186.
Rousière (de la), Gervaise, écr, 288; — Guillaume, 288.
Roussard (Charles de), abbé de Tyron, 134, 286.
Rousseau, François, m^d à Moutiers, 67, 201; — Marie, ép. de Noël Bougis, 166, 281; — Nicolas, curé de Neuilly-s.-Eure, 80.
Rousselet, Charles-Frédéric, év. de Séez, 148, n. 2.
Rousseville (veuve), m^de à Longny (Anne-Perrine Lunois), 236, 237, 238.
Rousseville, François, m^d à Longny, 66.

Roux, Jacques, imprimeur à Chartres, 91, n. 1.
Rumien (étang de), à Marchainville, 17.

S

Sagot, Claudine, f^e Bouley, au Buisson, 219.
Sagot, Séverin, adj^t et maire du Mage, à la Brenillère, 28, 172, 173, 179, 184, 186.
Sainte-Palaye, c^ne de Saintes, Charente-Inf., 151.
Saintonge (province de), 51.
Saint-Simon, historien, 134.
Samay (de), Anne, ép. de Pierre d'Escorches, 282; — François, s^r de la Goutte, 282.
Sanglebœuf, François, trésier de Fab. au M., 99, 220.
Sanglebœuf, Pierre, 38, 261.
Sanglebœuf, Renée, 226.
Sauvagerie (la), terre à Bellavilliers, 297.
Sceaux (marché de), Seine-et-Oise, 19, 142.
Séez, ch.-l. c^ton, Orne; — Diocèse de S., 23; — Route de S. à Senonches, 200.
Sedan (prise de), 57.
Segré, ch.-l. arr^t, Maine-et-Loire, 326.
Seine (bassin de la), 17.
Senonches, ch.-l. c^ton, E.-et-Loir; — Sgrie, 46; — Forêt, 53.
Sérillac, c^ne de Doucelles, Sarthe; — Château de, 49.
Serres (Olivier de), économiste agriculteur, 134.
Servien de Montigny (Barbe), ép. de Pierre de Gruel, veuve de Dreux Le Féron, 50.
Servin, avocat, 27.
Seuronne (de), Catherine-Geneviève, 265; — Paul, gendarme, 265.
Silvestre, cult. au Mage, 35.
Silvestre, épicière au Mage, 174.
Simon, impr. à Paris, 112, n. 1.
Simon, Gilles, curé du Mage, gradué de l'Université de Paris, 18, 68, n. 1, 80, 101, 205, 230, 231, 235, 249, 250, 251, 252, 260, 305, 308, 309, 310.
Simons (pré des), au Mage, 256.
Soive, cult. à la Haie-Quartier, 178.
Sortais, n^tre à Brou, 227.
Sortais, François, à l'Ardillère, 39, 158, 228, 231, 254.
Sortais, Jean, au Mage, 114.
Souancé, c^ne, c^ton de Nogent-le-Rotrou, E.-et-Loir, 82.
Souancé (v^te de), historien généalogiste, 41, n. 4.

TABLE ONOMASTIQUE.   357

Souazé, Pierre, 269.
Sougé, c^ne, c^ton de Fresnay-s.-Sarthe, Sarthe, 290.
Soulbieu (d^lle), à Montégu, 60, 173, 178, 186.
Sourches, c^ne, c^ton de Précigné, Sarthe ; — Marquisat de S , 40.
Souverain, m^d de bois au Noyer, 176.
Souvaray, Antoine, 313.
Souvré (de), Marie, ép. de Gilles Auvé, 48.
Soyer, François-René, 165, 228, 254.
St-Cler (Jehan de), s^r du Verger, 207.
St-Cyr, Seine-et-Oise ; — Ecole militaire, 57 ; — Ecole de demois^lles, 59.
St-Fargeau (branche de), de la famille Le Pelletier, 56, n. 2.
St-François (Tiers-Ordre de), 167.
Ste-Gauburge au Perche (prieuré à St-Cyr, c^ton de Nocé, Orne, 111, n. 2, 306.
Ste-Geneviève (prieur de), 164, n. 1.
St-Germain-des-Grois, c^ne, c^ton de Rémalard, 54, n. 2.
St-Jean-de-la-Forêt, p^sse, c^ton de Nocé, 43, 200.
St-Jean des-Murgers, p^sse réunie à Meaucé, E.-et-Loir, mais appartenant au diocèse de Séez, 64, n 1.
St-Julien (abbé de), official de Tours, 41.
St-Julien-sur-Sarthe, c^ne, c^ton de Pervenchères, Orne, 111, 225.
St-Lambert, historien, 56.
St-Laurent (étang de), au Mage, 17, 130, 285 ; — Bois de St-L., 143 ; — Ligne et vente, 191.
St-Laurent-en-Gastine (St^us Laurentius in Gastina), ferme, c^ne des Corvées, c^ton de la Loupe, E.-et-Loir, 41.
St-Laurent-de-Crasne, ferme à Boissy-Maugis, 131, 286 ; — Chapelle, 286, 314.
St-Marc-de-Coulonges, p^sse réunie à Coulonges-s.-Sarthe, c^ton du Mesle-s^t-Sarthe, 221.
St-Mard-d'Égrenne, c^ne, c^ton de Passais, Orne, 63, n. 1.
St-Mard-de-Réno, c^ne, c^ton de Mortagne, Orne, 225, 242 ; — Confrérie de Charité, 52.
St-Mathurin - en - l'Archaudy, 215, peut-être c^ne, c^ton des Ponts-de-Cé, arr^t d'Angers.
St-Paul (d^lle de), 63, 250.
St-Pierre-la-Bruyère, c^ne, c^ton de Nocé, Orne, 206.
St-Romain-le-Brou, à Brou, ch.-l. de c^ton, E.-et-Loir, 112.
St-Thomas, au Mage. V. Ermitage.

St-Victor, p^sse à Marseille, 112.
St-Victor-de-Buthon, c^ne, c^ton de la Loupe, E.-et-Loir, 112.
St-Victor-de-Réno, c^ne, c^ton de Longny, Orne, 49, 50, 158 ; — Alice de St-V., ép. de Guillaume Gruel, 42.
Suhard de Grandmont (de), famille, 37, 59, 132, 146, 166 ; — Charles, 59 ; — Charlotte, célibataire, 59 ; — Edwige, 60 ; — Françoise-Margueritte-Michelle, élève de St-Cyr, 59 ; — Henriette, ép. de Louis-Samuel de Bras de Fer, 60, 96, 124, 146 ; — Jacques, s^r de Glatigny, 59, 213, 259 ; — Jean-Michel, trés^ier de Fab. au M., 59, 98, 100, 114, 227, 231, 233, 254, 266 ; — Jeanne, 60 ; — Michel, s^r de Grandmond, trés^ier de Fab. au M., 59, 67, 98, 99, 205, 225 ; — Michel-Louis-François, s^r de Montégu, adj^t et maire du Mage, 28, 60, 68, 82, 85, 98, 157, 207, 268, 315, 322 ; — Michelle-Jeanne, ép. de Louis-René de Fontenay, 59.
Surcin, journalier au Mage, 174.
Suzanne, journalier au Mage, 174.
Sylvestre, Pierre, au Mage, 98.

T

Tafoiry, Jean, à Volizé, 82, 98 ; — Jean-Charles, trés^ier de Fab. au M., 100.
Taillis (vente du), à Feillet, 191.
Talbouquet, Tartre-Bouttyer, Tartre-Bouquet ou Tertre-B., au Mage, 16, 166, 180, 207, 208.
Taurin, cult. à la Gueuyère, 179.
Taurin, Césaire, maçon au H^t-Chêne, trés^ier de Fab. au M., 101, 175.
Taurin, Désirée, rentière, 173.
Taurin, Louis, maçon au H^t-Chêne, 175.
Taurin, Marin, trés^ier de Fab. au M., 100, 148.
Taurin, Victorien, cult. à la Douvellerie, 175.
Terray (abbé), ministre des finances sous Louis XVI, 58 ; — Camille, fils du suivant, 173 ; Claude-Hyppolite-Marie-Pierre, c^te, châtelain de Feillet, 31, 58, 131, 154, 173, 178, 193, 200 ; — Cte et c^tesse Terray, 322, 324 ; — Marie, fille des précédents, 173 ; — Ctesse. V. Andlau (d') ; — (Famille), 58.
Theil (le), ch.-l. c^ton, Orne, 44, 45, 326.
Thénat (de), Marie, ép. de Gilles de Voré, 130, 286.

Théval, p[sse] réunie à Mortagne, Orne, 254.
Thibault, c[te] de Champagne, 44.
Thibault, ch[ne] de Paris, 104, n. 1.
Thibault de Danisy, sg[r] de Boolon, 288.
Thimert, c[ne], c[ton] de Châteauneuf-en-Thimerais, E.-et-Loir, 12.
Thivars, fief de Claude de Gruel, 49, c[ton] de Chartres, E.-et-Loir.
Thoumin, député suppléant en 1789, 82.
Thuan, maçon au Mage, 173.
Thuan, Jean-Louis, cult. à Feillet, 178.
Thuan, Philogène, cult. à Volizé, 176.
Thuilerie, ferme et ancien moulin au M., 16, 30, 140, 168, 286 ; — Bois de la Th., 283.
Thyron, ch.-l. c[ton], E.-et-Loir ; — Abbaye de T., 40, 131, 286 ; — Religieux de T., 42, 131, 287, 326.
Tomblaine, Jean-Louis, maire du Mage, 28, 148, 151 ; — Famille, 100.
Tomblaine, Louise, ép. de Pierre Brière, 166, 281.
Touche, c. de Coulonges-les-Sablons, c[ton] de Rémalard, 171,
Touchet, Louise-Marie, p[te] nièce de la maîtresse de Charles IX, 151.
Tousche, Jean, au Boullay, 38, 120, 150, 160.
Tousche, N., greffier à Longny, 311.
Tousché et Touschet, Martine, ép. de Jehan Simon, 38, 201, 202, 251, 324.
Touches (les), à Boissy-Maugis, fief d'Helvétius, 54, 264.
Touly, prop[re] au Mage, 173, 175, 185, 186.
Touret, journalier à la Ferrette, 177.
Tournoüer, Henri, présid[t] de la Société Hist. de l'Orne, archiviste paléographe, 166, 300.
Tourouvre, ch.-l. c[ton], Orne, 80, 100, 211, 307.
Tourteau Tourtorel d'Orvilliers (Aglaé), ép. de Hardouin-Gustave d'Andlau, 57, 148.
Toussaint. V. Mortagne.
Toutain, Edouard, institut[r] au Mage, 126.
Touvoie (bailli de), au Maine, 50, château c[ne] de Savigné-l'Evêque, Sarthe.
Trappe (la), à Soligny, c[ton] de Bazoches, arrond[t] de Mortagne, Orne ; — Religieux, 101.
Trégaro (Mg[r]), év. de Séez. V.
Tremblay, journalier à la Prunnerie, 177.
Tremblay, Marie, domestique au Mage, 91, 117, 138.
Tremblaye (la), à Bizou, 299.
Trepied (d[lle]), institutrice au Mage, 185.
Trépied, cult. au Mage, 173.
Trésor (Champ du), au Mage, 161.
Trinité-s.-Avre, p[sse] réunie à Beaulieu, c[ton] de Tourouvre, 63, 80.
Tripied, charron au Mage, 173.
Trouaze (la), à Boissy-Maugis, 299.
Trousseauville (de), Jean, s[r] de Chennebrun, 48, 96, 165, 327.
Trouvé, prop[re] au Mage, 173.
Trouvet, Célestin, trésir au Mage, 100.
Tuffay (champ), au Mage, 265.
Tuttier, cult. à la Beuvrière, 176.
Tuttier, journalier à la Douvellerie, 176.

V

Valbignon (disparu), à Bizou ou Boissy, 299.
Valgerne, métairie, 43, 280.
Val-Hardouin (le), au Mage, 16, 24, 38, 161, 211.
Vallée. V. Rémalard.
Vallée, journalier à la Douvellerie, 176.
Vallée, bûcheron à la Douvellerie, 176.
Vallée-Mitois (vente de la), à Feillet, 101.
Vallées (les), alias *Gelinières* (peut-être la *Gelousière*, à Bizou), 314.
Valley, à Rémalard, fief d'Helvétius, 54, 264.
Valmorin, à Rémalard, 60.
Vasconcelles (de), gentilhomme percheron, 54.
Vaslin, n[tre] à Rémalard, 53, 277.
Vaubezard (sgr[ie] de), 166, 297.
Vaugeois, Gabriel, 254.
Vaugeois, Pierre-Phœlix, 254.
Vaujours, sg[rie] à Rémalard, 46, 47, 221, 284, 296, 297.
Vaupilon, c[ne], c[ton] de la Loupe, E.-et-Loir ; — Guy de V., 287.
Vauthier, Henri, curé du Pas-St-Lhomer, 80.
Veillard, n[tre] à Paris, 53, 277.
Vendôme, ch.-l. arrond[t], Loir-et-Cher ; — Agnès de V., sœur de Jean III de V., mère de Jean de Montoire, 43 ; — Bouchard de V., s[r] de Bonneval, 288 ; — Bouchard VI, c[te] de V., sg[r] de Feillet ; — Bouchard VII, c[te] de V., sg[r] de Feillet, 45, 326 ; — Guillemette,

fille de Pierre de V., ép. de Gervais Auvé, 45, 46 ; — Jean, c^{te} de V., fils de Bouchard VI, 290 ; — Jean, bâtard de V., sg^r de Bonneval, 291, 296 ; — Jean III, c^{te} de V., 43 ; — Jean V de Montoire, c^{te} de V., 45, n. 1 ; — Jehan de V., s^r de la Ferté et de Feillet, 43, 44, 45, 290 ; — Jehan de V., fils de Bouchard VII, sg^r de Feillet, 45, 290, 326 ; — Jehan de V., petit-fils de Bouchard VII, 45, 290 ; — Jehan VI de V., sg^r de Rémalard, 45, 288, 290 ; — Jeanne de V., ép. de François de Mombron, 290 ; — Jeanne de Bourbon-V., 47, 291 ; — Louis. bâtard de V., 291, 295, 296 ; — Duc de V., 69, 249 ; — Cte de V., 291 ; — Pierre, fils de Bouchard VII, 45, 326.

Ventrouze (la), c^{ne}, c^{ton} de Tourouvre, Orne, 43, 44, 45, 47, 48, 49, 50, 52, 80, 256, 257, 261, 306, 307, 310, 311 ; — La Ventroude, 290.

Verderonne, fief de Henri-Antoine d'Andlau, 56, 221.

Verdier, cult. au Bouhoudou, 179.

Verdier, cult. à la Garde, 179.

Verdier, François, à la Faudière, 227.

Verdier, Sidonie, cult^{rice} à la Faudière, 179.

Verger, Mathurin, n^{trc} à Nantes, 205.

Verneuil, ch.-l. c^{ton}, Eure, 60, 107 ; — Baillage, 307 ; — Poste de V., 321.

Véronnière (la), à Longny, 125.

Verrières, c^{ne}, c^{ton} de Nocé, Orne ; Confrérie de Charité, 78 ; — St-Antoine de V., 206.

Verthamont (de), ch^{er}, député de Guyenne en 1789, 81.

Via antiquarum Pellium (rue des Vieilles-Pelleries, à Chartres), 91, n. 1.

Vicence (duc de), v^{te} d'Espeuilles, 322.

Vichères, c^{ne}, c^{ton} de Nogent le-Rotrou ; — Gaston de V., 287.

Vieilles-Verreries, vente à Feillet, 191.

Viel de Lunas, Antoine-Théodore, m^{is} d'Espeuilles, sénateur, 57, 321 ; — Jean, banquier à Montpellier, 322 ; — Marie-Louis-Antonin, général, sénateur, 57, 148, 172, 185 ; — Marie-Antoine-Adrien, v^{te} d'Espeuilles, 322 ; — Famille, 185, 232.

Vieux Moulin (le), au Mage, 175.

Vigne (la), à Rémalard, 297.

Vilette (la), fief à Boissy-Maugis, 313.

Villedieu (la), métairie au Mage, 16, 162, 163, 179.

Ville-Dieu (la), en Drugésin, à Manou, 162, 186.

Villenas, à la Lande, 224.

Villepierreuse (Gacho de), 287.

Villeray, château à Condeau, c^{ton} de Rémalard, 59.

Villette, Nicolas, avocat à Feillet, 69, 211, 262.

Villette, Noël, 307.

Villevielle (dom), généalogiste, 291.

Villiers, c^{ne}, c^{ton} de Mortagne ; — Confr. de Charité de V., 52 ; — Hérard de V., 287.

Vintaud, à Chartres, 312.

Vivien. V. Feillet.

Volizé, Volizai (le G^d et le P^t au M.), 16, 38, 39, 129, 160, 176, 250, 302.

Voré, château à Rémalard, 37 ; — Domaine de V., 37 ; — Gilles de V., 130, 285 ; — Odard de V., 297 ; — *Haut-Voré (le)*, ferme au Mage, 16, 39, 130, 161, 179, 200, 226, 286 ; — Etang du H^t-V., 17, 130, 179, 285.

Voupineau (disparu), à Bizou ou Boissy, 299.

Vrau, Maria, f^e Provost, 38, 240 ; — Noelle, f^e Julien Baufils, 38, 240 ; — Pierre, 38, 240 ; — Renée, f^e Regnault Baufils, 38, 240 ; — Robin, 38, 240.

Vove (la), élégant manoir à Corbon, c^{ton} de Mortagne, Orne, 51 ; — Antoine de la V., 47.

W

Warthy (pron. Ouarty), Picardie, 49, 50, 158, 257, 261 ; — Françoise de W., ép. de François de Faudoas, 40.

Wavin de Fresey, 287.

Wernion de Buzot (probablement Beaussard et Boussard, à Senonches), 282.

Wissembourg (bataille de), 57.

Y

Yolande. V. Dreux.

Yenneville, siège royal (peut-être Janville, Eure-et-Loir), 112.

Ysabeau, greffier, 310.

Yves. V. Puits.

LISTE ET DISPOSITION DES GRAVURES

	PAGES
1º Château de Feillet (ancien).	40
2º Portrait d'Helvetius, seigneur de Feillet.	58
3º Sébastien François, curé du Mage, député du clergé en 1789.	80
4º Autre portrait de M. François.	112
5º Château de Feillet en 1900.	157
6º Eglise du Mage.	192

N. B. — Des circonstances indépendantes de notre volonté nous forcent à supprimer la carte du Mage. Nous prions nos lecteurs de se reporter aux cartes militaires ou du service vicinal.

Mortagne. — Imp. de l'*Echo de l'Orne*, place d'Armes.

Les *Documents sur la province du Perche* paraissent tous les trois mois : en janvier, avril, juillet et octobre, en fascicules de 80 pages au moins, envoyés par la poste aux souscripteurs.

Le prix de la *souscription* pour un an est fixé à :

10 fr. pour la France et 12 fr. pour l'étranger.

Le prix des fascicules, pris au numéro, est de 3 fr. pièce.

Les souscriptions sont reçues chez les auteurs :

Vte DE ROMANET, château des Guillets, par Mortagne (Orne), et H. TOURNOUER, château de Saint-Hilaire-des-Noyers, par Nocé (Orne), ainsi que chez les dépositaires.

S'adresser pour le paiement des souscriptions à M. HUET, rue du Mail, à Mortagne.

Ouvrages entièrement terminés :

1re SÉRIE (Ouvrages anciens).

I *Recueil des Antiquitéz du Perche*, de BART DES BOULAIS, publié et annoté par M. H. TOURNOUER (400 pages, avec planches), 12 fr.

2e SÉRIE (Ouvrages modernes).

I *Géographie et Cartulaire du Perche*, par le Vte DE ROMANET (548 p., 1 carte et 17 photogravures), 20 fr.

II *Histoire religieuse de Mortagne*, par M. Joseph BESNARD.

III RECUEIL DE GÉNÉALOGIES DES FAMILLES DU PERCHE :

Généalogie de la famille de Boisguyon, par le Vte DE SOUANCÉ et le Vte DE ROMANET (60 p., une vue de château et un portrait), 4 fr.

Généalogie de la famille de Carpentin, par le Vte DE SOUANCÉ (28 p., une vue d'hôtel et 2 portraits), 2 fr.

Généalogie de la famille d'Escorches, par M. l'abbé GODET et le Vte DE ROMANET (150 p., une vue de château et un portrait), 8 fr.

IV *Mémoire historique sur la paroisse des Mesnus*, par M. l'Abbé GODET (81 p.), 5 fr.

VII *Notice sur la Manorière*, par le Vte DE SOUANCÉ.

3e SÉRIE (Chartes ou pièces justificatives).

I *Chartes servant de Pièces justificatives à la Géographie du Perche et formant le Cartulaire de cette province*, publiées par le Vte DE ROMANET (voir 2e série, I).

4e SÉRIE (Bibliographie).

I^{bis} *Bibliographie de Delestang*, par M. DE LA SICOTIÈRE, sénateur, 1 fr.

II *Bibliographie et Iconographie de la Trappe*, par M. H. TOURNOUER, 1er volume *(Ouvrages imprimés)*, 5 fr.

En cours de publication :

1re SÉRIE (Ouvrages anciens).

II *Courtin, histoire du Perche*, publiée par le Vte DE ROMANET et M. H. TOURNOUER.

2e SÉRIE (Ouvrages modernes).

IIIbis *Armorial de 1696 pour la province du Perche*, publ. par le Vte DE SOUANCÉ et M. H. TOURNOUER.

V *Mémoire sur le Mage*, par M. l'Abbé GODET.

VI *Histoire de la Grande-Trappe*, par M. le Cte DE CHARENCEY

3e SÉRIE (Chartes ou pièces justificatives).

II *Cartulaire de Marmoutier pour le Perche*, par M. l'Abbé BARRET.

4e SÉRIE (Bibliographie).

I *Bibliographie du Perche* : A Imprimés, B Manuscrits, par le Vte DE ROMANET et M. H. TOURNOUER.

5e SÉRIE (Chronique et Correspondance).

I Premier volume.

www.ingramcontent.com/pod-product-compliance
Lightning Source LLC
Chambersburg PA
CBHW070439170426
43201CB00010B/1148